임진왜란과 김성일

김명준 지음

2005
백산서당

서 문

　우리나라에 있었던 역사적 사건 중에서 국가 안보와 관련하여 가장 빈번하게 거론되는 것은 아마도 임진왜란 바로 전 해에 일본을 다녀온 조선통신사들의 귀국보고일 것이다. 일반적으로 주장되고 있는 내용은 이렇다. 곧 '상사 황윤길과 서장관 허성은 소속된 당이 달랐음에도 불구하고 일본이 쳐들어 올 것이라고 보고하였고, 부사 김성일은 일본이 쳐들어 오지 않을 것이라고 보고하였다. 그리고 부사가 상사와 반대로 보고한 것은 소속한 당이 달랐기 때문이다. 그런데 당시는 부사가 속한 동인이 조정의 주력 세력이어서 부사의 보고가 채택되어 그 전부터 일본의 침략에 대비해서 취해오던 국방 관련 시책들을 모두 중단하거나 폐기하여 버렸다. 그래서 통신사들이 귀국 보고를 한 이듬해에 막상 일본이 쳐들어 왔을 때 우리 조선은 무방비 상태여서 참혹한 전화를 겪었다.' 이것이 저자를 포함하여 대부분의 사람들이 학교에서 배운 내용이고, 또 책이나 TV의 역사극 등을 통하여 알게 되는 내용들이다.

　그러나 저자는 전쟁이라는 최악의 위험이 닥쳐옴에도 불구하고 통신부사가 그 위험을 도외시하며 상사와 당이 다르다는 이유로 귀국보고를 반대로 하였다는 주장과 그 보고를 받고서 추진하던 전쟁 대비책을 모두 그만두었다는 주장에 대하여 평소에 의문을 가져왔다. 우리 일반인들 가운데서도 여러 경로로 오랜 기간 동안 되풀이하여 배우고, 듣고, 시청하다 보니 별 생각 없이 당연한 것으로 받아들이는 사람들도 있겠지만, 그같은 납득하기 어려운 주장에 대하여 의문을 가지는 사람도 많을 것이다. 닥쳐올 전쟁을 제쳐놓고 당파의 이익을 우선하였어야 할 사정이 무엇이었을까? 당쟁이 그처럼 치열하고 격렬하였을까? 엄연히 절대왕권을 행사하고 있던 왕은 무슨 일을 하였을까? 그리고 정말 아무런 전쟁 대비를 하지 않았을까? 등등.

이처럼 의문들을 가지고 살아오다 보니 본격적으로 조사나 연구를 하지는 않았지만 귀국 보고 때문에 역사적으로 비판을 받고 있는 김성일에 대하여도 아는 것이 조금씩 늘어 갔다. 그는 우리나라 성리학을 대표하는 이황의 고제로서 그의 나이 29세 때 이황이 요순 이래로 성현들이 서로 전한 심법(心法)을 차례로 적은 병명(屛銘)을 손수 써서 수백 명의 많은 제자 중에서 오직 그에게만 주었을 정도로 이황의 크나큰 기대를 받았으며, 그의 나이 32세 때에 이황이 조정에서 물러나는 자리에서 선조가 조정과 제자 중의 인재에 대하여 물으니, 이황이 이준경(李浚慶), 기대승(奇大升)과 함께 김성일을 천거하였음도 알았다. 또 김성일은 전상호(殿上虎. 임금도 겁내지 않는 강직한 신하)라는 별명을 가지고 있었으며, 선조를 보고 요순도 될 수 있고 걸주도 될 수 있다는, 절대왕조 시대에 신하로서 왕에게 정말 하기 어려운 말을 직접 하였다는 사실도 알았다. 그와 같은 사실을 알고 나니 김성일이 귀국 보고를 왜 그렇게 하였나 하는 의문이 더욱 커지기도 하였다.

30년간 다니던 직장을 그만 두고 나니 평소 내 마음 속에 가지고 있던 이러한 의문들에 대하여 답을 찾아 보고 싶은 생각이 들었다. 그래서 국립중앙도서관을 찾기도 하고, 인터넷을 통하여 여러 군데서 자료를 검색하기도 하고, 나름대로 도움이 된다고 생각한 책들을 모으기도 하였다. 신문에 나는 기사와 임진왜란에 대한 새로운 출판물 등을 눈여겨 보면서 몇 년을 보냈다.

모든 문제는 그 스스로가 해답을 가지고 있다고 한다. 내 마음 속에 오랫동안 가지고 있던 의문들도 예외는 아니었다. 내가 모으고 접한 자료들을 여러 번 읽고, 검토하고, 생각하다 보니 처음에는 보이지 않던 기록들 간의 차이가 눈에 뜨이기 시작하였다. 그리고 그 차이들에 대하여 나름대로 연찬하여 정리하여 보니 내가 가지고 있던 의문들에 대한 해답이 되었다. 그 해답들이 본서 제1부 귀국 보고와 제2부 일본 사행 관련 기술들이다. 그리고 임진왜란 발발과 관련되는 자료를 수집, 정리하다 보니 김성일의 학문과 신료 생활, 임진왜란 발발 후 1년 동안의 그의 활동 등 그의 거의 알려지지 않은 면에 대하여도 함께 정리하여 보고 싶었다. 그것을 모은 것이 본서의 나머지 부분이다.

내가 자료를 정리하면서 느낀 것은, 김성일이 한 말은 변조되어 비판을 받아왔고, 그가 하지도 않은 말은 날조되어 비판을 받아왔다는 것이다. 특히 통신부사로서의 귀국 보고가 변조되어 잘못 알려지다 보니, 국방문제와 관련된 모든 책임을 그에게 돌리는 것은 아주 자연스러운 것으로 받아들이게끔 되어 왔다. 그에 대한 이러한 인식 내지 태도는 다른 곳에서의 그의 업적조차도 외면을 받게 하거나 인색한 평가를 받게 하고 있다는 느낌을 지울 수가 없었다.

그 대표적인 것 중의 하나가 그가 임진왜란이 일어나고 나서 만 1년 동안 목숨을 바쳐가면서 전심전력으로 왜적들과 맞서 싸워 그곳을 다시 찾았거나 지켰고, 어느 누구보다도 그곳 백성들을 가족 이상으로 힘써 돌보았던 그곳, '경상우도' 지역에서의 대접은 뜻밖에, 정말 뜻밖에 너무도 소홀하였다. 아니 거의 아무런 대접도 없다 싶은 느낌이 들 정도였다.

그가 경상좌도 감사로 전근을 갈 때에는 경상우도에 계속하여 남아 있도록 그렇게도 강력하게 유임운동을 하였으며, 경상우도 감사로 다시 왔던 그가 순국한 곳도 바로 그곳이 아닌가. 경상우도 그곳에서 그에 대한 대접이 그럴진대, 다른 곳이나 분야에서의 그에 대한 대접은 말할 필요가 없는 것이다.

김성일에 대한 이같은 잘못된 평가는 우리 스스로의 잘못된 기록이 그 원인이 되기도 하지만, 일본이 우리 국권을 강탈하여 지배하는 것을 정당화시키고자 한 식민지사관이 또 다른 원인이 되기도 하였다. 따라서 통신부사로서의 귀국 보고의 진상도 제대로 알려져야 하고, 그가 귀국 보고를 한 지 한 달 정도 후에 선조에게 보고하였지만 지금껏 외면되어 온 풍신수길의 침략계획에 대한 또 다른 보고도 제대로 평가되어야 할 것이다. 또 그가 말하지도 않았는데 말한 것으로 여기저기에 날조되어 기록되어 있는 말들에 대하여도 제대로 진실이 알려지고 무슨 이유로 그렇게 날조되었는지도 밝혀져야 할 것이다. 그렇게 되기 위하여서는 앞으로 옳고 바른 연구들이 계속하여 나와야 할 것이다. 그렇게 될 때 그에 대한 오해가 완전히 풀리리라고 본다. 그러려면 앞으로도 어느 정도 시일이 더 걸릴 것이다. 그러나 세상의 일이란 어느 기간 동안은 진실이 가려질 수도 있고, 진실이 아닌 것이 통할 수도 있겠지만, 긴 세월을 두고 보면, 역시 만사는 사필귀정, 진실이 지배하기 마련이다.

 이『임진왜란과 김성일』이란 책이 김성일이 받아왔던 오해를 풀고 그 옛날 우리의 조상들이 임진왜란을 대비하면서 행하였던 일들 중 가려지고 잘못 알려진 부분의 진실을 제대로 드러내는 데 도움이 된다면 저자에게는 커다란 보람이 되겠다. 진실이 드러나면 커다란 외침이 눈 앞에 닥쳐오는데도 우리끼리의 당파 싸움 때문에 그 외침에 제대로 대처하지 못하였다는 식민지사관에 의한 말도 되지 않는 주장이나 알 수 없는 편견에 의한 주장들이 불식되는 데 도움이 될 것이기 때문이다.

 끝으로 한 가지 송구스러운 것은 여러 훌륭하신 분들의 휘자(諱字. 돌아 간 높은 어른의 이름자)를 아무런 존칭 없이 썼고, 그 분들에 대하여 아무런 존대어도 붙이지 않고 책을 쓴 것이다. 외람되게 그렇게 한 것은 저자는 나름대로 이 책을 역사서라고 생각하고 썼기 때문이다. 독자 제현과 관계자 여러분의 양해를 바란다.

2005. 8.
김 명 준 삼가 씀

임진왜란과 김성일 / 차례

서 문 · 3

제1부 흉흉한 민심과 변조된 귀국보고

흉흉한 민심과 변조된 귀국 보고 ································ 17
  임진왜란 최초의 승전보 · 17
  선조의 노여움 · 18
  문제의 귀국 보고 · 20
  조선 통신사의 왜국 왕래 일정 · 23
  두 번, 세 번씩 난 왜적의 침입 소문 · 25
  귀국 보고의 진실은? · 28
  귀국 후 바뀐 상사의 태도 · 37
  왕이 한 말도 바꾼다 · 44
  체모 때문인가? 불화 때문인가? · 46
  속았는가? 민심 때문인가? · 50

정말, 방비하는 일을 모두 그만 두었는가? ·················· 54
  종래 사서들의 주장 · 54
  왜국이 침략할 것이라는 여러 가지 정보 · 56
  풍신수길이 전쟁을 일으키고자 합니다. · 59
  임진왜란 역사는 바르게 고쳐야 한다 · 63
  조선의 선택 · 65

조선은 실제 어떤 대비를 했나 · 71

명나라에 대한 왜적의 침략설 보고 ·· 77
　　　명나라에 보고해야 하느냐 · 77
　　　명나라가 갖고 있던 정보와 하절사의 보고 · 78
　　　동지사의 보고 · 81
　　　진주사의 보고와 진사 사절 · 82
　　　그래도 우리는 하던 방비 업무도 중지했다? · 84

국방과 김성일 ·· 85
　　　순무어사 김성일 · 86
　　　세 번의 차자 · 88
　　　빈껍데기 병적부로 병정을 선발한다? · 89
　　　언 흙으로 높은 성을 쌓는다? · 93
　　　축성과 백성들의 원망 그리고 고통 · 94
　　　힘들여 쌓은 성은 왜적의 소굴이 되거나 빗물에 무너지고 · 99
　　　소위 잘못된 계책과 잘못된 정사 · 101
　　　충주에서 부산으로 침략한 왜군 숫자를 보고하였다? · 105

동서 붕당과 김성일 ·· 108
　　　식민주의 사관은 아직도 살아 있다 · 108
　　　동서 붕당과 귀국보고 · 110
　　　김성일의 붕당 관련 기록 · 115
　　　진도군수의 쌀 뇌물사건 · 119
　　　왕에게 직접 보고한 여타 비리 등 · 124
　　　이이와 김성일의 관계 · 126
　　　소인과 군자 · 127
　　　최영경을 신구하다 · 128
　　　동쪽과 서쪽은 누가 깨뜨릴 것인가 · 129

임진기사를 살펴 본다 ………………………………………………… 131
　문제되는 내용 · 131
　평의지도 왔다? · 133
　대거 침입할 것이다? · 134
　방비하는 모든 일을 그만두었다? · 136
　당숙은 어리석고 용렬하다? · 136
　김성일이 주장한 것은 말한 것이 아니다? · 137
　망측한 심사를 타매했다? · 139
　상사보다도 부사가 책임이 크다? · 140
　추기 · 141

제2부　고군분투의 일본 사행

일본으로 가는 길 …………………………………………………… 147
　대마도 가는 길 · 147
　대마도의 거짓 술책 · 149
　조선은 통신사를 파견할 수 없다 · 152
　조선 통신사 초청 예물 · 153
　대마도의 탐색전 · 155
　왜국은 선위사가 없다? · 156
　국분사에서의 조선통신사 환영회 · 160
　왜인 예단지 · 163
　입도출도변 · 165

통신사들의 경도 동정 ……………………………………………… 167
　왜의 수도에 들어는 갔지만 · 167
　뇌물이라도 써서 풍신수길을 빨리 만나자 · 168
　부관이 악단을 빌려 달라는데 · 171
　관백 행차를 구경해야 된다는데 · 173
　뜰에서 인사하느냐? 마루에서 인사하느냐? · 175
　월탁과 재화 교환 · 177

조선의 국서와 왜국의 답서 ··· 180
　　풍신수길을 만나기는 하였으나 · 180
　　조선의 국서 · 183
　　풍신수길의 당혹감 · 184
　　사명보다는 목숨이 먼저? · 186
　　천금 같은 시간을 하늘만 쳐다보면서 다 보내고 · 187
　　풍신수길의 답서 · 189

답서에 대한 통신 부사의 외로운 분투 ···························· 192
　　사신은 부사뿐? · 192
　　문제될 편지는 보낼 수 없다 · 194
　　적정 탐색이 주된 임무였다? · 199
　　통신사는 글 잘하는 사람 중심으로 · 205

조선국의 연혁(沿革)에 대한 고이(考異)와 조선국의 풍속에 대한 고이 208
　　『대명일통지』도 다 믿으면 안된다 · 208
　　조선국 연혁 고이 · 209
　　조선국 풍속 고이 · 210
　　명나라 황제보다는 조선의 국익이 우선 · 211

제3부　직간과 애민의 신료생활

요순(堯舜)과 걸주(桀紂) ··· 215
　　성군이라는 평이 듣고 싶다? · 215
　　요순과 걸주 · 216
　　궁전 위의 호랑이 · 217
　　노산군을 복위하고, 사육신의 관작을 회복시켜야 합니다 · 218
　　함경도 순무어사 · 221
　　황해도 순무어사 · 223
　　경기추쇄경차관 · 228
　　나주목사 · 230

모자의 생이별 ··· 236
    사가독서 · 236
    어미가 자식과 이별하다. · 237
    피곤도, 괴로움도, 한탄도, 원망도 극도에 달하였습니다 · 241
    왕자들의 호화 저택과 부정축재 · 243
    군정의 문란 · 246
    10년 전에 이이도 건의했건만 · 247
    동서붕당과 관료들의 악습 · 248

제4부 지행합일의 학문과 위민의 정치철학

김성일의 학문과 정치철학 ·· 253
    이황으로부터 성리학을 배우다 · 253
    이황이 써 준 병명 · 261
    위민과 애민의 정치철학 · 266

제5부 초유와 토적의 구국활동

김성일을 유임시켜 주시옵소서 ··································· 275
    경상좌도 감사 임명 · 275
    김성일 유임 운동을 위한 모임 통지문 · 277
    왕에게 올린 진사 박이문(朴而文) 등의 원류소 중에서 · 281
    왕에게 올린 진사 정유명(鄭惟明) 등의 원류소 중에서 · 282
    초유사 김성일에게 유생 이대기(李大期) 등이 올린 만원서 중에서 · 283
    바다에는 이순신, 육지에는 김성일 · 285
    임진왜란 초기의 경상도 상황 · 286
    경상우병사에서 초유사로 · 289

의병의 아버지 Ⅰ ··· 296
    초유사의 격문 · 296

이반된 민심 · 301
임시군수와 소모관 임명 등 행정체계를 갖추어 나가다 · 303
드디어 의병들이 일어나다 · 305
진주의 중요성 · 310
군령의 확립과 선악부 비치 관리 · 311
현장 파악 · 313

의병의 아버지 Ⅱ ··· 317

병기 조달 · 317
군량 조달 · 321
의병장과 감사, 병사 간의 불화 조정 · 329
의병들의 성취와 김성일의 공적 · 338

진주대첩 ··· 341

삼장사시 · 341
호남의 보장 진주 사수 결의 · 346
진주대첩 전의 진주지역 전투 · 349
진주성 수비 준비 · 350
경상우도의 유임 운동과 진주 수성 대책 마련 · 353
성내외의 관군과 의병, 시민 · 356
전투경과와 김시민의 공훈 · 357
김성일의 종합 수성기획 · 359

영남우도 일원에서의 방어와 수복 ······················· 363

김성일의 순국 ·· 385

지금이라도 민심을 얻으소서 · 385
선조의 자책 교서 · 387
억울한 죽음 예방 · 388
기민 구호 · 390
김성일 순국하다 · 391

◇ **별 첨** ·· 397

황해도를 순무(巡撫)할 때 올린 상소 · 399
현소(玄蘇)에게 답하는 편지 · 420
황 상사(黃上使)에게 보내는 편지 · 423
재앙을 만나 수성(修省)하기를 청하는 차자 · 신묘년 · 427
홍문관에 있으면서 두 번째 올린 차자 · 444
축성(築城)을 정지하기를 청하고 이어 시폐(時弊)를 진달하는 차자 · 446
경상우도 유생들이 김성일을 머물러 있게 해 주기를 청하는 상소 · 457

제1부

●

흉흉한 민심과 변조된 귀국보고

흉흉한 민심과 변조된 귀국 보고

임진왜란 최초의 승전보

"전하, 왜적의 두 수급이옵니다."
"왜적의 두 수급?"
"예! 경상우병사 김성일(金誠一)이 장계와 함께 보내온 것입니다."

장계의 첫 머리에는 "나라를 위하여 한 번 죽는 것이 신의 소원입니다"라고 쓰여 있었다.

위의 이야기는 1592년 4월 26일경, 그러니까 왜적이 우리나라 부산포에 침입하여 임진왜란이 발발한 날로부터 열사흘쯤 지난 날의 조선 왕궁에서의 한 장면을 보여주고 있다. 그리고 이 수급은 임진왜란이 일어난 후 조선의 왕 선조가 처음으로 보는 왜적의 수급이었다. 수급이란 전쟁터에서 베어 얻은 적의 목이니 김성일이 싸움에서 왜적을 이겨서 얻은 전과가 아닌가!

　4월 17일 경상좌수사 박홍(朴泓)으로부터 왜적이 4월 13일 부산에 침입하였다는 보고를 받은 이래 들려오는 소식이라고는 적에게 패하여 성이 함락되었다거나 수령과 장수, 군사들이 모두 달아나서 적이 무인지경으로 한양을 향하여 진격 중이라는 끔찍한 이야기뿐이었는데…… 그러니까, 이 김성일의 장계는 임진왜란이 발발하고 나서 선조가 처음으로 받아보는 승전 보고였던 것이다. 비록 그 승전이 경상우병사로 부임하기 위하여 병영이 있는 창원으로 가던 도중에 갑자기 부닥친 적의 선봉대를 격퇴시킨 것으로서 승리의 규모가 크지는 않았지만 말이다.

선조의 노여움

　그런데, 이 김성일이 누구인가? 지난 4월 17일 왜적의 침입 소식을 보고 받자 선조가 스스로 국문(鞫問. 중죄인을 국청[鞫廳]에서 심문하던 일) 하려고 바로 잡아오라고 명령하였던 자가 아닌가! 왜적의 침입 가능성에 대하여 잘못 보고한 책임을 물으려는 대상자가 어느 누구보다 먼저 왜적을 물리치면서 두 왜적의 목을 베어서 보내오다니. 이 얼마나 기막히게 연극 같은 장면인가!

　아흐레쯤 전 의금부 도사를 보내어 김성일을 잡아오라고

선조가 명령을 내릴 때 유성룡1)과 대관들은 김성일을 변명하며 적극 말렸지만 왕은 듣지 않았다. 그런데 지금 왜적의 수급과 장계를 보고는 선조는 마음이 바뀌어서 이렇게 물었다.
"김성일이 한 번 죽어 나라의 은혜에 보답하겠다는 말이 있

---

1) 柳成龍. 1542-1607. 조선 중기 문신. 자는 이현(而見), 호는 서애(西厓). 본관은 풍산(豊山). 이황(李滉)의 문인이다. 1566년 명종 21년 문과에 급제하였다. 1569년 선조 2년 성절사 서장관으로 명(明)나라에 다녀와 사가독서를 하였다. 그 뒤 이조참의를 거쳐 1580년 부제학에 올랐다. 1582년 대사헌에 승진하여 왕명으로 황화집서(皇華集序)를 찬진하고 1583년 경상도관찰사, 다음해 예조판서로 동지경연춘추관사·제학을 겸하였으며 1585년 왕명으로 정충록발(精忠錄跋)을 지었다. 1589년 대사헌·병조판서·지중추부사를 지냈으며 그 해 정여립(鄭汝立)의 모반사건으로 기축옥사가 있자 관직을 사퇴하였다. 1590년 우의정에 오르고 광국공신 3등으로 풍원부원군(豊原府院君)에 봉해졌다. 1591년 이조판서를 겸하고 이어 좌의정에 올랐으며, 왜란이 있을 것을 대비하여 권율(權慄)을 의주목사에, 정읍현감 이순신(李舜臣)을 전라도좌수사에 천거하였다. 1592년 4월 일본이 침입하자 병조판서를 겸하고 도체찰사로 군무를 총괄하였다. 이어 영의정이 되었으나 나라를 그르쳤다는 반대파의 탄핵을 받고 면직되었다. 1593년 다시 영의정에 올라 4도 도체찰사를 겸하여 군사를 총지휘하였는데 이때 군대양성·화기제조 및 성곽수축을 건의, 군비확충에 노력하였고 훈련도감을 설치할 것을 요청하였다. 1598년 명나라 경략(經略) 정응태(丁應泰)가 조선이 일본과 연합하여 명나라를 공격하려 한다고 무고한 사건이 일어났는데, 진상을 변명하러 가지 않는다는 탄핵을 받고 관작(官爵)을 삭탈당하였다. 1604년 호성공신 2등이 되고 다시 풍원부원군에 봉해졌다. 도학·문장·글씨·덕행으로 이름을 떨쳤고 특히 영남 유생들의 추앙을 받았다. 안동 병산서원(屛山書院)에 제향되었다. 저서에 『서애집』, 『신종록』, 『징비록』 등이 있고, 편저에 『대학연의초』, 『황화집』 등이 있다.

는데 그가 능히 그렇게 하겠는가?" 그러자 유성룡과 최황2)이 "김성일은 소견은 혹 미치지 못할지라도 충성심만은 남음이 있으니 이 말을 저버리지 않으리라고 확신합니다"고 대답하였으며 왕세자도 힘써 구원하였다. 그래서 선조는 노여움을 거두고 김성일을 초유사에 임명하였다.

문제의 귀국 보고

선조가 문책하려 했던 통신사의 귀국 보고는 어떠하였는가? 우리가 일반적으로 알기로는 상사 황윤길3)과 서장관 허성4)은 '왜국이 쳐들어 올 것이다'라고 하였고 부사 김성일은 '쳐들어 오지 않는다'고 하였다는 것이다. 이들 통신사의 귀국 보고는 오늘날에도 국가의 안보 문제와 관련하여 의견이 나누

---

2) 崔滉. 1529-1603. 자는 언명(彥明), 호는 월담(月潭), 봉호는 해성군(海城君). 본관은 해주. 이중호(李仲虎)의 문인. 광국공신과 평난공신에 책봉되었다. 임진왜란 때 왕비와 세자빈을 배종해 희천으로 피난하였다.

3) 黃允吉. 1536-?. 자는 길재(吉哉), 호는 송당(松堂) · 우송당(友松堂). 본관은 장수. 황징(黃懲)의 아들. 서인으로 일본 통신 상사로 다녀와 일본이 반드시 침입할 것이라고 보고하였다.

4) 許筬. 1548-1612. 자는 공언(功彥), 호는 악록(岳麓) · 산전(山前). 본관은 양천. 허엽(許曄)의 아들. 유희춘(柳希春)의 문인. 1590년 통신사의 서장관으로 일본에 다녀왔다. 그는 동인이었지만 일본 침략에 대한 보고를 상사 황윤길과 같이 하였다. 형제인 허봉(許篈), 허균(許筠), 허난설헌(許蘭雪軒) 등과 함께 모두 문장으로 이름이 났고, 성리학에도 조예가 깊었다. 저서는 『악록집』이 있다.

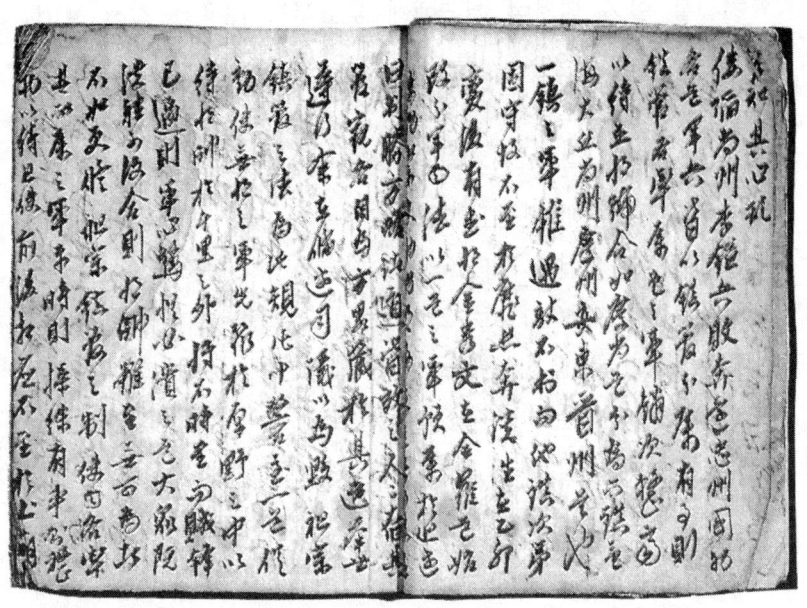

징비록. 조선 선조 때의 유성룡이 쓴 책으로 임진왜란에 관한 가장 중요한 문헌이다.

어질 경우 자기 논리의 정당성을 주장하는 데 자주 이용되기도 한다. 자기와 의견이 다른 측에 대한 공격 자료로 인기 있는 레파토리여서 여기저기서, 이 사람 저 사람이 인용하는 것이다.

그러나 그 보고 내용을 잘못 알고 있는 경우가 허다하다. 우리가 받은 역사 교육이 그만큼 잘못되었다는 이야기다. 그 원인은 일부는 식민지 사관 때문에, 일부는 무의식적인 과거 답습 때문에, 일부는 당파적인 편견 때문에, 일부는 진실을 말할 수 있는 용기 부족 때문이다.

진실을 알기 위하여 선조에게 보고하는 내용을 직접 보기로 하자. 당시의 일을 기록한 공식 역사 자료인 『선조실록』에는 임진왜란으로 기초자료가 다 없어져서 그런지 상사 황윤길과 부사 김성일이 선조에게 직접 보고한 내용이 기록되어 있지 않고, 나중에 편찬된 『선조수정실록』에는 수록되어 있다. 또한 『선조수정실록』보다 먼저 편술되어 『선조수정실록』을 작성하는 데 기초 자료로 많이 쓰인 것으로 보이는 서애 유성룡의 『징비록』(懲毖錄)에도 몇 군데 기록이 있다. 그 외에도 『당후일기』5), 유원지의 『졸재집』,6) 조호익의 『지산집』7) 등에

---

5) 堂後日記. 조선시대 사관은 군주를 중심으로 조정에서 일어나는 모든 일을 기록하는 관료였다. 예문관(藝文館)에 소속된 사관들이 매일 2명씩 교대로 왕의 동정을 비롯해 정사에 관한 일을 기록했다. 사관의 기록은 왕이 사망한 뒤 실록 편찬의 기초 자료가 된다고 해서 '사초'(史草)라 불렸다. 사초는 사관 외에는 누구도 열람할 수 없었다. 거기에는 정사에 관한 객관적 기록뿐 아니라 사관의 평가도 포함되기 때문이었다. 그래서 "왕이 두려워해야 할 것은 황천과 사필(史筆)뿐"이라는 말까지 나올 정도였다. 조선 중기부터 왕명을 출납하던 승정원(承政院)의 주서(注書·서기)도 사관에 포함됐고, 그들이 임금 옆에서 매일 기록한 『당후일기』(堂後日記)도 사초로 활용됐다. 특히 이것은 『승정원일기』 편찬의 주된 자료가 됐다.

6) 柳元之. 1598-1678. 자는 장경(長卿), 호는 졸재(拙齋). 본관은 풍산. 유성룡의 손자. 정경세(鄭經世)의 문인. 남인 학자. 저서는 『졸재집』이 있다.

7) 曺好益. 1545-1609. 조선 중기의 문신·학자. 본관은 창녕(昌寧). 자는 사우(士友), 호는 지산(芝山). 이황(李滉)의 문인이다. 1575년(선조 8년) 경상도도사 최황(崔滉)이 부임하여 군적(軍籍)을 정리할 때 그를 검독(檢督)에 임명하여 한정(閑丁) 50명을 독납(督納)하게 하였으나 병을 핑

도 참고할 기록들이 있다. 이들 기록을 중심으로 그 당시 상황을 살펴 보자.

조선 통신사의 왜국 왕래 일정

1590년 선조 23년 3월 6일 한양을 출발한 조선의 통신사들은 4월 29일 그믐날 부산을 출발하여 5월 4일 대마도주가 있는 곳 부중(府中)에 도착하였다. 풍랑 때문에 여러 날이 지체된 것이다. 그 후 일본측의 여러 가지 의도적인 지연술 때

계로 거절하자 토호(土豪)라고 상주(上奏)하여 다음해 평안도 강동현에 유배되었다. 유배지에서 계속 학문에 정진, 많은 후진을 양성하여 관서지방에 학풍을 진작시켰다. 1592년 임진왜란 때 유성룡(柳成龍)의 청으로 풀려나와 금오랑(金吾郞)에 특별 임명되어 행재소(行在所)가 있는 중화로 달려갔다. 그뒤 소모관(召募官)이 되어 군민(軍民)을 규합, 중화·상원 등지에서 전공을 세웠다. 이어 형조정랑·절충장군(折衝將軍)에 승진되고, 1593년 평양싸움에 참가하는 등 전공을 세웠다. 대구부사·성주목사·안주목사·성천부사 등을 역임하고, 1597년 정주목사가 되었으나 병으로 사직하였다. 그후 선산부사, 남원부사에 임명되었으나 병으로 나가지 못하였다. 이조판서에 추증되고, 영천(永川)의 지봉서원(芝峰書院)과 도잠서원(道岑書院), 성천의 학령서원(鶴翎書院), 강동의 청계서원(淸溪書院)에 제향되었다. 저서로는『지산집』·『심경질의고오』(心經質疑考誤)·『가례고증』(家禮考證)·『주역석해』(周易釋解)·『역상추설』(易象推說)·『논위학지요』(論爲學之要)·『이기유석등변』(理氣儒釋等辨)·『대학동자문답』(大學童子問答)·『소황이두시가구주』(蘇黃李杜詩家句註)가 있다.

문에 3개월이나 걸려서 그 당시 왜의 수도인 경도(京都. 교토)에 도착하고, 경도에 도착한 지 4개월 후에야 풍신수길(豊臣秀吉. 도요토미 히데요시)에게 선조의 국서(國書)를 전달하게 된다.

국서를 전달하고 4일이 지나서 풍신수길은 경도에서 1백여 리 떨어진 계빈(堺濱: 사카이, 大阪: 오사카)에 가서 기다리면 답서를 보내겠다고 하였다. 이에 대하여 부사 김성일은 "답서를 받지 못하였으니 아직 사신의 임무가 끝나지 않았다. 그리고 만약 계빈으로 간 다음 일이 생겨 서로 오고 가야 할 경우에는 어떻게 하느냐. 그러니 계빈으로 미리 가서는 안 된다"고 말하였다.

그러나 상사 황윤길과 서장관 허성 등은 일본에 억류되어 돌아가지 못할까봐 서둘러 계빈으로 떠나가니 대표권도 없는 부사가 혼자 남아 있어 보아야 일을 할 수도 없어 이들을 뒤따라 갔다. 나중에 계빈으로 보내온 답서는 위협과 무례로 가득차 있어서 부사 김성일이 몇 차례 강력히 항의하는 등 우여곡절 끝에 6자를 수정한 다음, 통신사들은 그 답서를 들고 왜국의 사신들과 함께 그 이듬해인 1591년 선조 24년 1월 28일 부산에 도착, 귀국하게 된다. 전년도 한양을 떠나서부터는 11개월 만이요 부산을 떠나고부터는 9개월 만이니 오랜 기간이었다.

통신사 일행이 일본에서 겪고 행한 일들은 별도로 이야기하겠지만, 간단히 말해서 상사와 서장관은 신라 때 박제상[8]

---

8) 朴堤上. ?-416. 신라 눌지왕 때의 충신. 고구려에 볼모로 가 있는 왕

이 일본에 사신으로 갔다가 억류되어 돌아오지 못하고 그곳에서 죽음을 당한 일과, 1375년 고려 우왕 1년에 통신사 나홍유9)가 일본에 왜구 출몰을 금하도록 요구하는 사신으로 가서 억류되었다가 돌아온 일이 있어서 그런지, 겁을 내어서 사신의 체모를 지키거나 사절의 임무를 수행하는 것보다는 죽지 않고 살아서 귀국하는 데 더 신경을 쓰다가 돌아온 형편이었다.

두 번, 세 번씩 난 왜적의 침입 소문

한편, 이때 조선은 상사 등 통신사들보다 한 달여 전에 먼저 귀국한 역관이 퍼뜨린 왜국이 침입할 것이라는 소문이 전국적으로 퍼져가고 있는 중이었다. 『선조수정실록』 선조 24년 1591년 3월조에 보면 전 교수 조헌10)이 왕에게 올린 소장 중

제 복호(卜好)를 돌려 오고, 일본에 볼모로 간 왕제 미사흔(未斯欣)을 돌려 보낸 후 자기는 체포되어 피살되었다.

9) 羅興儒. 생몰년도 미상. 1375년 고려 우왕 1년에 일본과 화친할 것을 진언하고 통신사를 자청하여 일본에 가서 왜구의 출몰을 금지할 것을 직접 요구하였다. 그러나 일본에서는 고려와 원나라 연합군의 정벌 이후 100여 년 동안 국교가 끊어져 있었기 때문에 간첩으로 의심하고 구속하였다. 마침 고려 출신으로 일본에 귀화한 중 양유(良柔)의 주선으로 석방되고 고려와 일본은 다시 국교를 맺게 되었다. 1376년 일본의 사신으로 파견된 양유와 함께 돌아왔다. 저서는 『중순당집』(中順堂集)이 있다.

에 이런 구절이 있다. 즉 "그 가운데 더욱 놀라운 것은 선래 역관11)이 수길의 패만스런 내용의 글을 가지고 와서 일도(一道)에 전파시켰고, 이것이 호서, 호남에까지 퍼져 갔으므로 사류들은 말하지 않는 이가 없고 백성들도 듣지 않은 이가 없습니다" 하였다. 즉 통신사들보다 먼저 귀국한 통역하는 관원이 왜국의 침략 이야기를 경상도에 전파시키니, 이것이 충청도와 전라도에도 다 전파되어 선비류는 모두 왜적의 침입을 말하였고 백성들은 모두 그 침입한다는 말을 들었다는 것이다.

이렇듯 왜적의 침입 소문이 퍼져 가고 있는 가운데 통신사들이 귀국하였다. 그러니 그들의 말 한 마디, 동작 하나하나는 모두 주시의 대상이 되어 있을 때였다. 그런 때에 상사는 부산에 도착하자마자 일본에서 겁을 집어먹은 잘못을 감추려는 듯 바로 그간의 사정과 형세를 치계(馳啓. 급히 보고)하면서 "반드시 병화가 있을 것입니다(必有兵禍)"라고 하였다. 즉 서면

---

10) 趙憲. 1544-1592. 자는 여식(汝式), 호는 중봉(重峯)·도원(陶原)·후율(後栗). 본관은 백천. 이이, 성혼의 문인. 서인 의병장. 1586년 이이, 성혼을 추죄하려는 동인을 탄핵하는 상소를 올려 길주에 유배되었다. 임진왜란 때 옥천에서 의병을 일으켜 승병과 연합하여 청주를 수복하였다. 금산에서 7백 명의 의병과 함께 전사하였다. 문묘에 배향되고, 옥천의 표충사 등에 제향되었다. 저서는 『중봉집』이 있다.

11) 이 선래 역관(先來譯官)은 『선조실록』 선조 24년 1월 13일 조에 실려있는 통신사의 서장을 가지고 전년 즉 선조 23년 1590년 12월 1일경에 일본 사포(沙浦)에서 통신사들 보다 먼저 출발한 일행 중 한 사람일 것이다. 이 서장의 내용은 이 책 39면에 실려 있다.

으로 우선 왕에게 왜적이 침입할 것이라고 귀국 보고를 한 것이다.

유성룡의 『임진호종기』(壬辰扈從記)에 보면 신묘년(1591년 선조 24년)에 사신들이 일본에서 돌아와 배가 부산포에 대었는데, 황윤길은 일본의 사정을 서둘러 장계하면서, "마땅히 병화가 있을 것은 의심할 여지가 없습니다"라고 말하니 이 말을 들은 사람들은 매우 두려워했으며, 며칠이 되지 않아서 중앙과 지방에서 민심이 흉흉하였다고 하였다. 일본의 침입 소문이 한 달 정도 간격을 두고 연달아 난 것이다. 그런데 이번에는 통신사절단의 단장인 상사의 말로부터 소문이 났으니 그 신빙성은 대단히 높았을 터이고, 따라서 소문의 위력도 말할 수 없이 컸을 것이다. 임진왜란 때 소모관으로 활약하였던 조호익이 이원익12)에게 답한 편지에서도 통신사가 동래에 도착

---

12) 李元翼. 1547-1634. 조선 중기 문신. 자는 공려(公勵), 호는 오리(梧里). 본관은 전주(全州). 1564년(명종 19년) 사마시에 합격, 1569년(선조 2년) 별시문과에 급제하여 승문원부정자(承文院副正字) · 봉상시직장(奉常寺直長) 등을 지냈다. 1573년 질정관(質正官)으로 명(明)나라에 다녀온 뒤 호조 · 예조 · 형조좌랑을 거쳐 정언(正言) · 지평(持平) · 형조 · 예조정랑 등을 역임하고 사간이 되었다. 1583년 박근원(朴謹元)의 죄에 연루, 파직되어 5년간 야인으로 지내다가 1587년 안주목사(安州牧使)가 되어 군병방수제도(軍兵防守制度)를 개혁하였고 1년에 3개월 복무를 2개월로 단축시켜 이를 법제화하였다. 임진왜란 때는 평안도순찰사가 되어 왕의 피난길을 선도하였고, 1593년 평안도관찰사 · 순찰사를 겸하다가 1595년 우의정, 제도도체찰사(諸道都體察使)등을 겸하고 1598년 영의정이 되었다. 1604년 호성공신(扈聖功臣)으로서 완평부원군(完平府院君)에 봉해졌다. 1608년 대동법(大同法)의 실시를 건의하여 불합리한

한 다음 왕에게 보고도 하기 전에 왜의 침입 이야기가 누설되어 온 나라가 흉흉하여 장차 국내적으로 변란(變亂. 사변이 일어나 세상이 어지러움. 또는 그 소란)이 일어나려고 하였다고 하였다.

그 당시는 TV도 없고, 라디오도 없고, 신문도 없던 때라서 입 소문이 주요한 통신 수단이었는데, 입에서 입으로 전해지는 말은 예나 지금이나 입을 건널 때마다 부풀려지는 특성이 있는데, 두 번씩이나 왜적들이 쳐들어 온다는 소문이 나돌았으니 그들이 침략해 오기도 전에 먼저 나라가 무너질 지경이었다.

귀국 보고의 진실은?

이렇게 민심이 요동치는 가운데 통신사가 3월 한양에 도착하여 왕에게 귀국 보고를 하니 선조가 왜의 사정에 대하여 물었다. 이에 대하여 상사 황윤길은 부산에서 서면으로 보고한 내용과 같이 "반드시 병화가 있을 것입니다(必有兵禍)"라고 말하였고 부사 김성일은 "신은 그러한 정형을 보지 못하였습니

조세제도를 시정하였다. 1615년(광해군 7년) 폐모론(廢母論)을 반대하여 홍천(洪川)에 유배되었다가 1619년에 풀려났으며, 1624년(인조 2년) 이괄(李适)의 난 때 공주(公州)까지 왕을 호종하였다. 저서로는 『오리집』, 『속오리집』, 『오리일기』가 있고, 가사로 고공답주인가(雇工答主人歌)가 있다. 인조의 묘정에 배향되었고, 여주(驪州)의 기천서원(沂川書院), 시흥(始興)의 충현서원(忠賢書院), 안주의 청천사(淸川祠)에 제향되었다.

풍신수길(도요토미 히데요시). 임진왜란을 일으킨 원흉이다.

다. 황윤길이 장황하게 아뢰어 인심을 동요시키니 사의에 매우 어긋납니다(臣則不見如許情形 允吉張皇論奏 搖動人心 甚乖事宜)"라고 하였다. 왕이 다시 물었다. "풍신수길은 어떻게 생겼던가?" 하니 황윤길은 "눈빛이 반짝반짝하여 담략과 지략이 있는 사람인 듯하였습니다" 하였고 김성일은 "그의 눈은 쥐와 같으니 족히 두려워할 위인이 못 됩니다"고 하였다.

상사 황윤길의 말은 간단하여 논란의 여지가 없다. 왜국이 틀림없이 침입할 것이라는 것이다. 부사 김성일의 말은 황윤길의 말보다는 길다. 그리고 두 문장으로 되어 있다. 논란이 많은 것이니 하나씩 보는 것이 좋겠다. 먼저 '신은 그러한 정형을 보지 못하였습니다(臣則不見如許情形)'에 대하여 보자. 여기서 그러한 정형이 무엇인지를 살펴 보는 것은 당연하다. 그러한 정형은 황윤길이 말한 '일본이 틀림없이 침입할 것이라는 정황'을 말한다. 상사가 왕에게 먼저 보고를 한 다음에 부사가 보고를 하면서 한 말이니 어느 누구라도 이렇게밖에 해석 할 수 없을 것이다. 그러니 김성일의 말은 '신은 일본이 틀림없이 침입할 것이라는 정황을 보지 못하였습니다'라는 말이 된다. 이런 뜻이라는 것은 유성룡이 쓴 『징비록』과 김성일의 귀국 보고서를 본 유원지의 말로도 확인할 수 있다. 하나씩 보자.

먼저 유성룡이 쓴 『징비록』에는 "윤길이 돌아와 부산에 닿아서는 일본의 정세에 대하여 치계하기를 "반드시 병화가 있을 것입니다" 하였는데, 복명할 때 주상께서 인견하고 물으니, 윤길의 대답은 앞서와 같았고, 성일은 아뢰기를 "신은 그러한 정세가 있는 것을 보지 못하였습니다. 이런 말로 윤길이 인심을 동요하게 하니 마땅하지 않습니다(允吉還泊釜山 馳啓情形 以爲必有兵禍 旣復命 上引見而問之 允吉對如前 誠一曰 臣不見其有是 因言允吉動搖人心 非宜)"라고 하였다. 위에서 본 『선조수정실록』의 귀국보고와 거의 같다.

부사 김성일이 선조에게 귀국 보고시 서면 보고한 내용을 유원지의 『졸재집』(拙齋集)에서 볼 수 있다. 유원지는 김시양13)의 아들 김휘(金徽)에게 보낸 편지에서 김시양이 지은 『부계기

문』(涪溪記聞)의 잘못된 곳14)을 지적하면서 말하기를 "김성일

---

13) 金時讓. 1581-1643. 조선시대의 문신. 자는 자중(子中), 호는 하담(荷潭). 본관은 안동(安東). 1605년(선조 38) 문과에 급제하였으며 향시(鄕試)를 주관할 때 시제(詩題)로 왕의 실정(失政)을 비유한 문제를 출제하여 유배되었다가 인조반정으로 풀려나와 예조좌랑(禮曹佐郞)·병조정랑·수찬(修撰)·교리(校理)를 역임하였다. 이괄(李适)의 난이 일어나자 도체찰사(都體察使) 이원익(李元翼)의 종사관(從事官)으로 활약하여 난이 평정된 뒤 응교(應敎)·문학(文學)을 겸임하였다. 정묘호란(丁卯胡亂) 뒤 평안도 관찰사로 발탁되었고 병조판서에 올라 팔도도원수(八道都元帥)·사도체찰사(四道體察使) 등을 겸임하며 척화(斥和)를 주장하였다. 『선조실록』(宣祖實錄)을 개수(改修)할 때 판중추부사(判中樞府事) 겸 판춘추관사(判春秋館事)로서 이에 참여하였으나, 중도에서 사직하였다. 전적(典籍)과 경사(經史)에 밝았으며, 인조 때 청백리(淸白吏)에 녹선(錄選)되었다. 저서에 『하담집』(荷潭集), 『하담파적록』(荷潭破寂錄), 『부계기문』 등이 있다.

14) 김시양은 『부계기문』에서 김성일의 일본사행과 관련하여 이렇게 썼다.

"학봉 김성일은 동지(同知) 황윤길 등을 쫓아 일본에 사신으로 가서 굴함이 없는 꿋꿋한 태도로 조금도 두려워하거나 겁내는 일이 없었다. 회답의 글을 받는 일이나 여러 가지 논의에 모두 힘껏 다투어 바로잡으니, 동행은 목을 움츠리고 적인(敵人)은 경탄하였다. 목숨을 바치어 힘쓴 군자라고 말할 수 있다. 그러나 사방에 사신으로 가서 임금의 명령을 욕되게 하지 않았다는 말을 가지고 일컫는 것에 이르러서는 나는 부끄러워해야할 바가 있지 않을까 생각된다. 대저 전대(專對 사신이 외국에 가서 독단으로 자유롭게 응답함)라는 것이 어찌 행행(悻悻 성이 발끈 나서 그 자리를 박차고 떠나는 모양)이나 절목(節目)의 일을 가리킨 것이겠는가?

학봉이 돌아왔을 때에 상이 적인(敵人)의 정상을 물었다. 윤길 등은 다 적이 침입해 올 조짐이 있다고 말하니, 학봉은 그렇지 않다는 것을

항언하여 여러 천 마디의 말로 깊이 윤길 등을 공격하고, 스스로 자세히 적정을 살폈다고 말하였다. 다음 해에 적이 전 국력을 기울여 가지고 쳐들어 와서 종묘 사직을 지키지 못하고 민생이 어육이 되기까지에 이르렀으니, 병화의 참혹함이 옛날로부터 임진년과 같은 것은 없었다. 그가 요령을 얻지 못함은 이와 같다. 이것을 전대라고 말하여 되겠는가. 만약 한 고조의 때를 만났다면 전사십배(前使十輩)의 베임을 면치 못하였을 것이다."

위에서 보는 바와 같이 김시양은 김성일이 통신사로서의 태도와 처신 및 왜의 서계를 고쳐받은 일은 잘하였으나 사소한 절목상의 일은 참지 못하였으니, 잘못하지 않았나 하는 생각이 든다고 하였다. 이 말은 왜가 접대하는 대로 상사나 서장관처럼 순종하지 않은 것과 외교사절로서의 의전 등을 예법에 맞게 주장한 것을 비판한 것으로 보인다. 통신사절단의 각자의 태도에 대하여는 본서 제2부에서 자세하게 취급하였으니, 이를 참고하면 김시양의 견해가 바르지 않다는 것을 알 수 있을 것이다.

또 귀국 보고와 관련하여서도 김시양은 사실과 다르게 잘못 인식하고 있음을 보여주고 있다. 곧 상사 황윤길은 부산에서부터 급히 장계를 올려서 "반드시 병화가 있을 것입니다"라고 말하였지 '적이 침입해 올 조짐이 있습니다'라고 말한 것이 아니었다. 그러면서 김시양은 김성일에 대하여는 '여러 천 마디의 말로 황윤길을 공격하고 스스로 적정을 살폈다고 말하였다'고 하였다. 김성일이 귀국 보고한 요지인 "신은 반드시 병화가 있을 것이라는 정황을 보지 못하였습니다"라고 한 말은 생략하면서 말이다. 어떤 사실에 대한 논평은 그 논평의 대상이 되는 사실을 정확하게 파악하고 하지 않으면 잘못을 저지르게 된다.

전사십배의 베임이란 이런 이야기다. 곧 한(漢)나라 고조(高祖)가 흉노를 치려고 먼저 사자 10명을 흉노측에 보냈을 때 흉노가 장사와 살찐 우마(牛·馬)는 다 숨기고 노약자와 수척한 마소만을 보여준 것을 보고 그들은 돌아와서 모두 "흉노를 칠 수 있다"고 보고하였다. 고조가 다시 유경(劉敬)을 보냈더니, 그는 돌아와서 "흉노가 좋은 것은 보이지

이 국왕에게 귀국 보고를 할 때 올린 서계(書啓 요즘 말로 출장 보고서)를 보았는데 거기에 '신은 그들이 반드시 쳐들어 오리라는 것을 보지 못하였습니다(臣則不見其必來)'라고 쓰여 있다"고 하였다. 그러면서 유원지는 "이 말이 단정을 내리고 고집을 부려 반드시 쳐들어 오지 않을 것이라고 말한 것은 아니다"라고 하였다. 지금 우리가 보아도 이 말이 반드시 쳐들어 오지 않는다고 말한 것이 아니다.

않고 나쁜 것만 내보이니 반드시 복병이 있을 것이므로, 흉노를 쳐서는 안 된다"고 보고하였다. 그러나 고조는 그 말을 듣지 않고 정벌의 길에 올라서 평성(平城)에 이르러 적의 기병에게 포위되었다가 겨우 살아서 돌아왔다. 고조는 드디어 먼저 사자로 보냈던 10인을 모두 베어 죽였다. 황제가 자기의 판단 잘못을 아랫사람에게 책임을 돌린 고사이다.

 그런데 임진왜란과 관련하여 김성일이 두 번에 걸쳐 선조에게 한 보고와 한나라의 전사십배가 한 보고는 너무도 다르다. 그 다른 점은 본서 1부를 읽으면 저절로 알게 될 것으로 생각되어 여기서 다시 부연하지 않는다. 다만 그 요지는 선조는 김성일로부터 귀국 보고를 직접 받았으니 귀국 보고의 진실을 어느 누구보다도 정확히 알고 있었을 것이고, 또 김성일이 일본의 회례사 현소로부터 풍신수길이 전쟁을 일으키고자 한다는 말을 듣고 왕인 자기에게 이를 보고하여 방비 계책을 마련하게 한 사실도 있어서 선조 스스로가 생각하여도 김성일에게 임진왜란의 모든 책임을 돌리기가 어려웠던 상황이었다는 것이다.

 그리고 김시양은 김성일의 '전대'에 대하여 짧은 글에서 두 번이나 거론하였지만, 김성일은 부사로서 전대를 할 수 있는 위치에 있지도 못하였다. 오히려 그는 왜국 당국자에게 타이르는 말을 하려던 것도 억제당하였고, 편지를 보내려던 것도 억제당하였다. 그렇던 김성일에게 그가 마치 사절단장으로서 전대를 한 양 비판한 것은 공정하지 못하다고 할 것이다.

그런데 김성일의 귀국 보고를 문제삼는 사람들은 김성일이 "일본이 틀림없이 침입하지 않을 것입니다"라고 보고하였다는 주장이다. 그럼 이 말이 "일본이 틀림없이 침입할 것이라는 정황을 보지 못하였습니다"와 같은 뜻의 말인지 따져 보아야 한다. 즉 "일본이 틀림없이 침입할 것이라는 정황을 보지 못하였습니다"와 "일본이 틀림없이 침입하지 않을 것입니다"가 같은 뜻이냐, 다른 뜻이냐가 문제의 핵심이 되는 것이다.

위의 두 말을 같은 뜻의 말이라고 보는 사람은 아마 없을 것이다. 우리 말을 이해하는 사람 그 누구에게 물어 보아도 두 말이 뜻이 다르다고 대답할 것이다. "일본이 틀림없이 침입할 것이라는 정황을 보지 못하였습니다"는 '일본이 100% 침입할 것이라는 상황을 보지 못하였습니다'가 된다. 이 말은 '침입할 가능성이 100%라는 상황을 보지 못하였다는 것으로 어느 정도는 가능성이 있다'는 부분 부정의 말이다. 반면 "일본이 틀림없이 침입하지 않을 것입니다"는 '일본이 침입할 가능성이 0%'라는 전부 부정의 말이 된다. 그러니 김성일이 "일본이 틀림없이 침략하지 않을 것이라고 말하였다"고 공격하는 사람들은 이 두 가지 말의 뜻이 같다고 강변을 하는 것과 마찬가지인 것이다.

김성일이 선조에게 귀국 보고시에 한 또 하나의 말은 "황윤길이 장황하게 아뢰어 인심을 동요시키니 사의에 매우 어긋납니다(允吉張皇論奏 搖動人心 甚乖事宜)"이다. 황윤길이 일본이 틀림없이 침입한다고 주장하면서 여러 정황을 설명한 것으로 보인다. 그런데 이 말에서 우리가 바로 보아야 할 것은

"인심을 동요시키니 사의(일이 형편에 알맞음)에 매우 어긋납니다"이다. 곧 인심을 동요시키는 것은 아주 옳지 못하다는 것이다.

 이때의 인심소동에 대하여는 위에서 이미 살펴 본 바 있다. 즉 정식 사절단보다 한 달여 먼저 귀국한 통역관이 왜국이 침입할 것이라고 먼저 소문을 냈고, 뒤에 귀국한 통신사절단의 단장인 상사 황윤길이 부산에서 선조에게 일본의 사정을 서둘러 장계하면서 말한 "마땅히 병화가 있을 것은 의심할 여지가 없습니다"라는 말로 사람들은 매우 두려워했으며, 며칠이 되지 않아서 서울과 시골에서 민심이 흉흉해진 것이다. 선조에게 귀국 보고를 한 3월을 기준으로 할 때에는 두 달 이전부터 왜적의 침입설로 전국이 불안에 떨고 있던 때였다.

 이때 황윤길이 왕에게 구두로 귀국 보고를 하면서 또다시 일본이 틀림없이 침략하여 올 것이라고 보고를 한 것이다. 왕 앞에서 일본이 침략할 것이라는 것을 최종적으로 확인 보고한 것이다. 이 귀국 보고 장면도 입소문으로 전국에 퍼져나갔을 것이다.

 이때는 왜국의 침입 소문 말고도 민심을 흉흉하게 하는 현상들이 많이 있었다. 조경남이 지은 『난중잡록』15)에 보면

---

15) 亂中雜錄. 남원의 의병장 조경남(趙慶男)이 쓴 임진왜란 때의 야사이다. 저자가 13세 때인 1582년 선조 15년 12월부터 쓰기 시작하여 1610년 광해군 2년까지의 중요한 사실을 엮은 것이다. 저자 자신이 의병장으로 활동한 사실뿐만 아니라 당시 나라 전체의 역사적 상황을 상세히 기록하였다. 특히 임진왜란을 중심으로 수록한 자료 가운데는 『경

1588년 선조 21년에는 선비들이 백 명, 천 명씩 떼를 지어 미친 짓, 괴이한 짓을 하였는데 이를 '둥둥곡'(登登曲)이라고 하였으며, 1589년 선조 22년에는 근년 이래 한강물이 계속 붉고, 여우가 어탑(御榻 임금이 앉는 의자)에 올라갔으며, 별들이 자주 떨어졌고, 암석이 자리를 옮긴 일 등 괴이한 일들이 잦았다고 하였다. 『징비록』에도 이때의 여러 가지 괴이한 일들을 기록한 것이 있다. 1588년 선조 21년 무렵에는 한강물이 사흘 동안 붉었으며, 1591년 선조 24년에는 죽산에 있던 돌이 저절로 일어섰으며, 통진현에서는 넘어졌던 버드나무가 다시 일어나니, 민간에서는 거짓말이 전하기를, "장차 도읍을 옮길 것이다"라고 하였다. 또 동해의 물고기가 서해에서 생산되었는데, 점차 한강까지 왔으며, 해주에서는 본래 청어가 잡혔으나, 근 10여 년간 전혀 잡히지 않았다. 이외에도 이상한 징조들이 많이 있었다.

 이러한 괴이한 현상만으로도 백성들은 마음이 불안하였는데, 여기에 더하여 왜적이 쳐들어 온다고 두 번, 세 번씩 소문이 나도니, 온 나라가 어떠했겠는가. 이런 상황이었으니 김성일이 선조에게 황윤길이 장황하게 아뢰어 인심을 동요시키는 것은 옳지 못하다고 말한 것이다.

상순영록』의 기록이 대부분 실려 있다. 임진왜란사에 관한 연구뿐만 아니라 조선 중기의 정치, 경제, 사회, 문화, 외교, 군사 등을 연구하는 데도 중요한 자료이다.

귀국 후 바뀐 상사의 태도

여기서 잠시 상사 황윤길과 부사 김성일의 입장을 살펴보자. 우리 통신사들이 일본에 있으면서 받은 풍신수길의 답서에 이런 말이 있다.

> 한 번 뛰어 바로 대명국(大明國)으로 들어가서 4백여 주를 우리(곧 일본) 조정 풍속대로 바꾸고 제도(帝都)에서 정화(政化)를 억만년토록 시행할 계획이 나의 가슴 속에 있다. 귀국이 먼저 입조한다면 원대한 생각이 있고 가까운 걱정은 없을 것이다. 바다 복판에 있는 먼 나라 작은 섬들로서 뒤에 오는 무리는 허용할 수가 없다. 내가 대명국에 들어가는 날에는 사졸을 거느리고 군영을 바라보면서 더욱 이웃 나라와의 맹약을 닦을 것이다.

이 말에 대하여 부사 김성일은 현소에게 답하는 편지에서 이렇게 그 뜻을 확인하여 물었다.

> 이 말은 '장차 상국(上國)에 들어가서 천하를 평정하고 억만년 정화를 열 작정인데, 이때에 만약 귀국이 먼저 와서 나에게 입조[16]한다면 가까운 걱정이 없을 것이요, 만약 뒤에 오는 나라가 있을 것 같으면 허용치 않겠다'고 말한 것입니다. 그 뜻이 이와 같으므로 그 다음에 잇달아서 '내가 대명국에 들어

---

16) 「일본으로 가는 길」 중 149면 참고.

가는 날에는 사졸을 거느리고 군영을 바라보면서'라 말하였는 바, 이것은 대개 먼저 와서 입조하라는 뜻을 되풀이하여 약속한 것입니다. 이것이 과연 대명국에 조회한다는 뜻입니까.

풍신수길의 답서는 어느 누가 보아도 조선이 먼저 일본에 와서 입조하라는 말이다. 상사 황윤길과 서장관 허성도 처음에는 김성일, 아니 다른 사람들과 마찬가지로 해석하였다. 그런데 대마도의 현소(玄蘇, 켄조)가 이것을 '대명국에 조회한다'는 뜻이라고 어거지로 해석한 말을 듣고는 현소가 말한 대로 자기들의 해석을 바꾸었다.

이것은 무엇을 뜻하는가? 상사와 서장관 두 사람 모두 '일본이 명나라에 쳐들어 가는 것이 아니라, 일본이 명나라에 조회하러 간다'고 한 현소의 말을 믿었다는 것이다. 그래서 상사와 서장관은 일본측에 이 말을 고치도록 더 이상 요구를 하지 않았다. 반면에 부사 김성일은 현소에게 다시 편지를 보내어 그 말이 잘못되었음을 여러 가지로 설명하면서 고칠 것을 계속하여 요구하였다. 이것은 부사 김성일은 '일본이 명나라를 침범하려고 하니, 조선이 먼저 일본에 와서 조회하라'고 한 답서의 내용을 제대로 파악하였다는 말이 된다. 대마도의 현소로 보아서는 이 말은 일본이 절대로 고칠 수 없는 말이라는 것을 알고 있었으니 부사의 고치라는 요구를 따를 수 없었다. 그래서 조선통신사들은 그 답서 안의 '거만하고 모욕스러운 말'을 고치지 못하고 그대로 받아서 귀국하게 되었던 것이다.17)

이렇듯 상사 황윤길과 서장관 허성은 일본에 있을 때는 '왜국이 명나라를 침략하는 것이 아니라 명나라에 조회하러 간다'고 보았다. 이를 잘 설명하는 또 다른 사실이 있다. 그것은 『선조실록』 선조 24년 1월 13일조에 있는 통신사들이 선조에게 보낸 서장 내용이다. 통신사의 서장은 왕에게 보고하는 것이니 상사가 썼다는 것은 말할 필요도 없는 사실이다. 『선조실록』에 기록된 그 서장은 다음과 같다.

신들은 지난 7월 21일에 일본의 왕도(王都)에 들어갔으나 11월 7일에야 비로소 명을 전할 수 있었습니다. 11일에 그곳을 떠나 사포(沙浦)에 이르러 19일까지 유숙하고 20일에야 비로소 서계(書契. 조선 왕조 때 우리 정부에서 일본과 왕래하던 문

---

17) 이때의 상황이 『선조수정실록』 선조 24년 3월조에 실려 있다. 곧
"(김)성일은 답서의 내용이 거칠고 거만하여, 전에는 전하라고 하던 것을 합하라 하고 보내는 예폐도 '방물을 받았다' 하였으며, 또 '한 번 뛰어 곧바로 대명국으로 들어간다'느니 '귀국이 선구가 되라'는 등의 말이 있음을 보고서 '이는 대명을 빼앗고자 하여 우리나라로 선구를 삼으려 한 것이다' 하고는 현소에게 바로 서신을 보내어 대의(大義)를 들어 깨우치고 '만일 이 글을 고치지 않으면 우리는 죽음이 있을 뿐, 가져갈 수는 없다' 하였다.
이에 현소가 서신을 보내어 사과하면서 글을 짓는 자가 말을 잘못 만든 것이라 핑계하였다. 그러나 전하와 예폐 등의 글자만을 고쳤을 뿐, 기타 거만하고 협박하는 식의 말에 대해서는 '이는 대명에 입조한다는 뜻'이라고 핑계대면서 고치려 하지 않았다. 이에 대하여 황윤길과 허성 등은 '현소가 그 뜻을 스스로 이렇게 해석하는데 굳이 서로 버티면서 오래 지체할 것이 없다'고 하였으므로, (김)성일이 논쟁하였으나 관철하지 못하고 마침내 돌아왔다."

서)를 받았는데 서계에 문제가 되는 글자가 있었으므로 신들이 고치지 않으면 안된다는 뜻으로 반복하여 논설하였습니다. 그랬더니 평조신(平調信. 곧 유천조신)이 도로 서계를 가지고 개정하려고 국왕에게 갔는데 이달 초 2일에야 돌아온다고 하였습니다. 따라서 신들의 배가 출발하는 시기는 3-4일 사이가 되지 않을까 합니다. 이 나라가 회례사로 뽑은 상관 현소와 부관 평조신이 신들과 함께 동행하기로 되어 있습니다. 그리고 행장(行裝)은 모두 배 안에 있고 신들은 사포에 머물러 있는데 뜻밖에 평조신이 먼저 대마도로 간 탓으로 상용하는 얇은 종이를 사용하여 주달하게 되니 매우 황공하여 대죄합니다.

이 장계에는 일본이 반드시 침략할 것이라는 말은 전혀 내비치지도 않았다. 만약 상사 등이 그들이 귀국한 후에 보고한 대로 '왜국이 반드시 침략할 것'으로 보았다면 그 이상 중요하고 급한 보고 사항이 없었는데 자기들이 귀국하기 훨씬 전에 보낸 장계에 그 말을 쓰지 않을 수 있었겠는가? 이것은 왜국이 '명나라에 들어가서 천하를 평정하고 억만년 정화를 열 작정이니 조선이 먼저 입조하면 가까운 근심이 없을 것'이라는 것을 일본이 명나라에 조회한다고 보아서 명 나라 및 조선을 침략할 것이라고 보지 않았기 때문에 장계에 왜국이 반드시 침략할 것이라고 쓰지 않았던 것이다.

그러던 상사는 부산에 도착하자마자 갑자기 태도를 180도 바꾸어서 "일본이 반드시 쳐들어 올 것"이라고 치계를 한 것이다. 그리고 선조에게 귀국 보고를 직접 할 때는 '장황하게 일본이 반드시 쳐들어 올 것'이라고 아뢰었다. 서장관 허성이 상사와 같은 의견을 말한 것도 일본에서 상사와 같이 행동했기 때문이었을 것이다. 만에 하나 상사와 서장관이 일본에 있었을 때 속으로는 일본이 틀림없이 쳐들어 올 것으로 생각하였으면서도 현소의 의견에 동조를 하였고, 또 그렇게 동조한 때문에 서장에 그런 급하고 중대한 사항을 쓰지 않았을 뿐만 아니라 부사와 함께 풍신수길의 답서 내용을 고치려고 힘쓰지도 않았다면, 이것은 정말 심각한 문제가 된다.

이제 부사 김성일의 입장을 보자. 부산에 도착하여 보니 한 달여 전에 먼저 왔던 역관이 왜의 침입 소문을 퍼뜨려 놓아서 민심은 요동치고 있었다. 또 상사 황윤길은 부산에 도착하자마자 일본에서와는 달리 왜적이 반드시 쳐들어 온다고 급히 보고하였다. 황윤길의 그 보고로 중앙과 지방의 민심은 흉흉하게 되었다. 일본이 쳐들어 온다는 소문이 두 번씩이나 연달아 퍼져서 한양으로 올라가는 연도는 흉흉한 민심으로 들끓고 있었고, 그때 나라의 현실은 어찌할 수 없는 지경으로 어려움에 처하여 있었다. 부산에 도착한 후 한양까지 올라가면서 한달이 넘는 기간 동안 많은 고뇌를 하였을 것이다. 그리고 그런 상황에서 나라를 위하여 본인이 할 수 있는 최선의 방법을 모색하였을 것이다.

그 방법은 김성일 자신이 보고 느낀 바를 사실대로 다 전달하는 것이었을 것이다. 그리고 그것은 신하가 당연히 해야 할 도리였다. 그는 일본에서 풍신수길의 답서를 고치려고 홀로 애쓰면서 왜의 침입 가능성을 느끼기는 하였지만 그렇다고 그것이 일본이 틀림없이, 100% 침입할 것이라는 정황이 되는 것은 아니라고 보아서 그렇게 본 대로 말한 것이었다.
풍신수길의 생김새도 눈이 반짝반짝하여 담략과 지략이 있는
듯하기도 하지만 그 모습이 원숭이 상이니 쥐눈같이 생긴 것
도 사실이어서 상사처럼 겁먹지 않은 부사로서는 두려워할
위인이 못된다고 느낄 수도 있었으니 그렇게 보고하였을 수
도 있다.18)

그의 이러한 보고는 왜적이 마치 우리 사신들을 뒤따라 오
는 것처럼 일본의 정세를 과장하여 보고한 상사의 말의 강도
를 낮추면서 흉흉해진 민심을 진정시키는 것이기도 하였다.
이항복19)도 김성일이 민심 안정을 위하여 황윤길과 다르게

---

18) 『선조수정실록』의 기록에 의거하였다. 그러나 『징비록』에는 풍신수
길의 생김새에 대한 선조의 질문과 통신사들의 답변에 관하여 아무런
기록이 없다.

19) 李恒福. 1556-1618. 조선중기의 문신. 자는 자상(子常), 호는 백사(白
沙)・필운(弼雲), 본관은 경주이다. 1580년 선조 13년 문과에 급제, 승
문원 부정자, 예문관 검열을 거쳐 1583년 사가독서를 하였으며 이조정
랑을 지냈다. 1590년 정여립의 옥사를 다스린 공으로 평난공신이 되었
으며, 1591년 정철의 죄를 처리하는 데 태만하였다 하여 파직되었다가
도승지가 되었다. 1592년 임진왜란이 일어나자 선조를 호종하였으며,
형조판서, 병조판서, 이조판서, 양관대제학, 우참찬 등을 지냈고, 1598
년 우의정으로서 진주사로 명나라에 다녀와 좌의정, 도체찰사, 영의정
을 지내고 1602년 오성부원군에 봉해졌다. 1604년 호성공신에 봉해졌
고, 1608년 좌의정, 도체찰사, 1611년 우의정을 지내고 1617년 폐모 논
의 때 반대하다가 관작이 삭탈되고, 이듬해 북청에 유배되어 배소에서
죽었다. 죽은 뒤에 복관되고 청백리에 녹선되었다. 포천의 화산서원,
북청의 노덕서원에 제향되었다. 저서에 『백사집』 등이 있다.

이야기하였다는 것을 선조에게 보고하였다. 곧 『당후일기』에 보면, 이항복이 1594년 선조 27년 2월 6일 왕의 질문에 다음과 같이 답하고 있다. "신묘년 (1591년) 봄에 신이 승지로 있으면서 김성일을 보고 일본의 일에 대해 물어보니 김성일은 도리어 깊이 걱정하면서도 단지 '남방을 방어하는 일로 민심이 소요해 왜적이 이르기도 전에 먼저 (나라가) 무너지게 생겼으므로 그렇게 말하여서 민심을 진정시키고자 한 것일 뿐이다' 하였습니다."

선조를 도와 임진왜란을 총괄하여 대처하였던 유성룡도 "인심이 먼저 동요되면 재지(才智)와 용기를 모두 쓸 수 없기 때문에, 반드시 먼저 인심을 진정시켜야 될 것이며, 그런 후에야 모든 일에 손을 쓸 수가 있을 것"이라고 여겼다고 임진왜란 전에 왜적의 침략에 대비하며 가졌던 자신의 마음을 밝힌 바 있다. 그러다 보니 그는 귀국 보고를 문제 삼아 김성일을 잡아 오라고 말한 선조에게 "김성일이 지극한 마음으로 나라를 위했으니, 그의 말이 비록 그릇되었다 하더라도 참뜻은 민심을 진정시키는 데 있었으니, 그다지 책망할 것이 못됩니다. 이제 바야흐로 임지로 가서 군대를 정돈하여 적병을 막으려고 하는데, 갑자기 잡아오게 한다면 경상도 안에 군대를 주관할 사람이 없게 되어 일을 하는 데 더욱 해(害)가 될 것이니, 우선 용서해 주시기를 청합니다"고 하니 왕이 윤허하였다고 『징비록』에 기록하고 있다.

왕이 한 말도 바꾼다

또한 『징비록』에는 4월 17일 선조가 의금부 도사를 시켜 김성일을 잡아오라고 한 이유를 "김성일이 전에 일본에 사신으로 갔을 때 왜적들이 쉽게 올 것 같지 않다고 말해 인심을 해이하게 하고 나라 일을 그르쳤기 때문(上以誠一前使日本 言賊未易至 解人心誤國事)"이라고 쓰고 있다. 선조가 한 이 말도 왜적이 절대 쳐들어 오지 않는다고 말한 것이 아님은 물론이다. 그런데 이 말이 『선조수정실록』 선조 25년 임진 4월 조에는 "김성일이 전에 일본에 사신으로 갔다가 돌아와 왜적이 틀림없이 침략해 오지 않을 것이라고 말하여 인심을 해이하게 하고 국사를 그르치게 하였다(上以誠一前使日本還 言賊必不能來 以懈人心 誤國事)"라고 바뀌었다. 즉 "쉽게 올 것 같지 않다"가 "틀림없이 침략해 오지 않을 것이다"로 바뀐 것이다. 왕이 직접 한 말마저 이렇게 바꾸었는데, 김성일이 한 귀국 보고쯤 바꾸는 것은 아무 일도 아니었을 것이다.

『선조수정실록』에는 『징비록』과는 또 다른 표현이 있다. 즉 『징비록』에는 유성룡이 김성일에게 "그대의 말이 상사 황윤길의 말과 같지 않은데, 만일 병화가 있게 되면 어떻게 하려고 그럽니까?(余問誠一曰君言與黃使不同 萬一有兵 將奈何)" 하고 물은 데 반하여 『선조수정실록』에서는 유성룡이 김성일에게 "그대가 황윤길의 말과 고의로 다르게 말하는데, 만일 병화가 있게 되면 어떻게 하려고 그럽니까?(柳成龍謂誠一曰 君言

故與黃異 萬一有兵禍 將奈何)"라고 물었다고 "고의로(故)"라는 말이 추가되어 있다. 김성일과 직접 말을 나눈 유성룡이 쓴 책에 없는 말을 한마디 삽입한 것이다.

그러면서 『선조수정실록』의 사관은 "대개 김성일이 일본에 갔을 때 황윤길 등이 겁에 질려 체모를 잃은 것에 분개하여 말마다 이렇게 서로 다르게 한 것이었다"라는 평을 달고 있다. 여기서도 말마다 서로 다르게 하였다고 하여서 『징비록』에서 기록한 '다르게 말하였다'보다는 '말마다 다르게 하였다'로 "말마다"가 추가되어 있다.

유성룡이 김성일에게 상사 황윤길과 말이 다른 데 대하여 질문한 것을 그의 집안 아이들에게 쓴 글(書壬辰事始末 示兒輩)에서도 볼 수 있다. 여기서도 그는 묻기를 "그대의 말한 것이 황윤길과 다른 점이 있는데, 만일 왜적이 실제로 온다면 어떻게 할 것입니까" 하니 성일은 말하기를, "난들 또한 어찌 왜적이 끝내 오지 않을 것이라고 말할 수야 있겠습니까. 그러나 다만 황윤길의 말이 너무 지나쳐서 마치 왜적이 우리 사신들을 뒤따라 오는 것처럼 말하므로, 세상 사람들의 마음이 몹시 어수선했기 때문에 이와 같이 말했을 뿐입니다"라고 말하였다고 쓰여 있다. 여기에도 물론 '고의로'나 '말마다'와 같은 말은 없다.

『징비록』은 유성룡이 임진왜란이 끝난 뒤 벼슬에서 물러나 한가로울 때 쓴 책으로 『서애집』이 간행된 10년 후인 1642년 인조 20년에 간행되었다고 한다. 『선조수정실록』은 인조반정 후인 1641년부터 편찬하기 시작하여 중간에 11년간 편찬이 중단되었다가 1657년에 완성된 책이다. 그러니 『선조수정실록』이 『징비록』을 기초자료로 많이 이용하였을 것이다. 이것은 어느 누구도 부인하지 못할 사실이다.

기초자료인 『징비록』에는 김성일이 한 말이 몇 군데건 간에 일관성 있게 비슷한 내용으로 기술되어 있는 데 반하여, 이 기초자료를 이용한 『선조수정실록』에서는 김성일이 한 말을 선조의 입을 빌려 뜻이 완전히 다른 말 곧 "일본은 틀림없이 침략해 오지 않을 것이다"로 바꾸었다. 거기에다가 "고의로," "말마다"와 같은 말을 추가함으로써 김성일이 황윤길의 말에 정반대로 말한 느낌이 은연중에 들도록 그 상황도 교묘하게 연출하였다. 이렇게 하여 "일본은 틀림없이 침략해오지 않을 것이다"라고 김성일이 귀국 보고를 한 것으로 공식사료인 『선조수정실록』에 변조된 기록이 기사로 생겨난 것이다.

체모 때문인가? 불화 때문인가?

거기에 더하여 김성일이 말마다 서로 다르게 말한 것은 일본에 갔을 때 황윤길 등이 겁에 질려 체모를 잃은 것에 분개하여 그랬다고, 얼른 보기에는 그럴듯한 이유도 붙여 놓고 있다. 그러나 이 말은 우리의 상식으로는 수긍이 되지 않는 말이다. 아무리 일본에서 상사 등이 보인 행동이 마음에 들지 않았다고 하더라도 전쟁이 일어나면 나라가 망할 수도 있어서 그에 대한 대책이 무엇보다도 필요한데, 단지 체모를 잃은 행위 때문에 분개하여 말마다 서로 다르게 보고 하였겠는가?

또 『선조수정실록』 선조 26년 5월조에는 김성일의 죽음을 기록한 기사 밑에 "일본에 봉명 사신으로 가서는 예절을 철저하게 지켰으므로 왜인들이 경복(敬服 존경하여 복종함)하였다. 그런데 동행과 서로 불화한 나머지 적정(敵情)을 잘못 주달하였으므로 거의 죄벽(罪辟)에 빠질 뻔하였다. 그러다가 용서하는 왕명을 받고서는 더욱 감격하여 사력을 다해 적을 칠 것을 맹세하였다"는 기록이 있다. 이 설명은 불화하였기 때문에 통신사 상호간에 정보를 교환하지 못하여서 정보 부족으로 다르게 보고하였다는 뜻인지, 아니면 불화 때문에 분개하여 다르게 보고하였는지가 분명하지 않다. 또 『선조수정실록』에는 '평의지만은 (김성일을) 대단히 유감스럽게 여겨 매우 엄격하게 대우하였기 때문에 성일이 그곳의 사정을 잘 듣지 못하였다'고 쓰여 있어서 김성일이 정보 부족으로 적정을 잘못 주달한 것으로 생각하게 기술되어 있다.

그러나 저간의 사정을 볼 때 정보 부족은 아닌 것으로 보인다. 왜냐하면 함께 간 일행 중에는 한시를 같이 많이 지은 차천로도 있었고, 김성일을 따라간 군관 김명윤[20]도 있었으며 그 밖에 개

---

[20] 金命胤 1565-1609. 군관으로 김성일을 따라 일본에 간 봉사(奉事. 조선시대의 종팔품의 한 벼슬. 관상감, 군기시, 내의원, 사역원, 전생서, 종묘서와 그 밖의 여러 관아에 두었음)이다. 김성일은 일본에 있는 동안 군관 김명윤에게 차천로가 지은 시의 운을 차운하여 한시 한편을 지어 주어 그의 노고를 치하한 것이 학봉집에 있는 『해사록』에 전하여 온다. 그는 귀국한 후 일본의 풍토, 민속, 정세 등 일본에 관한 그

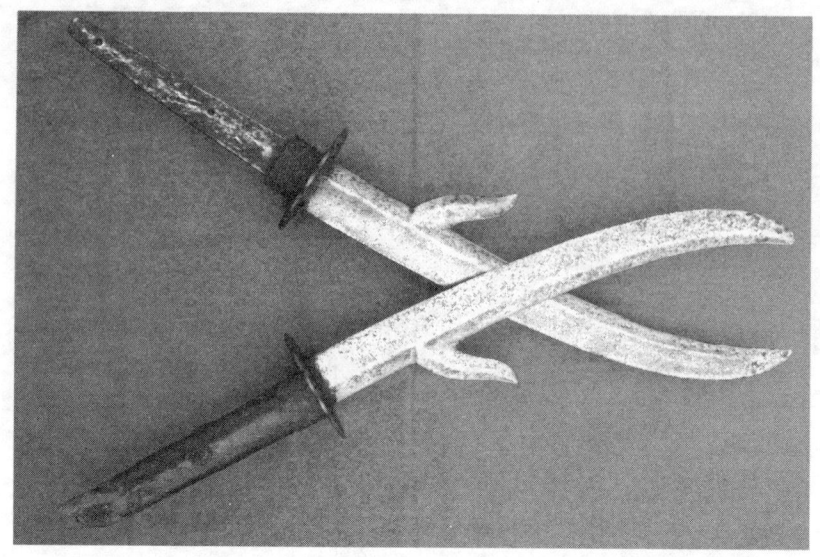

김명윤이 쓰던 칼. 김명윤은 통신부사 김성일의 군관으로 일본에 함께 갔다 왔으며, 임진왜란 중 파주와 충주목사 등으로 공을 세워 선무원종공신 1등에 녹훈되었다.

인적으로 가까운 몇 사람도 있었다. 적어도 그들에게서는 다른 사람들이 아는 정도의 정보는 얻을 수 있었을 것이다. 그리고 별

의 기록(『동사일록』. 東槎日錄)을 김성일에게 주니 김성일이 기뻐하며 왕에게 올렸고, 왕이 이를 보고 크게 포상하고 이어 특명으로 파주목사를 제수하였다고 『동산실기』에 실려 있다. 27세 젊은 나이에 정 3품의 목사직에 특명으로 제수된 것을 보아서는 『동사일록』의 내용이 선조의 마음에 흡족하였던 모양이다. 그는 임진왜란 중 파주와 충주 목사를 지냈으며, 그 후 홍주, 제주 등의 목사와 동부승지를 역임하였다. 그는 선정과 왜적 방어의 공으로 1605년 선조 38년에 선무원종공신록에 1등으로 녹훈되었다. 그가 죽고 난 이틀 후에 함경도 남병사에 제수하는 교지가 당도하였다고 한다.

도로 이야기 한 바와 같이 일본에 체류하는 동안 서로 의견이 달라서 논란은 있었지만 중요한 사항들은 통신사들 간에 서로 논의를 한 것이 한두 가지가 아니었는데, 유독 왜의 군사적인 문제만 논의에서 빠졌겠는가? 또 외국에 출장을 가서는 자기 업무와 관련되는 사항을 여러 가지 파악 하려는 것이 인지상정이고, 왜의 동정을 알아보려는 것이 통신사 파견 결정시의 이유의 하나였으니 김성일 스스로도 일본에 체류한 9개월 동안 그곳 사정을 알려고 노력하였을 것이다.

또한 부사 김성일은 위에서 본 바와 같이 풍신수길의 답서를 고치려고 애쓰면서 일본이 중국을 침략하려고 하면서 조선이 한패가 되도록 위협한 것을 분명하게 파악하고 있었던 데 반하여 상사와 서장관은 일본이 명나라에 조회하려 한다고 보았으니 오히려 일본의 의도를 제대로 파악한 사람은 부사 김성일이었다고 할 것이다. 또한 통신사들이 왜국의 정세를 어찌 종의지 한 사람만을 통하여 얻었겠는가. 만약 상사와 서장관이 종의지를 통하여 일본이 틀림없이 침입할 것이라는 정세를 파악하고 있었다면 풍신수길의 답서를 고칠 것을 요구할 때 현소의 억지 설명에 어떻게 그렇게 쉽게 동의하였고, 선조에게 보낸 서장에는 일본의 침입을 조금도 보고하지 않았는가? 불화 때문에 분개하여 다르게 보고하였다고 보는 것은 체모를 잃은 것에 분개하여 다르게 보고하였다는 것과 마찬가지로 이유가 되지 않는다고 할 것이다.

속았는가? 민심 때문인가?

한편 선조는 김성일이 풍신수길에게 속아서 귀국 보고를 잘못한 것으로 생각하였다. 곧 『선조실록』 선조 28년 2월 6일 조에 보면 선조가 "김성일이 수길의 모습을 보고 그에게 속은 것이 많다고 말하면서 김성일이 장담하기를 '수길은 대수롭지 않으니 일본은 염려할 것이 못된다. 부견(符堅)의 백만 군사에 대하여도 사안(謝安)은 듣고 움직이지 않았는데, 어찌 이 적을 두려워하랴?' 하였으니, 이것이 수길에게 속은 것이 아닌가" 하고 말한 대목이 있다. 이 말을 선조처럼 해석한 것은 김성일의 말의 뜻을 제대로 파악하지 못한 것이라고 할 것이다. 김성일이 이야기한 뜻은 부견은 대진천왕(大秦天王)을 참칭(僭稱. 참람하게 제왕이라고 스스로를 일컬음)하고 전연과 전량을 쳐서 영토를 넓힌 다음, 군사를 일으켜 진(晉)나라를 침입하였으니 대의명분이 없는 행위를 하였다. 그러니 진나라 백성들의 호응을 받지 못할 것이므로 사안이 조금도 놀라지 않고 장수들을 지휘하여 부견의 군사들을 격파하였던 것처럼 풍신수길이 조선을 침범하더라도 대의명분이 없는 짓이니 민심만 잘 붙들어서 단결한다면 물리칠 수 있다는 말을 한 것으로 보았어야 할 것이다.

사실 전쟁이 발발하고 나서 보니 민심 동향을 중시하고 민심을 얻을 것을 주장한 김성일의 말이 옳았다는 것이 바로 드러났다. 원성을 들어가면서 쌓았던 성들이 별로 방어 기능을 하지도 못하고 오히려 왜적의 소굴이 되었고, 수령 방백은 도망가고, 군사는 흩어져서 관군은 싸움에 패하거나 도주하는 것이 거의 전부로 왜적에게 제대로 대항도 해보지 못하고 무너졌다. 1999년 국립진주박물관에서 엮은 『새롭게 다시 보는 임진왜란』의 VI. "전쟁의 주역" 편에 보면 이런 기록이 있다.

이처럼 임진왜란초 관군의 붕괴 원인을 민심의 이산에 두고 있는 것이 당시의 지배적인 견해이다. 또한 조경남은 『난중잡록』에서 민심의 이산이 관군의 붕괴원인이 된 것을 다음과 같이 기록하고 있다. '일본군이 침입해 오자 무사와 건실한 장수들이 바람에 흩날리듯 허물어진 것은 군대와 무기가 견고하지 못하고 날카롭지 못해서가 아니며 단지 인심이 흩어졌기 때문에 기초부터 무너지는 병폐가 생기게 된 것이다.'

그러나 백성들은 의병으로 궐기하여 왜적과 싸웠고, 저들의 인력과 물자의 수송로를 차단하는 등 왜적들이 미처 생각하지 못한 저항을 하여 그들에게 큰 타격을 주었다. 그리하여 명나라 군사들이 본격적으로 참전하기 전에 왜적이 평양 이북으로 더 이상 진격을 하지 못한 전황을 유지할 수 있었던 것은 이순신을 비롯한 수군의 활약과 의병의 활동 덕택이었음이 이를 말해주는 것이다. 왕과 조정이 인심을 완전히 잃었더라면 의병들의 창기와 활동이 그렇게 활발하였겠는가?

그저 통신부사로서 책임이나 면하자는 소극적이고 자기보호적인 생각이었다면 부사는 아무 위험도 없는 상사의 말에 100% 동의만 하면 그만이었을 것이다. 김성일이 상사의 귀국 보고를 그대로 동의하기에는 내변의 위험까지 있는 그 당시의 민심 동향과 나라 형편이 너무나 걱정스러웠던 것이다. 또한 상사 황윤길과 다르게 보고는 하였지만, 왜적이 침입할 가능성을 완전히 부인하지 않았다는 것은 부사 김성일이 직접 한 말과 그가 쓴 귀국 보고서 등에 대한 여러 가지 기록으로 볼 때 부정할 수 없는 사실이다.

그리고 선조가 김성일을 잡아 오라고 명령을 내렸다가 이를 취소하고 그를 초유사에 임명하게 된 것도 김성일이 귀국 보고시에 일본의 침략 가능성을 완전히 부인하지 않았을 뿐만 아니라 그 뒤에는 풍신수길이 전쟁을 일으키려 한다는 현소의 말을 보고하였기 때문일 것이다. 즉 선조 스스로가 기억한 말도 '왜적이 쉽게 오지 않을 것'이라고 말한 것이지, '절대로 쳐들어 오지 않는다'고 말하지는 않았기에, 왜적이 침입하여 왔다고 하여서 김성일에게 모든 책임을 돌리는 것은 너무도 무리한 일이라고 그 스스로도 생각하고 있었을 것이다. 더구나 김성일은 귀국 보고 한 달 정도 후에 선조 자기의 명에 따라서 술과 안주를 가지고 회례사로 함께 온 현소 등을 찾아가서 왜국의 사정을 알아 보던 중에 풍신수길이 전쟁을 일으키려 한다는 말을 듣고, 이를 선조 자기에게 보고하지 않았던가('정말 방비하던 모든 일을 그만 두었는가'를 참고하기 바람)

그러한 상황에서 김성일이 왜적의 두 수급과 "나라를 위하여 한 번 죽는 것이 신의 소원입니다(一死報國臣之願也)"라고 하는 장계를 보내오고, 유성룡, 최황, 광해군 등이 김성일의 충성심을 적극적으로 편들어 말하니, 그를 용서하고 초유사에 임명하였던 것이다. 만약 김성일이 '일본이 절대로 쳐들어 오지 않을 것이다'라고 말하였고, "풍신수길이 전쟁을 일으키고자 한다"는 또 하나의 보고를 하지 않았더라면, 선조의 노여움이 그렇게 쉽게 풀리지도 않았을 것이고, 유성룡을 비롯하여 그를 변명하여 준 사람들도 정말 변명하기가 지극히 어려웠을 것이다. 따라서 그가 '왜적이 틀림없이 침략하지 않을 것이다'라고 보고하였다고 변조하여 공격, 폄하하는 것이 얼마나 부당한 일인지는 두말할 필요도 없을 것이다.

정말, 방비하는 일을 모두 그만 두었는가?

종래 사서들의 주장

김성일이 일본에서 귀국하여 보고한 말은 앞에서 본 바와 같이 '일본이 반드시 쳐들어 오리라는 것을 보지 못하였다'는 것이었다. 그러나 이 말이 '일본이 반드시 쳐들어 오지 않을 것이다'라는 말로 바뀌어서 방비에 관한 여러 가지 문제들을 불러 온 것으로 비약하였다. 즉 '여러 방비하는 일들을 모조리 그만 두어버렸다'느니, '앞서 여러 도에 명하여 방비를 강화케 하던 것도 중지되고 말았다'느니, '고식적으로 안일 속에서 세월만 헛되게 보내면서 한 명의 장수도 선발하지 않고 한 명의 병사도 훈련하지 않았는데 적은 이미 바다를 건넜다'느니 하여 국방상의 모든 문제가 김성일의 귀국 보고 때문에 야기되었다는 주장들이 있다.

어떤 역사학술단체에서 편술한 『한국사』에서도 김성일이

"내구(來寇)할 정형 즉 침략할 정형을 보지 못하였다"고 보고한 것으로 쓰고서는 계속하여 "요행을 바라던 당시의 조정은 반신반의 가운데 일루의 낙관으로 김성일의 의견에 기울어져 구안(苟安. 일시적인 편안. 한때의 안락을 탐함)과 무사를 바라기만 하면서, 그에 앞서 제도(諸道. 여러 도)에 명하여 방비를 강화케 하던 것도 중지되고 말았다"고 하였다. 여기서도 김성일이 "그들이 반드시 침략할 정형을 보지 못하였습니다"라고 말한 것이 "침략할 정형을 보지 못하였습니다"로 '반드시'가 없어졌다. '반드시'가 빠지고 나니 왜국이 침략하지 않을 것으로 보고한 것으로 말의 뜻이 바뀐 것이다. 김성일의 귀국 보고는 여기서도 이렇게 교묘하게 변조된 것이다.

또 한 가지 방비 문제와 관련하여 김성일을 공격하는 데 자주 이용되는 말은 그가 "섬 오랑캐는 두려워할 것이 못 된다"고 말하였다는 것이다. 그래서 김성일은 성지 수축도 반대하였고, 병정을 선발하는 것도 반대하였다는 것이다. 이 말도 김성일이 한 말이 교묘하게 변조된 말이다. 김성일이 한 말은 "오늘날에 두려워할 것은 섬 오랑캐가 아니라 인심입니다. 만약 인심을 잃는다면 금성탕지(金城湯池. 매우 튼튼하고 잘된 성지)가 있은들 어디에 쓰겠습니까"였다. 이 말은 민심을 안정시키고, 나라가 민심을 얻는 것이 제일 중요하고 그 다음에 섬 오랑캐를 대비해야 한다고 민심을 강조한 말이다. 그런데 "인심을 두려워하라"는 말은 빼버리고, "섬 오랑캐는 두려워할 게 아니다"라는 말만 주장한 것으로 말을 바꾼 것이다. 그가 한 말이 거두절미되어 본래 취지와는 완전히 다른 말이 된 것이다.

왜국이 침략할 것이라는 여러 가지 정보

이때 조선은 통신사들의 귀국 보고 이외에는 일본에 대한 정보가 전혀 없어서 이들 통신사가 말한 정보에 1백 % 의존 하였던가? 아니다. 그렇지 않았다. 그 당시 조선 조정은 통신 사들의 귀국 보고 외에 통신사들이 가져온 일본의 서계(書契. 외교 문서) 두 가지와 선위사 오억령의 보고서, 선조의 명령 에 따라서 황윤길, 김성일 등이 개인적으로 현소 등을 접촉하 고서 들은 왜의 사정 보고 등으로 일본의 동정을 여러 가지로 파악할 수 있었다. 이뿐만 아니라 나중에 평의지가 부산포에 와서 전한 말도 있다. 거기에다가 다른 곳에서 살펴 보지만, 명나라로부터도 왜국의 침략 정보를 몇 차례 얻을 수 있었다.

일본이 보낸 서계 중 풍신수길의 답서는 자기 자랑을 한참 늘어 놓은 다음 '자기가 한번 뛰어 명나라에 들어가 자기 나라 풍속으로 명나라를 바꾸어 놓으려고 하니 조선이 먼저 앞장서 서 일본에 내조(來朝. 제후국으로서 황제국에 머리를 숙이고 찾아오 는 것)하면 근심되는 것이 없을 것이다' 등의 내용이었다. 이 말은 일본이 명나라에 곧바로 쳐들어 가서 명나라를 정복, 통 치하여 일본의 풍속으로 바꾸겠다는 것을 천명한 것이다. 곧 명나라를 일본의 영토로 만들겠다는 것이다. 그러면서 일본이 명나라를 쳐들어 가기 전에 조선이 일본에 복속하여 오면 무사 할 것이라는 뜻이다. 만약 복속하여 오지 않으면 무사할 수 없 다는 협박이고 위협이다. 조선이 일본에 복속한다면 일본과 함께 명나라를 쳐들어 가는 것은 정해진 순서이다.

또 하나의 일본 문서는 박동량이 지은 『기재사초』1) 상 신묘사초 신묘년 선조 24년 5월 4일 조에 다음과 같이 그 내용이 기술되어 있다.

> 황윤길 등이 돌아올 때 일본 서계에 이르기를 '가정(嘉靖 명나라의 연호로 1522-1566년 간에 사용됨) 연간으로부터 명나라가 일본의 입공(入貢)을 허락하지 않으니, 이것은 큰 수치이다. 다음해 2월에 바로 명나라로 향하겠으니, 조선도 우리를 도와 대명궁(大明宮)에 날아 들어가지 않으려는가?'2) 하였다. 말은

---

1) 寄齋史草. 박동량(朴東亮 1569-1635)이 지은 것이다. 박동량은 1590년 증광문과에 급제하여 승문원에 등용되었으며, 임진왜란 때 선조를 의주에 호종하였다. 1604년 호성공신으로 금계군에 봉해지고 형조판서를 지냈다. 그 후 여러 가지 사건으로 탄핵, 투옥, 유배 등을 갔다가 1635년에 복직되었으며, 후에 좌의정에 추증되었다. 『기재사초』는 박동량이 가주서가 되어 사관직을 겸하고 있던 선조 24년부터 동 25년까지 즉 임진왜란 발발 전후의 사실을 쓴 일기로 현존한 사초로서는 유일하다고 한다.
2) 이 서계가 언제 어떻게 조선에 전달되었는지 보낸 시기와 전달된 경로가 알려져 있지 않다. 풍신수길이 선조에게 보낸 답서와 함께 조선의 사신들이 동시에 받았다면 그 내용으로 보아서 이 서계에 대하여도 논란이 있었을 텐데, 이 서계에 대하여는 통신사 상호간은 물론 통신사와 일본측 간에도 어떤 논의가 있었다는 기록이 없다. 그러나 풍신수길의 답서 끝부분에 '나머지는 별지에 있습니다'라는 기록이 있으니, 이 서계가 그 별지일 수도 있겠다고 추측된다(풍신수길의 답서 전문은 이 책의 189면 이하에 실려 있음). 이처럼 전달 시기와 경로가 의문 투성이이다 보니 이형석은 이 서계를 그가 쓴 『임진전란사』에서

많지 않으나 패악하고 거만함이 극심하였다.

　이 서계는 명나라가 일본이 조공을 바치는 것을 허락하지 않기 때문에 그 수치를 씻으려고 명나라에 바로 들어가려 한다는 것과 그 들어가려는 시기를 밝힌 문서이다. 그러나 이 이유는 말도 안 되는 소리다. 조공을 바치는 나라는 지위나 국력이 못하여서 조공을 바치는데, 지위나 국력이 못한 나라가 자기의 조공을 받아주지 않는다고 곧바로 쳐들어 갈 수 있겠는가? 명나라를 침략하려는 명분을 이렇게 조선에 말했지만, 이 말은 핑계를 위한 핑계, 명나라를 침략하기 위한 궁색한 논리에 불과한 것이다. 그리고 조선이 일본을 도와 명나라에 함께 쳐들어 가자는 것은 조선으로서는 상상도 할 수 없는 일이었다. 그런데 이 서계는 중요한 정보를 담고 있었으니, 바로 침략 시기이다. 명년 2월, 즉 임진년 2월에 명나라에 침입하겠다고 그 시기를 통보한 것이다.

　이때 통신사들과 함께 온 일본의 사신 현소와 평조신 등은 부산에 두 달 정도 더 머문 뒤인 윤(閏) 3월에 한양에 올라왔다. 이들 일본의 사신들이 부산에 머물고 있을 때에 조선 조정에서는 선위사로 처음에는 오억령을, 다음에는 심희수를 보내어 이들을 접대하게 하였다. 선위사로 부산에 내려갔던 오억령은 현소 등으로부터 깜짝 놀랄 이야기를 들었다. 현소가 말하되 "내년에는 조선에 길을 빌려 상국을 침범하러 갈 것이

　　대마도주 종의지(宗義智. 소오 요시토시)가 가작(假作)한 것으로 추측
　　된다고 하였던 것으로 보인다.

다"라는 것이었다. 그래서 급히 조정에 보고를 하였다.

여기서 풍신수길의 답서와 또 하나의 서계, 오억령의 보고를 합쳐 보면 다음과 같은 내용이 된다.

일본이 명나라를 정복하려 하는데 조선이 우리 일본에 복속하여 한패가 되면 근심이 없을 것이다. 명년 2월에 조선을 거쳐 명나라에 쳐들어 갈 것이다.

경천동지할 내용이 아닌가! 완전한 선전포고이다.

풍신수길이 전쟁을 일으키고자 합니다.

통신사들의 보고가 서로 다른 가운데 왜국의 두 서계와 오억령의 보고를 접한 왕이나 조정이 어찌 가만히 있을 수 있었겠는가. 통신부사의 보고가 상사의 말과는 달랐다 하더라도 부사의 말도 왜국의 침략 가능성을 전면 부인한 것도 아니지 않은가. 마침 일본의 사신들인 현소와 유천조신이 이때 한양에 올라와 있었다. 비변사가 왕에게 아뢰어서 황윤길, 김성일 등으로 하여금 가서 왜국의 사정을 더 알아 보게 하였다. 『선조수정실록』 선조 24년 1591년 윤3월조를 보자.

왜사 평조신(곧 유천조신), 현소 등이 서울에 왔다. 주상(곧 왕)이 비변사의 의논에 따라 황윤길, 김성일 등으로 하여금 사적으로 술과 음식을 가지고가 위로하면서 왜국의 사정을 조용히 묻고 상황을 살펴보게 하였다. 그러자 현소가 (김)성일에게 은밀히 말하기를, "중국에서 오랫동안 일본을 거절하여 조공을 바치러 가지 못하였습니다. 평수길(곧 풍신수길)이 이 때문에 분하고 부끄러운 마음이 쌓여 전쟁을 일으키고자 합니다. 만약 조선에서 먼저 주문(奏聞)하여 조공할 수 있는 길을 열어 준다면 조선은 반드시 무사할 것이고 일본 백성들도 전쟁의 노고를 덜게 될 것입니다" 하니, 성일 등이 대의로 헤아려 볼 때 옳지 못한 일이라고 타이르자, 현소가 다시 말하기를, "옛날 고려가 원(元)나라 병사를 인도하여 일본을 쳤습니다. 이 때문에 조선에 원한을 갚고자 하니, 이는 사세상 당연한 일입니다" 하였다. 그의 말이 점점 패려하여 성일이 다시 캐묻지 못하였다.

중국에 대한 조공 이야기를 하다가 갑자기 조선에 옛날 일의 원수를 갚겠다고 하였다. 조선에 신세를 지면서 살고 있는 대마도로서는 명분 없이 조선과 명나라를 침략하려는 풍신수길의 본심을 내비치자니 이렇게 왔다갔다하는 말을 하게 된 것이다.

어떻든 이때 김성일이 왕의 명령에 따라 알아 본 왜국의 사정은 다름이 아니라 풍신수길이 전쟁을 일으키고자 한다는 것이었다. 중국이 일본의 조공을 거절하여 풍신수길이 부끄럽고 분한 마음이 들었기 때문에 전쟁을 일으키려 한다는 것이다. 김성일이 왕명을 받고 현소 등을 만났으니 틀림없이 이 말은 선조에게 보고하였을 것이다. 그러니 이때 조선의 왕과 비변사 등은 일본이 전쟁을 일으키려 한다는 저들의 의도를 한 번 더 확인하였던 것이다. 위에서 본 일본의 선전포고와 같은 세계의 내용이 한 발짝 더 현실로 다가오는 것이었다.

그런데 의아한 것은, 아니 도저히 알 수 없는 것은 김성일로부터 풍신수길이 전쟁을 일으키고자 한다는 보고를 받은 선조 등 조정이 어떤 조치를 취하였는지에 대하여는 아무런 기록이 없다는 것이다. 그 전에 "내년에 길을 빌려 상국(上國. 곧 명나라)을 침범할 것이다"고 확언한 현소의 말을 보고하였던 오억령은 조정이 크게 놀라 체직시켰다고 『선조수정실록』은 기록하였는데, 이때는 두 번째 들어서 놀라지 않았다는 것인지, 전쟁 대비 태세로 들어가기로 하였다는 것인지, 아니면 다른 무슨 조치를 취했는지에 대하여 아무런 기록이 없다. 아니 선조 등이 어떤 반응을 보였다는 것조차 기록하지 않았다. 사안의 중대성으로 보아서, 그리고 왕명에 따라서 확인한 일본의 침략 계획에 대하여 그냥 아무런 조처 없이, 아무런 반응 없이 넘어갔을 것이라고는 도저히 볼 수 없는 일인데도……

이때의 일이 『징비록』에는 이렇게 기록되어 있다.

> 왜국의 평조신, 현소 등이 통신사와 함께 와서 동평관에 머무르고 있었는데, 비변사에서 황윤길과 김성일 등으로 하여금 사사로이 술자리를 베풀어 그들을 위로하면서 조용히 그 나라의 사정을 묻고 정세를 살핀 다음 방비할 계책을 마련하자고 계청하였는데, 임금께서 이를 허락하시었다. 성일이 동평관에 가니 과연 현소가 은밀하게 말하기를, "중국이 오랫동안 일본과 국교를 끊고 조공을 통하지 못하게 하므로, 평수길이 이 일을 마음 속으로 분개하고 부끄럽게 여겨서 싸움을 일으키고

자 하니, 조선에서 먼저 이 말을 중국에 알려서 조공할 길이 통하게 된다면, (조선에도) 반드시 별일이 없을 것이요, 일본 66주의 백성도 또한 전쟁의 고통을 면하게 될 것입니다"라고 하므로, 성일 등은 대의로써 그들을 책망하고 타이르니 현소가 또 말하기를, "옛적에 고려가 원나라 군사를 인도해서 일본을 공격하였으니, 일본이 이 일 때문에 조선에 원수를 갚으려 하는 것은 형세로서 당연한 바입니다"라고 하면서 그 말투가 점점 거칠어졌다. 이런 일이 있은 뒤로는 다시 물어 보지도 않았고 조신과 현소는 돌아가버렸다.

『선조수정실록』과 『징비록』은 거의 같은 내용을 말해주고 있는 듯하지만, 사실은 커다란 차이가 있다. 『징비록』은 황윤길, 김성일 등이 왜국의 사정을 묻고 정세를 살피는 목적이 '왜국의 사정과 정세를 살핀 다음 우리나라의 방비계책을 마련하자는 것'이라고 이를 명기하고 있다. 그런데 『선조수정실록』에는 왜 왜국의 사정을 알아보고 상황을 살펴보게 하였는지에 대한 이유나 목적이 쓰여 있지 않다. 뿐만 아니라 위에서 본 바와 같이 그 보고를 받고 난 후에 취한 조치에 대하여도 아무런 기록이 없다. 『징비록』처럼 왜국의 사정과 정세를 살피고서 우리나라의 방비계책을 마련하려는 것이라고 그 이유나 목적을 밝히고 나면, 김성일이 현소를 만나서 알아낸 일본의 사정 및 정세, 곧 '풍신수길이 전쟁을 일으키고자 한다'는 것을 보고받은 왕과 비변사는 당연히, 의심할 여지 없이 방비계책을 마련했다고 보게 될 것이다. 공식사료인 『선조수정실록』에서 이야기가 이렇게 김성일의 보고를 받고 방비계책을 마련한 것으로 전개되면 무슨 일이 생길까?

　이 일이 어떤 역사학술단체에서 펴낸 『한국사』에는 이렇게 기술되어 있다.

　　…… 현소 등은 그를 위문하는 황윤길, 김성일 등에게 "명(明)이 일본의 입공(入貢. 조공을 바치는 일)을 거절한 것을 풍신수길이 분히 여겨 용병(用兵. 군사를 부림)을 꾀하고 있으니 우선 조선이 명에 알선(斡旋)하여 일본의 공로(貢路. 조공하는 길)를 열어줄 계획을 세우면 무사할 것이다"라고 하였으나 이를 거절한 바 있었으며……

　이처럼 현소의 제의를 거절하였다는 데에 초점이 맞추어져 있을 뿐이며, 『선조수정실록』과 마찬가지로 현소를 왜 위문하였는지 그 이유나 목적은 기술되어 있지 않다.

임진왜란 역사는 바르게 고쳐야 한다

　지금까지 우리의 역사서들은 김성일이 일본에서 귀국하여 선조에게 보고한 말에 대하여는 그의 말을 변조하면서까지 그의 잘못된 보고 때문에 왜란에 제대로 대처하지 못하였다는 식으로 얼마나 심하게 그를 비판하여 왔던가!? 그런데, 그로부터 한 달 정도 후에 왜국의 사신으로부터 풍신수길이 전쟁을 일으키고자 한다는 말을 듣고서, 그 침략 계획을 보고한 것에 대하여는 어느 누구도 주목한 사람이 없다.

동일한 사람이 동일한 윗사람에게 동일한 사안에 대하여 한 달 정도 간격을 두고 보고를 하였다면, 나중에 한 보고가 먼저 한 보고 보다 보고로서 그 효력이 더 우선하는 것이 일반적이다. 그런데 김성일이 한 보고의 경우는 선조에게 일본의 사정 곧 풍신수길이 전쟁을 일으키고자 한다고 하는 나중의 보고는 완전히 무시한 채 먼저 한 귀국 보고만, 그것도 그 보고를 변조하여 문제를 삼아오고 있으니, 이를 어떻게 해석하여야 할까?

김성일이 나중에 한 보고를 제대로 인정하면 누구에게 무슨 문제가 생길까? 어떤 결과가 나오기 때문에 지금까지 우리나라의 역사서들은 김성일의 나중 보고를 듣지 않은 듯이 그 보고를 외면하면서, 또 그의 처음 보고를 변조하면서 그를 폄하하고 또 공박하여 왔을까? 아마도 기존에 구축하였던 어떤 체계가 무너지는 현상이 초래될 것이기 때문일 것이다.

김성일이 나중에 올린 보고를 인정할 때 도래할 결과를 한 번 짐작하여 보자. 먼저, 임진왜란의 발발과 그 왜란에 대하여 우리가 제대로 대처하지 못하였던 것에 대하여 김성일에게 더 이상 책임을 돌릴 수 없게 될 것이다. 그처럼 큰 민족의 수난에 대하여 그 책임을 전가할 희생양이 없어지는 것이다.

이렇게 되면 그 영향은 말 그대로 정말 대단히 크다. 그 영향이 미칠 곳을 한 번 생각하여 보라. 임진왜란에 대한 역사가 상당 부분 고쳐질 것이다. 그것으로 끝나지 않을 것이다. 식민지사관에 찌든 우리의 역사도 상당히 펴질 것이고, 그에 따라 우리의 민족정기도 상당히 고양될 것이다. 또 그의 귀국 보고 때문에 애써 그를 무시하였거나 외면하였던 여러 관련 분야도 제대로 바로잡힐 것이다. 사필귀정. 모든 것이 반드시 옳고 바른 것으로 돌아가는 것이다.

잘못된 과거의 역사를 바르게 고칠 때 그 긍정적 효과가 큰 만큼 이것을 바르게 고치지 않을 때 그 부정적 효과도 마찬가지로 크다. 아니, 오히려 더 클지도 모른다. 그러니 이와 같은 잘못된 역사를 고치는 일은 우리나라 역사학계가 시급히 해야 할 일이라고 본다.

여기서 다시 그때 조선이 가졌던 또 다른 왜국의 침략 정보를 보자. 『선조수정실록』 선조 24년 5월조에 보면 이런 기록이 있다.

> 평의지가 또 부산포에 와서는 배에서 내리지 않고 변장을 불러서 말하기를 "일본이 대명(大明)과 통호하려고 한다. 조선에서 이 사실을 중국에 주문해 주면 매우 다행하겠다. 그렇지 않으면 일본과 조선의 관계가 좋지 않게 될 것이다. 이것은 중대한 일이므로 와서 알려 주는 것이다" 하였다. 변장이 이 사실을 조정에 아뢰었으나 조정에서 아무런 답을 하지 않자 평의지가 일본으로 되돌아갔다.

조선의 선택

여러 가지로 보아 왜국의 침략 의도가 여기저기에서 충분히 감지되는 때였다. 아니 완곡하게 말하여 이렇지 왜국의 선전포고와 같은 서계 두 가지를 받은 외에 왜국의 사신으로부터 풍신수길이 전쟁을 일으키려 한다는 말을 선위사 오억령과 김성일 등이 각자 따로 들었다. 여기에 더하여 대마도주 종의지가 부산포에 일부러 와서 전한 말도 있었고 명나라로부터는 조선이 왜국과 함께 명나라를 침략하려 한다는 오해도 받고 있었다. 어느 누가 보아도 왜국의 침략 가능성은 상당히 농후하였다. 이러한 상황에서 조선 조정은 두 가지 문제에 직면하게 되었을 것이다. 그 첫째는 왜국이 중국에 쳐들어 가기 위하여 정말 우리나라를 침략할 것인가에 대한 국가 차원의 판단과 그에 대한 대책 마련이고, 그 둘째는 왜의 명나라 침입설 등을 명나라에 보고할 것인지 여부와 또 보고시 그 보고의 내용과 범위를 정하는 것이었다.

그때 상황을 한번 보자. 통신사들이 귀국한 이후, 아니 귀국하기 전부터 왜의 침략설로 흉흉한 인심은 들끓고 있었다. 정부 관료를 비롯한 그 당시 지도층은 1589년 즉 2년 전에 일어난 정여립의 역모 사건으로 1천여 명이 죽음을 당했고 투옥 또는 귀양을 간 사람도 많았다. 죽은 사람들이야 말이 없었겠지만 살아남은 피해 당사자와 그 가족 친지 등의 정신적, 육체적 상처는 미처 아물기도 전이었고, 그들이 입었을 물질적 피해도 막대하였을 것이다. 통신사 중 서장관이었던 허성도 1591년 일본에서 귀국하여 부산에 도착하자마자 이 역모사건 때문에 바로 체포되어 조사를 받았다. 이 역모사건의 처리는 임진년까지 계속되었다.

거기에 더하여 그 당시 조선은 정치적으로, 사회적으로, 군사적으로 너무나 많은 문제들을 가지고 있어서 이 문제들을 해결해 가면서, 또 내변3)이 일어날 정도로 불안에 떠는 민심을 안정시켜 가면서 언제 일어날지도 모르는 전쟁을 대비하여야 했다. 내변이 일어나면 왜국의 침략을 받기 전에 조선이라는 나라가 먼저 망할 수도 있고, 설혹 망하지 않는다고 하더라도 내변이 일어난 상태에서 왜국의 침략을 받으면, 어떻게 되겠는가? 왜적을 물리쳐서 나라를 지킨다는 것은 거의 불가능하다 할 것이다. 내변이 일어나지 않았는데도 임진왜란 때 조선은 명나라의 힘을 빌려 겨우 나라를 지키지 않았는가. 조선의 조정은 정말 어려운 상황에 처해 있었다.

위의 여러 가지 사실로 볼 때, 조선이 어려운 상황에 처한 것을 기화로 삼듯이, 왜국이 침입할 가능성은 대단히 농후하였다. 그리고 조선 조정도 왜국이 쳐들어 올 가능성이 상당히 높다고 판단하고 있었다. 그것은 황윤길 등과 함께 회례사라는 명목으로 조선에 다시 왔던 현소 등이 일본에 돌아갈 때 준 조선의 답서 중의 다음의 글로 알 수 있다.

> 모르긴 해도 귀국이 지금 분해하고 있는 것은 오랫동안 중국의 버림을 받아 예의를 드러낼 곳이 없고 관시(關市)를 서로 통할 수 없어 만국이 옥백(玉帛 옥과 비단. 옛날 중국의 제후

---

3) 內變. 지금으로서는 금방 말의 뜻이 와서 닿지 않는 말이다. 그렇지만 우리가 1950년에 일어난 6·25 전쟁을 통상적으로 사변이라고 말하고 6월 25일을 공식적으로는 6·25사변일이라고 부르고 있는 것을 보면 변이란 말의 뜻을 충분히 짐작할 수 있을 것이다.

들이 조근이나 방문 때에 가지고 오던 예물)을 교제하는 대열에 나란히 서지 못하는 것을 수치로 여기는 것에 지나지 않는 듯합니다. 그렇다면 어찌하여 그 까닭을 찾아서 자신의 도리를 다해 보려 하지는 않고 좋지 못한 계획에 의존하려 하십니까. 이러한 처사는 너무도 생각을 제대로 하지 못한 처사라고 하겠습니다.

조선은 일본이 전쟁이라는 좋지 못한 계획에 의하여 분한 마음을 풀려는 것은 잘못이라고 점잖고 완곡한 말로 나무라고 충고하였던 것이다.

그때 조선이 선택할 수 있는 대안은 두 가지였을 것이다. 그 하나는 '민심이 흉흉하여 요동을 치더라도, 아니 내변의 가능성이 있더라도, 상사 황윤길의 보고를 따라서 왜적이 침략하여 오는 것을 기정 사실로 받아들여서 국가적으로 왜적의 침입을 천명하고 나서 전력을 투구하여 전쟁에 대비하는 것'이며, 또 하나는 부사 김성일의 의견을 따라서 '무너질 듯이 불안한 민심을 진정시켜 가면서 침략 가능성이 높은 왜적에 대비하는 것'이었을 것이다. 어느 경우든 간에 우리나라의 자력으로 왜의 침략에 대비하느냐, 아니면 외국 즉 명나라의 힘을 빌려 대비하느냐 하는 것은 또 다른 문제로 남아 있다.

물론 어떤 학술단체에서 펴낸 『한국사』에 쓰인 대로 '요행을 바라서 반신반의 가운데 일루의 낙관으로 구안과 무사를 바라'는 수도 있었겠지만, 위에서 본대로 전쟁 가능성을 나타내는 일본의 두 가지 서계와, 일본 사신과 종의지의 몇 번에 걸친 통보가 있었는데도 요행만을 바랐다면, 그 당시의 왕과 조정에 있었던 사람들은 온전한 정신을 가졌다고 할 수 없었을 것이다.

상당히 명민하였다고 이야기되고 있는 선조가, 자기의 왕위의 안전에 대하여 그 이전 어느 왕보다도 그렇게 신경을 썼던 선조가 눈을 감고 팔짱만 끼고 있었거나, 전부터 하던 방비를 다 중지하도록 하였겠는가? 그래서 그의 왕위를 통째로 잃을 수 있는 전쟁에 무방비가 되도록 방치할 수 있었겠는가? 또한 선조 이외에 조정에 있던 사람들도 어찌 아무런 국방대책을 마련하지 않을 수 있었겠는가? 지금의 우리라면 이런 때에 하던 방비도 중단하고 아무런 대비도 하지 않고 있겠는가?

이때의 국가 정책의 결정은 다른 그 어느 것보다도 중요한 일인데도, 그 결정 과정에 대한 기록이 『선조실록』에도, 『선조수정실록』에도, 그밖의 어디에서도 볼 수 없다. 그런데, 우리는 흔히 일본에서 돌아온 통신사들의 귀국 보고를 받고는 왜국에 대한 정보를 더 이상 수집, 파악하지 않은 채 김성일의 (변조된) 보고에 따라서 왜국이 침략하지 않는다고 국가적 차원에서 결론을 내렸고, 그에 따라서 추진하고 있던 전쟁 대비도 모두 중단하였다는 식의 기록들을 접하여 왔다. 그러나 사실은 그렇지 않았다는 것을 위에서 보았다. 통신사들의 귀국 보고 외에 더 많이 왜국에 대한 정보를 취득하였고, 이들 추가로 취득한 정보들은 하나같이 왜국이 침입할 것이라고 말하였던 것이다.

그때 조선이 최종적으로 어떻게 판단하였는지에 대한 기록은 없지만 통신사의 귀국 이후 조선이 추진한 시책을 볼 때 '우리의 자력으로 민심을 진정시켜 가면서 전쟁에 대비하는 쪽'으로 결론이 난 것으로 보인다. 왜냐하면 임진왜란 전에 명나라에 그 어떤 지원도 요청한 사실이 없고, 황윤길의 말을 주장하는 이들은 서인들이 세력을 잃어서 인심을 요란시킨다는 비판 때문에 조정에서 말을 하지 못하였고, 전쟁에 대비한 인사 조치와 성지 수축, 무기 확보 등 조선 나름대로 전쟁에 대비하였음이 이것을 말해주고 있기 때문이다. 그리고 무엇보다도 외적이 침입하여 온다는 데도 아무런 방비 태세를 갖추지 않을 나라가 어디에 있는가? 아니, 하던 방비 업무도 중단할 나라가 이 세상 어디에 있는가? 왜적이 틀림없이 쳐들어 온다는 말은 민심을 흉흉하게 하기 때문에 조정에서 더 이상 공식적으로 거론하지는 못하였지만, 국방에 대한 여러 가지 대비는 할 수 밖에 없었던 상황이었다.

이런 것을 뒷받침할 사료들이 있다. 우선 임진왜란 초 파천 중에 선조가 내린 교서(敎書. 대통령이나 국왕이 의회 또는 국민에게 보내는 정치상의 의견서)가 있다. 이 교서에서 선조는 "오직 변방의 근심만 생각하여 성을 쌓고 못을 파며 군사를 훈련하고 무기를 수선하여 기어이 민생을 보호해서 적의 칼날을 면하게 하려는 것이었는데, 이로 인하여 백성의 원망은 더욱 쌓이고 이로 인해서 인심은 더욱 이반되어 적의 군사가 경내에 가까이 오자 형세를 바라보고 먼저 무너지니 백성을 보호하자는 설비가 마침내 도적에게 필요한 물자가 되고 말았다"고 하였다. 즉 선조 스스로는 임진왜란 전에 적의 칼날을 면하게 하려고 국가가 성을 쌓고 못을 파며 군사를 훈련하고 무기를 수선하였다고 하였다.

또 유성룡은 『징비록』에서 "나는 밤낮으로 왜병이 올 것을 근심하여, 변방을 방비하는 한 가지 일에 있어서, 생각한 것이 있으면 나의 어리석은 계획을 빠짐없이 말하지 않을 수가 없었다"고 하였다. 그 당시 좌의정 겸 이조판서였던 유성룡은 영의정 이산해와 왜적의 침입여부를 의논하면서 왜병이 반드시 침략할 것이라고 이야기하면서 변방을 염려하는 말을 한 기록도 있다. 그 당시의 시임 의정 중 최고위자간의 이러한 논의가 어찌 논의로만 끝났겠는가?

조선은 실제 어떤 대비를 했나

통신사들이 귀국 보고를 하기 전인 2월에 이순신을 전라좌수사에, 변언수를 경기수사에 임명하였으며, 통신사의 귀국 보고 후인 3월과 6월에 조정에서는 왜의 동태를 걱정하여 변방 사정 즉 국방업무에 밝은 이광, 김수, 윤국형을 각각 전라, 경상, 충청 감사에 임명하여 병기를 준비하고 성지를 수리하거나 신축하게 하였다. 『선조수정실록』 선조 24년 7월조에는 이렇게 기록되어 있다.

호남, 영남의 성읍을 수축하였다. 비변사가, 왜적은 수전에 강하지만 육지에 오르면 불리하다는 것으로 오로지 육지의 방어에 힘쓰기를 청하니, 이에 호남, 영남의 큰 읍성을 증축하고 수리하게 하였다. 그런데 경상감사 김수4)는 더욱 힘을 다해 봉행하여 축성을 제일 많이 하였다. 영천, 청도, 삼가, 대구, 성주, 부산, 동래, 진주, 안동, 상주와 좌우 병영에 모두 성곽을 증축하고 참호를 설치하였다.

이탁영(李擢英)5)이 쓴『정만록(征蠻錄)』에는 경상감사 김수가 왕에게 올린 장계가 있다. 그 장계에서 김수는 "무상한 소신이 성의(聖意. 곧 왕의 뜻)만 믿고, 방비할 여러 설비와 기구를

---

4) 金睟. 1537-1615. 자는 자앙(子昻), 호는 몽촌(夢村). 본관은 안동이다. 이황의 문인이다. 1573년 선조 6년에 알성문과에 급제, 1591년 선조 24년에 경상도 관찰사가 되었다. 임진왜란 때 왜병의 침입을 막지 못한 문책으로 좌천되었으며 의병 곽재우 등과 불화하였다. 뒤에 대사헌, 호조판서를 지냈으며 영중추부사에 이르렀다.

5) 李擢英. 1541-1610. 자는 자수(子秀), 호는 반계(盤溪) 또는 이사재(李思齋). 본관은 경주이다. 영리(營吏)로서 임진왜란 발생시 경상도 순찰사 김수의 막하에서 참모로 활약하였으며, 김성일이 경상좌도 감사로 근무할 때도 막하로 있었다. 그가 지은『정만록』은 원래 저자가 임진왜란시 진중에서『임진변생후일록』이라는 제목으로 초하여 두었던 것을 1601년 선조 34년에 재정리하여 도체찰사 이원익을 통하여 제출하자 선조가『정만록』이라 이름하였다 한다. 건(乾)·곤(坤) 두 권으로 되어 있으며 건권은 그날그날 보고 듣고 겪고 느낀 점을 기록하였다. 곤권은 먼저 임란의 개황과 이 일록 및 연혁, 통문 등을 기록하거나 등서하게 된 연유를 적은 자서가 있고, 이어서 7년 동안 있었던 중요한 교서, 장계, 통문, 첩보, 치보, 격문 등을 전재하고 있는데 당시 조야의 사정을 알 수 있는 자료이다. 권말에 일본에 잡혀가 있던 명나라 사람 허의후가 자기 나라에 진달한 기밀봉사(機密封事)를 전재하고 있다.『정만록』은 임란 연구의 귀중한 사료로 평가되고 있다.

정만록. 임진왜란 당시 경상감사 김수와 경상좌도 감사 김성일의 막료로 활동하였던 이탁영이 쓴 전란일기이다.

마련하여 적을 막는 데 도움이 될까 하여 부임 이래로 방비에 관한 일은 조금도 소홀히 하지 않았사온데, 내지의 축성에는 교생들이 반대하였으나, 그 말을 듣지 않고 기어이 완성하였는데, 그때는 우병사 신할과 마침 뜻이 맞아서 조금 엄중하기는 하였으나, 국사를 성심껏 도운 것은 가상한 일이옵니다" 하였다. 이것을 보아도 지방에 내려간 감사와 병사들이 열심히 왜적의 침략에 대비하였다는 것을 알 수 있다.

당시 조정이 왜군이 조선에 상륙한 다음에 쳐부수겠다고 육전 중심으로 전쟁을 대비하다보니 수군의 전쟁 준비는 육지보다는 못하였겠지만, 전라좌수영만 하여도 이순신이 임진왜란이 일어나기 1년 전에 부임하여 거북선을 제작하는 등 왜적에 대비하였기 때문에 임진왜란이 일어나고 나서 3척의 거북선이 왜군과의 싸움에 출동하지 않았는가.

　신경(申炅)의 『재조번방지』6) 중의 동지사 주문(奏文)에 보면 명나라 황제가 조선이 유구, 섬라와 더불어 왜국을 치라는 명령을 내린 데 대하여 조선은 그 어려움을 말하면서 "소방(조선)은 뒤미처 유시하며 모집하는 일을 행하고 있긴 합니다만 위임하신 일은 능력 밖의 일이기에 단지 단속하여 방비하면서 쳐들어 오는 날을 기다리고 있을 뿐입니다"라고 하였다. 즉 유구, 섬라와 합동으로 왜국에 쳐들어 갈 수는 없지만, 조선 단독으로는 임진년 바로 전해 가을에 왜적의 침략을 기다릴 정도로 준비가 되어 있다고 명나라 황제에게 보고하고 있는

---

6) 『재조번방지(再造藩邦志)』는 1592년 선조 25년 임진왜란으로 무너진 제후의 나라 곧 우리나라를 명나라의 구원으로 재조 재건한 사실을 기록한 책이다. 따라서 이 책에서는 주로 임진왜란 7년간의 사실을 다루면서 그 이전 선조 10년부터 이후 선조 40년까지 대 명나라 및 대 일본 관계의 사실도 함께 다루었다. 이 책을 지은 신경(申炅)은 자를 용회(用晦), 호를 화은(華隱)이라 하였는데, 조선조 중기의 문장가로 유명한 상촌(象村) 신흠(申欽)의 손자요, 선조의 사위인 동양위 신익성(申翊聖)의 아들이다. 그는 김집의 문하에서 공부하고 인조 13년 사마시에 합격하였으나 그 이듬해에 일어난 병자호란으로 출세의 길을 단념하고 산수 좋은 곳을 찾아 방랑 은둔하며 글을 읽고 소요하는 것으로 평생을 보냈다. 그는 무력으로 우리나라를 굴복시킨 청나라를 미워하고, 우리의 국토를 유린한 왜를 철천지 원수로 생각한 반면에 임진왜란 때 많은 병력을 보내어 우리나라를 구원하고, 또 청나라의 신흥 강대 세력과 대항하여 싸우던 명조를 동정하였다 한다.

것이다. 우리 나름대로 아무런 준비도 없었는데, 아니 준비하던 것을 중단하였는데도 상국으로 받들던 명나라 황제에게 이런 보고를 할 수 있었겠는가?

임진왜란이 일어나서 보니까 왜란 전의 조선의 준비가 여러 면에서 터무니없이 부족한 것이었지만, 그 당시 어느 누구도 일본의 침략군 규모가 20만 명이나 되고 그들의 상당수가 조총으로 무장하였을 것으로는 예상하지 못하였다. 뿐만 아니라 통신사들이 다녀온 후부터 임진왜란이 일어나기까지 1년 남짓한 짧은 기간 동안에 한 그나마의 대비도 농번기, 동절기의 구분 없이 강행군으로 추진되어 민원이 쌓여 위에서 본 바와 같이 선조가 이에 대하여 교서로 자책(自責. 양심에 걸리어 스스로 자기를 책망함)할 정도였으니 조선의 당시 국력으로는 그 이상의 대비도 어려웠다고 보아야 할 것이다.

국방 업무는 옛날이나 오늘이나 평소에 철저히 준비를 하여야 한다. 그때 조선은 어디서 어떻게 고쳐 나가야 할지 모를 정도로 나라가 문제투성이였던 데 반하여 왜국은 명년 2월 조선에 길을 빌려 명나라를 침략하겠다고 서계로, 구두로 위협을 가하고 있었던 것이다. 그처럼 전쟁이 임박한 듯한 때에 무엇인들 준비가 제대로 되었겠는가. 그렇지만 위에서 본 바와 같이 국가적으로 방비 업무를 강화하지 않을 수 없는 상황이었으며 그에 따라 그 방법이나 규모, 정도에 문제는 있었겠지만 나름대로 왜의 침략에 대비한 것을 어찌 하지 않았다고 말할 수 있는가?

임진왜란 전 통신사들이 귀국한 후에 조선은 하던 방비 업무도 모두 중단하였다는 말은 『선조실록』이나 『선조수정실록』만 제대로 읽어 보아도 바로 사실이 아니라는 것이 명백한데도 상당한 수의 역사책에 그렇게 쓰여 왔고, 또 학생들에게 그렇게 가르쳐 왔다. 이처럼 우리가 스스로 방비 태세를 갖추어 온 사실을 왜 우리 스스로가 부인해야 하는지 알 수 없는 일이다. 누구를 위한 부인인가?

그러나 우리의 국사학계도 이제 우리 역사를 올바르게 인식하고, 기술하고, 가르치기 시작하였다. 물론 바로 잡아야 할 역사적 사실이 아직도 더 있지만 이 왜란 전의 방비문제에 대하여 1995년에 국사편찬위원회에서 간행한 『한국사』 제29권 "조선중기의 외침과 그 대응"에서는 이렇게 기술하고 있다.

> 조선 조정에서는 임란 1년 전부터 만일에 대비한 방어책을 세웠다. 첫째는 각 도의 성곽을 수축하고, 둘째 무기를 점검하고, 셋째 무신 중에 뛰어난 재질이 있는 자는 서열에 구애받지 않고 발탁하는 일이었다. 특히 조정에서는 일본이 육전보다는 수전에 능하다는 판단 아래 전국, 그 중에서도 경상, 전라도의 성곽 수축에 힘쓰라는 명령을 내렸다.

종래처럼 전쟁 가능성이 있는데도 방비업무를 그만 두었다고 기술하거나 가르치는 것은 식민지사관이나 당파적 이유가 아니면, 도저히 설명할 수 없는 일이라고 생각된다.

명나라에 대한 왜적의 침략설 보고

명나라에 보고해야 하느냐

왜의 명나라 침략설에 대하여 중국에 보고하는 과정에 대하여 『선조수정실록』에 기록이 나오니 내용은 이렇다. 1591년 선조 24년 4월조에 선조가 조강(朝講. 이른 아침에 임금 앞에서 경서를 강론하는 것)이 끝난 다음 물러가려는 윤두수(尹斗壽)를 붙들고 왜국의 정세에 대하여 은밀히 의논하고자 하니 기다리라고 하고 왜국에 관한 정보를 중국 정부에 보고해야 되는지 여부를 두고 의논하였다는 이야기가 나온다.

『선조수정실록』에서는 대신 이하 모두 보고하는 것을 어렵게 여겼는데 윤두수는 보고하여야 한다고 주장하였다고 하였다. 그러나 바로 결론을 내리지 못하고 뒷날 그러니 5월에 중국에 보고하기로 결론을 내렸다. 4월 언제 논의가 시작되었는지 아니면 그 전에 논의가 시작되었는지 말이 없어 얼마나

이 문제로 시간이 걸린지 모르지만 여하튼 달을 넘겨서 결론이 났다.

그러나 유성룡이 쓴 『징비록』에는 다르게 기술되어 있다. 영의정 이산해(李山海)가 명나라에 보고하면 명나라가 만약 우리가 왜국과 사통 즉 몰래 서로 통하였다고 책망할 수 있으니 그대로 숨겨두자고 주장한 데 대하여 유성룡은 이웃 국가 간의 왕래는 있을 수 있는 일이며 과거에도 조선이 왜가 중국에 조공하기를 청하는 일을 명나라에 알려 해결한 사실도 있고, 또 왜의 명나라 침략설을 알리지 않는다면 대의에도 어긋날 뿐 아니라 왜적이 다른 길로 우리를 모략하여 명나라에 알리면 왜와 우리가 공모한 것으로 의심받기 쉬우니 더욱 문제가 된다고 주장하여 알리는 것으로 결론이 났다고 되어 있다. 어떻든 결론이 나서 조선은 바로 하절사(賀節使. 황제의 생일 축하 사절) 김응남(金應南)을 명나라에 보내면서 왜의 명나라 침략 가능성을 통보하였다.

명나라가 갖고 있던 정보와 하절사의 보고

한편 명나라는 몇 개의 경로를 통하여 왜가 조선과 더불어 명나라에 침입할 것이라는 정보를 입수하고 있었다. 특히 일본에 포로가 되어 있던 복건성 사람 허의후(許儀後)가 본국에 은밀히 보고하였고 유구국(琉球國. 지금의 오키나와)에서도 사신을 보내어 알려 주었다. 허의후가 보낸 투서의 요지는 이렇다.

경인년 즉 1590년 관백 평수길이 '나는 바다를 건너 명나라를 습격하겠다'하고 비전주 태수에게 배를 만들도록 명령 하였다. 유구국이 승려를 보내어 조공을 바쳐 왔는데 수길은 '내가 중국을 원정하는데 너의 유구국이 안내하도록 할 것이다' 하였다. 또 중국 사람으로 왜구의 안내역을 맡은 자로부터 중국이 일본을 호랑이처럼 무서워한다는 말을 듣고는 자기는 중국의 황제가 되겠다고 하였다.

5월에는 조선이 노새를 바쳐오자 관백이 유구국에 부탁한 말로 다시 부탁하면서 금 1백 냥을 주었는데 고려가 왜국에 지난해부터 조공을 바쳤다. 7월에는 광동 사람이 명나라의 지도를 바쳤다. 대마도 태수에게 장사꾼으로 변장하고 고려에 가서 지세를 살펴 보고 오게 하였다. 10월에 고려 왕이 관백을 기다리고 있다. 금년 신묘년 1591년 7월에는 고려가 사신을 보내어 조공을 바치고 볼모를 잡히면서 관백에게 속히 결행할 것을 촉구하였다 한다. 관백이 열국에 문서를 보내서 내년 봄에 고려로 건너가 일본 백성을 그곳에 이주시켜 농사를 짓게 하여 명나라를 대적할 수 있는 기반을 마련하려 하고, 살마주에게 명하여 정병 2만, 대장 2인으로 고려에 건너가게 하였다. 66국에서 모은 병사 50여 만에다 관백이 직접 통솔하는 병사 50여 만 도합 1백만, 대장 150명, 전마 5만 필, 대서도(大鋤刀) 5만 자루, 참도(斬刀) 10만 자루, 장창 10만 자루, 파시도(破柴刀) 10만 자루, 조총 30만, 장도 50만이고 삼척검(三尺劍)은 사람마다 갖게 했다.

내년 임진년에 일을 일으켜 3월 1일에 출범, 해서 9국을 선봉으로 삼고, 다른 14국으로 응원토록 하였으며, 온 나라 백성을 다 데리고 가서 고려 해안에 도착해서는 배는 전부 불태우고 오로지 전진만 하도록 하였다.
 이어 명나라가 이에 대처할 방비책으로 명나라가 먼저 조선에 출병하여 관장을 모두 죽인 다음 매복해 있다가 왜적이 오면 바다와 육지에서 밤낮 없이 공격하면 관백을 사로잡을 것이라고 하였다. 수길은 탐심이 많고, 포학하며, 속임수가 다양하다. 몇 나라가 꾀하고 있는 모반이 성사되면 관백이 쳐들어 오려는 계획이 성사되지 못할 것이다.

 상당히 구체적인 제보였으며, 허의후의 말은 대부분 뒤에 맞았다고 『선조수정실록』은 쓰고 있다. 허의후의 제보 외에 또 객상(客商) 진갑(陳甲)이란 자가 왜국에서 돌아와 하는 말이 '수길이 장차 쳐들어 오려는데 조선을 선봉으로 삼으려 한다' 하였다. 이로 인해 중국 조정이 조선에 대해 의심을 갖게 되었다. 그래서 8월에 중국의 요동도사가 왜의 동정에 대하여 우리나라에 문의를 하여 왔다.
 한편 하절사로 명나라에 간 김응남 일행은 요동에서부터 중국측의 태도가 전과 달리 비우호적으로 된 데 놀라며 북경에 도착하여 자문(咨文. 외교 문서)을 제출하고 왜의 사정을 보고하니 명나라가 가지고 있던 조선에 대한 의심이 어느 정도 풀려 황제가 주는 칙서를 받아 가지고 돌아왔다. 그 칙서에서 명나라 황제는 조선이 섬라(샴 즉 태국), 유구(지금의 오키나와)와 연합하여 일본을 치라고 요구하였다.

동지사의 보고

이에 조선은 그 다음 사절단인 동지사(冬至使. 해마다 동지를 기하여 보내던 사신) 이유인(李裕仁)이 자문을 가지고 가서 왜의 동태를 보고 하는 외에 섬라와 유구에 통신 사절을 보낼 수 없는 사정을 말하였다. 『상촌집』에 따르면 그 주문은 대략 다음과 같다.

소방(小邦 작은 나라 곧 조선)이 일본과 같은 쪽에 있다고는 하나 동해가 해자처럼 둘러 있어 끝도 한도 없고 도서(島嶼)가 얽히고설킨 가운데 굴혈(窟穴)은 험난하여 멀기만 하니 이는 바로 추악한 종족과 지리적으로 구별되어 있다 할 것입니다. 그런데 지금은 이 적이 우리에게 배척을 받고 관계가 끊어진 지 이제 반 년이 지나는 동안 소식이 막연하여 그들의 정상을 알아볼 길이 없습니다. 그리고 섬라와 유구에 대해서는 소방에서 그저 그 나라들이 모두 남해 가운데 있다는 말만 들었을 뿐 너무도 멀리 떨어져 있는 데다 뱃길도 통하지 않아 거리가 얼마나 되며 방향은 어느 쪽인지조차 자세히 알지를 못하니 지금 어떻게 소식을 전할 길이 없습니다.

또 일본 하주(下州)에 있는 섬들의 경우는 모두 적추(賊酋)에 예속되어 있는 관계로 우리에게 한 번도 귀순해 오지 않았고 우리나라의 관시(關市)를 운영하는 자들도 배척하여 끊어버렸는데 흉설히 나온 까닭에 모두 의심하여 막고 있는 상태입니다. 대마도가 음흉하고 간사하게 구는 형편없는 정상에 대해서는 전에 이미 사유를 갖추어 주달하였습니다.

소방이 뒤미처 유시하며 모집하는 일을 행하고 있긴 합니다만 위임하신 일은 능력 밖의 일이기에 단지 단속하여 방비하면서 쳐들어 오는 날을 기다리고 있을 뿐입니다.

　동지사는 가을에 출발하니 임진왜란 바로 전 해의 가을에 조선은 이미 왜적에 대한 방비태세가 갖추어져 있어서 저들이 쳐들어 올 날을 기다리고 있다고 한 것이다.

진주사의 보고와 진사 사절

　그런데, 이것으로는 조선이 왜와 연합하여 명나라에 침입할 것이라는 명의 의혹이 다 풀리지 않아서 1591년 선조 24년 10월 24일 한응인(韓應寅)을 상사로 하는 진주사(陳奏使. 중국에 주문 즉 사정을 진술하여 아뢰는 글을 갖고 가는 사신)를 다시 파견하여 왜의 동태와 그때 조선이 무함당한 것을 해명하였다.
　그 진주문은 『재조번방지』(再造藩邦志)에 전문이 실려 있다. 전문을 싣기에는 너무 길다. 진주문의 끝 부분에 가서 선조는 이렇게 썼다.

　　신(즉 선조)의 보는 바로는, 그들(왜적)이 과장만 하고 실지가 없으며, 갑자기 교만해지면 반드시 망하는 법이라 족히 염려될 것이 없다는 것입니다. 그러나 일변 생각하오면 흉악이 화를 부를 것은 뻔하온데, 혹시 버려두고 키워주기만 한다면 사나운 짐승이 죽을 때는 다치는 사람이 반드시 많지나 않을까 하는 것입니다. 왜적들이 함부로 날뛰어 창궐하여 천도(天道)를 두려워하지 아니하고, 사람의 도리를 돌보지 아니하니, 그놈들이 패배하기 전에는 제 분수에 편안하지 못하고 고래떼처럼 바다 밖에서 발호해 들어올 것을 어찌 알겠습니까? 신이 이미 우리나라 연변에 군병을 엄격히 대비시켜 놓고 적선을 만나면 우리 경계를 범하거나 우리 경계를 지나가거나를 가리지 말고 모조리 잡아 죽이게 했습니다. 다시 조정(명나라 조정)에 바라는 것은 따로 해도(海道)의 왜적방비 등 관에게 칙서를 내리사 더욱 대비를 철저하게 하여 근심이 없게 하시면 매우 다행스러울 것입니다.

우리는 적선을 잡아 죽일 방비태세를 이미 갖추었으니 명나라도 대비를 철저히 하면 다행이겠다는 것이었다. 황제가 조선의 진주문을 받아 보고 나서 칙서를 내려 칭찬하고 백금과 채단을 주었다. 이에 조선은 신점(申點) 등을 명나라에 다시 보내어 사은하게 하는 한편 전보다 적정을 더 자세히 주달하게 하였다.

정기적인 사절단이 두 번 포함되기도 하였지만 1년도 안되는 짧은 기간에 도합 네 번이나 사신을 보내어 보고하고, 해명하고, 감사하고 하였으니 그 정성은 가히 하늘이 감동할 만하였지만, 정말 체면은 말이 아니었다. 하기는 이때의 정성이 있었기에 임진왜란이 일어났을 때 명나라에 구원병을 청하기가 좋은 면은 있었다. 이때의 조선의 처지가 오죽하였으면, 선조가 임진왜란이 발발한 20여일 후인 5월 3일에 자기의 실국(나라 일을 그르친 것)은 다른 죄가 아니라 명나라에 충절을 다

하느라고 미친 왜적에게 노여움을 산 것이라고 말하였겠는가!

그래도 우리는 하던 방비 업무도 중지했다?

이렇게 명나라에 대하여는 온갖 신경을 써 가면서 정성을 다하여 왜의 침략설을 보고하면서도, 아니 우리는 방비태세를 갖추어서 왜적이 쳐들어 올 날을 기다리고 있다고 하면서도, 명나라에 대하여는 왜적의 침략에 철저히 대비를 하라고 주문까지 하면서도, 정작 우리나라 자체의 국방 문제에 대하여는 눈을 감고, 팔짱이나 끼고 있었겠는가? 전부터 하던 방비도 다 그만 두거나 중지하였겠는가? 아니면 우리나라의 국방도 중요하다고, 아니 더욱 중요하다고 생각하여 방비 태세를 갖추어 나갔겠는가?

앞에서 본 바와 같이 우리 나름대로 왜의 침략에 대비한 것을 아무런 준비를 하지 않았다고 한다면 삼척동자도 믿지 않을 상황인데도 근래에 발간된 책자에서도 하던 방비업무를 중지하였다고 쓰고 있으니 무엇이라고 해야 할지 말이 막힐 뿐이다. 어떻든 김성일이 그가 한 말과 달리 변조된 그의 귀국 보고 때문에 국방 문제에 대한 책임을 지고 매도되다 보니 국방에 대하여 정말 책임을 지고 있던 그 당시의 왕이나 조정 신료 모두가 더불어 바보가 되거나 직무유기자로 되고만 형국이다.

국방과 김성일

『선조수정실록』 선조 24년 11월조에 이렇게 기술되어 있다.

부제학 김성일 등이 차자를 올려 시폐(時弊) 10조를 논하고 이어 또다시 차자를 올렸다. 성일이 모두 세 번 차자를 올리면서 조금도 기휘(忌諱. 꺼리어 싫어함. 두려워 피함)하지 않았는데, 동료들은 대부분 인피(引避. 공동 책임을 지고 일을 피하든 일)하고 참여하지 않았으나 유성룡만은 편지를 보내 치하하였다. 당시에 왜란을 대비해서 성지(城池)를 수축하고 병정(兵丁)을 선발하자 영남의 사민(士民)들은 원망이 더욱 심하였다. 성일은 본래 왜변을 염려하지 않았으므로 더욱 잘못된 계책이라고 하였다. 그리고 비변사에서 장수를 선발하는데 이순신을 우선 발탁하니 성일은 또 잘못된 정사(政事)라고 하였다.

이 문장만 읽는 사람은 김성일은 성 쌓는 것도 반대하였고, 군인을 징집하는 것도 반대하였고, 이순신을 발탁하는 것도 반대하였는데, 유성룡이 그런 김성일에게 편지를 보내어 칭찬하였다는 것을 어떻게 받아들일까? 우리가 알기로는 이순신을 전라좌수사로 천거한 사람이 유성룡인데 자기가 추천한 사람을 반대한 사람에게 편지를 보내어 치하하였다? 유성룡과 김성일이 아주 친밀한 사이였다고 하더라도 정말 이해가 안될 것이다. 무슨 말인지 앞뒤가 맞지 않아서 이해가 될 수 없는 것이다. 김성일이 차자에서 누구나 알기 쉽게 길게 쓴 말을 반대하였다는 데에만 초점을 맞추어 거두절미하고, 또 그가 말하지도 않은 것을 날조하여 기술하다 보니 이런 현상이 생긴 것이다. 그럼 김성일이 한 말을 보통 사람들이 이해할 정도로 한 번 되살려 보고, 또 무슨 말이 날조되었는지 살펴보자.

순무어사 김성일

그 이전에 평소의 김성일은 어떠하였는지를 먼저 보도록 하자. 김성일은 통신부사로 일본에 가기 오래 전에 국방 업무에 대하여 문제점을 지적하고 그 해결책을 제시하였다. 즉 그는 1579년 선조 12년 9월에 함경도 순무어사로 발령받아 이듬해 4월에 출장을 마치고 돌아왔다. 이때 영흥, 함흥, 삼수, 갑산, 혜산, 풍산, 회령, 종성, 온성, 경원, 경흥, 부령 등지와 또 동해안의 여러 고을과 그 사이에 있는 보와 진, 우리가 험하고 외진 곳의 대명사로 알고 있는 아오지 보(堡)와 나중에

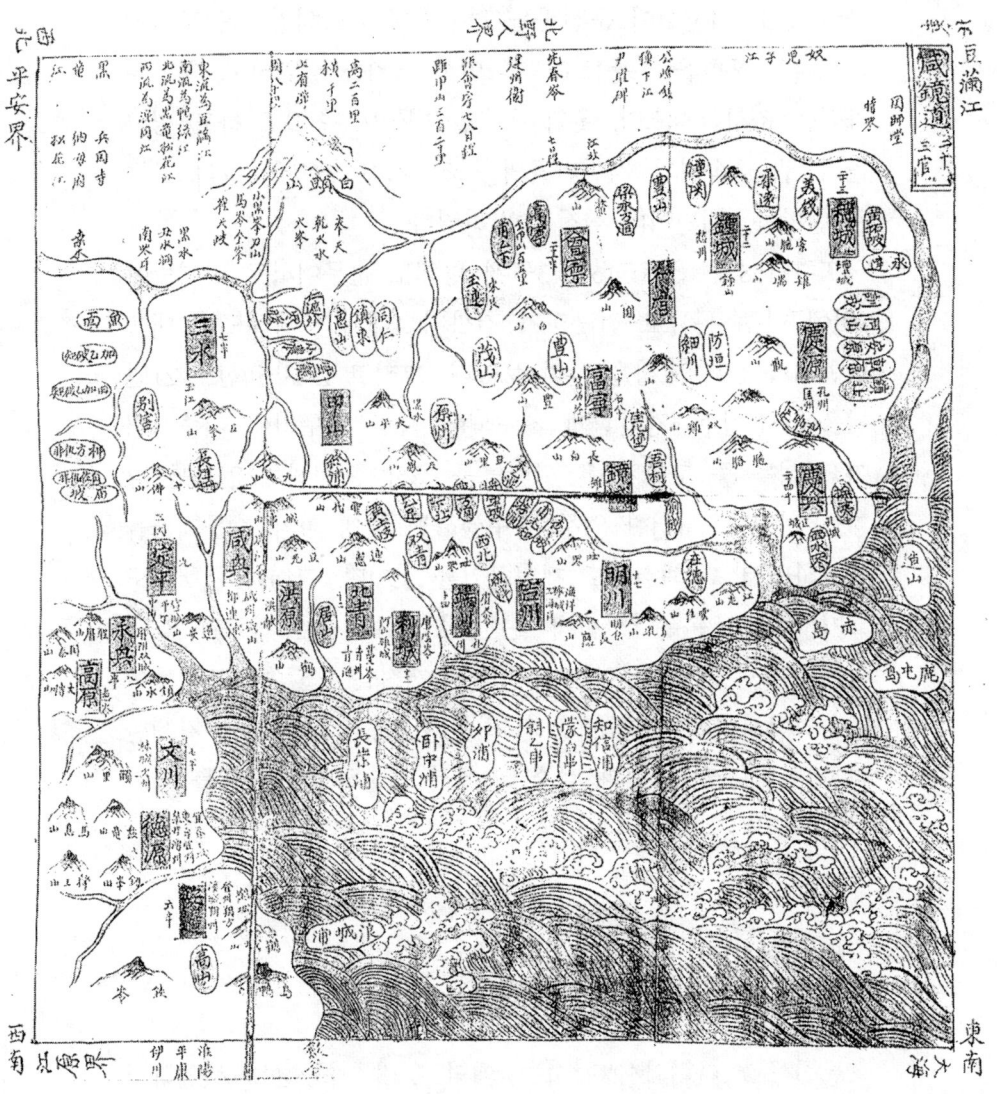

함경도 지도 17세기 초기에 제작된 지도이다. 아오지도 보이고 지금은 러시아의 땅이된 녹둔도도 보인다.

조산 만호 이순신이 둔전관을 겸무하여 유명해진 녹둔도까지 눈보라와 혹한을 무릅쓰고 다니면서 군기를 검열하고, 창고의 곡식을 조사하였으며, 옷과 동옷을 나누어 주기도 하고 병사들의 무술 솜씨와 지휘관들의 작전 지휘 능력을 살펴 보는 등 변방을 7개월이나 직접 순방하였다.

또한 1583년 선조 16년 3월에 황해도 순무어사로 발령받아 7월에 나주 목사로 전근되기 전까지 4개월간 황해도 일대를 돌면서 군정과 민정을 살펴 보았다. 그리고 1588년 선조 21년 겨울에 경기추쇄경차관에 제수되어 북방 변두리에 이주시켰던 백성들 중 도망쳐 온 사람들을 조사, 처벌하는 업무를 맡기도 하였다. 이러한 업무를 수행하는 중에 파악한 문제들을 보고하면서 그 해결책도 제시하였을 것이다. 그러나 불행히도 그가 황해도 순무어사시에 올린 상소밖에 다른 자료가 없다. 황해도 순무어사소에서는 군정의 문제점을 눈앞에 그린 듯이 기술하면서 그 해결책을 제시하였다. 이와 관련하여 자세한 사항은 별도로 '요순과 걸주' 편에서 기술하였으니 이를 참고하기 바란다.

세 번의 차자

통신사로 다녀와서도 그는 왜의 침략 가능성을 부인하지 않았기 때문에, 아니 일본의 침입을 염려하였기 때문에 임진왜란 발발 직전 해의 11월에 올린 세 번의 차자에서 두 번이나 군정을 바로하여 변방을 견고히 하라고 주장하고 있다. 이 때 김성일이 올린 차자의 전체적 개요는 '모자의 생이별' 편에서 기술하였다. 여기서는 주제에 맞추어 국방관련 사항만 살펴 보기로 한다.

빈껍데기 병적부로 병정을 선발한다?

그가 처음 올린 '재앙을 만나 수성(修省)하기를 청하는 차자'에서 그는 군정(軍政)에 관하여 이렇게 썼다. 군사는 정예롭게 하는 데 힘쓰고 많게 하는 데 힘쓰지 말라는 것은 옛날의 훌륭한 가르침인데, 지금은 인구의 수는 줄었는데도 군사의 정원은 선조(先朝 즉 고려) 때보다 갑절로 늘었다. 군적을 작성하는 날이면 수령은 많이 잡아넣는 것을 능사로 삼아서 편성 대상도 아닌 머슴이나 거지도 잡아넣어 정원을 채우고, 정원을 초과하는 인력은 별대로 만들어 여외(旅外)라고 이름 붙여 관리한다.

그런데 군적 작성이 끝나면 도망자가 속출한다. 그러다가 방위할 일을 명령하면 사람이 없으니 일족이 있으면 일족에게 책임을 지우고(소위 족징이다), 일족이 없으면 이웃에게 책임지우고(소위 인징이다), 일족도 이웃도 없으면 땅을 부치는 사람에게 책임을 지운다. 한 사람이 도망하면 그 화가 열 집, 백집에 미쳐서 나중에는 빈 장부만 남게 된다. 따라서 병정 선발의 실익은 없고 폐해만 많다. 그러니 병정 수를 늘리는 것만 힘쓰지 말고 정예화에 힘써 현실에 맞게 하라고 주장하였다. 즉 병적부에는 사람이 남아돌지만, 실제는 병력이 없는 빈껍데기 장부를 만들어서 백성들을 연좌제로 괴롭히지 말고 현실에 맞게 병력수를 책정하여 그들을 제대로 훈련하여 정병으로 기르라는 것이었다.

김성일이 쓴 시에 '적병행'(籍兵行)이라는 것이 있다. 언제 지었는지 연도가 불확실하지만, 시의 내용이 이 차자에서 말한 것과도 부합되므로 한번 보는 것이 좋겠다. 우리말로 번역한 것을 아래에 싣는다.

  조정에서 난리 전에 미리 대비하느라고
  어사들이 동쪽 남쪽 사방으로 나가누나
  왕신(王臣)이 호령함엔 위엄 세움 중하거니
  중임 맡아 어느 틈에 백성 참상 슬퍼하랴

  먼저 매를 가지고서 여러 고을 닦달하니
  각 고을들 덜덜 떨며 풍문 듣고 놀라서는
  병자 머슴 모두 뽑아 목전 급함 때우고서
  어린애도 모두 뽑아 항오(行伍)에다 채운 탓에
  삼 년 동안 분주하게 병적 작성하였건만
  개와 닭도 사이에 낀 헛장부가 되었다네

  항오 중에 태반은 이름만이 있는 자라
  병영에는 파리한 군사들만 남았는데
  이들마저 채수의 걸태질에 시달려서

창에 기대 궁리해도 살아갈 길 없는 탓에
잇달아서 도망침에 마을마다 텅텅 비어
밭은 풀이 뒤덮인 채 경작하는 사람 없네

군문에선 정한 숫자 채우라고 채근하며
문서 매일 보내어서 교체병을 재촉하네
한 장정이 떠돌면 구족이 다 시달려서
궁벽진 시골마다 원통하다 울부짖네
외적이 오기 전에 나라 근본 기울어져
천리토록 어수선해 병화 겪은 것만 같네

내 듣건대 맹자가 제량에서 유세할 때
다스림은 민정(民丁) 뒤져 모으는 데 있지 않고
부역 조세 가벼이 해 백성 부유하게 한 뒤
효제충신 백성들의 정을 인해 닦게 하면
임금 어른 잘 섬겨서 국세 절로 강성해져
강대국도 채찍으로 매질할 수 있다 했네
그런데 왜 구구하게 군사들을 점고하여
부질없이 백성들을 지치게 한단 말가

　방소(防所)는 멀고 가까운 것을 참작하여야 하고, 부역은 쉽고 괴로움을 참작하여 고르게 시켜야 하는 데, 서리들에게 맡겨서 오직 뇌물의 많고 적음에 따라 배정한다. 군적을 작성할 때에도 쉽고 어려움은 고려하지 않고 뇌물에 따라서만 배정하니 부자이면서 건장한 이는 모두 쉬운 역에 배정되고, 곤궁하고 약한 이는 모두 괴로운 역에 배정되니 군졸들이 어떻게 살겠느냐고 하였다. 천경(踐更. 번갈아 가면서 교대하는 것)도 제도만 있고 지켜지지 않으니 북변을 지키는 정병은 6개월이 기한이나 실제는 몇 년, 길게는 7, 8년이 되도록 교대가 되지 않는다. 그러니 그들과 그 가족들의 곤핍함은 말할 것도 없다.

이것뿐만이 아니다. 채수(債帥. 뇌물을 바치고 장수가 된 사람을 기롱하여 이르는 말이다)들이 잔혹하게 재물을 약탈하는 것은 물이 점점 깊어 가는 듯하며, 불이 점점 뜨거워지는 듯하다. 처음에는 깊은 줄도, 뜨거운 줄도 모르지만 나중에는 깊어서, 뜨거워서 살 수 없어 죽게 된다는 것이다.

또 15살에 군정이 되었다가 60살에 군역을 면제받는 것이 나라에서 정한 법인데도 지금은 젖먹이도 군적에 편입되어 있고, 실역 45년을 채우지 않은 사람은 70이 넘어도 병적에 그대로 남아 있으며, 맹인이나 위중한 병이 든 자도 병역을 면하지 못하고 있으니, 백성들의 원망과 탄식을 어찌 다 말할 수 있겠느냐고 왕에게 말하고 있다. 이렇게 병적부는 빈 장부이고, 근무자는 힘이 없고 약하고 늙은 사람들뿐이었으니 이런 군대로 무엇이 되었겠는가. 이런 군인이 아무리 많은들 1백 년 넘게 전국시대를 거쳐오면서 단련된 왜의 군대와 싸움이 되었겠는가? 그나마도 개와 닭도 사이에 낀 사람 없는 헛장부뿐인 군대로. 이런 사실을 지적하면서 군정을 제대로 하여 정예병을 기르라고 주장한 김성일을 병정 선발을 반대하였다고 공박하였다.

이 차자에서는 또 성을 수리하거나 하천을 준설하는 등 모든 부역을 조발(調發)함에 있어서 시기를 가리지 않고 획일적으로 하는 폐단을 말하였다. 즉 모든 공사를 한꺼번에 시작하여 봄부터 겨울까지 끝날 기한이 없이 백성들을 동원하니 변방 고을 백성들의 농지 가운데는 경작하지 못한 곳이 많다고 하였다. 그 해에 농사를 지어 그 해에 먹고 살기도 어려웠던 당시 백성들이 농사를 짓지도 못하였으니 무엇을 먹고 살 수 있었겠는가? 어찌 백성들의 원망이 치솟지 않았겠는가? 전쟁이 나기도 전에 백성들이 먼저 굶어 죽게 생긴 것이다. 그것을 왕에게 알리니 왕도 성 쌓는 일을 비변사의 결정에 따라 중단하라고 한 것이다.

언 흙으로 높은 성을 쌓는다?

그 다음 '축성하는 것을 정지하기를 청하고 이어 시폐를 진달하는 차자'를 보자. 이 차자에서도 국방문제와 관련하여 김성일 등 5명의 홍문관원들은 백성들이 들판에서 원망을 하고 있다고 하였다. 그 내용은 축성을 정지하기로 하였으나 명령이 너무 늦어서 일선 현장에서는 공사가 진행중에 있다. 그러나 날씨는 춥고 위태롭게 높이 쌓는 성은 봄이 오기도 전에 무너지게 생겼다. 또 이들 성을 쌓는 것을 완급도 가리지 않고 한꺼번에 공사를 하니 생민들이 도탄에 빠진 듯 괴로움이 끝이 없다.

또 성을 내지에까지 설치하고 있는데, 그 성이 고을의 백성을 다 수용할 수 없으면서도, 인심만 동요시키고, 힘이 없어

완공시키지도 못하며, 백성을 고달프게 하면서 돈만 낭비하고, 또 튼튼하게 쌓지 못하여 매년 수리하느라고 백성들에게 피해만 주니, 내지의 성은 쌓는 것을 중단하라고 하였다. 성 쌓는 일을 시작할 때에 전지를 가진 자는 1결당 베 17, 8필을 부담하고, 하루 역사에 보상하는 쌀은 4, 5곡이나 되며, 활, 화살, 갑주 등도 점검하는 자마다 기준이 달라 번번이 개조하여야 한다. 그 비용을 백성들이 다 부담하여야 한다. 가난한 백성은 가을이 되어 공사간에 진 빚을 갚고 나면 쌀독은 텅 비고, 남아 있는 것은 도토리나 나물 뿌리, 겨, 콩잎 등속뿐이다. 몇 섬의 곡식만 있어도 부호라고 하였는데 이런 사람은 매우 드문 형편이다. 여기에다가 규정된 세금과 규정 외의 세금을 거두어들이니 백성들이 목숨을 부지하기 어렵다.

만약 백성들의 마음이 다 흩어지고 나면 성과 해자(垓字. 성 밖으로 둘러 판 못)가 있다 한들 누구와 함께 나라를 지키겠느냐. 그러니 예로부터 관방이 있던 곳은 수리하여 굳게 지키고, 내지에 새로 쌓는 것은 중지하라고 건의하였다.

축성과 백성들의 원망 그리고 고통

이렇듯 내륙지방에 하던 축성은 비변사의 중지 명령이 있었음에도 계속하여 시행하여 백성들의 고통만 많았다. 이탁영(李擢英)이 쓴 『정만록』(征蠻錄)에 보면 경상감사 김수는 '내지의 축성에는 교생(校生)들이 반대하였으나 그 말을 듣지 않고 기어이 완성하였다'고 그의 장계에서 말하고 있다. 그러나 이렇게 무리하게 수축한 성 중에는 밀양성처럼 그 이듬해 막상 왜적이 쳐들어 왔을 때는 빗물에 태반이나 무너져 성을 지키지도 못한 곳도 있었다.

이때 축성공사에 따른 백성들의 고통과 원망이 얼마나 컸는지를 두 가지 기록에서 보자. 우선 오희문1)이 지은 『쇄미록』에 이런 기록이 있다.

> 영남 사람에게 들으니 섬 오랑캐가 화를 꾸밈에 비록 민심이 환산(渙散. 단체가 해산함)되어 막지 못하였다고 하나, 실제로 막지 못하였던 것은 영남 방백(方伯. 관찰사) 때문이라고 한다. 영남 방백 김수(金睟)는 작년 초부터 많은 농민을 내몰

---

1) 吳希文. 1539-1613. 호는 비연(斐然). 조선 중기의 학자. 본관은 해주이다. 그는 학문에는 뛰어 났으나 과거에 급제하지 못하여 정식으로 관직에 오르지는 못했다. 그의 아들 윤겸(允謙)은 인조 때 영의정을 지냈으며, 손자 달제(達濟)는 병자호란 때 끝까지 싸울 것을 주장하다가 청나라에 끌려가 죽음을 당한 삼학사의 한 사람이다. 『쇄미록』(瑣尾錄)은 오희문이 임진왜란을 겪으면서 쓴 일기로 1591년 선조 24년부터 1601년 선조 34년까지 약 10년간의 사실을 기록한 것이다. 이 책은 7권으로 각 책의 끝에는 왕과 세자의 교서, 의병들이 쓴 글, 유명 장수의 글, 각종 공문서, 과거시험을 알리는 글, 기타 잡문이 수록되어 있고, 임란 때의 관군의 무력함에 대한 지적과 비판, 명나라 구원병 파병, 화의 진행과 결렬, 정유재란에 관한 기록 등 장기간에 걸쳤던 전쟁에 관한 광범위한 기록이 있다. 또한 당시 사회생활과 백성들의 생활이 자세하게 기록되어 있어 전란 당시의 군사, 사회, 경제 생활상 연구에 중요한 자료이다.

쇄미록. 오희문이 1591년부터 1601년까지 임진왜란을 중심으로 쓴 일기이다.

아서 지키지도 않을 성을 쌓음이 금년 봄까지에 이르러서도 오히려 마치지 못하여 농민들로 하여금 농사에 때를 잃게 하여 원고(怨苦)가 가득하였다. 그래서 노래를 지어 부르기를 "굽은 성 높이 쌓아 누가 능히 지키리요. 성이 성 아니요, 백성이 성이로다" 하였다. 좌도병사 신할(申硈)은 군위(軍威. 군대의 위력. 군대의 위신)를 세우고자 큰 장(杖. 몽둥이. 곤장)으로 때리고 끓는 물로 튀기는 등 도처에서 엄형을 하여 채찍 아래 죽는 자가 심히 많아 사람들이 분원(憤冤)한 마음을 품고, 도리어 모두 적이 이르기를 기다렸다. 난리가 일어나자 한 사람이라도 의(義)로 일어나 적을 무찔러 군부(君父. 임금은 백성의 아버지와 같다는 뜻에서 온 말로 임금을 말 함)의 수치를 설욕하고자 함이 없이 숲 속으로 도망하여 목숨을 보존하고자 하는 것은 비단 영남만이 그러한 것이 아니라 전라도의 인심 또한 그러하다.2)

또 하나 조정3)의 『임진란기록』에는 이런 기록이 있다.

　　경상감사 김수는 부지런하고 성실하다는 명성을 얻고 그것으로써 국가의 은공을 도박할 심산으로 영남에서 성을 쌓는 역사를 지난 가을부터 시작하여 금년 3월 초에 이르기까지 아직 완공을 보지 못하였다. 식량을 가지고 멀리서 와서 이 역사(役事)에 참여한 사람은 열 가운데 아홉은 파산되었고 밤낮을 가리지 않는 과중한 역사에 종사하는 장정은 많이 쓰러져

---

2) 최효식, 『임진왜란기 영남의병연구』, 국학자료원, 2003, "임란 전 영남의 상황과, 의병활동과 그 의의" 중에서 인용하였다.
3) 趙靖. 1555-1636. 자는 안중(安仲), 호는 검간(黔澗), 본관은 풍양이다. 김성일, 정구(鄭逑)의 문인이며, 학자 및 관료이다. 임진왜란이 일어나자 의병을 모아 활동하였으며, 1597년에는 두 아들을 화왕산성에 보내어 창의하게 하였다. 선조 38년 문과에 급제하였으며, 호조좌랑, 사헌부감찰, 대구판관 등을 역임하였다. 인조반정 후에 김제군수를 지내고, 이괄의 난 때에는 왕을 공주로 호종하였다. 그후 내섬시정, 봉상시정 등을 지냈다. 상주의 속수서원에 추향되었다. 저서는 『검간집』과 『임진란기록』이 있다. 『임진란기록』은 임진왜란 당시에 조정이 보고, 듣고, 겪은 일들을 적은 자필일기와 문견록으로 1592년 선조 25년 4월 14일부터 1597년 선조 30년까지 약 6년간의 사실이 수록되어 있다. 임란 당시의 사회상, 군대 배치 상황, 의병 활동상 등을 살필 수 있는 임진왜란사 연구의 귀중한 자료이다.

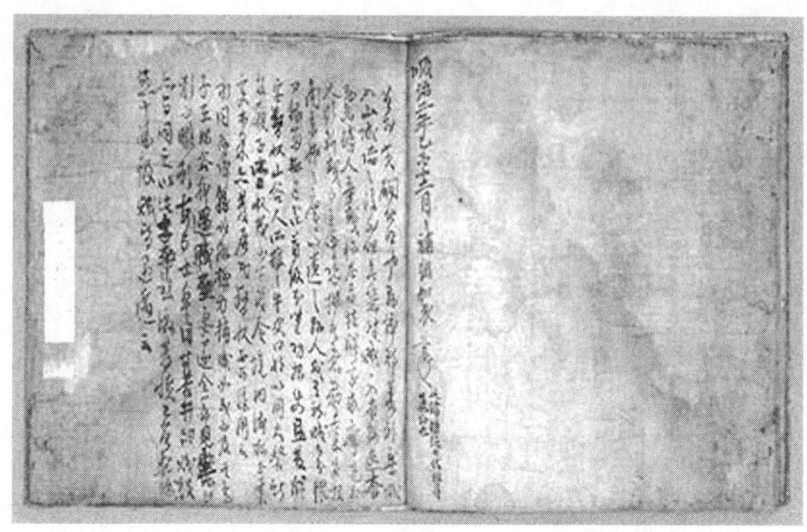

임진란기록(임란일기). 임진왜란 때 의병활동을 한 조정이 1592년부터 1597년까지의 사실에 대하여 쓴 일기와 문견록이다

죽어 갔고, 손바닥에 못이 박혀 신음하는 참상은 진(秦)나라 백성이 당한 고통과 다를 바 없어 수많은 사람들이 언제나 망해 없어지려는지 하고 원망하는 소리로 투덜댔다. 그런 판에 갑자기 병화를 만나니 백성은 일시에 흩어지고 금성탕지(金城湯池. 매우 튼튼하고 잘된 성지)와 같이 견고한 곳이 도리어 도적놈의 거점이 되었으니 김수가 원한을 쌓은 것은 이것으로 알 만하다.4)

위의 두 기록은 경상도에 관한 것이지만 일본이 침입하여 오면 제일 먼저 화를 입을 곳인데도 성을 쌓는 일이 너무 힘

---

4) 최효식, 앞의 책.

드니 오히려 왜적이 하루 빨리 오기를 기다렸고, 나라가 하루 빨리 망하기를 기다렸던 것이다. 이런 것이 어찌 한 해의 공사 때문에 야기되었겠는가? 그 이전부터 정부로부터 인심이 떠나 있었던 것이다.

힘들여 쌓은 성은 왜적의 소굴이 되거나 빗물에 무너지고

실제로 왜적이 침입하여 온 초기에 경상도 지역에서 성지에 의지하여 왜적을 물리쳤거나 그들과 전투라도 해 본 곳은 부산진성, 동래성, 김해성, 진주성 정도밖에 없었다. 이 중에서 부산진성, 동래성, 김해성은 당일 또는 이틀 만에 적에게 무너졌고, 진주성도 1차 진주대첩 때는 지켜냈지만 2차 싸움에서는 패하여 왜적에게 실함되었으니, 왜적의 침입을 받고도 끝까지 지켜낸 곳은 한 군데도 없었던 것이다.

그렇게 백성들의 원망을 사가면서 쌓았던 여러 성을 대부분 왜적이 쳐들어 오자 성에서 싸우면 도망갈 수 없어서 죽는다고 생각하여 적이 오기도 전에 버리고 도망하였으니 거진웅성(巨鎭雄城)이 무용지물이 되었을 뿐만 아니라 오히려 왜적의 소굴이 되기까지 하였다. 김성일 등 홍문관의 건의대로 기존에 있었던 성지를 튼튼하게 유지 보수하였더라면 진주성만이라도 끝까지 지켜낼 수 있었을 것인데, 이 진주성도 왜적의 침입에 대비한다고 평지로 옮겨 쌓은 곳이 비로 무너져 성이 적에게 실함된 한 원인이 되었던 것이다.

진주성. 왜적의 침입에 대비하고자 성을 옮겨 쌓은 곳이 비로 무너져 성이 실함된 한 원인이 된 안타까운 사연이 있다.

이때의 김성일 등 홍문관의 주장들은 임진왜란이 일어나고 나서 그것들이 옳았음이 선조가 내린 교서와 『선조수정실록』에 있는 사관의 평가로도 증명이 되었다. 선조는 말하기를 "오직 변방의 근심만 생각하여 성을 쌓고 못을 파며 군사를 훈련하고 무기를 수선하여 기어이 민생을 보호해서 적의 칼날을 면하게 하려는 것이었는데, 이로 인하여 백성의 원망은 더욱 쌓이고 인심은 더욱 이반되어 적의 군사가 경내에 가까이 오자 형세를 바라보고 먼저 무너지니 백성을 보호하자는 설비가 마침내 도적에게 필요한 물자가 되고 말았다. 말이 이에 미치니 스스로 용납할 길이 없구나" 하였다. 또 다른 교서에서는 선조의 심정을 훨씬 직접적으로 표현하였다. "처음부터 성 쌓고 참호 파는 힘을 덜어서 백성의 힘을 후히 기르고 감사나 병사, 수사의 봉작을 옮겨서 선비들의 마음을 굳게 맺어야 함을 알았더라면 적의 혼백이 벌써 동래의 들판에서 흩어졌을 것이며 독한 칼날이 어찌 평양성에 이르렀으랴. 오직 내가 밝지 못한 탓이니 뉘우친들 무슨 소용이랴" 하였다.

『선조수정실록』에도 성을 쌓는 것이 '크게 하여 많은 사람을 수용하는 것에만 신경을 써서 험한 곳에 의거하지 않고 평지를 취하여 쌓았는데 높이가 겨우 2-3장에 불과하였으며, 참호도 겨우 모양만 갖추었을 뿐, 백성들에게 노고만 끼쳐 원망이 일어나게 하였는데 식자들은 결단코 방어하지 못할 것을 알고 있었다'고 기록하고 있다. 『선조수정실록』의 사관 스스로도 임진왜란 전의 축성이 잘못되었다는 말을 기록하였으면서도 축성의 문제점을 임진왜란 전에 지적한 김성일에 대하여는 축성을 반대만 한 것으로 잘못 알려지게 쓴 것은 무엇 때문일까?

소위 잘못된 계책과 잘못된 정사

『선조수정실록』에서는 김성일이 "성의 수축과 병정의 선발은 옳은 계책이 못되고, 이순신을 전라좌수사로 발령낸 것은 옳은 정사가 못된다고 주장하였다"고 기술하였다. 그러나 김성일이 축성과 관련하여 주장한 것은 위에서 본 바와 같이 모든 공사를 시기를 가리지 않고 한꺼번에 시작한 점과 겨울에 내륙에 성을 새로 쌓으면 얼었다가 녹아서 봄이 되기 전에 다 무너지기 때문에 성 쌓는 일의 폐해를 이야기하면서 기존에 옛날부터 있던 성벽은 튼튼히 유지 보수하되 새로 성을 쌓는 일은 그만두라고 말하였던 것이다. 그의 이런 주장을 축성을 반대만 한 것으로 기술하였다.

병정의 선발에 대한 것도 위에서 본 바와 같이 김성일은 병정 수를 늘리는 것만 힘쓰지 말고 정예화에 힘써 현실에 맞게 하라고 주장한 것이다. 즉 병적부에는 사람이 남아 돌지만, 실제는 병력이 없는 빈껍데기 장부를 만들어서 백성들을 연좌제로 괴롭히지 말고 현실에 맞게 병력수를 책정하여 그들을 제대로 훈련하여 정병으로 기르라는 것이었다. 그의 이런 주장을 병정 선발을 반대하였다고 비판, 공격하였다.

그러니 김성일이 축성 및 병정 선발에 대하여 말한 내용을 모르는 사람은 김성일을 도저히 이해하기 어려울 뿐만 아니라 왜적이 쳐들어 오지 않는다고 귀국 보고한 것으로 변조된 말과 함께 그에게 임진왜란의 모든 책임을 돌리는 말에 동조하게 되는 것이다.

이순신의 발탁에 대한 것도 그렇다. 이순신이 정읍 현감에서 진도군수를 거쳐 전라 좌수사로 초특급으로 한꺼번에 여러 단계를 건너뛰어 승진한 것은 1591년 선조 24년 2월 13일이다. 그 사흘 후 사간원(司諫院)에서 "전라좌수사 이순신은 현감으로서 군수로 부임하기도 전에 좌수사에 임명하여 관작 남용(官爵濫用. 관직과 작위를 함부로 씀)이 크니 체차(遞差. 관리를 갈아내어 바꿈)하라고 하였으며, 그 이틀 후 사간원에서 다시 이순신의 경력 등을 문제 삼아 체차하라고 아뢰었으나 선조가 듣지 않았다고 『선조실록』 선조 24년 2월 16일조와 18일조에 각각 기록되어 있다.

　이때 김성일은 일본에서 귀국하여 한양으로 올라오고 있던 중이었으며 한양에 도착한 것은 3월이었다. 임금의 명령을 받고 전년에 왜국에 사신으로 갔다가 돌아오는 중으로 아직 수도 한양에 도착하지도 않았는데, 아니 왕에게 귀국 보고도 하지 않았는데, 그보다 먼저 이순신의 인사 문제부터 거론을 할 수 있었겠는가?

　김성일이 무신의 인사 문제에 대하여 언급한 것은 같은 해 11월의 차자에서다. 이순신이 전라좌수사로 발령을 받고 9개월 정도 지난 후의 일이다. 전라좌수영은 정읍 현감이었던 이순신이 부임하기도 가까운 곳이었고, 또 9개월은 어느 정도의 실적도 남길 수 있는 시일이다. 그런 때에 부임 후의 실적이 어떤지 파악하여 보지도 않고 9개월 전에 발령낸 인사 문제를 무턱대고 거론할 수 있었겠는가? 이순신은 좌수사로 부임한 이래 왜적의 침략에 여러 가지로 대비를 하였다는 기록이 있는데, 만약 그의 실적도 알아보지 않고 이순신의 인사를 반대하였다가는 김성일 자신부터 자기 자리를 지키지 못하였을 것이다.

　이때 문제를 제기한 것도 1583년 선조 16년 1월 여진족의 난이 발생한 이후부터 1591년 선조 24년 11월까지 8년 10개월 동안의 무신들의 인사와 관련한 전반적인 문제이다. 『선조실록』 선조 16년 2월 20일조에 보면 비변사의 공사(公事)로 양남(곧 영남과 호남) 연해의 창원, 양산, 장흥, 순천, 영광, 강진, 해남 등 고을의 문관수령을 모두 체임하여 무신으로 대체 임용하고, 무신으로서 영불서용(永不敍用. 죄로 인하여 면관된 사람을 영구히 다시 쓰지 않음), 삭거사판(削去仕版. 벼슬아치의 명부에서 깎아 버림), 탈고신(奪告身. 죄를 지은 벼슬아치의 직첩을 뺏어 들임), 파직 등에 처해 있는 사람들을 모두 다시 서용하기로 하였다고 하였다. 이때도 남해안에서 왜구의 발호가 심했고 무신이 많이 모자란다고 생각되었던 모양이다. 그때 이후 무신들을 능력, 기량, 업적 등을 제대로 평가하지 않고 등급을 뛰어넘어 뽑아 써온 것이다. 이 경우 인사에 원칙이 없었으니 잘된 인사도 간혹 있었겠지만 그보다는 잘못된 인사가 훨씬 더 많았을 것이다.

　이런 일반적인 문제점을 거론한 말 속에 특정인 이순신은 거명조차 하지 않았는데 『선조수정실록』은 이순신의 발탁은 잘못된 정사라고 주장하였다고 기록하였다. 이순신 발탁에 반대하였다는 『선조수정실록』의 이 기록은 그 내용의 진가를 따져보지도 않고 왕조실록에 있는 것은 다 진실인 줄 잘못 아는 사람들이 요즈음 발간하는 책에도 그대로 인용하면서, 김성일을 공격하는 자료로 쓰고 있다.

　이처럼 『선조수정실록』이 말하고 있는 소위 잘못된 계책과 잘못된 정사라는 것(비계비정론)이 사실이 아니라는 것은 그때 김성일이 올린 차자를 보면 이를 확인할 수 있다. 그때 올린 차자 중 원문이 전하는 두 차자는 국문으로 번역된 원문을, 그 요지만 전하는 것은 요지를 뒤에 첨부하였다.

충주에서 부산으로 침략한 왜군 숫자를 보고하였다?

　김성일을 국방문제와 관련하여 무함한 것은 임진왜란이 발생한 초기까지도 계속된다. 즉 신흠(申欽)이 지은『상촌집』중 '여러 장사들이 왜란초에 무너져 패한 기록(諸將士難初陷敗志)'에 보면 우순찰사 김성일이 적의 배 숫자와 적병 숫자를 보고하는 기록이 있다. 그러나 이 기록은 신흠이 직접 쓰지 않은 것으로 지적되어 있어 기록 자체는 신뢰성도 없다. 그런데 이처럼 누군가가, 아마도 그의 아들이겠지만, 신흠의 이름을 빌려 조작하여 그 내용을 믿을 수도 없고, 또 그러한 문제점이 이미 지적된 기록을『선조수정실록』에서는 "병사가 장계하기를 ……" 하면서 거의 그대로 인용하여 싣고 있다. 그 내용을 보자.

　김시양의『하담파적록』에 보면 신흠의 아들 동양위 신익성(申翊聖. 선조의 셋째딸 정숙옹주의 남편)이 아버지의 문집인『상촌집』(象村集)을 1630년 인조 8년 신미년에 간행하여 배포하였다. 그 속의 동정록(東征錄)에 "임진년에 적이 조령, 죽령 두 재로부터 올라왔다"고 한 말과 춘성록에 국조에서 부자(父子)가 서로 의정(議政)이 된 자를 기록하였는데, 윤두수(尹斗壽)와 그의 아들 방(昉)이 거기에 들어 있었다. 그래서 내(김시양)가 동양위에게 말하기를 "임진년에 왜적은 조령과 추풍령을 거쳐 올라왔고, 영남의 죽령만은 적의 발자취가 처음부터 끝까지 이른 일이 없는데, '동정록'에는 죽령으로 올라왔다고 말하였으며, '춘성록'은 상촌이 광해 때에 귀양가 있으면서 기록한 것이고, 윤방이 입상(入相. 좌·우·영의정이 되는 것)한 것은 반정(즉 인조반정) 뒤에 있은 일이데, 또한 그 '춘성록' 중에 있는 것은 무슨 까닭이오?" 하였더니, 동양위는 얼굴빛을 변하여 갔다고 하였다.

1636년 인조 14년 병자년간에 또 『상촌집』을 간행하였는데, 춘성록은 윤방의 이름을 삭제하고, 동정록에서는 '적이 죽령으로부터'라는 말을 삭제하고 대신 "적병이 처음 오니, 우순찰사 김성일이 '적의 배가 4백 척도 못되니, 한 배에 수십 인을 싣는 데 불과하다면, 총수효가 만 명 미만일 것입니다' 하였다. 성일의 논이 조정에 보고되니 또한 그렇다고 생각하였다"는 등의 말이 실려 있었다. 이 말은 임진왜란 때 왜적의 침입군 총수가 만 명 미만이라고 김성일이 보고하였고, 조정도 그렇게 믿었다는 것이다.

이에 대하여 김시양은 김성일이 경상우병사로 부임중으로서 진에 도착하기도 전에 왜적이 침입하였고, 선조가 김성일의 귀국 보고를 문제삼아 나명(拿命. 잡아오라는 명령)을 내렸다는 말을 듣고 김성일이 사잇길로 한양으로 올라오다가 직산에서 초유사의 명을 받고 다시 영남으로 내려간 사실을 기술하였다. 김성일이 왜적의 침입 사실을 처음 들은 곳은 충주 단월역이었는데 충주에 있던 김성일이 부산으로 침입해온 왜적의 배의 숫자나 군사의 수효를 어떻게 알아서 조정에 보고를 하였겠느냐는 뜻이다. 그러면서 김시양은 동정록, 춘성록 등을 미루어 보아 『상촌집』의 잡록(雜錄)은 상촌이 기록한 바가 아닌 것이 많다고 하였다. 자기 아버지의 문집을 이용하여 남을 무함하였다가 아버지의 문집에 아버지가 쓰지 않은 기록이 많다는 평까지 받아서 문집의 신뢰성과 가치를 떨어뜨렸으니 자업자득이 아닌가.

그리고 이런 혹평을 받은 동정록의 당해 기록을 우순찰사 김성일을 병사(兵使)로 바꾸어서, "병사가 장계하기를 '적의 배가 4백 척이 채 못되는데 한 척에 실은 인원이 수십 명에 불과하니 그 대략을 계산하면 약 만명쯤 될 것이다'고 하였으므로, 조정에서도 그렇게 여겼다"고 『선조수정실록』 선조 25년 4월조에 거의 그대로 수록하였다. 『선조수정실록』은 1641년 인조 19년부터 1657년 효종 8년간에 편찬된 것이니 신흠의 동정록을 참고하였을 것으로 보인다. 기존 『선조실록』이 잘못되었다고 주장하면서 그 잘못을 바로잡기 위하여 새로 편찬한 것이 『선조수정실록』이 아닌가! 스스로의 신뢰성을 떨어뜨리면서까지 공식사료를 이렇게 만들 수밖에 없었던 사정이 무엇일까 퍽이나 궁금하다.

김성일을 폄훼(貶毁. 남을 깎아 내리고 헐뜯음)하기 위한 일들이 개인의 문집 조작은 물론 공식 사료인 왕조실록조차도 비판받은 잘못된 기록을 그대로 옮겨 싣기도 하고, 없는 사실을 날조하여 기록하기도 하였으니 그저 놀라울 뿐이다. 김성일을 이렇게 까지 공격하고 헐뜯어야 할 사정이 무엇이었을까.

동서 붕당과 김성일

식민주의 사관은 아직도 살아 있다

　저자와 비슷한 연배 아니 앞뒤로 1~2십년 차이 나는 연배의 사람들은 학생 때에 국사시간에 조선은 당쟁 때문에 망한 나라이며, 그 당쟁의 큰 폐해의 예로 배운 것이 임진왜란 전에 조선통신사들이 일본을 다녀와서 귀국 보고를 달리 하였는데, 그 이유가 당파가 달랐기 때문이었다는 것이었다. 얼마나 충격적이고 절망적인 이야기였는지 모른다. 우리들의 뇌리에 평생 동안 남아 있는 기억이다.
　오늘날에도 임진왜란과 관련이 있는 역사극 등을 보면 통신사들이 당파 싸움 때문에 귀국 보고를 다르게 하는 것으로 나온다. 그렇다 보니 나이가 든 사람들이나 젊은 사람들, 아니 새롭게 자라나는 어린아이들까지도 그렇게 잘못 알고 또 새로이 잘못 알게 되는 경우가 적지 않다. 과거 학교 교육의 잘못으로 생긴 폐해가 말할 수 없이 크다. 또 당파싸움을 이용하여 시청자의 흥미를 유발시키려는 의도가 있는지 모르지만 잘못 알려진 내용이 TV 등 영상매체를 통하여 되풀이하여 전달되고 있으니, 이런 잘못이 바로잡히려면 얼마나 긴 세월이 필요할지 걱정이다. 눈 앞의 이익을 위하여 민족의 정기를 손상시키는 것으로 생각될 수도 있으니 조심해야 할 일이다.

역사서들은 1575년 조선조 선조 8년에 동서의 붕당이 처음 표면화되었다고 쓰고 있다. 서인 심의겸(沈義謙)과 동인 김효원(金孝元)이 인사 문제로 의견이 대립되었는데, 심의겸은 집이 서울의 서쪽에 있어서 그를 지지하는 사람을 서인이라고 하였고, 김효원은 집이 서울의 동쪽에 있어서 그를 지지하는 사람을 동인이라고 하였다는 것이다. 물론 이 말은 사실이지만, 정치적 목적이나 이념의 차이 때문에 붕당이 생긴 것이 아니라 자리다툼 때문에 생겼다고 생각하게 하니, 처음 듣는 순수한 학생들이 충격을 받고, 절망하기에 충분하지 않은가!

그런데 붕당의 발생에 대한 이론은 거기에서 한걸음 더 나아간다. 적통(嫡統)이 아닌 16세의 선조가 왕으로 세워졌을 때 그 즉위 과정과 즉위 후의 왕권 안정을 위하여 조정을 이끌었던 영중추부사 이준경(李浚慶)이 1572년 선조 5년에 죽기 전에 선조에게 올린 차자에서 붕당을 걱정한 것을 소개하는 것이다. 그리고 그가 죽고 3년이 되자 정말 심의겸, 김효원의 의견 대립으로 조정이 편가름이 되었다고 쓴다. 이쯤되면 대부분의 사람은 붕당은 정말 큰 문제였겠구나 하는 인식을 가지게 된다.

더 큰 문제는 역사서들이 붕당 문제를 여기서 끝내지 않고 동인에 속하는 사람은 누구, 누구, 누구이며, 서인에 속하는 사람은 누구, 누구, 누구라며 당시 조정에 있던 사람들을 양쪽으로 쭈욱 분류를 해놓는다. 그 다음에는 동인은 남인 북인으로, 서인은 노론 소론으로 나누어졌다고 하면서 사색 당쟁이니, 뭐니 하여서 당쟁이 아주 격심하였던 것으로 이야기를 전개한다.

이처럼 정립된 분당 이론을 접하는 일반인들은 우리는 인종적으로 파벌 싸움이나 하는 민족으로 스스로를 알게 된다. 경제성장의 덕으로 삶의 수준이 현저히 높아진 요즈음에는 듣기 어렵게 되었지만 얼마 전까지만 하여도 우리 스스로를 엽전이라고 부르고, 조선족은 어쩔 수 없느니 하면서 자조하고 자기 비하를 하는 버릇들도 있었다. 이것이 일본 제국주의 학자들이 우리나라를 지배할 때 만들어 놓은 식민주의 사관인 것이다. 그 사관의 폐해가 광복이 되고도 육십년이 되는 지금까지도 이어지고 있는 것이다. 그리고 그 일본학자들의 이론을 알고 하는지 모르고 하는지 알 수 없지만, 그대로 이어 받아 온 우리의 일부 역사학자들이 끼친 폐해이기도 하다.

동서 붕당과 귀국보고

선조 때의 당쟁의 시발점이라고 말하고 있는 이조정랑 선정 문제도, 오늘날의 행정자치부 인사담당 국장급에 해당하는 자리의 인선 문제였다. 그리고 붕당정치로 서로 죽이고 죽는 살벌한 싸움을 한 것도 아니고 기껏해야 벼슬자리를 물러나거나 짧은 기간 동안 귀양을 다녀오는 정도의 상황이었다. 그렇게 자리를 물러나거나 귀양을 다녀와도 복직이 어렵지도 않았다. 즉 이때의 붕당은 정치적 주장을 달리하는 상대방을 인정하여 공존을 전제로 하는 상호 비판 체제였던 것이다. 그것도 표면화된 지가 16년밖에 되지 않은 때였다. 이러한 붕당정치의 초기에 어찌 외적이 쳐들어 오는 문제를 당이 다르다고 반대로 보고를 했겠는가?

　선조 당시의 일을 기록한 실록이나 왕조의 공식 사료 어디에서도 붕당 때문에 통신사들의 보고가 달라졌다는 말은 없었다. 심지어 김성일에 대하여 더 이상의 혹평을 하기 어려울 정도로 귀국 보고를 망측하다고 평한 책에서도 당파 때문이 아니라 일본의 서계 가운데 명나라를 범하는 말이 있는데도 아무말 없이 받아와서 죄를 받을까봐 두려워서 다르게 보고하였다고 하였고, 『선조수정실록』에서 사관은 김성일이 통신사로 일본에 갔을 때 상사 등이 겁에 질려 체모를 잃은 것에 분개하여서 또는 통신사간의 불화 때문에 다르게 보고하였다고 하였다.

　한편 통신사들의 귀국 보고를 받은 당시 조정의 반응은 어떠하였는가. 일본 통신사들로부터 직접 귀국 보고를 받았고, 붕당이 처음으로 시작되었고, 붕당 때문에 오랫동안 고심하였던 선조는 김성일이 풍신수길에게 속아서 황윤길과 다르게 보고한 것으로 생각하였다. 그런 선조에게 이항복은 남쪽 지방의 민심이 먼저 요동하여 이를 진정시키려고 한 것이라고 자기가 김성일에게서 직접 들은 말을 보고하여 선조의 오해를 풀어 주었다. 또 『징비록』을 보면 '의론하는 사람들이 어떤 이는 윤길의 말을 주장(지지)하였고, 어떤 이는 성일의 말을 주장하였다'고 하였지 여기서도 당파 때문에 지지하는 의견이 갈렸다는 말은 없다.

다만 『선조수정실록』에 "당시 조헌(趙憲)이 화의(和議)를 극력 공격하면서 왜적이 기필코 나올 것이라고 주장하였기 때문에 대체로 윤길의 말을 주장하는 이들에 대해서 모두가 '서인들이 세력을 잃었기 때문에 인심을 요란시키는 것이다'고 하면서 구별하여 배척하였으므로 조정에서 감히 말을 하지 못하였다"는 기록은 있다. 이 말을 좀 살펴보자.

  조헌은 통신사들이 귀국한 후에 옥천에서 올라와서 왕에게 긴 상소를 올렸다. 그 요지는 "속히 왜국 사신의 목을 베고 중국에 주문(奏聞)한 다음 그의 사지를 유구 등 제국에 나누어 보내어 온 천하로 하여금 다 함께 분노하게 하여 이 왜적을 대비하도록 하는 한 가지 일만이 전의 잘못을 보완하고 때늦은 데서 오는 흉함을 면할 수 있음은 물론 만에 하나 이미 쇠망한 끝에 다시 흥복시킬 수 있게 되기를 기대할 수가 있는 것입니다"이다. 즉 우리 측이 먼저 일본에 선전 포고를 하고 전쟁을 시작하자는 주장이다. 상대방 국가의 사신의 목을 베고 사지를 여러 나라에 나누어 보내는 것 이상의 선전포고가 어디 있는가.

얼핏 듣기에는 속 시원한 말이지만, 이것은 당시 조선의 형편도, 국력도, 중국과의 관계도, 외교상 복잡함도 깊이 고려하지 않은 물정 모르는 주장으로밖에 볼 수 없다. 국가간에 사전에 아무런 의견 교환이나 협의·협약도 없이 조선이 단독으로 왜국의 사신의 목을 베어서, 그로 인하여 일어날지도 모르는, 아니 일어날 수밖에 없는 전쟁에 다른 나라들이 함께 힘을 합치게 할 자신이 있는가? 조선 혼자서는 왜적과 싸울 힘이 못되었다는 것은 일년 뒤 임진왜란 때 판명이 되었다. 조헌의 말대로 하였더라면, 오로지 믿을 것은 명나라밖에 없었는데, 조선이 먼저 전쟁을 일으킬 일을 저질러 놓고, 명나라의 처분을 기다리자는 식의 국정운영을 어떻게 할 수 있었겠는가.

또 서인들이 세력을 잃었기 때문에 인심을 요란시키는 말을 한다는 비난을 들을까봐 조정에서 감히 말을 하지 못하였다는 것은 뒤집어 말하면, 민심이 너무나 흉흉하게 되어서 왜적이 틀림없이 쳐들어 온다는 주장을 더 이상 조정에서 계속할 수 없었다는 뜻이다. 흉흉한 민심을 아랑곳하지 않고도 침입할 왜적을 막을 계책이 있었다면, 어찌 조정에서 아무 말도 할 수 없었겠는가. 대책 없이 민심만 요동시키는 말은 세력을 잃은 자들의 불평불만으로 취급될 정도로 민심이 요동을 쳤으니, 어느 누가 그런 말을 지지할 수 있었겠는가.

그러던 것이 황윤길의 문중 족손인 황의돈이 저술한 1923년판 『신편조선사』에서 '(황[윤길]은 서인이요 김[성일]은 동인이므로) 유성룡(柳成龍), 이산해(李山海) 등 당시에 득세한 동인배가 김성일의 편을 들어(右袒) 군사 시설(武備)을 모두 부수고(盡罷) 조정의 모든 대신들(滿朝)이 마음을 놓아(晏然) 태평한 꿈(昇平夢)에 취하여 드러누웠다(醉臥)'고 기록함1)으로써 당파 문제가 임진왜란 대비와 관련하여 처음으로 등장하게 된 것이다. 1923년은 어떤 해인가? 경술국치2)로부터 13년째가 되는 해이다. 여러 가지 면에서 일본 나름의 조선합병 이론이 본격적으로 힘을 쓰기 시작할 무렵이라고 본다.

이렇게 황의돈이 당시 동인이 지배하던 조정이 동인 김성일의 의견을 취하였다고 썼던 것이, 어느 틈엔가 통신부사가 당파심 때문에 귀국 보고를 상사와 다르게 한 것으로 바뀌었다. 귀국 보고 자체부터 당쟁 때문에 달라졌다고 바뀐 것이다. 그래서 이제는 웬만한 사람은 '김성일' 하면 '아! 임진왜란 때 당파심 때문에 통신사 귀국 보고를 사실과 다르게 하여 일본이 쳐들어 오게 한 사람! 그리고 그 사람의 보고 때문에 하던 방비 업무도 그만두게 했던 사람!' 하고 연상하게끔 되었다. 잘못

---

1) 신복룡, 『한국사 새로보기』, 풀빛, 2003의 "임진왜란과 김성일의 책임"에서 인용하였다.

2) 庚戌國恥. 대한제국의 총리대신 이완용(李完用)과 일본의 통감 사내정의(寺內正毅. 데라우찌 마사다케) 간에 '한국 정부에 관한 일체의 통치권을 완전하고 영구하게 일본에 양여한다'는 것을 내용으로 하는 조약을 체결한 것이 1910년 8월 22일이고, 그에 따라 황제 순종이 양국 조칙을 내린 날이 그 일주일 뒤인 29일이다. 표면상으로는 우리가 자발적으로 나라를 일본에 양여한 것으로 하였으나 사실은 일본의 강압에 의하여 나라를 일본에 통째로 빼앗겼던 것이다. 우리는 이 나라를 빼앗긴 치욕을 영원히 잊지 말자고 이를 경술국치라고 부른다.

되어도 여간 잘못된 게 아니다. 4백 년도 넘은 옛날에 죽은 김성일이 죽은 지 3백 년이 지난 다음에 일제의 식민지 사관으로 새삼스럽게 피해자가 되었지만, 그보다도 더 큰 피해자는 다른 사람이 아니라 우리 민족 모두인 것이다. 일본 제국주의의 식민지 사관은 '나라는 망하더라도 당파심 때문에 적의 침략 가능성도 부인하였고, 당파심 때문에 그런 보고를 채택하여 추진하던 전쟁 준비도 그만 두었다'고 주장하니, 우리가 정말 그런 민족인가? 이런 유(類)의 주장이나 이론을 접할 때, 무심코 접하지 말고 그것들을 냉철하게 따져 보아야 한다. 그러기 위해서는 그 당시 상황을 편견 없이 잘 검토하여야 한다.

김성일의 붕당 관련 기록

그러면 김성일이 살아 있을 때 그는 붕당 정치에 얼마나 관여하였는지 살펴 보자. 김성일과 동서분당에 관련하여 『선조실록』이나 『선조수정실록』에는 두 가지 기록이 있다. 그 한 가지는 1583년 선조 16년 12월 11일조의 『선조실록』이다. 여기에 보면 해주 사는 유학(幼學. 벼슬하지 아니한 유생) 박추(朴樞)가 상소를 하였는데, 내용의 대개는 '김성일은 경박한 무리들과 결탁하여 동서(東西)의 치열한 패싸움을 한 것은 오히려 허봉(許篈)보다 더 하였고' 한 다음 이어서 동인으로 분류되는 열 명을 신랄하게 비판하면서 그들을 중한 법으로 처단하지 않으면 신민(神民)의 분이 풀리지 않을 것이라는 것과 성혼,

정철 같은 이에게 헌장(憲長)을 맡겨 그들로 하여금 풍속을 바꾸게 하라는 내용이다.

또 하나는 『선조실록』 선조 25년 10월 27일조에 김응남을 부제학으로, 성혼을 우참찬으로 삼았다. 경상감사 김성일에게 가선대부를 가자하였다고 기사로 쓴 다음에 사관이 긴 논평을 달았다. 그 논평에서는 김성일이 이황에게서 배운 것과 이황의 천거를 받은 사실, 왜국에 사신으로 가서 풍신수길의 답서를 고쳐 받은 일, 부제학이 되고 나서 시폐를 논하고, 왕궁과 왕자들의 비리를 왕에게 문제로 제기한 사실과 그로 인하여 왕의 용납을 받지 못하고 좌천된 사실, 귀국 보고로 인하여 문책을 받을 뻔하였다가 초유사로 된 사실, 그의 강개한 마음과 갑자기 마주친 왜적을 물리친 사실, 영남의 인심을 수습한 것이 대부분 그의 공로라는 사실, 그래서 성일이 공로가 많으므로 자급을 올려 주었다고 한 다음 사관은 이렇게 마지막에 썼다. 즉 "다만 그의 인품이 고집이 세고 편협하여 수용하는 도량이 없었기 때문에 동서의 분당이 일어날 때에 한사코 공격하기를 힘썼고 잘 조화하여 조정을 안정시키지 못하였으므로 사람들이 부족하게 여겼다"고 하였다.

위의 두 기록을 살펴 보자. 우선 선조 16년조부터 보자. 선조 16년은 1583년으로 김성일은 3월에 황해도 순무어사로 발령을 받아서 4개월간 황해도 전 지역을 둘러보았다. 당시 황해도의 군정은 해이해지고 부역은 과중하였으므로 백성들은 관의 명령을 감당하지 못하였다. 그래서 김성일은 부패한 것을 바로 잡고 백성들을 살릴 뜻을 품어 7가지에 대하여 상소를 올렸다. 또 황해도 관내의 백성들이 당시에 정권을 잡은 한 재상에게 해전(海田)을 빼앗겼으므로 김성일에게 고소장을 올렸으며, 얼마 뒤에 그는 여러 고을의 문서를 살펴보다가 공채(公債) 수백 곡(斛. 열말)으로 그 재상에게 뇌물 준 자를 적발하였는데, 그 고을 수령이 두려워서 재상에게 달려가 고한 일이 있었다. 그런데 김성일이 조정에 돌아와서 선조에게 출장보고를 하기도 전에 갑자기 나주목사로 발령을 받아서 해전 피탈 문제나 공채 뇌물 문제는 흐지부지되고 말았다.

동서의 치열한 패싸움을 하였다고 박추가 상소한 것이 『연려실기술』 선조조 본말고사에는 '박추가 김성일이 이조의 권세에 참여하여 동서의 의논을 격동하여 일으킨 것이 허봉보다 배나 심하다고 말한 것'으로 좀 더 구체적으로 기록되어 있다. 이것은 김성일이 이조좌랑이나 정랑 때의 일을 말하는 듯하다. 김성일은 1576년 선조 9년 봄에 이조좌랑이, 그 이듬해 겨울에 이조정랑이, 1578년 선조 11년 겨울에 다시 이조정랑이 되었다. 잦은 인사 발령으로 전랑으로서의 세 번의 근무 기간을 합쳐도 길지 않았다. 그가 전랑이 되었을 때 윤현3)도 전랑

---

3) 尹晛. 1536~1597. 조선 중기의 문신. 자는 백승(伯昇), 호는 송만(松巒). 본관은 해평(海平). 두수(斗壽)의 조카이다. 1567년 선조 즉위년 식년문과에 을과로 급제하였다. 1573년 선조 6년에 예조좌랑, 정언이 되었고, 1578년 이조좌랑이 되었다. 서인의 거두인 작은아버지 두수, 근수(根壽)가 모두 요직에 있어 함께 삼윤(三尹)으로 일컬어졌으며, 서인을 지지하고 동인을 배척한다고 하여 사헌부, 사간원 등 언관들로부터 논핵을 자주 받았다. 진도군수 이수(李銖)로부터 뇌물을 받은 혐의로 논핵을 받았다. 1581년 안악군수로 있으면서 선정으로 포상을 받았으

이 되었는데 의논이 서로 맞지 않았다고 『연려실기술』에 쓰여 있다. 그런데 『선조수정실록』 선조 9년 2월 조에 보면 다음과 같은 기록이 있다.

"윤두수4)의 조카 현(晛)이 전랑이 되었는데 인물을 멋대로 기용하고, 또 조원(趙瑗)을 전랑으로 삼으려 하였다. 조원은 문명(文名)이 있으나 국량과 식견이 없어서 사류의 신망을 받지 못하였다. 그러나 정언이 되었을 적에 양사를 논박하여 체직시킴으로써 (김)효원의 기세를 줄였던 까닭에 윤현이 특별히 끌어올린 것이다. 이이는 또 이를 저지하여 말하기를 '백옥(伯玉. 조원의 자)은 쓸 만한 인재가 아니다. 지금 인품을 논하지 않고 그저 인백(仁伯. 김효원의 자)을 미워하는 사람만을 쓰면 그대들은 반드시 패할 것이다' 하였으나 그 말을 따르지 않고 끝내 조원을 전랑으로 삼으니 사람들은 조원이 상을 받았다 하였다."

며, 뒤에 벼슬이 이조정랑에 이르렀다.
4) 尹斗壽. 1533-1601. 자는 자앙(子仰), 호는 오음(梧陰). 본관은 해평이며 이황의 문인이다. 1558년 문과에 급제한 후 홍문관 정자, 저작을 거쳐 1563년 이조정랑에 있을 때 권신 이량(李樑)이 아들 이정빈을 이조좌랑에 천거한 것을 거부하여 파직당하였다. 그 후 대사간, 대사성, 도승지를 지냈다. 1578년 이종 이수의 뇌물사건으로 파직되었다. 전라, 평안감사를 거쳐 형조, 호조판서를 지냈다. 1591년 건저문제로 회령에 유배되었다가 1592년 임진왜란이 일어나자 다시 기용되어 우의정, 좌의정, 영의정을 지냈다. 명나라에 사신으로 가서 종계를 변무한 공으로 광국공신 2등이 되고 해원부원군에 봉해졌다. 문장이 뛰어났고, 글씨도 능하였다. 저서는 『오음유고』, 『기자지』, 『성인록』 등이 있다.

이상 몇 가지를 종합하여 볼 때 아마 조원의 인사문제와 관련하여 김성일이 윤현과 의견이 틀리지 않았나 추측되고 박추가 말한 것도 같은 것이 아닌가 생각된다.

진도군수의 쌀 뇌물사건

김성일이 서인을 공격한 것으로 오해를 사고 있는 건이 꼭 한 가지가 있다. 곧 진도군수 이수(李銖. 윤두수와는 이종간 즉 이모의 아들 사이)가 쌀을 뇌물로 3윤 즉 윤두수, 윤근수5), 윤현에게 바쳤다는 설과 관련한 김성일의 경연 보고이다. 일의 개요는 이렇다. 선조 10년에 무안 현감 전응정(田應禎)이 권귀(權貴. 권세가 있어 높은 지위에 있는 사람)에게 뇌물을 준 일이 발각되어 옥에 가두고 국문(鞫問)하였는데, 이때는 조정의 의

---

5) 尹根壽. 1537-1616. 자는 자고(子固), 호는 월정(月汀). 본관은 해평, 윤두수의 동생으로 이황의 문인이다. 1558년 문과에 급제, 승문원권지부정자, 승정원주서, 연천현감을 지냈다. 1562년 부수찬으로서 기묘사화로 죽은 조광조의 신원을 상소하였다. 이량의 아들 이정빈의 이조좌랑 천거와 관련하여 형 윤두수와 함께 파직되었다. 교서관 교리로 『명종실록』 편찬에 참여했고, 사가독서후 대사성, 명나라 종계주청부사, 부제학, 경기도관찰사를 지냈다. 1589년 성절사로 갔다가 대명회전전서를 가져왔다. 정철의 건저문제로 삭직되었다가 임진왜란이 일어나자 예조판서가 되어 선조를 호종하였다. 나중에 판의금부사를 지냈으며 호성공신 2등에 봉해졌고, 종계변무 공으로 해평부원군에 봉해졌다. 문장과 글씨에 뛰어났다. 저서는 『사서토석』, 『월정만필』 등이 있다.

논이 바야흐로 뇌물에 관한 것을 특히 문제삼을 때였다. 김성일이 홍문관 교리(선조 11년 7월에 되었다)로 경연에서 왕에게 "전응정이 죄를 받았다고 하지만 그 후에도 쌀을 실어다 뇌물로 바치는 자가 있어서 탐관하는 습성이 그치지 않았습니다" 하였더니, 왕이 갑자기 "누구냐"고 물어서 김성일이 "이수입니다"고 대답하였다. 그러니 대간이 이수를 죄 주기를 청하니 임금이 명하여 이수를 옥에 가두고 국문하게 되어 일이 발단되었다.

  이 일에 대하여 『선조실록』 선조12년 5월 23일조에 보면 유성룡이 선조에게 이렇게 아뢴다. "이수에 대한 일은 당초부터 나라 사람이 다 알고 있었으므로 여항(閭巷. 백성의 집이 모여 있는 곳)에서도 분한 마음을 품고 있었는데, 이는 당시 용사(用事. 요로에 있어 정권을 좌지우지함. 권세를 마음대로 부림)하던 무리들의 소행이 사리에 어긋남으로 하여 청의(淸議. 높고 깨끗한 언론)에 용납되지 않은 것입니다. 만약 이 일을 발설하면 인심이 투박하여 반드시 구함(構陷. 없는 사실을 꾸미어 남을 모함함)한다는 비방이 있어 조정의 대의(大議)를 그르칠까 두려웠기 때문에 신들이 어렵게 여겼던 것입니다. 그런데 그 뒤 김성일이 경연에서 시폐를 범론했을 뿐 처음에는 이 일을 발설하려는 뜻이 있지 않았는데 위(임금)에서 하문하시므로 드디어 감히 숨기지 못했던 것입니다. 이 일의 수말(首末. 처음과 끝)에 대해서는 위에서도 본디부터 환하게 알고 계시는 터인데 어찌 털끝만큼인들 윤가에게 사원(私怨)이 있어서 그랬겠습니까. 다만 장옥(贓獄)을 중히 여겼을 뿐이요 다른 뜻은 없었습니다"

하였다.
 이 일과 관련하여 이이(李珥)6)도 같은 뜻을 밝혔다. 즉 이이

---

6) 李珥. 1536-1584. 자는 숙헌(叔獻), 호는 율곡(栗谷)·석담(石潭)·우재(愚齋). 본관은 덕수이다. 어머니는 사임당 신씨이다. 어려서부터 신동으로 소문이 났다. 1551년 어머니가 죽고 나서 파주 자운산에서 3년간 시묘한 후에 1554년 금강산에 들어가 불교 공부를 한 후 다음 해에 하산하여 다시 유학에 전심하였다. 1558년 봄에 도산으로 이황을 방문하였으며, 겨울에 별시에서 『천도책』으로 장원을 하였다. 그는 전후 9차례의 과거에 모두 장원을 하여 '9도장원공'이라 일컬어졌다. 1564년 호조좌랑에 처음 임명되고 예조좌랑, 이조좌랑 등을 역임하였으며, '논요승보우'와 '논윤원형'을 상소하였다. 서장관으로 명나라에 다녀온 다음 부교리로 춘추기사관을 겸임하여 『명종실록』의 편찬에 참여하였다. 1569년 『동호문답』을 지어 올렸으며 1574년 우부승지로서 『만언봉사』를, 1575년에 『성학집요』를 지어 올렸다. 1577년에 『격몽요결』을, 1579년에 『소학집주』를 완성하고 1580년 『기자실기』를 편찬하였다. 1582년에 이조판서가 되고 어명으로 『인심도심설』을 지어 올렸으며, 『김시습전』과 『학교모범』을 지었다. 1583년 시무육조를 계진하였다.
 그는 이황과 더불어 조선조 유학의 쌍벽을 이루는 학자로 기호학파의 연원을 열었다. 정통성리학적인 입장을 견지하면서도 단순히 성리학만을 고수한 것이 아니라 불교와 노장철학을 위시한 제자백가의 학설과 양명학 등에 대하여도 깊이 이해하였다. 이이는 성혼과 도의로 교분을 맺었으며, 여러 해에 걸쳐서 성혼과 '지선여중', '안자격치성정지설', 이기, 사단칠정, 인심도심 등을 논하였다.
 그는 짧은 생애에도 불구하고 학문과 국사에 많은 업적을 남겼다. 정치에 있어서 동서붕당의 조정을 위한 노력, 보국안민을 위한 군정개혁 노력, 민생의 고통을 덜기 위한 폐법 개혁 상소, 사회적으로 억울한 계층을 풀어주는 노예의 속량과 서얼의 통허, 풍속을 진작시키기 위한 향약과 사창의 장려, 국가의 동량을 길러내기 위한 교육의 쇄신, 경제사 설치 제안 등은 그의 포부와 국량을 보여주는 것이다.

가 선조 12년 사대사간겸진세척동서소(辭大司諫兼陳洗滌東西疏) 곧 대사간을 사직하며 동서(붕당)를 세척할 것을 진달한 상소에서 "지난해에 김성일이 경연에서 탐오한 자들이 뇌물을 쓴다는 것에 대하여 언급했을 때 전하께서 갑자기 그 이름을 물으시니 감히 숨기지 못하고 곧바로 소문대로 아뢰었습니다. 그리하여 뇌물을 쓴 사실이 차차 발로되어 받은 자까지 밝혀지게 되니 대간이 할 수 없이 3윤(三尹)을 탄핵하게 된 것이지, 당초부터 반드시 3윤을 배척하여 공격하려는 마음을 두었던 것은 아닙니다. 우연히 발설한 것이 이렇게 발전한 것입니다. 다만 동서의 이름이 생긴 지 오래 되었고 또 수뢰한 집이 마침 3윤으로 지목되고 보니 옆에서 보는 사람들이 모두 생각하기를 '뜻은 서인 공격에 있는 것이지 장물을 조사하여 탄핵하자는 주장이 아니다'고 한 것입니다. 그리고 그때에 대사간이었던 김계휘(金繼輝)는 휴가를 받아 고향에 가 있었으므로 그에 대한 곡절을 깊이 살피지 못한 채, 다만 풍설만 믿고, 또 동인이 서인을 공격하는 것은 옳지 않다는 생각으로 달려와서 단독으로 전하께 아뢰었는데, 그 언사가 매우 중심을 잃어서 사류들의 격분을 일으키어 드디어 큰 소요를 이루게 한 것입니다. 신은 평소에 김계휘가 사리를 잘 알고 의지할 만한 인물이라 생각하였는데 하루 아침에 무너지게 되었으니 괴이한 일이었습니다"고 하였다.

그는 선조 묘정과 문묘에 배향되었으며, 파주의 자운서원, 강릉의 송담서원, 풍덕의 구암서원, 황주의 백록동서원 등 전국의 20여 개 서원에 제향되었다. 저서에는 『율곡전서』가 있다.

우리는 일반적으로 이이와 김계휘는 서인이고, 김성일은 동인이라고 알고 있다. 그런데 서인에 속하는 이이가 어떻게 동인에 속하는 김성일의 입장을 변호하며, 같은 서인인 김계휘의 인물됨에 크게 실망하였다 함은 어쩐 일인가. 거기에다가 이이와 김계휘는 친우간일 뿐만 아니라 김계휘의 아들 김장생(金長生)은 이이의 고제(高弟. 학행이 뛰어난 제자. 우수한 제자)이다.

위에서 본 바와 같이 김성일이 서인을 공격한 것으로 세간에서 오해할 수 있었던 일인 3윤이 탄핵받은 사건은 유성룡이나 이이 모두 동인이 서인을 공격한 것이 아니라 장물을 조사하여 부정이 있는 사람을 탄핵하자고 주장한 것으로, 당쟁과는 아무 관계가 없는 부정척결 차원에서의 발론이었다고 말한 것이다. 이것은 김성일이 동향 선배이며 친한 사이인 노수신도 어전에서 공격한 것을 보면 수긍되는 말이다. 그는 부정, 비리에 대하여는 개인적인 친소는 전혀 고려하지 않는, 어쩌면 지나친 원칙론자였지 당색에 좌우되는 사람은 아니었던 것이다.

인품과 도량을 평한 것에 대하여는 말하기가 어렵다. 다만 김성일은 원칙에 충실한 삶을 살았으며, 왕 주변의 사람 등 권력이 있고 높은 자리에 있는 사람들과는 타협을 하지도 않았고, 그들을 용서하지도 않았고, 왕에게 그들의 잘못을 보고하였던 사람이다. 그러니 권력자들의 입장에서는 고집이 세고 편협하다고 할 수 있었을 것이다.

동서의 분당이 일어날 때 한사코 공격하기를 힘썼다는 것은 구체적인 사례를 적시하지 않아 알기는 어려우나 『선조실록』

이나 『선조수정실록』에 다른 기록이 없다. 아마 위에서 본 진도군수 이수가 3윤에게 뇌물을 준 건의 문제화를 두고 말한 듯하다. 그러나 이것은 당쟁과 관계가 없었다는 것을 유성룡이나 이이가 말한 바 있다.

왕에게 직접 보고한 여타 비리 등

위에 든 3윤 건 외에 김성일은 조정에 있을 때 남의 비리 등을 왕의 면전에서 공격한 것이 몇 가지가 더 실록과 김성일의 연보에 실려 있다. 그것들을 모두 보기로 하자.

(1) 1573년 선조 6년 사간원 정언(正言)이 되어서 사간(司諫)으로 있던 김규(金戣)가 전에 왕에게 부실한 계사를 올린 것을 동료들은 책임을 지고 인책하며 자기들의 죄라고 하였으나, 김규는 변명을 하며, 스스로의 잘못을 감춘 것과, 그가 왕에게 아뢸 때 번번이 간사하게 아첨하고 뜻을 맞추는 작태가 있었으므로 심사가 바르지 않은 것을 알았으니, 서로 함께 일할 수 없다고 김성일 본인을 체차(遞差)하여 달라고 하였다.

(2) 1574년 선조 7년 윤12월 22일 정언 김성일이 경연 석상에서 우상(右相) 노수신(盧守愼)이 사정(私情)을 써서 사람들을 벼슬시킨 잘못에 대하여 대놓고 공격하였다.

(3) 1578년 선조 11년 홍문관 교리로 있을 때에 경연 석상에

서 와서제조(瓦署提調)가 사사로이 기와를 판 잘못을 배척하여 말하자, 그 사람이 마침 함께 입시하고 있다가 바닥에 엎드려 사죄하였는데, 땀이 흘러 등을 적시기까지 하였다.

(4) 1579년 선조 12년 5월 김성일이 사헌부 장령으로 있었다. 이때 하원군(河原君) 이정(李珵. 선조의 친 형)이 술에 빠져 방자하게 행동하고 여리(閭里. 인가가 모여 있는 곳. 서민이 모여 사는 마을)에 해를 끼치고 있었는데, 김성일이 그 집의 노복을 체포하여 중형으로 다스렸다. 이에 궁가(宮家. 왕족이 살던 궁전)에서 원망하면서 노엽게 여겼으나 감히 말하지는 못하였다.

(5) 1579년 선조 12년 임금이 경연 석상에서 "근래에 염치가 아주 없어지고 있는데 무엇 때문인가?" 하니, 김성일이 대답하기를 "대신으로 있으면서 뇌물을 받는 자도 있으니 염치가 없어진 것은 괴이하게 여길 것이 없습니다" 하였다. 이때 정승 노수신이 앞으로 나와서 부복하고 아뢰기를 "김성일의 말이 옳습니다. 신의 일가 사람이 북방의 변장(邊將)이 되었는데, 신에게 늙은 어미가 있다고 하여 작은 초피(貂皮. 돈피. 담비 종류 동물의 모피의 총칭) 갖옷(모피로 안을 댄 옷)을 보내 왔기에 신이 받아서 어미에게 주었습니다" 하니, 왕이 이르기를 "대간은 곧은 말을 하고 대신은 허물을 인책하였으니, 둘 다 정도(正道)를 얻었다고 할 만하다. 신료들이 서로 이와 같이 책려(責勵)한다면 나랏일을 잘해 갈 수 있을 것이다" 하였다.

위에서 보는 바와 같이 김성일이 문제를 거론한 사람들은 모두 하나같이 왕의 주변 인물이거나 직위가 높은 관료들이었다. 어느 면으로 보더라도 모범을 보여야 할 사람들인데도 뇌물을 받았거나 아첨을 하였거나 백성들에게 폐를 끼친 사람들이었다. 그리고 위에 든 다섯 경우에서도 분당과 관련될 여지는 그 어디에도 없었다. 오히려 정승 노수신과는 개인적으로 친밀한 관계에 있었던 것으로 알려져 있었으며, 노수신을 굳이 당색으로 분류한다면 동인에 가까웠다고 할 수 있을 것이다.

이이와 김성일의 관계

다른 이야기지만 서인으로 알려진 이이와 동인으로 알려진 김성일은 친근한 관계에 있었다. 1577년 선조 10년에 김성일은 사은종계변무사(謝恩宗系辨誣使)인 윤두수를 따라서 서장관으로 북경을 다녀왔는데, 그는 가는 길에 파주에 있는 이이의 집을 방문하여 시간을 보냈다. 만일 이이와 김성일이 이때 동서인으로 대립되어 다투고 있었다면, 행로에 굳이 이이를 방문하여 소회를 나누었겠는가? 또한 이이도 찾아온 김성일을 맞아들였겠는가? 이이와 김성일은 이보다 4년 전인 1573년 선조 6년의 11월 5일 경연에서 함께 선조에게 국정개혁을 진언한 일도 있었다.

그러나 김성일이 이이를 배척하는 논계를 편 언관을 신구한 적도 있다. 1579년 선조 12년 백인걸이 시사를 논하는 장계를 올렸는데, 이이가 백인걸을 대신하여 상소를 기초하였던 것이 문제가 되었다. 이에 대하여 정언 송응형(宋應泂)이 이이를 배척하는 논계를 하였던 것이다. 김성일은 이이가 잘못이 없는데 송응형이 공격하였다면, 송응형에게 죄가 있으나, 만약 이이가 잘못이 없지 않아서 언관이 논계하였다면, 이이가 현인이라는 이유 때문에 그의 잘못을 비호하면서 송응형을 죄 주는 것은 옳지 못하다고 송응형을 신구하였던 것이다. 즉 그는 누군가 잘못이 있어서 그 잘못 때문에 언관이 공격한다면 그 언관은 벌 줄 수 없다는 당연한 원칙을 주장한 것이다. 그러면서 "당파를 편들어서 비호하는 풍조가 날이 갈수록 아래에서 이루어지고 있다"고 당파의 폐해가 늘어나는 것에 대하여 지적을 하였다.

소인과 군자

김성일은 나주목사에서 물러나 고향에 있다가 1588년 선조 21년에 서울에 다시 오게 되었는데 그때 그는 "자기와 다른 자라 해서 반드시 다 소인이라 할 수 없다. 자기와 같은 자라 하여도 또한 어찌 다 군자이겠는가. 피차를 막론하고 오직 어진 사람이면 쓸 것이요, 불초한 자는 버리는 것이 옳다"고 하였다.

1591년 선조 24년 11월 김성일이 홍문관 부제학으로서 재앙을 만나 수성(修省)하기를 청하는 차자에서도 "선비들의 의논이 둘로 나뉘어 하나는 이쪽으로 하나는 저쪽으로 갈라졌습니다. 이에 사(邪)와 정(正)이 서로 싸우고, 시(是)와 비(非)가 결정되지 않아 수십년 사이에 진퇴와 소장의 기미가 강하(江河)가 흘러가는 듯한 형세로 서로 찾아 들어서 그치지 않았습니다. 조정의 화목하지 못함이 이와 같으니, 백성의 마음이 패악해지고 괴이한 기운이 이변을 가져온 것은 이상할 것도 없습니다" 하였다.

최영경을 신구하다

이보다 몇 달 전인 8월 1일에 조강에서 최영경(崔永慶)이 원통하게 죽은 일을 아뢰고, 그의 억울함을 풀어 줄 것을 청하였다. 김성일이 아뢴 내용에 대략 이르기를 "신은 그 사람의 얼굴은 알지 못하나 그가 세속을 초월하여 의리를 행한다는 것은 익히 들었는바, 바로 절개를 지키고 의리에 죽을 사람입니다. 그런데 그가 평소에 의론하는 것이 당당하여 회피하는 일이 없었던 탓에 간사한 자에게 크게 원한을 사게 되었습니다. 이에 간사한 자가 때를 틈타 죄를 얽어서 역적의 당으로 지목한 것이니, 만고의 원통함 가운데 어느 것이 이보다 더하겠습니까" 하였다. 그러자 왕이 캐묻기를 마지 않으므로 김성일은 더욱 소상하게 논계하였다. 이윽고 왕이 대신에게 복직에 대해 논의하라고 명하였다.

최영경은 정여립의 역변에 길삼봉으로 잘못 알려져 붙잡혀

옥중에서 말라 죽었으나 아무도 그 억울함을 거론하지 못하였는데, 김성일이 7월에 홍문관 부제학이 된 후 바로 왕에게 아뢰어 억울함을 풀어 주었던 것이다. 『선조실록』의 사관은 이것을 '왕이 노했을 때 구원하기는 어려운 일인데 직간을 하여 신구(伸救. 죄 없는 사람을 사실대로 변명하여 구원함)했다'고 평한 바 있다. 최영경은 남명 조식의 고제로 김성일은 얼굴도 알지 못하는 사이였지만 절개와 의리가 있는 사람이 역적으로 몰려 죽은 것을 그냥 보아 넘길 수 없었던 것이다. 그리고 이때는 동인이 남인과 북인으로 갈라질 때였으며, 이황의 문도들은 남인이 많았고 조식의 문도들은 북인이 많았다. 그런데도 이처럼 그는 옳은 일에는 당파를 불문하고 행동하였던 것이다.

동쪽과 서쪽은 누가 깨뜨릴 것인가

또 그는 1593년 선조 26년 4월 29일 진주공관에서 죽기 전에도 동서 분당에 대하여 걱정하였다. 4월 19일에 김성일이 병이 든 다음 조종도와 함께 문병을 했던 오운[7]은 나중에 김

---

7) 吳澐. 1540-1617. 조선 중기의 문신. 자는 태원(太源), 호는 죽유(竹牖)·죽계(竹溪). 본관은 고창이며 이황의 문인이다. 1566년 문과에 급제하여 성균관의 학유·학록·학정을 역임하고, 충주목사·성균관 사성·광주목사를 지냈다. 임진왜란이 일어나자 의령에서 의병을 일으켜 곽재우 휘하에서 수병장(收兵將)으로 활약하였으며 1593년 상주목사가 되었

성일의 무덤에 찾아가서 바친 제문에 이렇게 쓰고 있다. "계사년(1593년 선조 26년) 초여름에 공의 병이 위독하다는 소식을 듣고 진양(晉陽)으로 달려가 촉석루 안에서 서로 손을 마주 잡고 영결하였는데 공이 이르기를, '왜적들은 멸망시킬 때가 되었는데, 동쪽과 서쪽은 누가 깨뜨릴 것인가' 하였는 바, 말할 적에 충성스러운 울분이 얼굴에 가득하였고, 개인적인 일에 대해서는 한 마디 말도 하지 않았다'고 하였다. 즉 그는 죽음을 눈앞에 두고도 동서 붕당을 깨뜨리는 것을 걱정하였던 것이다.

이렇듯 붕당에 대하여 그것을 깨뜨려야 한다고 생각하며 걱정하였던 사람이 "동서의 분당이 일어날 때에 한사코 공격하기를 힘썼고 잘 조화하여 조정을 안정시키지 못하였으므로 사람들이 부족하게 여겼다"는 평을 받았다. 뿐만 아니라 김성일이 분당 때문에 왜적이 침입할 사태에 대하여도 다르게 보고하여 임진왜란의 발발과 그 폐해가 모두 그 때문에 초래된 양 그의 책임을 이야기하는 사람들이 있다. 실제의 그와 잘못 알려진 그와의 차이는 이만저만 큰 것이 아니다.

다. 1597년 정유재란 때 공을 세워 통정대부에 올랐고 뒤에 공조참의를 지냈다. 영주의 산천서원에 제향되었다. 저서는 『죽유집』이 있다.

임진기사를 살펴 본다

문제되는 내용

임진왜란에 대한 기록 중에 『은봉전서』의 「임진기사」라는 것이 있다. 안방준1)이 쓴 것으로 임진왜란이 일어나기 10년 전부터 임진년 8월 조헌과 승장 영규의 청주성 탈환 이후 순찰사와 조헌 간의 불화한 이야기로 끝을 맺는 기록이다. 여기

---

1) 安邦俊. 1573-1654. 조선 중기 학자. 자는 사언(士彦), 호는 은봉(隱峰)·우산(牛山). 본관은 죽산(竹山). 박광전(朴光前)·박종정(朴宗挺)에게서 수학하였고 1591년 선조 24년 성혼(成渾)의 문하가 되었다. 1614년 광해군 6년 보성 북쪽 우산(牛山)에 들어가 후진을 교육하였다. 1624년 인조 2년 동몽교관(童蒙敎官)에 임명되었으나 사퇴하였으며 후에 지평(持平)·장령(掌令)·공조참의를 지냈다. 임진왜란, 정묘호란, 병자호란 때 의병활동을 하였다. 그의 시문을 모은 것이 『은봉전서』로 총 40권 20책으로 되어 있다. 이 중 5~8권에 「기축기사」(己丑記事), 「임진기사」(壬辰記事), 「부산기사」(釜山記事), 「노량기사」(露梁記事), 「진주서사」(晉州敍事) 등이 수록되어 있다.

에 임진왜란 전의 통신사 파견 경위와 일본에서의 통신사들의 활동 내용, 귀국 후의 보고, 그 보고와 관련한 방비 문제 등도 언급되어 있다. 이 「임진기사」는 논란의 대상이 여러 군데 있지만 특히 통신사의 귀국 보고와 방비 문제는 여러 가지 면에서 논란의 여지가 크므로 여기에서 한 번 검토하여 보고자 한다. 우선 해당되는 부분을 국역하여 여기에 옮겨 적는다.

  이듬해 신묘년(1591년 선조 24년)에 황윤길 등이 왜국의 사신 현소, 평의지, 평조신 등과 함께 (돌아)왔다. 현소와 의지는 조령을 거쳐서, 조신은 죽령을 거쳐서 두 길로 나누어서 서울에 들어왔다.
  (황)윤길과 (허)성 및 일행의 상하 대소인은 모두 적이 반드시 대거하여 침입할 것이라고 하였으나, (김)성일만은 혼자서 적이 올 리 만무하며, 평추(平酋. 풍신수길)는 용렬하고 범상한 사람이라고 하였다. 묘당(廟堂. 조정)에서는 성일이 통신사의 업무를 잘 수행하였다고 하여 당상관으로 승진시키고, 방비하던 여러 가지 일을 다 그만 두었다.
  윤길이 데려갔던 군관 황진(黃進)은 분노를 이기지 못하여 여러 사람 가운데서 팔뚝을 쳐들면서 큰 소리로 말하기를 "황윤길, 허성의 어리석고 용렬함으로도 오히려 적정을 능히 아는데, 하물며 성일의 교활함으로 모를 리가 있겠는가? 이것은 서계(書契) 가운데 상국(上國)을 범하는 도리에 어긋나는 말이 많이 있는데도 한 마디 말도 없이 그 서계를 받아왔기 때문에 성일이 그 죄를 얻을까 두려워서 교묘하게 이와 같은 말을 한 것이다. 차라리 알지 못하였다는 것으로 돌리려고 한 것이니 그 심사가 망측하다." 상소를 올려 목을 베라고 청하려 하였으나 다른 사람이 말려 그만 두었다.

　성일이 일본에 있을 때 황윤길, 허성과 더불어 국분사피욕(國分寺被辱), 답객난론(答客難論), 관광론(觀光論), 배정하당상(拜庭下堂上), 부관청악(副官請樂), 입도출도(入都出都), 왜인예단지(倭人禮單志) 등 일곱 가지에 대하여 편지를 주고받으면서 논란하였다. 그는 현소에게 답한 전후 편지로 각하, 방물, 입조 여섯 자에 대하여 힘써 논쟁하였다. 선위사와 대마도주에게 답하는 편지에서는 대명을 범할 수 없음을 극렬하게 말하였는데, 그 말이 통절하였다. 성일이 임무를 잘 수행한 통신사라고 이름을 얻은 것은 이 때문이었다.

　그러나 선위사와 대마도주에게 답하는 두 편지는 정말 보낸 것이 아니고 보내려는 양 쓴 편지였다. 눈이 있는 자로서 그의 마음을 꿰뚫어 보지 못할 자가 없었는데도, 당시 조정에 있던 여러 신하들은 쓸데없이 편당만 알아서 선위사와 대마도주에게 쓴 편지가 정말 보내려던 편지가 아니라는 것을 생각하지 않고 큰 소리로 과장하며, 오히려 훌륭한 사신이라고 하였다. 식자들은 모두 문인과 여러 명사들이 오히려 일개 무부인 황진보다 못하다고 하면서 서로 침을 뱉으며 욕을 마구 퍼부었다.

평의지도 왔다?

　위의 글 가운데서 우선 신묘년에 황윤길 등과 함께 일본 사신 현소, 평의지, 평조신이 조선에 왔다고 하였는데, 현소와 평조신은 일본측의 회례사(回禮使)라는 명목으로 황윤길 등과 함께 왔으나 평의지는 오지 않았다. 곧 『선조수정실록』 선조 24년 3월조에 보면 "통신사 황윤길 등이 일본에서 돌아왔는데 왜사 평조신 등과 함께 왔다" 하였고, 동 윤 3월조에 보면 "왜사 평조신, 현소 등이 서울에 왔다"고 하였지 평의지가 왔다는 기록은 없다. 그러니 틀린 기록이다.

다음, 그때 조선에 온 일본 사신 중에서 현소와 의지는 조령(鳥嶺. 새재)을 거치고, 조신은 죽령(竹嶺)을 거쳐서 두 길로 나누어 서울에 들어왔다고 하였으나 (유천)조신은 현소와 함께 서울에 들어왔으니 이것도 사실과 다른 기록이다.

대거 침입할 것이다?

다음 상사와 서장관 및 통신사의 상하 대소 일행은 모두 적이 반드시 대거 침략할 것이라고 하였는데 반하여 부사 김성일만은 적이 쳐들어 올 리 만무하다고 하면서 풍신수길은 용렬하고 범상한 사람이라고 하였다는 데 대하여 보자. 이 귀국 보고 장면에 대하여는 별도로 자세하게 기술한 '흉흉한 민심과 변조된 귀국 보고' 편을 참고하기 바란다. 그러나 그 결론을 말한다면, 김성일은 "신은 그러한 정황 곧 반드시 왜국이 침입할 것이라는 정황을 보지 못하였습니다"라고 말하였다는 것이다. 그러니 이 『임진기사』에서 쓴 '적이 올 리 만무하다'는 또 다른 변조의 하나라 할 것이다. 그리고 풍신수길이 용렬하다, 범상하다는 말도 김성일이 직접 그런 말을 한 것으로 쓰여 있는 기록을 다른 데서는 찾을 수 없다. 그가 하지도 않은 말을 덧붙여 놓아서 '범상하고 용렬한 풍신수길이 어떻게 전쟁을 일으키겠느냐. 전쟁을 일으키지 못한다. 그러니 쳐들어 올 리가 없다'고 말한 것처럼 보이게 했다. 풍신수길은 용렬하고 범상한 사람이라는 말을 덧붙여 놓음으로써 그렇게 말한 것으로 자연스럽게 생각되게 한 것이다.

상사 황윤길이 선조에게 보고한 말도 『선조수정실록』과 『징비록』에 의하면 "반드시 병화가 있을 것입니다(必有兵禍)"라고 하였지 '대거'라고 그 규모를 밝힌 말은 없다. 임진왜란 때 일본이 대거 침략하였기 때문에 '대거'라는 말을 한 것으로 사후적으로 생각하지 않았나 짐작된다. 또 상하 대소 일행 모두가 왜적이 대거 쳐들어 올 것이라고 말하였다 했는데, 임진왜란이 일어난 후에 편술된 책에서 임진왜란 전에 일본에 갔던 수백 명이나 되는 통신사의 상하 대소 일행 모두의 의견이 '대거 침입할 것이라는 것'을 어떻게 확인하였는지, 또는 다른 어느 서책에서 인용하였는지 등 자료의 근거나 원천에 대하여 아무런 설명이 없다. 「임진기사」의 저자가 통신사 일행과 함께 일본에 다녀온 것은 아니지 않은가! 김성일 혼자만 의견이 달랐다는 주장이겠지만, 근거를 밝히지 않은 말로 다른 사람을 과장하여 공격하다 보니 그 말에 믿음이 쉽게 가지 않는다.

방비하는 모든 일을 그만두었다?

'나라를 방비하는 모든 일을 그만 두었다'는 주장에 대하여는 별도로 자세하게 논하였으므로 여기서는 재론하지 않는다. 다만 이 말도 그 당시 왜국의 침략 가능성에 대하여 조선이 가지고 있던 여러 가지 정보와 명나라 침략설을 명나라에 보고하는 과정 등을 볼 때 방비하는 모든 일을 그만 두었다는 것은 현실성이 없는 주장으로 보인다. 그리고 실제로 왜적의 침입에 대비한 인사조치, 성지수축, 병기마련 등과 같은 방비업무가 추진되었음은 여러 기록에서 확인할 수 있다.

당숙은 어리석고 용렬하다?

또 황윤길이 데리고 갔던 군관 황진(黃進. 1550-1593. 상사 황윤길의 종질 즉 사촌 형제의 아들)이 분노를 이기지 못하여 여러 사람 가운데서 팔뚝을 쳐들면서 큰 소리로 말하기를 "황윤길과 허성의 어리석고 용렬(庸劣. 못생기어 재주가 남만 못하고 어리석음)함으로도 오히려 적정을 능히 알았거늘, 하물며 김성일의 교활함으로 어찌 모를 리가 있겠는가?(以黃許之愚劣賊情尙能知之況以誠一之慧黠豈有不知之理乎)"라고 한 대목에 대하여도 논란의 여지는 있다.

김성일을 교활하다고 강조하려다 보니 상사 황윤길에게 그에 반대되는 표현을 하기 위하여 썼는지는 모르지만, 장수 황씨로서 정승 황희의 후손인데 관작과 나이, 항렬 모두가 아래인 군관 황진이 정삼품 당상관으로 통신사절단의 단장인 14살이나 나이가 많은 자기의 당숙을 보고 어리석고 용렬하다고 표현한 것은 보통 사람으로서는 매우 하기 어려운 말을 했다고 할 것이다. 더욱이 이때는 1392년 조선이 개국한 이래 유교가 국가통치 이념의 기본이 된 지 무려 200년이나 되었고, 성리학의 발달에 따라 예(禮)에 대한 관심이 상당히 고조되었던 무렵이었다. 또 황진 스스로도 모친상을 당하여 여묘(廬墓. 상제가 무덤 근처에 여막을 짓고 살면서 무덤을 지키는 일) 3년을 마친 사람이었으니, 예에 관하여 밝았던 그다.

김성일이 주장한 것은 말한 것이 아니다?

김성일이 왜적이 쳐들어 올 리가 없다고 말한 것이 '서계 가운데 상국을 범하는 도리에 어긋나는 말이 많이 있는데도 한 마디 말도 없이 그 서계를 받아왔기 때문에 성일이 그 죄를 얻을까 두려워서 교묘하게 이와 같은 말을 한 것이다. 차라리 알지 못하였다는 것으로 돌리려고 한 것이니 그 심사가 망측하다'고 한 말도 사실과 너무나 다르다.

통신사들이 왜국의 서계 곧 풍신수길의 답서를 받고 나서 그 내용을 가지고 목숨을 걸고 다투어 일부나마 고친 것은 김성일이었다. 황윤길을 따라 일본에 같이 가서 통신사들과 시종 함께 있었기 때문에 풍신수길의 답서를 고친 자초지종을 잘 알고 있었을 것으로 생각되는 황진이 어떻게 이렇게도 일의 전말을 몰라서 사실과 다른 말을 하였는지 믿어지지 않는다. 더욱이 답서를 받기 전에 왜의 수도를 떠나서는 안 된다는 부사 김성일의 주장을 무시하고 1백 리 밖 계빈에 와 있었기 때문에 답서가 문제되어도 제대로 고치지도 못하고 싸가지고 귀국하도록 한 원천적 책임이 누구에게 있는지도 따져보았어야 할 것이다.

그리고 이 말은 『선조실록』의 기록과 안방준의 말과도 너무나 다르다. 통신사들이 일본에 있을 때 보낸 서장이 『선조실록』 선조24년 1월 13일조에 실려 있으니 곧 "11일에 그곳을 떠나 사포에 이르러 19일까지 유숙하고 20일에야 비로소 서계를 받았는데 서계에 문제가 되는 글자가 있었으므로 신들이 고치지 않으면 안 된다는 뜻으로 반복하여 논설하였습니다. 그랬더니 평조신이 도로 서계를 가지고 개정하려고 국왕에게 갔는데 이달 초 2일에야 온다고 하였습니다"이다. 이 말은 상사가 왕에게 써 보낸 서장(『선조실록』에는 통신사의 서장이라고 하였으니 그 대표는 상사가 아닌가)에 있으니 서계를 고치려고 애쓴 것을 황진도 부인하지 못할 것이다.

또 이 말은 안방준이 이 말 아래에서 '김성일은 현소에게 답한 전후 편지로 각하, 방물, 입조 여섯 자에 대하여 힘써 논쟁하였다'고 쓴 말과도 상치된다. 그런데도 황진은 한 마디 말도 없이 그대로 받아왔기 때문에 성일이 죄를 받을까 두려워해서 몰랐다는 것으로 돌리려 했다고 말했다. 또 상소하여 목을 베라고 청하려 한 것은 위에서 본 바와 같이 부사 김성일 혼자서 '상국을 범하는 부도한 말'이 많이 있는 서계를 고치려 애를 쓴 것을 황진이 알지 못하고 한 말이다. 그가 자초지종을 제대로 알지도 못하면서 어떻게 목을 베라고 청하려 하였는지 이해가 되지 않는다. 이와 같은 전후 사정을 볼 때, 다른 사람이 황진으로 하여금 상소를 올리지 못하게 말린 것은 정말 잘한 일이라 생각된다. 당시 풍신수길의 답서를 고치기 위하여 김성일이 현소와 상사 황윤길에게 보낸 편지 중 2통의 전문을 별첨하였으니 독자들은 참고할 수 있을 것이다.

망측한 심사를 타매했다?

그리고 명나라를 범하는 도리에 어긋나는 말도 김성일이 고치려고 하였으나 이리 끌리고 저리 견제당하여 고치지 못하였던 것이다. 그래서 나중에 명나라를 침략하는데 우리나라가 저들과 한패가 되라는 말에 대하여 선위사 소서행장에게 조선이 그렇게 할 수 없음을 밝히는 편지를 보내려고 하였는데도 상사와 서정관 등이 백방으로 방해하여 보내지 못하였음은 '답서에 대한 통신부사의 외로운 분투'에서 기술한 바와 같다. 대마도주에게 보내려던 편지도 내용이 선위사에게 보내려던 것과 비슷한 구절이 있으니 같은 이유로 보내지 못하였을 것으로 보인다.

왜의 선위사 등에게 보내려고 다 작성한 편지를 통신사 일행들이 일이 생기게 하는 것을 두려워하여 서로 선동하였으며, 황윤길이 상사로서 절제권을 행사하면서 억제시킨 것을 마치 실제는 보낼 생각이 없으면서 보내려는 양 작성하였다는 식으로 매도를 하고는 그런 김성일의 마음을 꿰뚫어 보지 못할 자가 없었다고 하였다. 그리고는 조정에 있는 신하들이 편당만 알아서 김성일을 훌륭한 사신이라고 하였다고 비난하고는 식자들이 그들에게 침을 뱉으며 욕을 마구 퍼부었다(唾罵. 타매)고 비난하였다. 세상일을 어쩌면 이렇게까지 비뚤어지게 보았는지 이해가 되지 않는다.

상사보다도 부사가 책임이 크다?

또한 상국을 범하는 도리에 어긋나는 말이 있는 서계를 그대로 받아온 주 책임은 부사에게 있는 것이 아니고 상사에게 있는 것이다. 그런 부사가 상사보다도 죄를 얻을까 두려워하여 몰랐다고 둘러대려고 왜적이 침입할 리가 없다고 말하였다는 것은 사리에 맞지 않으니 설득력이 없다고 하겠다.

또 명나라를 범하는 도리에 어긋나는 말이 왜의 서계에 있는 것과 왜가 침략할 리가 없다는 말과는 직접적으로 관계도 없는 것으로 생각된다. 이렇게 직접 관계도 없는 말로 어떻게 명나라에 대하여 도리에 어긋나는 말이 있는 서계를 그대로 받아온 데 대하여 변명할 수 있겠는가? 논리적으로 수긍이 되기 어려운 말로 보인다.

서계와 관련해서는 부사 김성일이 거의 혼자서 이를 고치기 위하여 노력한 내용을 다른 데서 자세하게 다루었으므로 이를 참고하기 바란다.

추기

『은봉전서』의 「임진기사」에서는 김성일과 관련하여 위에 논한 사항 외에도 이런 요지의 기록을 덧붙여 두고 있다. 즉

그때 조정에서는 적이 침입할 것을 의심하여 통신사들이 돌아오기 전에 각도에 여러 조방장을 나누어 보내어 미리 방비책을 마련하였다. 통신사들이 돌아옴에 미쳐서는 묘당은 성일의 말만 믿고 방비하던 여러 가지 일을 다 그만 두었다.

이어서 일본의 명나라 침입 의도를 명나라에 보고하고, 그 보고를 받은 명나라 조정에서 칭찬하면서 은과 비단을 내려 준 것을 나누어 주는 이야기를 쓴 다음 유성룡과 윤두수도 받았다고 하였다. 그런데 명나라에 알리자는 주장은 전적으로 조헌으로부터 나왔는데도 대신들이 자기들이 한 양 받았다. 대신들의 무염치가 이러하니 어찌 나라가 망하지 않겠는가 하고 탄식하였다.

계속해서 임진년 여름 4월 13일 왜적이 대거 침입한 사실과 부산진, 동래성 실함을 기술한 후 묘당은 10만 양병을 청한 숙헌(叔獻. 이이의 자)의 의견을 막은 것을 크게 후회한다. 왕은 윤두수가 왔는지를 하루에 두세 번씩 묻고, 이일, 신립은

활도 잡을 줄 모르는 시정의 젊은이 수천 명을 데리고 남쪽으로 달려갔다고 하였다.

그 다음에 쓰기를

왕이 크게 노하여 말하기를 '김성일이 나라일을 그르친 것이 여기에 이르렀으니 성일로 하여금 급히 영남에 내려가서 적을 막도록 하라'고 하니 성일이 황공하여 그날로 떠나갔다. 왕은 분노를 이기지 못하여 며칠 뒤에 금부도사 이통(李通)에게 김성일을 잡아 대궐 아래에 끌어오도록 명령하였다. 이때 성일은 호서에서 전주, 남원, 운봉을 거쳐 빙 둘러서 영남 우편으로 내려갔다. (이)통은 서울에서 곧바로 내려가서 영남 경계에 이르렀으나 길이 막혀 목적을 이루지 못하고 돌아왔다.

하였다. 「임진기사」에서 김성일 관련 기록은 여기서 끝난다.

방비하던 일을 그만두었다고 두 번째 한 말에 대하여는 위에서 그 말을 처음 하였을 때 논한 바가 있으므로 재론이 필요없을 것이다. 이일, 신립이 젊은이 수천 명을 데리고 남쪽으로 달려갔다는 것도 다른 역사서와는 다른 말이다. 『징비록』에 따르면 이일은 서울에서 날쌘 군사 3백 명을 거느리고 가고자 서울에서 3일을 보냈지만 제대로 모집할 수 없어서 혼자 먼저 떠나 상주에 가서 판관 권길이 모은 수백 명과 자기가 곡식을 풀어서 모은 수백 명, 또 나중에 유성룡이 뽑아서 별장 유옥(兪沃)이 거느리고 간 300명 등 도합 8, 9백 명으로 제대로 전투도 하여 보지 못하고 적에게 패하였다.

신립은 도순변사의 명을 받고 대궐 문 밖에 나가 직접 무사를 모집하였으나 원하는 사람이 없어 유성룡이 모아 놓은 군관 80여 명을 데리고 충주에 내려가서 충청도의 여러 고을에서 모인 8천여 군사로 탄금대 앞 두 물가에서 싸우다가 패하여 거의 모두 죽었다. 이와 같이 이일이나 신립 모두 주로 경상도와 충청도 군사로 싸움을 했는데, 임진기사는 수천 명을 서울에서 데리고 달려갔다고 하였다. 이이의 십만양병론에 대하여는 설이 나누어져 논란이 되고 있지만 김성일과 직접 관련이 없으니 여기서는 논외로 하겠다.

김성일에 대하여 왕이 크게 노한 것도 맞는 말이고 김성일로 하여금 왜적을 막도록 경상우병사로 내려 보낸 것도 사실이나, 왕이 노한 때는 임진왜란이 일어난 다음이고, 김성일이 우병사로 발령을 받고 경상도로 내려간 것은 임진왜란 발발 전인 4월 11일이었다. 그런데 임진록에서는 이 두 가지를 모두 임진왜란 발발 후의 일로 알게 썼다. 또 김성일이 경상우도병사로 부임하여 가는데 호서로 해서 전주, 남원, 운봉으로 빙 돌아서 갔다고 하였는데, 이것도 다른 기록과는 다르다. 김성일이 영남으로 내려가는데 충주 단월역에서 왜의 침략 소식을 듣고 주야로 병영이 있는 창원으로 달려갔다고 다른 기록들은 쓰고 있다.

이일과 신립이 남쪽으로 달려 내려갔다는 기록 다음에 쓰고, 왕이 대노하여 적을 막도록 하라고 명령하였다고 씀으로써 임진왜란이 일어나고 난 다음에 경상우병사의 발령을 받은 것으로 생각할 수 있게 썼다. 그리고 전쟁이 일어났는데도 전방 책임자가 임지에 부임하러 곧바로 가지 않고 빙 돌아서 갔다고 썼다. 빙 돌아서 가다 보니 왕의 잡아오라고 하는 명령을 받고 직행로로 간 금부도사와는 다른 길로 가서 금부도사가 잡아오지 못한 것으로 느낄 수 있게 썼다. 이렇게 사실과 다르게, 또 잘못 알 수 있게 쓴 것은 무엇을 의미하는가? 왜 이렇게 썼을까?

　이처럼 사실과 다른 말이나 납득하기 어려운 말이 적잖이 있어 논란의 여지가 있는 책의 내용을 몇 백 년이 지난 후에도 다른 책들이 인용하고 있으니 우리 같은 일반인은 정말 이해하기 어렵다. 아니 인용으로만 그친 것이 아니라 어떤 역사서들은 '황윤길이 데려갔던 그의 종질 황진'을 '김성일을 수행하였던 황진'이라고 쓰고 있어서 황진을 김성일의 수행군관으로 오해되게 썼다. 그리고서는 그런 '황진마저도 분노를 참지 못하여 김성일의 무망(誣罔. 그럴 듯하게 남을 속여 넘김. 기망)을 책하고 그를 처단할 것을 주장하기까지 하였다'고 쓰고 있다.

　납득되지도 않는 주장인 김성일의 무망을 책한 말을 인용하면서 황윤길을 수행한 황진을 통신사절단으로 함께 갔다고 해서 그랬는지는 모르지만 김성일을 수행하였다고 억지로 꿰어 맞춘 것에 대해 무엇이라고 변명할 것인가? 사실에 입각하지 않은 누군가의 주장에 덧붙여 이렇게 쓴 역사서를 읽는 사람들이 우리 역사를 올바르게 알기를 기대하기는 정말 어려울 것이다.

제 2부

● 고군분투의 일본 사행

일본으로 가는 길

대마도 가는 길

부산의 영도1) 저 끝 동남해 쪽에 깎아지른 높은 절벽이 바

---

1) 영도의 원래 이름은 절영도(絶影島)였다. 절영이란 이 섬에서 기른 말이 워낙 빨리 달려서 그 그림자를 볼 수 없을 정도여서 끊을 절(絶) 그림자 영(影)을 붙여 절영도라 하였다. 절영도는 이런 절영명마를 방목하던 곳으로 신라 때부터 조선조 선조 중기까지 말을 방목하던 목장이 있었다. 말이라 하면 제주도가 유명한데 제주도 말은 한 사람이 열 마리를 관리할 수 있다면, 이곳 절영마는 네 마리밖에 관리하지 못하였다는 말이 있을 정도로 제주도 말보다 우수하였다고 한다. 그러다 보니 절영마에 대한 전설도 있다. 후백제 견훤이 고려 태조 왕건에게 절영마 한 필을 선물하고 나니 점치는 사람이 절영마를 선물하면 견훤이 왕건에게 지게 된다고 말하여 이를 되돌려 받았다는 이야기이다. 그런데 이곳은 1592년 선조 25년 임진년 4월 13일 부산진 첨사 정발이 사냥을 하다가 새까맣게 바다를 덮고 오는 왜선을 처음 발견한 곳이기도 하다.

다에 면해 있는 곳이 있다. 경치도 좋고 전망도 좋아 관광지로 이름이 높다. 부서지는 파도 소리와 하얀 포말, 우거진 숲이 어우러져 있고 자살바위라는 섬뜩한 이름의 바위도 있다. 저 밑을 내려다보면 조금 과장하여 정말 사람이 개미만하게 보인다. 아찔하다. 부산 사람이나 외지관광객이나 즐겨 찾는 장소이다.

이곳이 바로 태종대이다. 신라의 태종무열왕이 이곳에 들러 군사 훈련을 했다는 데서 그 지명이 유래되었다고 하기도 하고, 태종무열왕이 활을 쏜 곳이므로 이에서 유래된 지명이라고 하기도 한다. 또 다른 설은 조선시대 태종이 유람한 곳이어서 태종대라고 부른다고도 한다. 경관이 좋다보니 그 지명에 대한 유래도 적지 않다.

맑은 날 이곳에서 멀리 바다 쪽을 바라보면 거무스름한 섬이 보인다. 그 섬이 대마도라고 한다. 여기서 56km 떨어져 있는 곳으로 요즈음은 부산항에서 정기여객선이 있어서 그곳 섬의 중심 도시인 엄원(嚴原 이즈하라)을 3시간 정도면 도착할 수 있다. 이 길을 임진왜란이 일어나기 2년 전인 1590년 4월에 우리나라 통신사들은 바람 때문에 여러 번의 시도 끝에 다대포 항에서 대마도의 대포(大浦) 항에 겨우 도착한 후 또 배에서 3일이나 자면서 갔다. 이제 그들의 뒤를 따라가 보자.

이때 통신사의 일본 파견은 1443년 세종 25년 상사 변효문(卞孝文), 부사 윤인보(尹仁甫), 서장관 신숙주(申叔舟)로 구성된 통신사가 일본을 다녀온 지 147년 만이었다. 그 사이 일본측은 여러 번 사신을 파견하였으나 우리나라에서는 사신을 보내지 않다가 이번에 대마도주와 그 수하들의 속임수로 파견하게 되었으니 그 전도가 어찌 험난하지 않았겠는가?

기록에 의하면 풍신수길(豊臣秀吉)은 그의 일본 통일이 가까워진 1586년 대마도주에게 '고려출병'의 의도를 통고하였다고 한다. 우리나라에 거의 전적으로 의존하여 살고 있던 대마도로서는 일본이 조선에 출병하면 전쟁의 직접 피해 외에도 여러 가지 문제가 발생하니 출병을 막고자 이듬해 대안을 제시해 본다. 곧, '고려출병' 대신에 조선에 공물과 인질을 요구하자는 것이었다. 그러나 풍신수길이 이를 거부하고 구주 평정이 끝나는 대로 고려출병을 단행할 것을 명령하였다. 특히 대마도주로 하여금 조선국왕의 일본입조를 요구하라고 하였다.

대마도의 거짓 술책

입조(入朝)! 요즈음은 쓰지 않는 말이니 금방 감이 오지 않는다. 사전을 찾아보니 외국인이 조정에 참렬(參列)함이라고 되어 있다. 다시 참렬을 찾아보니 반열(班列)에 참여함이라고 하였다. 역시 어렵다. 그래서 옥편을 찾아 보았다. 조(朝)라는 글자에는 제후가 천자를, 신하가 임금을, 자식이 부모를, 은혜를 받은 사람이 은혜를 베푼 사람을 찾아뵙는다는 뜻이 있으니 미루어 짐작하건대 낮은 격의 나라 사람이 높은 격의 나라 조정에 찾아가서 알현하는 것이리라. 그런데 조선의 왕이 일본에 와서 인사를 드리라는 것이 아닌가? 조선이 어떤 나라인

가. 야만시하고 있는 그 나라 왕에게 와서 머리를 조아리라니 …… 도저히 생각할 수 없는 일을 요구받았으니 어떻게 해야 하나? 대마도주는 눈 앞이 캄캄했을 것이다.

도저히 되지 않는 일을 하려면 속이는 방법밖에 무슨 수가 있겠는가. 그래서 각본을 짰다. 우선 일본의 왕이 바뀌었다는 사실을 조선에 알려주면서 조선에게 축하 사절단을 파견하여 달라는 요청을 하자(이것부터 거짓말이다. 풍신수길이 실권자에는 틀림이 없으나 왕은 아니지 않는가). 그럼 이런 중요한 정보와 요청을 지나가는 말로 슬쩍 흘릴 수는 없으니 우선 일본의 왕이 보내는 사절단을 구성하여 조선에 보내는 것으로 하자.

그 사절단은 일본의 왕이 보내는 사절단이라고 우선 명칭을 도용한다. 그리고 그 사절단의 구성은 대마도주가 가장 신뢰하고 그의 뜻을 잘 받들 사람으로 한다. 1차 일본왕의 가짜 사절(이하 일본 왕사라 함)은 귤강광(橘康廣)이라는 자로 그의 가문은 대대로 대마도의 조선외교에 관여하였다고 한다. 그가 1587년 선조 20년 12월에 우리나라에 도착하여 한양까지 와서 융숭한 대접을 받고 통신사의 파견과 해동청 보라매를 많이 줄 것을 요청하였다. 보라매는 얻었지만 통신사 파견 요청은 받아들여지지 않은 채 1588년 봄에 대마도로 돌아갔다

1588년 10월에 승 현소,2) 종의지,3) 그리고 유천조신(柳川調

---

2) 景轍玄蘇. ?-1612. 박다(博多. 하카다, 福岡. 후쿠오카) 성복사(聖福寺) 주지. 박다의 무역상인 도정종실(島井宗室)과 교유하였다. 1580년에 대마도의 종의조(宗義調)에게 초대되어 대마도에 가서 오랫동안 조선과의 교섭을 담당하였다. 일본국 왕사로서 조선에 수차례 왔다. 대마도

信), 도정종실(島井宗室) 등이 조선에 왔으나 한양에는 가보지도 못하고 부산포에 머물다가 돌아갔다. 그러자 1589년 3월 풍신수길은 대마도주에게 조선에 직접 가서 조선왕을 설득하여 입조케 하라는 엄명을 내린다. 그래서 대마도주는 3차 가짜 일본왕사를 파견한다. 이번에도 사절단의 단장은 승 현소, 부단장은 대마도주 종의지 자신이 되었다. 여기에 도선주 유

가 조선을 속여서 조선이 통신사를 파견하도록 하는 데 중요한 역할을 한 것으로 보인다. 임진왜란 때 소서행장(小西行長)을 따라 조선에 와서 명나라 심유경(沈惟敬), 우리나라 김응서(金應瑞) 등과 교섭하였다.

3) 宗義智. 소오 요시토시. 대마도주. 왜장 소서행장의 사위이며 일본의 왕사라고 하면서 조선에 두 번 다녀갔다. 임진왜란 때는 소서행장과 함께 침략군으로 조선에 왔다. 1591년 조선통신사들과 함께 왔던 일본의 회례사 현소 등이 조선에 와서 파악한 정보 보고 때문인지 여름에 그 혼자 부산 앞 바다에 와서 일본이 명과 국교를 맺고자 하니 조선이 이 말을 전해 주면 다행이며, 그렇지 못하면 두 나라 사이에 화기를 잃게 되니 큰일이라고 알렸으나, 조선에서 아무런 회답이 없자 그냥 돌아갔다. 대마도의 이런 행위에 대하여 『선조수정실록』은 그 속셈을 이렇게 썼다. 곧 '그들의 서계와 사신들이 와서 하는 말이 모두가 쳐들어 가는 것을 인도해 달라는 말들이었는데 간혹 우리나라에서 거절함으로 인하여 조공을 주청해 달라는 한두 마디를 변환시켜 유인하는 것뿐이었으니, 이것이 어찌 믿을 만한 말이었겠는가. 대마도 사람들은 신하로서 우리나라를 섬겨 오면서 옷가지나 식량 따위를 조달해 왔는데 하루아침에 본토의 왜를 인도하여 쳐들어 오기에는 낯 뜨거운 면이 있고, 또 뒷날에 우리나라를 다시 섬길 수 없게 되면 온갖 이익을 놓치게 되겠기에 짐짓 분란을 풀어 주고자 하는 것처럼 하여 뒷날에 해명할 여지를 마련하고자 한 것이다.'

천조신, 시봉 승 서준(瑞俊) 등 25명이 사절단이 되어 1589년 6월에 우리나라에 와서 이듬해 4월 우리나라의 통신사들과 함께 귀국하였으니 그들의 1차 목표인 조선의 통신사 파견을 달성하기 위하여 10개월을 보낸 것이다.

조선은 통신사를 파견할 수 없다

이들 가짜 일본왕사들의 통신사 파견 요청을 선조는 처음에는 강경하게 반대하였다. 그 주된 이유는 일본이 지난번 왕을 죽이고 그 자리를 빼앗은 새로운 왕이 선 나라였기 때문이다. 죽은 일본의 왕에 대한 연민이야 있었겠는가마는, 이런 대역부도한 나라에 사절을 보낸다는 것은 선조로서는 받아들일 수 없는 일이었을 것이다. 사실은 왕이 아니라 직전신장(織田信長 오다 노부나가)이 그의 가신 명지광수(明智光秀)에게 죽음을 당하고 풍신수길이 관백이 된 것을 왕위에 오른 것으로 잘못알고 있었던 것이다.

거기다가 조선은 오랫동안 일본에 통신사를 파견하지 않았고, 현실적으로 그럴 필요성도 없었다. 그래서 조선은 통신사 파견을 바다 길이 험하다는 이유로 거절하여 왔다. 그러나 이웃나라간에 새로운 왕이 서서 통신사를 보내어 수호하기를 청하는 것은 상시 있을 수 있는 일이고, 바다가 험하다고 하는 것도 그때만의 일이 아니었다. 조선이 계속 거절하면 일본이 원망하게 되어 그 원한을 풀고자 우리나라에 침범할 수도 있으니, 이것을 고려하지 않을 수 없었다. 그래서 누군가가 아이디어를 내놓았다. 손죽도(損竹島) 사건4)을 저지르게 한 조선 반민을 일본이 잡아보낸다면 통신사를 보내는 일에 대하여 논의를 하여 보자는 의견에 선조가 동의를 하면서 자세를 누그려뜨렸다.

조선 통신사 초청 예물

물론 대마도주 등 가짜 일본왕사들은 이 조건을 전달받고는 손죽도 사건을 일으킨 조선 반민 사화동(沙火同)과 왜구 3명, 잡혀갔던 조선인 포로 116명을 데려왔다. 선조는 왜구와 반민에 대하여 인정전에서 헌부(獻俘)의 예(禮)5)를 행한 다음 처형하고, 하례를 받았다. 왕으로서는 흐뭇하고 어깨가 으쓱할 일이었다. 왕의 위엄이 왜국에까지 떨쳐진 것이다. 병력 한 명 움직이지 않고 왜국에 대하여 거둔 이런 승전과 같은 성과를 전국적으로 널리 알리게 함과 동시에 종의지 등에게 상을 주

---

4) 1587년 선조 20년 2월 전라도 흥양(고흥)을 비롯하여 가리포, 손죽도, 선산도에 왜구가 침입하여 우리나라의 관군 1천여 명이 살상당하고 그 일대가 약탈당한 사건이 발생하였다. 이 사건으로 전라좌수사는 사형을 당하고 전라감사와 우수사 등 지휘관들은 문책을 받았다. 이때 녹도만호 이대원(李大源)과 그가 이끄는 수군들이 침입한 왜적과 싸우다가 원군이 없어 거의 전부 전사하였다.
5) 전쟁에 이기고 돌아와서 포로를 묘사(廟社)에 바치고 승전을 고유하는 의식, 즉 나라에서 올리는 승전 의례이다.

고 연회를 베풀어 주었다.

조선은 이때에도 통신사 파견에 대한 결정을 하지 못하고 있었다. 그래서 유성룡이 글을 올려 "빨리 결론을 내려 두 나라 사이에 틈이 생기지 않도록 하옵소서" 하고 아뢰었으며, 지사 변협(邊協) 등도 "마땅히 사신을 보내어 보답하도록 하고 또 그들의 동정(動靜)도 살펴 보고 오는 것이 잘못된 계책은 아닐 것입니다" 하니 그제서야 조정의 결론이 났다. 이해 11월 18일 통신사 인선을 마쳤으니 상사에 황윤길(黃允吉), 부사에 김성일(金誠一), 서장관에 허성(許筬) 등이었다.6)

이듬해 1590년 선조 23년 3월 6일 통신사 일행은 가짜 일본 왕사들과 함께 일본을 향하여 한양을 출발하였다. 4월초 동래에 도착하여 바람을 기다리다가 4월 29일 그믐날 다대포를 출발하였다. 갑자기 분 태풍과 거친 파도 때문에 고생 끝에 그 날 대마도 대포(大浦)항에 겨우 도착하였다. 여기서 일박하고 배를 타고 물 위에서 사흘을 자면서 대마도주가 상주하는 부

---

6) 이때의 통신사절단 구성원의 수는 부사 김성일의 기록에는 수백 명으로, 조경남의 『난중잡록』(亂中雜錄)에는 2백여 인으로 기록되어 있다. 사절단에는 상사, 부사, 서장관외에 그 이름을 알 수 있는 몇 사람이 있다. 즉 차천로(車天輅. 한시에 능한 문인), 성천지(成天祉. 전 판관), 황진(黃進. 군관, 황윤길의 종질, 황윤길 수행), 김명윤(金命胤. 군관, 김성일 수행), 진세운(陳世雲. 역관), 임춘무(林春茂. 역관), 이해룡(李海龍. 사자관 즉 글씨쓰는 사람), 손문서(孫文恕. 의관 즉 의사), 임환(林桓. 악사), 전희복(全希福. 악사), 전한수(全漢守. 악사), 민훈(閔勳. 파진군), 남제운(南霽雲), 남금운(南金雲), 최광순(崔光順), 김응방(金應邦) 등이다.

중(府中 곧 嚴原)에 5월 4일 도착하였다.

일본에 가는 것이 이처럼 어려웠던 것과 마찬가지로 일본에 가서도 여러 가지 문제가 발생하였다. 아니 대마도측의 속임수에 의하여 풍신수길의 요구 조건이 무엇인지 까맣게 모르고 떠났으니 당초부터 문제를 잉태하고 갔다고 해야 할 것이다. 이 문제들은 물론 일본과의 관계에서 발생하는 것이었지만, 그에 대처하는 방법이나 원칙에 통신사간 의견이 맞는 것이 거의 없을 정도로 내부 문제도 많았다. 첫 문제는 대마도에 도착하자마자 바로 발생했다.

대마도의 탐색전

대포에 도착하던 날 종의지가 만나보기를 먼저 청하고도 상사가 만나러 들어가니 날이 저물었다고 다른 곳에서 만나자고 미루고, 다시 만나기로 한 곳에 도착하여서는 지척에 있으면서 멀리 5리 밖에 있다고 속여서 만나지 않고, 나중에 만나러 올 때는 평복을 입고 들어오려고 하였다. 도선주 유천조신도 단오날에 와서 만나기를 청하여 허락하였더니 대마도주의 집에 일이 있다는 핑계로 오지 않았다.

우리 통신사들이 답례로 연 연회에서 종의지는 역관(통역하는 사람) 진세운에게 우리가 대접하는 술이 소주라면, 자기가 매우 싫어하니 좋은 자기네들 술로 바꾸었으면 한다고 하였으며, 종의지가 문안차 매일 아침에 보내는 자가 올 때는 반드시 창 두 자루와 칼 두 자루를 앞세우고 바로 부사 앞에까지 왔다. 즉 문안하러 오는 자가 창잡이 두 명과 칼잡이 두 명을 앞세워서 위엄을 보이며 왔다는 것이다. 부사가 역관을 시켜 그러지 말라고 타일렀더니 그 후로는 그러지 못했다. 현소도 부사에게 보내는 편지를 조각 종이에 재단도 하지 않은 채 휘갈겨 썼으며 봉함도 하지 않고 보냈다.

이들 종의지, 유천조신, 현소는 모두 전년도에 조선에 왔다가 이번에 조선통신사와 함께 온 가짜 일본왕사들이었다. 모두 하나같이 무례를 범하였으니 그들의 고의가 분명하지 않은가. 이것은 권투에서 잽을 상대에게 날려 탐색하는 것과 같이 통신사들을 여러 가지로 시험한 것이었으리라. 자기들 나라에 오자마자 이런 짓부터 하였으니 얼마나 교활하고 무례한 족속들인가!

왜국은 선위사가 없다?

위에 말한 것이 비교적 가벼운 문제들이었다면 선위사 건은 큰 문제였다. 조선정부는 일본에서 사신이 올 때마다 선위사를 임명하였다. 이 선위사는 한양에서 부산까지 내려가서 왜의 사신을 정중하게 영접하고 한양까지 인도하였다. 그런데 지금까지 일본은 조선의 사신이 일본에 갔을 때 선위사가 인도하지를 않았다. 그래서 김성일이 왜국의 사신이 한양에 있을 때 상사 현소에게 이 점을 지적하니 현소가 일본에 가면

관원을 차출하여 영접하겠다고 김성일에게 말한 바가 있었는데도 선위사가 오지 않은 것이다.

물론 정식 선위사가 올 리가 없었다. 가짜 일본왕사가 한 말이었으니 일본에서 선위사를 준비하지도, 아니 보낼 생각도 하지 않았을 것이다. 대마도에 와서 선위사 영접이 문제가 되니 본토에서 온다는 소문이 있었다고 속이고, 다음에는 어디까지 왔다고 속이고, 그 다음에는 역풍이 불어서 오지 못한다고 속였다. 그래서 한달이나 지났는데도 선위사가 오지 않으니 마침내 선위사 없이 출발하자고 왜인들이 청하여 왔다. 그래서 부사 김성일이 저들을 타이르고자 하니 우리 측에서 오히려 그러지 못하게 큰 소리로 막아 버렸다.

대마도를 떠나서 처음 닿는 곳이 일기도(一岐島)이다. 일기도에 가서는 선위사가 왔다고 하는데도 문제는 여전히 생겼다. 두 나라 사신이 일기도에 같이 있어 만나는 것이 급하다고 하더라도 주인이 손님을 청해야 하는 것이 원칙이다. 게다가 부사와 서장관이 제삿날을 당하였으니 다른 날에 만나자는 부사의 제의를 무시하고 손님인 조선 사신들이 만나자고 먼저 청하였지만 왜사가 허락하지 않아 만나지를 못하였다. 체면이 말이 아니었다.

두 나라 사신이 만나면 상견례를 하는 것이 당연한데도 일본측은 일기도에서는 적관(赤關. 지금의 下關 시모노세끼)에서 거행하자고 하고, 적관에 도착해서는 몸이 아프다고 핑계를 댔다. 처음에는 그래도 하인을 보내어 문안이라도 하더니 그 뒤로는 4, 5일이나 소식도 없었다. 그래서 김성일이 저들을 타

대마도에 있는 학익산 서산사(鶴翼山 西山寺). 학익산은 김성일의 훌륭한 처신을 기려 그의 호 학봉(鶴峯)과 시문에 의해 그 이름이 붙여졌다고 한다.

이르려고 하니 서장관이 말렸다. 김성일은 이 상견례에 대하여 서장관에게 일기도에서는 제삿날인데도 만나 보기를 청하더니 적관에 와서는 그들이 하자는 대로 하며 왜인들을 타이르지도 못하게 하니 어찌하여 처음에는 날카롭다가 끝에는 물러지느냐고 서장관을 책망하였다.

 그러나 사실 이때까지도 왜국의 선위사는 오지 않았다. 『선조수정실록』 선조 24년 3월조에 보면 이런 기록이 있다. 곧 "(황)윤길 등이 지난해 4월 바다를 건너 대마도에 도착하였는데, 일본은 당연히 영접사를 파견해서 사신 일행을 인도하여야 하는데도 그렇게 하지 않았다. 이에 김성일은 그들의 거만

대마도 학익산 서산사 경내에 있는 김성일시비.

함을 받아들일 수 없다고 의논하고 1개월을 지체한 뒤에야 출발하였다. 일기도(一歧島)와 박다주(博多州), 장문주(長門州), 낭고야(郎古耶)를 거쳐 계빈주(堺濱州. 사카이 大阪. 오사카)에 당도했을 때에야 도왜(導倭)의 영접을 받았다." 김성일이 지은 『해사록』에는 6월에 계빈에 도착하였다고 하였다. 거기서 정하(淀河)를 거슬러 올라가서 왜의 수도 경도에 도착한 날이 7월 22일이었다. 1백리 길을 아무리 배로 갔다 하더라도 너무나 오랜 시간이 걸렸다. 영접사를 구성하여 보내도록 대마도 측이 왜국의 조정을 설득하는 데 필요한 시간이었는지, 아니면 다른 이유가 있었는지 모르나 외국 사신을 접대한다는 예절 의식은 발견하기 어려운 저들의 영접 행위였다.

국분사에서의 조선통신사 환영회

　다음은 대마도에서의 환영회와 관련한 사건이다. 국분사(國分寺)라는 절에서―일본에서 절은 연회 장소나 사신의 숙소로 자주 이용되는 모양이다―대마도측이 조선 사신을 위하여 환영회를 열었다. 우리 일반인들도 손님을 초대하면 주인이 먼저 와서 손님을 맞는 것이 예의이다. 그런데 그 날 왜의 상사 현소는 조선 사신들보다 오기는 먼저 왔으나 앉아서 조선 사신들을 맞았으며, 조선 사신들과 현소가 당 안에 앉아 있으니 부관 종의지가 나중에 왔다. 그것도 가마를 탄 채 뜰을 지나 당에 올라왔다. 그 며칠 전에도 동산에서 모임이 있었는데 그 때는 말을 탄 채 장막 앞까지 왔다. 그 전날 동산에서의 행위도 예가 아니고 그 날 국분사에서의 행위도 예가 아니었다.
　이에 부사 김성일이 상사 황윤길에게 사신된 자가 이런 대접을 그대로 받아 나라를 가볍게 하고 또한 왕명을 욕되게 할 수 없음을 말하고 함께 나가기를 청하였다. 두 번 세 번 말해도 상사가 따르지 않으므로 부사 혼자 나오니 서장관 허성과 동행하였던 차천로도 따라나왔다. 그러자 종의지가 부사 이하 세 사람이 퇴장하는 것을 괴이쩍게 여겨 물으니 역관 진세운이 전례(요즈음 말로 하면 외교 사절간의 행동 매뉴얼이라고 할까)에 따라 제대로 일러주며 타이르지 않고 병이 나서 객관으로 돌아간 것이라고만 대답하였다. 이에 부사 김성일이 진세운의 잘못을 물어 곤장을 쳤다. 그 당시에는 북경에 사신으로 가서도 중국 사람이 잘못하는 경우에는 반드시 잘 타이르지 못한 것을 죄로 삼아 우리 역관을 곤장치는 것이 전례였다고 한다.

진세운의 죄를 다스린 후에 도선주가 평조련이라는 사람을 보내어 사과하기에 부사 김성일이 여러 가지로 자세하게 타일러 보냈다. 그 다음 부관 종의지의 사자가 몰래 역관에게 알리기를 '부관이 잘못을 깨달았으며, 도선주가 준절하게 책망하였다. 부관이 밤새도록 자지 못하였다'고 하였다.

그런데 나중에 들으니 부관 종의지가 자기의 실수 책임을 가마꾼에게 돌려 그를 참수하였다는 것이다. 부사 김성일이 차천로에게 말하기를 "가마꾼이 우리가 퇴장한 때문에 죽었으니 한편으로는 참혹하고 불쌍하다. 그러나 그 날 사신이 자기를 욕되게 하고 나라를 욕되게 한 것이 극도에 달했는데, 부관이 자기의 잘못을 사과하고 또 아랫사람에게 죄를 돌려서 죽였으니 나라의 체모가 조금은 높아지고, 치욕도 조금은 씻었다"고 하고 서로 더불어 한편으로는 불쌍히 여기고, 한편으로는 기뻐하였다.

그런데 서장관 허성이 사람이 죽은 것을 놀랍게 여겨서 심히 후회하고 책망하는 편지를 부사에게 보냈던 모양이다. 김성일이 허 서장관에게 답하는 편지에 보면 허성이 "옛 사람이 오랑캐를 대우하는 데 있어서는 반드시 은덕과 신의로써 회유할 뿐이었다. 어찌 일찍이 체모라는 글자를 말한 적이 있었는가" 하였다.

이에 대하여 부사 김성일은 답하기를 "예로부터 사방에 사신으로 나가서 임금의 명을 욕되게 하지 않는 것은, 한 가지

대마도의 만송원(万松院 반쇼인). 1615년에 창건한 절을 대마도주 종의지의 명복을 빌기 위하여 1622년 그의 법호를 따서 만송원이라 개칭하였다. 일본 3대 묘지 중의 하나이다.

는 말을 좋게 하는 것이고, 또 한 가지는 체모를 존중하는 것이다. 지금 우리들은 왜인들을 범같이 두려워하여 벌벌 떨면서 행여 그들의 노여움을 살까 겁내는 탓에 더듬거리다가 말을 해야 할 때가 되어도 감히 말하지 못하고 있다. 체모에 있어서는 능히 자중하지 못하고 출입을 경솔하게 하여 비록 굴욕을 당해도 수치로 여기지 않고 있다. 그리고 내가 분함을 못 견디어 말을 하면 반드시 벌떼처럼 일어나서 한 마디 입도 떼지 못하게 하니 이것이 무슨 사신의 체모인가?" 하고 물었다.

이 체모와 관련하여 부사가 말한 내용을 다 인용할 수는 없고 서장관이 부사에게 편지를 보내어 말하는 근본 이유는 죽음을 두려워하는 데 있다고 지적하였다. 즉 죽음이 두려워서 부사 자기에게 장문의 편지를 보내어 아무 말도 못하게 하려는 것이라고 한 것이다. 그러면서 옛 사람은 의리에 있어서 당연히 말해야 하면 비록 죽음을 당하더라도 반드시 말했다고 하여 부사는 마음의 자세를 분명히 밝혔다.
  이처럼 우리 통신사 일행들이 일본에 있을 때 저들이 한 행동을 보면 정말 굴욕감을 느낄 수밖에 없을 정도였다. 심지어 대마도주는 음식물을 계속해서 대주지도 않았다고 김성일은 그가 지은 시에 주석을 달아 놓은 것이 있다. 우리가 먹을 쌀이야 가져갔지만 모든 식품을 다 가져갈 수는 없었을 것이다. 이런 대접을 받으면서도 상사나 서장관은 저들이 국분사에서 행한 무례한 행위를 문제삼지 말자 하였고, 선위사의 영접시까지 기다리자는 부사의 주장은 무시하였으며, 오지도 않은 왜의 선위사와의 상견례를 서두르다가 거절되는 등 정말 사신으로서 당연히 엄중하게 말해야 할 것은 하지도 못하게 말렸고 하지 말았어야 할 일은 하였다가 망신을 자초하였던 것이다.

왜인 예단지

  통신사가 왜국의 경도에 오갈 때 계빈(堺濱)을 거쳐 갔는데 7월에 갈 때 어떤 왜인이 통신사들에게 하정(下程)7)을 바쳤는데 그 예단(禮單)8)에 '조선국의 사신이 조회하러 왔다(朝鮮國使臣來朝)'는 문구가 있었다. 그 뜻은 앞에서 조(朝)라는 글자에 대하여 자세하게 이야기한 대로 제후국인 조선의 사신이 황제국과 같이 격이 높은 일본에 인사하러 왔다는 것이 아닌가!

부사 김성일이 늦게야 그것을 알고 그때 상황을 파악하여 보니 왜인이 보낸 그 음식을 이미 나누어 먹은 후였다. 그리고 그 음식을 가져온 심부름꾼은 아직 돌아가지 않고 있었다. 마침 그 음식이 시장에서 사온 것이므로 시장에서 곧바로 사다가 돌려주면서 받을 수 없는 사유를 설명하자고 상사와 서장관에게 말하여 이들도 동의하였다. 그리하여 시장에서 음식을 사다가 돌려주었다. 그랬더니 그 심부름꾼이 자기는 하인으로 한자를 몰라서 다른 사람에게 부탁하여 써서 그런 실수를 했으며 자기 주인은 모르는 일이니 용서하여 달라고 하면서 다시 써서 바치겠다고 하였다. 또 도선주도 하인들이 가져온 글을 자기가 번역하게 하였는데 글 쓰는 사람이 실수한 것이니 자기 책임이라고 하면서 용서를 빌었다. 상사와 서장관이 그 뜻을 받아들이려 하므로 부사도 어쩔 수 없이 동의하였다.

그런데 11월에 돌아올 때도 계빈에서 다른 왜인이 음식물을 바치는데 그 글에 전날과 같은 글이 있지 않은가! 이때 역관 진세운이 통신사들에게 보고도 없이 심부름꾼에게 이 문구를

---

7) 외국 사신 일행이 머무는 동안에 숙식에 필요한 여러 가지 물품을 지급하는 것을 말한다.

8) 예폐(禮幣. 고마움과 공경하는 뜻으로 보내는 물건)를 적은 단자(單子. 부조 등 남에게 보내는 물건의 수량과 보내는 사람의 성명을 적은 종이).

고쳐 오게 하여 그 음식을 받았다. 상사와 서장관은 이 음식을 그대로 받았으나 부사는 지난번에 엄정하게 처리하지 못하여 이런 일이 다시 발생한 것이라고 말하고 끝내 거절하였다. 그리고 왜인에게 회답할 때 부사의 이름은 빼게 하였다.

입도출도변

다음은 왜의 국도에 들어갈 때의 복장 문제였다. 상사 황윤길과 서장관 허성은 평상복을 입고 가기를 주장하였고 부사 김성일은 예복을 입고 가기를 주장하였다. 상사 등은 왜인들이 통신사들을 영접하는 의식이 없고, 관백 풍신수길이 또 외방으로 나가고 없으니 반드시 예복을 입을 필요가 없다고 하였다. 이에 반하여 부사는 우리나라에서 사신이 된 자는 외국 사람을 맞이할 때만 예복을 입는 것이 아니라, 길에서도 예복을 입는다. 왜국이 오랑캐라고는 하나 우리 조정이 대등한 나라로 예를 행하였다. 그런데 어찌 사신이 평복으로 도성에 들어가겠는가. 또한 예복을 입는 것은 왜국을 높이는 것이 아니라, 실은 우리 왕명을 공경하는 것이다. 따라서 관백이 있고 없음을 따질 필요가 없다고 하였다. 그리고 또 한 가지 섬나라 사람들이 외국 사신이 옴에 그 풍채를 바라보려고 눈을 씻고 기다릴 텐데 사신이 의관이 훌륭하지 못하고 위의에 본받을 만한 점이 없으면 보잘 것 없는 사신이라고 평가할 것이다. 그러니 예복을 입고 들어가야 한다고 주장하였다.

그러나 상사와 서장관은 평상복을 입고 경도에 들어갔다. 그날 도성에 사는 사람들뿐만 아니라 궁녀와 고관들까지도 우리 통신사들이 들어오는 것을 구경하였다. 구경하던 자가 부사 앞에 와서는 무릎을 꿇고 손을 맞잡아 공경의 예를 표하였으나 상사를 비롯한 다른 사신들에 대하여는 깔보듯 쳐다보았다. 흰 옷을 입고 있던 서장관이 그때서야 후회하였지만 무슨 소용이 있었겠는가.

조선통신사보다 수개월 뒤에 일본에 왔던 포르투갈의 인도 부왕 사절단은 성장을 하고 질서 정연하게 경도에 들어갔다. 이들을 지켜보던 무수한 사람들이 훌륭한 장식, 화려한 복장, 질서정연한 모습에 경탄하고 하늘에서 내려온 부처님들이라고 말하였다는 것이다. 조선의 사신들과는 너무나 대조적이었던 것이다. 그 전까지는 일본인들 특히 경도인들은 포르투갈 사람들을 무가치하고 좋지 않은 사람이라고 알고 있었는데 이때 그 이미지가 완전히 바뀌었다는 것이다. 이러한 변화는 관백의 태도를 변화시켰다. 즉 관백은 이상할 정도로 만족을 표하면서 최대의 성대한 의례로 이들을 접대하였다는 것이다. 조선이 풍신수길을 비롯하여 왜인들에게 좋은 인상을 줄 수 있었던 기회를 스스로 버리고 말았던 것이다. 포르투갈 선교사 루이스 후로이스는 일본인들이 조선인들의 입도하는 모습을 보고 그들을 경멸히 여겼다고 쓰고 있다.[9]

---

9) 『학봉의 학문과 구국 활동』, 학봉김선생기념사업회, 1993 중에서 이우성 교수가 쓴 '풍신수길 정권과 학봉 선생의 해사록'에서 인용하였다.

통신사들의 경도 동정

왜의 수도에 들어는 갔지만

1590년 선조 23년 7월 22일 조선을 떠난 지 3개월 만에 왜의 국도 즉 경도(京都. 교토)에 들어갔다. 그런데 풍신수길은 동쪽으로 정벌하러 가고 없었다. 이때만 하여도 아직 전국을 통일하지 못하였던 것이다. 풍신수길이 돌아온 것은 9월 초였다. 우리 통신사들은 이제 곧 왕명을 전달할 날이 가까웠음을 다행으로 여겨 머리를 맞대고 서로 하례하면서 일제히 목욕을 하고 기다렸다.

그러나 그가 돌아와서도 그의 궁전인 취락제가 수리중이어서 이것이 끝날 때까지 더 기다려야 하였다.[1] 주위가 1,818미

---

[1] 부사 김성일이 일본의 상관, 부관 및 도선주에게 보내려던 편지에 '길에 떠도는 말로는 현재 새 궁전을 짓고 있는데 그 공사가 끝난 다음에야 사신을 접견할 수 있을 것이라 하고, 또 기다린 지 열흘이나

터에 달한다는 건물과 그것을 둘러싼 호(못)와 석벽 등으로 된 성2)을 보여 주어 위압감을 주려고 하였는지 모르지만 국가간의 예의라고는 의식조차 없는 듯이 보였다. 11월 7일에 국서를 전달하기까지 약 4개월을 대덕사(大德寺. 다이도쿠지)라는 절3)에 사신들은 숙소를 정하고 기다렸다. 기다리는 수밖에 없었다. 아니 그냥 기다릴 수는 없었다. 왕명을 하루 빨리 전달하기 위하여 여러 가지로 방법을 모색하였을 것이다. 왕명 전달 이상 중요한 것이 없었으니 얼마나 고심들을 했겠는가? 그 모색한 방법 가운데 기록이 남아 있는 것은 네 가지이다.

뇌물이라도 써서 풍신수길을 빨리 만나자

되었는데도 접견한다는 기별이 없다'는 내용이 있는 것을 보아서는 풍신수길이 환도하고 나서도 아무런 통지도 없이 통신사 접견을 미루고 있었음을 알 수 있다.

2) 『학봉의 학문과 구국 활동』, 학봉김선생기념사업회, 1993 중 "풍신수길정권과 학봉선생의 해사록"에서 인용하였다. 일본 교토시 자료에 의하면 1587년에 준공된 이 취락제는 황금색으로 빛나는 화려하고 장대한 성곽풍의 저택으로 동서가 6백 미터, 남북이 7백 미터였다. 1595년 수차(秀次 히데츠쿠)가 모반 혐의로 추방될 때 취락제도 파괴되었다고 한다. 교토에 있는 대덕사의 당문(大德寺唐門)과 묘각사 표문(妙覺寺表門)은 취락제의 유물의 일부이다.

3) 大德寺. 1319년에 창건되었으며, 선종문화 중심지의 하나이다. 풍신수길(豊臣秀吉. 도요토미 히데요시)이 직전신장(織田信長. 오다 노부나가)의 장례식을 치른 사찰이다.

대덕사. 조선의 통신사들이 경도에 있으면서 약 4개월 동안 머물렀던 숙소이다. 동서가 8백 미터, 남북이 5백 미터로 그 안에 대선원, 총견원 등 20여 개의 사찰이 있다.

우선 한 가지는 상사가 아이디어를 냈다. 아니면 누군가 아이디어를 냈고, 상사가 좋다고 생각한 방법이다. 부사 김성일이 객난설로 상사에게 답한 글에 보면 객(부사 김성일과 상대하여 말한 사람)이 "민부 경(民部卿) 법인(法印)과 산구전(山口殿) 현량(玄亮)은 관백의 좌우에서 일을 주장하는 자들로 마침 사신을 접대하는 일을 맡았다. 그러니 그들에게 예를 행하여 환심을 사면 사신의 일을 쉽게 완수하고 돌아갈 기일도 멀지 않게 될 것이다"라고 하였다.

부사 김성일이 "뇌물을 주자는 것이냐"고 하니 객이 "예를 행한다는 것은 뇌물을 준다는 것이 아니라 이 두 사람이 몇 달 동안 사신을 접대하느라고 수고가 많았다. 그러니 손님된 도리로 경의를 표하는 예물이 없어서야 되겠는가" 하였다. 이에 부사가 "손님과 주인 사이에 예물은 있는 법이다. 그러나 주는 데에는 시기가 있으니, 구차하게 해서는 안 된다. 왕명이 아직도 함 속에 간직되어 있는데 사사로이 예물을 주는 것은 예의가 아니다"라고 하였다. 이에 객이 "왕명을 전하기 위하여 사사로이 예물을 주는 것인데 무엇이 해롭겠느냐"고 하였으나 부사는 "옛날부터 제후의 나라에서 천자의 나라에 대해 뇌물을 써서 공물을 바친 일이 없었다. 하물며 대등한 나라이고, 오랑캐의 나라에 대하여 그렇게 하겠느냐"고 하였다.

또한 신숙주가 일본에 사신으로 왔을 때의 일기를 보면 자기가 주방주라는 곳을 지나면서 대내전에 서계와 예물을 전하고자 하니 저들이 '국왕보다 먼저 예물을 받는 것이 온당치 못한 일이니 사신께서 돌아갈 때 받겠다'고 하였다고 기록되어 있다. "국서도 먼저 받는 것을 어렵게 여겼는데 하물며 사사로이 주는 예물이겠는가. 만약 저들 가운데 똑똑한 사람이 있어서 이런 점을 들어서 말할 경우에 사신은 무슨 말로 답할 것인가?" 하고 부사가 말하니 객은 무안하여 어쩔 줄 모르면서 머뭇거리다가 물러갔다고 하였다. 그러니 이 아이디어는 실행되지 못한 것이다.

또 하나의 아이디어는 부사가 내었다. 즉 일본의 상관, 부관 및 도선주에게 부사가 편지를 보내는 것이었다. 사신을 접견하는 데 깊은 궁이나 넓은 전 어디에서나 할 수 있는데 어찌 새 궁전이 완성되기를 기다리느냐. 이웃나라 사신이 국내에 들어왔는데도 접대하는 예절이 태만하여 시일만 질질 끌면서 제때에 접견하지 않는다면, 이것은 이웃나라를 무시하는 것이라고 하면서 중국에서도 외국 사신을 대우하는 데 조현(朝見. 사신이 황제를 뵙는 것), 향연 등 일정별로 날짜가 있고, 객관에 머무르는 것도 한도가 있는데, 하물며 이웃나라 간에는 말하여 무엇하겠느냐고 하였다. 이외에도 몇 가지 사정을 이야기하면서 제때 귀국하게 하면, 이웃나라와 사귀는 데 일본의 신의가 원근에 드러나 사방에서 바다를 건너와서 예를 바칠 것이라고 타일렀다. 그러나 이 편지도 무슨 사정 때문인지는 몰라도 보내지 않았다.

부관이 악단을 빌려 달라는데

세 번째, 네 번째는 우리의 주도로 하기보다는 저들의 요구를 들어주어 환심을 사는 것이었다. 임진왜란이 끝나고 조선 통신사들이 일본에 갈 때는 일행이 3백 명 내지 5백 명이었다고 한다. 임진왜란 직전에 간 통신사의 일행은 얼마나 되었는지 구체적인 숫자는 알 수가 없으나 부사 김성일이 상관, 부관 및 도선주에게 보내려던 편지에 보면 수백 명이라는 표현이 있다. 이 가운데는 악사들도 있었다.

왜의 수도에 들어간 다음 부관 종의지가 두 번이나 우리나라 음악을 들려주기를 청하여 왔다. 부사 김성일이 쓴 '부관이 우리의 음악을 청한 데 대한 설'을 보면 부사는 허락하지 않은 데 반하여 상사와 서장관은 허락하려 하였다. 음악의 연주도 연회가 있어서 청한 것도 아니고 어떤 중이 장막 속에서 여자와 들으려는 것이었다. '대국의 음악이 한 왜인의 귀를 즐겁게 하기 위한 자료가 되었으니 그 욕됨이 얼마나 심한가!' 하고 부사는 한탄하였다.

상사 등이 악사들을 보내려는 이유는 부관 종의지는 우리 사신들을 관백에게 소개시켜 주는 자로서 그의 뜻을 순응하는 것은 그를 기쁘게 하는 것이며, 그를 기쁘게 하는 것은 사신의 임무를 빨리 마치기를 도모하는 것이라는 것이다. 사신의 임무 수행보다 중요한 일이 어디 있는가 하는 뜻이다.

이에 대하여 부사 김성일은 이번에 사신이 나온 것은 우리에게 급한 일이 있어서 저들에게 요청하기 위해 나온 것이 아니라, 왜인들의 정성에 답하여 예의를 차리려는 데 불과하다. 그런데 겁낼 것이 뭐가 있어서 종의지의 마음을 기쁘게 하기 위하여 나라의 체모를 잃게 한단 말이냐고 물었다.

음악을 한 번 빌려 주는 것이 나라의 체모와 무슨 상관이냐고 물으니 부사가 말하기를 "왕명을 받든 신하가 외국에 사신으로 가서 왕명을 전하지 못했으면, 이것은 시집가지 않은 처녀와 마찬가지다. 시집도 가지 않은 처녀가 기생처럼 노래를 팔아 사람들을 기쁘게 하다면, 어찌 나라 사람들이 천하게 여기지 않겠는가" 하였다. "또한 악공이 악기를 안고 밤새도록 시내 가운데 있으면 어찌 염려스러운 일이 없으리라고 보장할 수 있느냐"고 하였다. 이 점이 악사를 보내서는 안 되는 또 다른 이유라고 하니 객이 그렇다고 하면서 물러갔다.

관백 행차를 구경해야 된다는데

네 번째는 서장관의 행동과 관계된다. 풍신수길이 돌아오고 나서 두 달이 거의 다 된 10월 말경에 종의지가 관백이 천궁(天宮. 일본 왕이 사는 궁전)에 나가는 모습을 구경하라고 청하였다. 28일에는 하인을 시켜서, 그 다음 날은 본인이 직접 청하였다. 말은 종의지가 하였지만 사실은 자기의 행차를 자랑하려는 관백의 뜻이며 만약 순종하지 않으면 귀국할 날이 언제가 될지 알 수 없게 될 것이라고 왜국의 중이 배경 설명을 하면서 거들었다. 이 말을 듣고 통신사 일행들이 근심하고 두려워하여 반드시 제상의 화4)를 입을 것이라고 하면서 서로 마주 보고 눈물을 흘리며 울었다고 기록되어 있다.

자기들 계획으로 일주일 정도 뒤에 조선 사신을 접견하려 하면서(물론 조선 통신사들에게 사전에 알리지 않은 채), 접견 전에 풍신수길의 위엄 있고 장대한 행차 모습으로 잔뜩 저들의 군세를 뽐내며 겁을 주자는 의도가 있었으리라. 그래서 우리 사신이 겁을 집어먹게 하여서 그들이 요구할 사항인 '명나라를 치러 갈 테니 조선이 한패가 되라'는 것을 받아들이게 하려는 수작이었을 것이다. 풍신수길이 환도(도성에 돌아옴)할 적에 우리의 하인들이 관광하고자 하였으나, 왜인들이 왕명을

---

4) 朴堤上. ?-416. 신라 눌지왕 때의 충신으로 일본에 볼모로 간 왕의 동생 미사흔(未斯欣)을 돌려 보낸 후 자기는 체포되어 피살되었다.

전달하지 않았다는 것을 이유로 금하였던 것을 볼 때 저들의 저의를 짐작할 수 있는 것이다. 하인들만 보아서는 저들이 노리는 효과를 거둘 수 없다고 생각했을 것이다. 사실 이때까지 조선 사신들은 비록 관백이 그 전에 유람하도록 허락했으나 왕명을 전달하지 않았기 때문에 통신사들의 숙소인 대덕사 한 구역 밖으로는 일찍이 잠깐도 외출을 하지 않았다.

저들이 이틀 연달아 행사를 취소하여 서장관 허성이 계속 헛걸음을 친 다음 사흘 만에야 풍신수길이 행차하는 것을 구경하였다. 말이 행사 취소이지 조선통신사를 두 번이나 고의로 헛걸음시킨 것이 아니겠는가. 저들의 얕은 수작이 짐작되고도 남지 않는가? 당초 종의지는 부사 김성일에게도 풍신수길의 행차를 구경하라고 청하였으나 왕명을 전달하지 않았으므로 사신된 도리에 가기가 어렵다고 사절하였다. 그리고 김성일은 서장관도 같은 이유로 거절하였어야 했는데 관백의 위엄을 겁내어 두 번의 헛걸음 끝에 나가서 구경한 것을 나무랐다. 특히 서장관은 통신사 일행을 규찰하여 바로잡는 책무가 있으니 자신을 단속하여 행동을 예법대로 해도 실수할까 두려운데, 서장관이 남과 의논하지도 않고 혼자 결정하여 이런 일을 하였으며 간하는 말을 거부하고 자기의 소견만 주장하니 이후로는 다시 무엇을 상관하겠느냐고까지 말하였다.

뜰에서 인사하느냐? 마루에서 인사하느냐?

 조선통신사들이 정말 학수고대하던 왕명을 전하는 날을 맞게 되었다. 물론 왜국이 그 수리를 핑계로 두 달 이상 시간을 더 끌었던 취락제에서 왕명을 전하는 것이다. 이때 풍신수길을 만나서 인사를 하여야 하는데 인사를 뜰에서 하느냐, 당에 올라가서 하느냐로 부사 김성일과 서장관 허성 간에 의견이 맞지 않아 여러 번 논의를 하였다.
 요즈음도 국가 간의 회동시에 왼쪽에 앉느냐, 오른쪽에 앉느냐, 국기도 왼쪽에 게양하느냐, 오른쪽에 게양하느냐 하는 것 등이 다 정하여진 국제적 규범이 있다. 또 이런 것을 관장하는 담당자들이 있다. 의전 관련 직책이 이에 해당한다. 이때도 사목(事目)과 의주(儀註)라는 것에 이런 사항에 대한 기록이 있어 그에 따르도록 하고는 있었다. 그러나 만나려는 상대방이 국왕인 줄 알고 국서에도 왕으로 써서 가져 왔는데 와서 보니 왕이 아니고 그 신하인 관백이어서 문제가 된 것이다. 이럴 때 어떻게 해야 하는 것까지는 규범에 없었던 것이다.
 우선 서장관은 선조의 이름으로 쓴 국서에 풍신수길을 국왕이라고 하였고, 선왕조 즉 고려 때에 사신이 영외(당 위)에서 절하는 것은 잘못이라고 사목에 기록한 것이 있고, 이번의 의주에도 뜰에서 절한다고 기록되어 있으니 풍신수길에게 뜰에서 절하여야 한다고 주장하였다.
 반면 부사는 국서에 선조의 이름을 쓰고 풍신수길을 국왕이라고 일컬은 것은 왜국의 실정을 몰랐기 때문이다. 당초에 관백이 국왕이 아니라는 것을 알았다면 국서에 관백이라고 쓰지 국왕이라고 쓰고, 또 선조의 이름을 써서 스스로를 낮추었겠느냐고 하였다. 이번의 사목에서도 처음에는 그 조목을 썼다가 예관이 곧바로 삭제하였으니, 이것은 조정에서도 당에 올라가서 절하는 것을 불가하다고 여기지 않은 것이다.

그리고 무엇보다도 관백은 천황의 신하인데, 그 신하를 우리 국왕과 대등하게 대우하여 사신들이 뜰에서 인사하면 우리 임금의 존엄을 낮추어서 나라를 욕되게 하는 것이라고 반대하고 당에 올라가서 인사할 것을 주장하였다. 여기에 더하여 이전에 왔던 사신들은 관백을 정말 임금인 줄 알고서도 영외에서 절을 하였는데 우리는 지금 그가 왕이 아니라는 것을 알았으면서도 도리어 뜰에서 절하는 예를 행하려 하는 것이 무슨 도리냐고 반문하였다.

논리적으로 밀린 서장관이 "우리가 영외배를 청하였다가 저들이 그대로 들어 주면 다행이겠지만, 만약에 '자기들 왜국 사신도 이미 귀국 뜰에서 절하였는데 귀국 사신은 어찌해서 영외에서 절하는가?' 하는 경우에는 할 말이 없지 않느냐"고 하였다. 이에 대하여 부사는 이렇게 답하였다. "우리 사신이 천황에게 인사할 경우에는 뜰에서 인사하는 것이 예이지만 천황의 신하인 관백에게 뜰에서 인사하는 것은 예가 아니다. 또 천황을 높이 떠받드는 관백이 외국 사신들에게서 뜰에서 절하는 예를 받는다면 이는 스스로 천황을 자처하는 것이 된다. 이는 관백이 외양상으로라도 천황을 떠받든다는 것에 반하는 것이다. 일본에서 관백에 대하여 인사하는 관례를 파악하여 보니 일본인 중 관직이 없는 자는 뜰에서 절하고 관직이 있는 자는 당 위에서 절한다고 한다. 외국 사신의 경우 지난번에 유구의 사신이 왔을 적에 당 위에서 절하는 예를 행하였다는 것이다. 다만 현소 등이 조선에 갔을 때 뜰에서 절을 했으니 왜국 조정도 그에 비기려 할 경우는 염려스러우니 그렇게 하는 것을 막아 그들의 생각대로 못하게 하는 것이 좋은 계책이다."

일본에서 관백에게 절하는 관례를 물어 보면서 그들 스스로가 우리 통신사들이 당 위에 올라가서 절하는 것이 옳다는 말을 하게 하여 이를 차단하였으니 부사는 자존적 주체성에 주도면밀함까지 갖추어 이 문제에 대처하였음을 볼 수 있다. 이런 우여곡절 끝에 당 위에 올라가서 절을 하는 영외배로 풍신수길에게 인사하는 것으로 결정되었다.

월탁과 재화 교환

이러한 와중에도 상사 황윤길과 서장관 허성은 왜국에서 교환한 재화(財貨)가 행장에 가득하였는데 부사 김성일이 불순한 언사로 이런 행위를 배척하였으므로 이 때문에 일행과는 크게 사이가 어긋났다. 왜인들은 황윤길과 허성을 비루하게 여기고 김성일의 처신에 감복하여 갈수록 더욱 칭송하였다고 『선조수정실록』은 기록하고 있다. 김성일은 이때의 심정을 시로 읊었다.

동행에게 내 간절히 말을 하노니
오농(吳儂. 왜인을 지칭)을 어리석다 하지를 말고
손 내저어 월탁(越橐)5)을 사양을 하여
왜인에게 부끄러움 면하게 하소

  돌아올 적에 여러 추장들이 각자 수를 놓은 비단을 전별하는 물품으로 보내 왔는데, 김성일은 사양하고 받지 않으면서 모두 관소(館所)의 중들에게 나누어 주었다. 대마도에서도 종의지가 잔치를 베풀어 전별하면서 보검을 사신들에게 나누어 주었는데, 김성일은 대마도주에게 되돌려 주었다. 귀국하여 부산에 도착하였을 때 그의 행낭은 텅 비어 있었으며, 오직 석창포와 종려나무 분재만 몇 개 가져왔을 뿐이었다.
  그러면 풍신수길을 만났을 때 그가 상사와 부사에게 각각 은 4백 냥씩을 주었고, 서장관 이하에게도 차등을 두고 주었는데, 부사 김성일이 받은 은 4백냥은 어찌 되었는가? 김성일이 일본에 사신으로 다녀온 일을 기록한 것이 『해사록』인데 당초 두 권으로 되어 있었다. 그 중 한 권은 한양에 놔 두었다가 임진왜란으로 잃어 버렸고, 나머지 한 권은 경상우도에 가져와서 진주성 싸움 때에 잃어 버렸다가 나중에 어느 시골집에서 우연히 되찾았다. 그것이 김성일의 시문을 모은 『학봉전집』에 실려 있다. 이 남아 있는 『해사록』의 기록과 『선조실

---

5) 한나라 문제 때 육가(陸賈)가 남월에 사신으로 갔다가 오면서 남월왕이 천금(千金)을 주는 것을 받아 가지고 와서 그의 아들 다섯에게 2백 금씩 나누어 주었다.

석창포. 김성일이 일본에서 빈 행랑으로 귀국하면서 종려나무 분재와 함께 가져왔던 것이 석창포이다. 이 석창포는 오늘날에도 임천서원 강당의 축대와 뜰이 맞닿는 곳에서 계속하여 잘 살고 있다.

록』, 『선조수정실록』 등에는 풍신수길에게서 받은 은 4백 냥의 행방에 대하여 아무런 기록이 없다.

그러나 그가 귀국할 때의 행랑에는 석창포와 종려나무 분재만 몇 개 있었을 뿐이었으니 조선에 가지고 오지는 않았을 것이다. 더구나 위에 인용한 시에서 보는 바와 같이 다른 사신들에게 월탁을 사양하라고 하였는데 자신의 이익을 위하여 썼겠는가? 김성일이 이때 가져온 두 가지 중 종려나무 분재의 행방은 오늘날 알 수가 없고, 석창포는 지금도 경북 안동에 있는 김성일을 향사하는 임천서원 뜰에서 계속 잘 살고 있다.

조선의 국서와 왜국의 답서

풍신수길을 만나기는 하였으나

드디어 11월 7일이 되어 풍신수길을 만나게 되었다. 『선조수정실록』에 따르면 우리의 사신을 접대함에 있어서 가마를 타고 궁문을 들어가도록 허락하고 가각(갈대로 만든 피리)을 울려 선도하였으며, 당 위에 올라가 예를 행하도록 하였다. 수길의 용모는 왜소하고 못생겼으며, 얼굴은 검고 주름져 원숭이 형상이었다. 눈은 쑥 들어갔으나 동자가 빛나 사람을 쏘아 보았는데, 사모와 흑포 차림으로 방석을 포개어 앉고 신하 몇 명이 배열해 모시었다.

사신이 좌석으로 나아가니 연회의 도구는 배설하지 않고 앞에다 탁자 하나를 놓고 그 위에 떡 한 접시를 놓았으며 옹기 사발로 술을 치는데 술도 탁주였다. 세 순배를 돌리고 끝내었는데 수작(酬酢. 술잔을 주고 받거나 말을 주고 받는 것)하고 읍배(揖拜. 맞잡은 손을 얼굴 앞으로 들고 허리를 앞으로 공손히 구부렸다 펴면서 내리는 인사)하는 예는 없었다.

  얼마 후 수길이 안으로 들어갔는데 자리에 있는 자들은 움직이지 않았다. 잠시 후 편복으로 옷을 갈아입고 어린 아기를 안고 나와서 당상에서 서성거리더니 밖으로 나가 우리나라의 악공을 불러서 여러 음악을 성대하게 연주하도록 하여 듣는데, 어린 아이가 옷에다 오줌을 누었다. 수길이 웃으면서 시자를 부르니 왜녀 한 명이 대답하며 나와 그 아이를 받았고 수길은 다른 옷으로 갈아 입는데, 모두 태연자약하여 방약무인한 행동이었으며, 사신 일행이 사례하고 나온 뒤에는 다시 만나지 못하였다. 상사와 부사에게 각기 은 4백 냥을 주고 서장관 이하는 차등을 두어 주었다.[1)]

  풍신수길이 자기의 궁전 수리가 끝나도록 두 달이 넘게 기다리게 하였으며, 아니 경도에 들어와서 넉달이나 기다린 외국의 사신들에게, 아무런 인사도 없이 옹기 사발로 탁주나 몇 잔 주고 나서는, 자기 집 안방처럼 어린 아이를 안고, 젖은 옷을 갈아입으면서, 그 사신들이 데려 온 악공들이 연주하는 음악을 들으면서 방약무인하게 행동한 것은 무엇을 의미하는가? 거기에다가 은 몇 냥 씩을 주었다니. 얼마나 얕잡아 본 접대인가! 앞에서 본 포르투갈의 인도 부왕 사신 접대와는 극과 극이 아닌가!

  이때 풍신수길은 또 우리측 사신들에게 겁을 주기 위하여 여러 가지로 분위기도 잡고 위협도 하였을 것이다. 그래야만

---

  1) 통신사들의 경도 동정 중 월탁과 재화 교환 참조 바람.

취락제(聚樂第 주라쿠다이) 유지표석. 풍신수길이 조선의 통신사들을 접견하였던 화려하고 장엄하였던 궁궐은 간 곳이 없고, 풍신수길에 대한 후세의 평가인 듯 오늘날은 초라하게 그 흔적만 남겨 두고 있다

자기가 의도하는 대로 조선이 일본과 한 패가 되어 명나라로 쳐들어 가자는 데 대하여 쉽게 따라올 것으로 보았을 테니까. 『인재록』(訒齋錄)에 의하면 정랑 박성(朴惺)[2]이 김성일에게 부동심(不動心. 마음이 외계의 충동을 받아도 흔들리거나 움직이지 아니함)에 대하여 질문하니 김성일이 자기 평생에 세 번 부동심이 있었다고 말하면서 그 가운데 한 번은 '풍신수길이 사납고

---

2) 朴惺. 1549-1606. 자는 덕응(德凝), 호는 대암(大菴). 본관은 밀양. 정구의 문인이다. 최영경, 김면, 장현광 등과 교유하였다. 임진왜란 때 김성일의 참모로 종사하였고, 정유재란 때는 체찰사 이원익의 막료로 종군하였으며, 주왕산성의 대장으로 활약하였다.

드세어서 위엄을 크게 보이면서 으르고 협박하였을 때'라고 답하는 말이 있다. 이로 미루어 보아서는 조선통신사들이 풍신수길을 만난 날의 정황은 상당히 위협적이고 살벌하였던 것으로 보인다. 이 날 풍신수길이 얼마나 겁을 주었으면 왜국측이 답서는 나중에 줄 터이니 백 리 밖 계빈에 가서 기다리라고 하자 상사 등은 부사 김성일과는 의논도 하지 않고 먼저 떠나갔겠는가.

조선의 국서

이날 사신들이 전달한 선조의 국서는 우리나라에 그 기록이 없는 모양이다. 일본에 남아 있는 기록의 요지는 아래와 같다.

조선국왕 이연(李昖)은 서계를 일본국왕 전하에게 바치나니 춘후(春候)가 화후(和煦. 따뜻한 좋은 날씨)한데 동정(動靜)이 가승(佳勝. 명성이 일세에 높은 사람. 널리 알려짐)한지요. 이 때에 멀리 대왕이 60여 주를 일통(一統)하였다고 전하여 왔는지라 빨리 신(信)을 통(通)하여 친목을 다스려 인호(隣好)를 두텁게 하려 하였으나 도로가 인회(湮晦. 망하여 자취를 감춤)하여 엄체(淹滯. 막힘)할 염려가 있는 듯하여 오랫동안 생각만 하다가 그쳤던 것인 바 이제 귀국 사신과 같이 황윤길과 김성일 그리고 허성의 삼사를 보내 하사(賀辭. 축하하는 말을 함)케 하는 바로다. 이제부터 이후에 인호가 더욱 두터워진다면 행심(幸甚. 다행)일 것이며 이에 많지 않은 토지 소산물을 별

폭과 같이 기록하여 보내니 바라건대 소류(笑留. 보잘 것 없는 것이나 웃고 받아 달라는 겸사의 말)할지어다.

위의 국서는 일본의 전국 통일을 축하하고 앞으로 이웃나라간에 우호가 증진되면 다행이라는 요지의 인사가 주된 내용이다. 이 국서에 대하여 풍신수길로서는 전혀 뜻밖의 국서를 받았다는 생각이 들었을 것이다. 아니, 자기의 눈을 의심하였을 것이다. 자기는 대마도주에게 조선왕이 입조하도록 지시를 하였는데, 그렇게 지시를 하고 몇 년을 기다렸는데, 조선왕은 오지도 않았을 뿐만 아니라 막상 조선왕이 보낸 문서에는 입조를 나타내는 말은커녕 그런 뉘앙스도 전혀 없지 않은가!

풍신수길의 당혹감

일본 조정 아니 풍신수길로서는 이러한 뜻밖의 국서에 대한 입장 정리가 필요하였을 것이다. 그러니 이때가 조선과 일본 두 나라 모두에게 대단히 중요한 시기였다. 왜국이 정말 조선을 침략할 것인가, 아니면 조선의 국서대로 선린관계를 유지할 것인가를 결정하는 계기가 되었을 것이기 때문이다. 이것을 결정하는 데는 시간이 필요하였다.

그때 일본은 오랜 전쟁에 시달려 온 나라이다. 아무리 전쟁을 좋아하는 나라라도 자기 목숨이 아까운 사람이 많은 것이 정상일 테니까 일본에서도 전쟁과 평화 양론이 있었을 것이 아닌가. 그 중에서 한 가지를 택해야 하니까 시간이 필요하였던 것이다. 풍신수길이 선조의 국서를 받고 18일이나 지난 뒤에 답서를 준 것이 이를 말하고, 왜국이 본격적으로 조선 침공 준비를 하기 시작한 것이 우리나라 사신들에게 풍신수길이 답서를 주고 난 다음 두 달가량이 지난 때부터인 것을 보아도 이를 알 수 있는 것이다. 즉 풍신수길은 1591년 정월에 전국에 걸쳐 군량, 병선, 군역의 수를 할당하였으며 구주의 한 촌락이었던 명호옥(名護屋)에 행영본부를 축성하여 조선침략의 전진기지로 만들었다.3)4)

---

3) 국사편찬위원회 발행 『한국사』 권 29, 1995에서 인용하였다.
4) 왜국이 임진왜란을 일으킨 원인에 대하여는 설이 분분하다고 한다. 풍신수길이 내건 표면상의 이유는 중국을 정복하여 자기의 꿈을 펴겠다는 것이었으며, 이를 위하여 먼저 조선을 침략한 것이다. 중국 정복은 풍신수길만의 생각이 아니고 그의 전임자인 직전신장의 꿈이기도 하였다고 한다. 그러나 간단하게 말해서 빈한한 신분으로 태어나서 120여 년간이나 지속된 전국시대를 마감하고 일본 전체를 통일하였으니 소영웅적 자아도취에 빠져 있었을 것이고, 거기에다가 군사적인 힘은 넘치고, 경제적 필요성도 어느 정도 있었을 것이다.

또한 아는 것은 오직 무력밖에 없었으니 뒷골목 불량배나 같은 사람이었다. 그러다 보니 자기 힘의 한계를 모르고 일본 국내를 통일하듯이 조선과 중국을 쉽게 정복할 것으로 착각한 것이다. 이런 사람일수록 그 주변에 제대로 된 사람이 있어서 생각을 바로잡아 주었어야 했는데 불행히도 이때 그의 주위에 그런 사람이 없었던 듯하다. 조선과 일본, 중국 모두에게 불행한 일이었다.

사명보다는 목숨이 먼저?

　풍신수길이 조선의 국서를 받고 4일이 지나서 사람을 시켜 말하기를 "서계(書契. 조선과 일본 사이에 주고 받던 문서)는 뒤따라 지어서 보낼 것이니, 사신은 계빈에 가서 기다리라"고 하였다. 이에 부사 김성일이 "우리는 사신으로서 국서를 받들고 왔는데 만일 답서가 없다면 이는 왕명을 천하게 버린 것과 마찬가지이다. 서계를 받지 않았으니 이는 사신의 일을 아직 마치지 못한 것으로, 지레 나가서는 안된다. 그리고 계빈은 1백 리 밖에 있는데, 만약 일이 생겨 서로 왕복해야 할 경우에는 장차 어떻게 해야 할 것인가?" 하면서 물러나서는 안 된다고 주장하였다.
　그러나 황윤길 등이 왜국에 억류되어 있게 될까 두려워하여서 몸이 호랑이의 입에서 벗어나는 것만을 다행으로 여겨 의리와 사명을 돌보지 않은 채 부사와는 의논도 하지 않고 계빈으로 향해 떠나가니 대표권도 없는 부사가 혼자 남아 있어 보아야 일을 할 수도 없어 그도 상사의 뒤를 따라갔다.
　왜적의 침입 여부가 결정되는 순간에 상사 등 우리 사신들은 자기들의 목숨만을 위하여 1백 리 밖으로 멀리 나가 모든 짐은 배에 실어 놓은 채, 혀를 차면서 답서가 오기만을 기다리고 있었으니 이런 통신사절단이 언제 어디에 또 있겠는가? 만약 이때 상사와 서장관 등이 부사 김성일이 주장한 대로 계빈에 가지 않고 왜의 수도인 경도에 그냥 남아서 왜국의 당국

자들과 그들이 준 답서 내용에 대하여 직접 논의를 하였거나 담판을 하였더라면 어떻게 되었을까?

천금 같은 시간을 하늘만 쳐다보면서 다 보내고

이때가 풍신수길이 '명나라를 치러 가니 조선이 앞장서라'는 내용을 우리에게 공식 문서로, 아니 어떤 형태로건 간에 우리에게 처음으로 밝힌 때이다. 이와 같이 일이 일어나는 초기에 우리나라 사신들이 마침 그 나라에 가서 있었으니 얼마나 좋은 기회인가! 상사 황윤길 등이 그렇게 겁먹지 않고 당당하게 풍신수길의 수하들과, 아니 풍신수길 자신과 직접 만나서 그 부당함과 불가능함을 여러 가지로 설명하여 잘 설득하였더라면 임진왜란을 막을 수 있었을지도 모른다. 설혹 그들을 설득하지 못하였다 하더라도 우리 사신들이 당당한 모습을 보였다면, 조선은 함부로 할 나라가 아니라고 생각하였을 테니까 자기네들의 침략 계획을 그렇게 거리낌없이 추진하지는 못하였을 것이다. 그리고 저들의 침략 야욕을 막지 못하였다 하더라도 그들과의 직접 접촉을 통하여 풍신수길의 뜻을 확실하게 파악할 수 있었을 터이니, 나중에 우리의 대응이 훨씬 달라질 수도 있었을 것이다.

또한 대마도의 이익을 위하여 조선에 와서 통신사를 일본에 파견하도록 온갖 거짓 수법을 쓴 현소 따위의 대마도를 대표하는 자들을 통하지 않고 풍신수길 또는 그의 직계 수하로부터 답서 내용에 대한 그들의 의견을 직접 들었더라면 현소 등이 입조가 명나라에 조회하는 것이라는 얼토당토 않은 주장도 할 수 없었을 것이다. 그렇게 되었을 경우에도 조선과 일본은 대마도라는 장애물 없이 서로를 확실하게 파악할 수 있었을 것이다. 조선과 왜국간에 사기꾼이 개재되어 있었던 것이다. 그것도 왜국의 앞잡이인 사기꾼이……

 그리고 또 한 가지 중요한 것이 있다. 서계는 나중에 줄 터이니 계빈에 가서 기다리라는 저들의 말을 듣자마자 도망치듯이 허겁지겁 떠나가는 우리 통신사들의 뒷모습을 보고 저들은 어떤 생각을 했겠는가? 거기다가 계빈에 도착해서는 모든 짐을 배에 실어놓고 있었다. 그러다보니 귀국 일정과 왜국이 회례사를 보낸다는 등의 간단한 보고서를 왕에게 쓰려고 해도 제대로 된 종이가 없어 저질의 종이에 보고서를 썼다. 그리고 나쁜 종이를 써서 죄송하다고 했다.

 일본측의 답서만 오면 바로 떠나겠다는 자세였던 것이다. 답서의 내용은 무엇이든 상관이 없고, 다만 조선의 국서를 일본에 전달만 하고 일본의 국서를 조선 조정에 전달만 하면 된다는 자세가 아닌가! 사절의 본연의 임무는 저만큼 버려 두고, 살아서 돌아오기 위하여 단순한 메신저 기능만 하겠다는 것인데, 그렇게 하려면 수백 명의 사절단이 갈 이유가 무엇이었던가? 단출하게 몇 명만 가는 것이 여러 모로 낫지 않았는가.

 통신사들이 대마도에 도착한 이후 여러 달 동안 보인 겁먹은 행동을 보고서도, 수도 경도에 들어갈 때의 볼 품 없던 행열을 보고서도, 경도에 있으면서 보인 사신들의 줏대없는 행동을 보고서도 조선사절들을 얕보고 있었는데, 국서도 받지 않고 잔뜩 겁을 먹고서 저들의 수도를 떠나 1백여 리 밖의 포구에 가서 모든 짐은 배에 실어 놓은 채 답서를 기다리고 있는 이 결정적인 모습을 보고서는 '조선이라는 나라는 자기네들 마음대로 해도 되겠구나' 하고 침략 야욕을 재확인하지 않았겠는가?! 죽음을 두려워하지 않고 자기들의 사명을 다하는 당당한 자세와 비교하여 보라!

우리 사신들이 이처럼 비교할 수 없이 귀중한 시간과 기회를 다 날려 보내고 계빈에 가서 있으면서 억류될지도 모른다고 전전긍긍하면서 하늘만 쳐다보고 기다린 지 반 달 만에 풍신수길의 답서가 왔다.

풍신수길의 답서

『선조수정실록』에 실려 있는 그 답서는 아래와 같다.

일본국의 관백은 조선 국왕 합하에게 바칩니다. 보내신 글은 향불을 피우고 재삼 되풀이하여 읽었습니다.
우리나라 60여 주는 근래 제국이 분리되어 나라의 기강을 어지럽히고 대대로 내려오는 예의를 저버리고서 조정의 정사를 따르지 않기 때문에 내가 분격을 견디지 못하여 3~4년 사이에 반신과 적도를 토벌하여 먼 섬들까지도 모두 장악하였습니다.

삼가 나의 사적을 살펴보건대 비루한 소신이지만, 일찍이 나를 잉태할 때에 자모(어머니)가 해가 품속으로 들어오는 꿈을 꾸었는데, 상사(관상 보는 사람)가 '햇빛은 비치지 않는 데가 없으니 커서 필시 팔방에 어진 명성을 드날리고 사해에 용맹스러운 이름을 떨칠 것이 분명하다' 하였는데, 이토록 기이한 징조로 인하여 나에게 적심(적대심)을 가진 자는 자연 기세가 꺾여 멸망하는지라, 싸움엔 반드시 이기고 공격하면 반드시 빼앗았습니다. 이제 천하를 평정한 뒤로 백성을 어루만져 기르고 외로운 자들을 불쌍히 여겨 위로하여 백성들이 부유하고 재물이 풍족하므로 토공이 전보다 만 배나 늘었으니 본 조가 개벽한 이래로 조정의 성대함과 수도의 장관이 오늘날보다 더한 적이 없었습니다.

사람의 한 평생이 백년을 넘지 못하는데 어찌 답답하게 이곳에만 오래도록 있을 수 있겠습니까. 국가가 멀고 산하가 막혀 있음도 관계없이 한 번 뛰어서 곧바로 대명국(大明國. 명나라)에 들어가 우리나라의 풍속을 4백여 주에 바꾸어 놓고 제도(帝都. 제국의 수도)의 정화(政化. 정치로 백성을 교화시킴)를 억만년토록 시행하고자 하는 것이 나의 마음입니다. 귀국이 선구(先驅. 행렬의 앞장을 섬. 또는 그 사람)가 되어 입조(入朝)한다면 원려(遠慮. 앞으로 올 일을 헤아리는 깊은 생각)가 있음으로 해서 근우(近憂. 가까운 근심)가 없게 되는 것이 아니겠습니까. 먼 지방 작은 섬도 늦게 입조하는 무리는 허용하지 않을 것입니다. 내가 대명에 들어가는 날 사졸을 거느리고 군영(軍營. 군대가 주둔하는 처소. 병영)에 임한다면 더욱 이웃으로서의 맹약을 굳게 할 것입니다.

나의 소원은 삼국에 아름다운 명성을 떨치고자 하는 것일 뿐입니다. 방물(方物. 감사나 수령이 임금께 바치던 그 고장의 산물)은 목록대로 받았습니다. 그리고 국정을 관장하는 무리는 전일의 사람들을 다 바꾸었으니—관속을 바꾸어 전의 호칭이 아니었기 때문이다—불러서 나누어 주겠습니다. 나머지는 별지에 있습니다. 몸을 진중히 하고 아끼십시오. 이만 줄입니다.

천정18년 경인 중동(仲冬) 일(日)
수길은 받들어 답서한다.

답서에 대한 통신 부사의 외로운 분투

사신은 부사뿐?

부사 김성일은 답서의 내용이 거칠고 거만하여, '전하(殿下. 왕이나 왕비의 존칭)'라고 하던 것을 '합하(閤下. 정일품 벼슬아치에의 경칭)'라 하고 보내는 '예폐'도 '방물을 받았다' 하였으며, '또 한 번 뛰어서 곧바로 대명국에 들어간다'느니 '귀국이 선구가 되어 입조하라'는 등의 말이 있음을 보고 현소에게 글을 보내어 이르기를 "서계를 고치지 않으면 사신은 죽음이 있을 뿐 의리상 돌아갈 수 없다"고 하였다.

이에 현소가 서신을 보내어 사과하면서 글을 짓는 자가 말을 잘못 만든 것이라 핑계하였다. 그러나 '전하,' '예폐' 등의 글자만 고쳤을 뿐 '한 번 뛰어 대명국에 들어간다. 귀국이 앞장 서서 입조하라'는 말에 대하여는 '이는 대명에 입조한다는 뜻'이라고 핑계대면서 끝내 고치려 하지 않았다. 김성일이 현

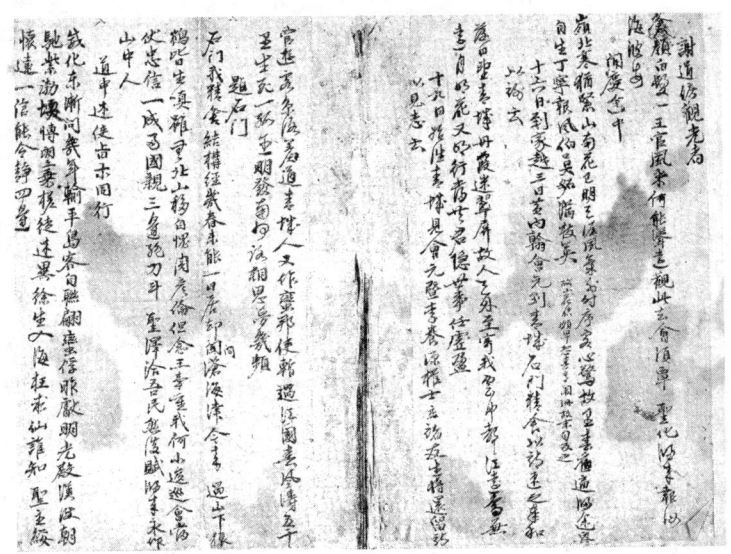

해사록. 김성일이 통신부사로서 일본에 다녀 오면서 지은 시, 서, 지 등을 모은 것으로 당시 통신사들이 일본과 벌인 외교교섭 경위, 통신사 간의 의견 차이 조정 및 실패 과정, 그에 대한 자기의 생각등을 기록한 것이다.

소에게 두세 차례 편지를 보내어 이를 고칠 것을 거듭 요구하였으나 왜국은 고치지 않았다(별첨 현소에게 답하는 편지 참고).

김성일은 왜국만을 상대로 하는 것이 아니었다. 우리나라 사신들도 일신상의 이해만을 지나치게 염려하여 벌벌 떨고 있었으니 이들을 설득하여 함께 왜국에 대처하는 것도 큰 일이었다. 상사 황윤길에게 보내는 편지에서 상사, 부사, 서장관 셋이서 마음을 합쳐서 되풀이하여 타이르면 고칠 수 없겠느냐고 말하여도 상사와 서장관은 사단이 생길까 염려하여 끝내 들어 주지 않았다고 지적하였다.

만약 '입조' 두 글자를 고치지 않으면 이것은 우리 조정이 왜놈의 속국이 되어 온 나라의 관원들이 죄다 그들의 배신(陪臣. 가신. 제후의 신하가 천자에 대하여 자기를 일컫는 말)이 될 것이라고 하였다. 부사 혼자 현소에게 다시 편지를 보내어 타이르려고 하여도 백방으로 방해하면서 막고자 한 것은 변을 격동시키게 될까 염려해서 그런 것이 아니냐고 상사에게 물었다. 즉 문제를 일으킬까봐 상사가 여러 가지로 막았다는 것이다. 현소가 부사의 말을 옳다고 하면서도 입조란 대명국에 입조한다는 것을 가리킨다고 편지 끝에 언급하고 이를 고치지 않은 것은 상사가 왜국의 답서에 대하여 잠자코 있으면서 한마디 말도 하지 않았기 때문이라고 하였다(별첨 황 상사에게 보내는 편지 참고).

문제될 편지는 보낼 수 없다

부사 김성일은 선위사 소서행장에게 왜국의 서계 가운데 있는 '한번 뛰어 대명국으로 들어가고자 하는데, 그때에 귀국이 이웃나라와 교제하는 뜻을 생각하여 우리나라와 한패가 된다면 더욱 우호를 닦을 수 있을 것이다'라는 말에 대하여 조선 사신의 입장을 분명히 밝혀 뒷날의 불화의 씨앗을 없애고자 한다고 답서를 썼다.

그 답서에서 이르기를 남에게 어려운 일을 하도록 요구하면 상대방이 응하지 못한다. 상대방이 응하지 못하면 요구한 자가 원망이 생기게 된다. 피차간에 서로 요구하고 원망한다면 마음속에 의심이 일어나고 겉으로 틈이 생기는데, 이렇게 하고서도 우호관계를 온전하게 유지한 자는 예로부터 지금까지 없다.

지금 귀국이 대명을 침범하려는 계획에 대하여는 각자 국사를 도모하는 신하가 있으니 다른 나라 사신이 감히 알 바가 아니나 즉 간여할 바가 아니나 우리나라의 의리는 사신이 밝게 아는 바이니 이것을 밝히겠다고 하였다. 여기서 중국과 조선의 관계를 부자, 군신의 관계라고 말하고 이런 관계는 천지간에 떳떳한 의리로서 사람이 지켜야 할 도리인데 어찌 조선이 두 마음을 품을 수 있겠느냐고 하였다. 두 마음을 품는다는 것은 손과 발이 머리와 눈을 해치고 자식과 아우가 아비와 형을 해치는 것이라고 하였다. 이런 면에서 본다면 조선이 왜국과 한패가 될 수 없음이 분명하다고 하였다.

또한 조선과 왜국은 지금까지 2백 년간 우호관계를 유지하여 왔는데 만약 조선이 다른 나라와 결탁하여 귀국을 해치려 하면 귀국은 우리나라를 어떻게 생각하겠느냐고 물었다. 이웃 나라간에도 이러한데 하물며 다른 나라와 한패가 되어 대국을 침범할 수 없음은 분명하다고 하였다. 지금의 시각으로 보면 이와 같은 부사의 편지는 모화사상이 가득하다고 비난할 수 있을 것이다. 그러나 그 당시 조선의 현실은 위의 편지 그대로 였다. 우리나라의 통신사들이 귀국할 때 함께 왔던 현소 등 왜국의 사신들이 돌아갈 때 준 선조의 답서도 같은 논리로 왜와 한패가 되어 명나라를 침범할 수 없음을 밝히고 있다.[1]
그러나 부사의 이 편지도 일행들이 모두 일이 생기게 하는 것

1) 『선조수정실록』 선조 24년 5월 조에 실려 있는 현소 등이 돌아갈 때 준 조선의 답서는 이렇다.

사신에게 체후가 평안하다는 말을 들으니 위로가 됩니다. 우리 양국이 서로 신의를 교부(交孚)하는 데 있어서 험난한 바닷길에 시기를 잃지 않고 안부를 물어 주었고 지금 또 폐기했던 예절을 다시 다지는 등 옛날의 좋았던 관계를 더욱 공고히 하게 되었으니, 실로 만세의 복입니다. 보내주신 안마(鞍馬. 안장을 얹은 말), 기완(器玩. 완상하기 위하여 비치하는 기구나 골동품 같은 것), 갑주(甲冑. 갑옷과 투구), 병구(兵具. 전쟁에 쓰는 도구. 병기) 등은 명목이 심히 많고 제조도 정교한 것을 보면 보내주신 성의가 대단하다는 것을 알겠으니 더욱 감사합니다.
다만 전후 두 차례에 걸쳐 보내주신 서신은 내용이 장황한 데다 중국에 들어가려 하니 우리나라에게 도와달라는 말을 하였는데, 모르겠습니다만 이런 말을 할 수 있습니까.
우리나라의 입장에서 말한다면 상국을 침범하는 등의 말은 문자로 거론할 수도 없고 말도 안될 뿐 아니라 교린하는 의의도 아니어서 감히 털어놓는 것이니 용서하셨으면 합니다.
우리나라는 은(殷) 나라 태사(太師) 기자(箕子. 중국 은나라 주 임금의 친척. 사기와 한서에 의하면 나라가 망하여 조선에 들어와, 예의, 전잠(田蠶), 방직(紡織)과 팔조(八條)의 교를 가르쳤다 함. 최근에는 기자 동래설의 허위성을 주장하는 논의가 지배적임.)가 수봉(受封)한 오랜 나라로 예의의 아름다움에 있어서는 누대에 걸쳐 중국의 칭송을 받아왔습니다. 우리 황조(皇朝)에 이르러서는 국가를 통일하여 위엄과 은택이 멀리 미쳐 온 천하가 모두 임금으로 받들어 신하가 되어 감히 거역하는 자가 없습니다. 귀국도 바다를 건너 조공을 바치기 위하여 경사(京師. 서울)에 이르기도 하였었는데 더구나 우리 나라는 대대로 번봉(藩封)을 지켜 조공을 착실히 바쳐왔으며 제후의 법도를 어기지 않았기 때문에 중국이 우리나라 대하기를 내복(內服)처럼 여겼으며 알려 줄 일이 있으면 반드시 먼저 알려 주었고 어려움이 있으면 서로

을 두려워하여 갖은 방법으로 저지하여 소서행장에게 전하지
못하였다.

    도와주는 등 마치 한 집 식구나 부자와 같은 친분이 있었습니다. 이러한 사실은 귀국도 일찍이 들어서 알고 있는 터이고 천하가 모두 아는 사실입니다.
    대체로 당(黨)이라는 것은 편파적이고 반측(反側)스러운 것을 말합니다. 신하가 되어 작당하면 하늘이 반드시 죄를 줍니다. 그런데 더구나 군부(君父)를 버리고 이웃 나라와 작당할 수 있겠습니까. 남의 나라를 치는 데 관한 질문은 인(仁)한 자로서 듣기조차 부끄러워하는 법인데, 하물며 군부의 나라에 대해서이겠습니까. 우리나라 사람은 본래 예의를 가졌으므로 군부를 존경할 줄 알고 있으며 윤리와 규범 따위를 실추시키지 않았습니다. 따라서 사적인 교분의 후함 때문에 천부의 상도(常道. 항상 변하지 않는 떳떳한 도리. 항상 지켜야 할 도리)를 바꿀 수는 없습니다. 이것은 결코 분명한 사실입니다.
    모르긴 해도 귀국이 지금 분해 하고 있는 것은 오랫동안 중국의 버림을 받아 예의를 드러낼 곳이 없고 관시(關市)를 서로 통할 수 없어 만국이 옥백(玉帛. 옥과 비단. 옛날 중국의 제후들이 조근이나 방문 때 가지고 오던 예물)을 교제하는 대열에 나란히 서지 못하는 것을 수치로 여기는 것에 지나지 않는 듯합니다. 그렇다면 어찌하여 그 까닭을 찾아서 자신의 도리를 다해 보려 하지는 않고 좋지 못한 계획에 의존하려 하십니까. 이러한 처사는 너무도 생각을 제대로 하지 못한 처사라고 하겠습니다.
    두 포(浦. 제포, 염포)의 개항에 관한 일은 선조 때부터 이미 서약을 정하여 금석같이 굳은 언약을 하였는데 만약 사신이 한때 다소 소홀히 했다 해서 오랫동안 지켜온 법문을 경솔하게 개정한다면 이것은 피차가 모두 실수를 범하게 되는 것인데 그래서야 되겠습니까. 변변찮은 선물은 별폭에 있습니다. 무더운 계절에 무리하지 마시고 몸 건강하시기를 바랍니다.

이때 일이 생기는 것은 조선의 상사나 서장관뿐만 아니라 왜국 아니 대마도도 마찬가지로 겁을 냈다. 『선조수정실록』 선조 24년 3월조에 보면 "왜인들은 황(윤길)과 허(성)를 비루하게 여기고 성일의 처신에 감복하여 갈수록 더욱 칭송하였다. 그러나 평의지(곧 대마도주 종의지)만은 대단히 유감스럽게 여겨 매우 엄격하게 대우하였기 때문에 성일이 그곳의 사정을 잘 듣지 못하였다. 그 후 의지는 우리 사신에게 '성일은 절의(節義. 절개와 의리)만을 숭상하여 사단이 생기게 한다'고 하였다"는 기록이 있다.

여기서 상사 등이 말하는 '일이 생기는 것'은 사신들이 왜국에 억류되거나 죽음을 당하는 것을 말하는 것이다. 대마도주가 말하는 사단은 그것보다는 왜국이 명나라를 치러 가는데 조선이 한패가 되어 달라는 저들의 요구가 사신들에 의하여 완전히 틀어지는 것을 말하는 것이다. 양쪽 모두 통신사들이 조용히 조선에 돌아가기만을 바랐다는 점에서는 소망이 일치하였던 것이다. 그러니 부사 김성일이 선위사 소서행장에게 보내려던 편지는 일본으로 보아서는 사단이 생기게 하는 편지이니 받아서는 안 되는 편지였다. 일본에 사단이 생기면 우리 통신사들의 귀국이 어려울 수 있는 것이다. 그래서 황윤길이 상사로서 절제권을 행사하면서 억제하여 보내지 못하게 한 것이다. 김성일이 대마도주에게 보내려고 쓴 편지도 비슷한 내용을 담고 있었으니 역시 같은 사정으로 보내지 못하였을 것이다.

적정 탐색이 주된 임무였다?

이때 일본에 통신사를 파견하는 것은 조선의 필요에 의한 것이 아니었다. 당시 조선으로서는 아무런 아쉬움이 없는 상황이었던 것이다. 아니 외형적으로는 일본이 일방적으로 수년 간 수차례 우리에게 통신사 파견을 요청하는 사신을 보내오면서 조선에 쳐들어 왔던 왜구와 조선의 반민을 잡아다 바치고, 잡아갔던 우리 백성들을 돌려보내는 등 승전국을 대하듯 온갖 성의를 보이는 것을 보고, 조선으로서는 예의상 마지못하여 왜의 새로운 왕이 들어선 것을 축하하러 간 사절이었다. 그러니 그 이상 홀가분한 임무가 어디에 있었겠는가.

조경남(趙慶男)이 지은 『난중잡록』(亂中雜錄)에 통신사들이 왕에게 들어가 하직하는 장면이 이렇게 쓰여 있다.

> 황윤길 등이 대궐에 들어가서 하직하니, 임금이 술자리를 마련하여 술을 내리면서 명하기를, "조심하고 힘써서 잘 갔다가 잘 돌아오라. 저들의 국경에 들어가서는 행동을 반드시 예로써 해야지 조금이라도 업신여기거나 깔보는 생각이 들게 해서는 안 된다. 나라의 체통이 높아지고 왕의 위광을 멀리 퍼지게 하는 것이 이번에 가는 사신들의 행차에 달려 있으니, 경들은 어김이 없도록 하라" 하였다.

또한 부사 김성일이 부관 평조신에게 주려던 편지에 보면 사신들이 하직하던 날 선조가 하교하기를, "포로로 잡혀간 백

난중잡록. 남원의 의병장 조경남이 1582년부터 1638년까지의 기간 중 왜란과 호란 등 중요 전란을 중심으로 한 역사적 사실과 당시의 풍속 민간생활 등을 상세히 기록한 역사서이다.

성으로서 아직 쇄환되지 않은 백성이 있으면 그대들이 접반하는 사람에게 말하든지, 혹은 일본의 유사에게 공문을 보내어 의리에 의거해서 잘 주선하여 전부 다 찾아내어 쇄환하게 하라. 그리고 비록 남만에 들어간 자라도 쇄환할 형편이 되거든, 이들도 아울러 쇄환하도록 도모하라" 하였다고 쓰고 있다. 김성일은 선조가 하늘처럼 자애로워서 우리 백성들이 다른 나라에 포로로 잡혀가 종이 된 것을 생각하고는, 마치 자신의 몸이 몹시 아픈 것처럼 여기어서 이런 명령을 내렸다고 하였다.

또 대궐 뜰에서 하직인사를 올리던 날 왕이 말하기를 "내가 듣건대, 왜국의 중이 제법 문자를 알며, 유구(琉球)의 사신도 항상 왕래를 한다고 한다. 그대들이 만약 서로 만나서 글을 주고받는 일이 있을 경우에는 글씨도 서투름을 보여서는 안 된다. 그대들은 유념하라" 하였다.2) 왕이 글씨를 잘 쓰는 사자관을 데려가라고 직접 지시한 것이다.

일본으로 떠나는 통신사 일행에게 선조가 내린 명령으로 지금까지 파악된 것은 위의 세 가지이다. 이제 선조가 직접 내린 명령이 어떻게 수행되었는지 한 번 살펴보자. 우선 "저들의 국경에 들어가서는 행동을 반드시 예로써 해야지 조금이라도 업신여기거나 깔보는 생각이 들게 해서는 안 된다. 나라의

---

2) 통신사들과 함께 일본에 간 사자관(寫字官. 조선시대의 승문원, 규장각의 벼슬) 이해룡(李海龍)이 그의 글씨를 얻고자 하는 왜인들이 두 달간이나 구름같이 몰려들었는데도, 이를 괴롭게 여기지 않고 왜인들의 요청대로 많은 글씨를 왜인들에게 써주었다. 그래서 이해룡은 나라를 빛내었으므로 부사 김성일은 차천로와 더불어 이를 치하하여 각자 시 한 수씩을 지어서 준다고 하면서 이해룡이 일본에 함께 가게 된 경위를 그의 『해사록』에 다음과 같이 써놓았다.

대궐 뜰에서 하직인사를 올리던 날 왕이 말하기를 "내가 듣건대, 왜국의 중이 제법 문자를 알며, 유구(琉球)의 사신도 항상 왕래를 한다고 한다. 그대들이 만약 서로 만나서 글을 주고받는 일이 있을 경우에는 글씨도 서투름을 보여서는 안 된다. 그대들은 유념하라" 하였다.

통신사들은 전혀 생각하지 못한 일이어서 놀랍고 두려워하면서 왕의 뜻에 부합할 만한 자를 찾아본 다음 이해룡을 함께 보내 주기를 요청하여 왕이 승낙하여 함께 일본에 가게 되었다. 이해룡은 왕의 명이 있자 즉시 출발하였는데, 사전에 아무런 예고도 없어서 준비도 전혀 없던 몸이었는데 조금도 개의치 않고 바로 출발하였으니 아름다운 행동이라고 부사 김성일은 칭찬하였다. 이처럼 선조는 통신사들에게 나라의 체통을 높이고 왕의 위엄을 멀리 퍼지게 하도록 세밀한 것까지 배려를 하였다.

체통이 높아지고 왕의 위광을 멀리 퍼지게 하는 것이 이번에 가는 사신들의 행차에 달려 있으니, 경들은 어김이 없도록 하라"는 명령에 대하여 보자. 상사나 서장관은 대마도에 도착하고 나서부터 왜인의 비위를 맞추면서 해야 할 말도 제대로 못하면서 제대로 항의 한 번 못하면서 지냈으니 왕의 이 명령을 제대로 지켰다고 말할 수 없을 것이며, 부사만이 지키려고 애썼다고 할 것이다.

두번째의 왜국에 잡혀간 우리나라 백성들을 찾아서 데려오는 일에 대하여는 부사 김성일이 유천조신에게 보내려고 쓴 편지에서 "(귀국 길에) 대마도에 도착한 다음에 비록 체류하는 괴로움이 있더라도 포로로 잡혀간 백성들이 오지 않으면 결단코 왕명을 팽개치고 지레 돌아가지는 않을 것입니다. 족하(足下)는 이 뜻을 살펴서 말을 실천하기를 힘쓰고 일에 끝마침이 있도록 하시기 바랍니다"고 쓴 말은 있는데, 무슨 까닭인지 이 편지를 보내지 않았다. 또한 다른 곳에서는 이때의 조선 포로 쇄환에 관하여 그 기록을 찾을 수 없으니, 이 명령의 이행 여부는 알 수 없다. 안타까운 일이다. 세번째 사자관을 데려가라는 명령은 바로 이해룡이라는 사자관을 데려갔으므로 제대로 이행되었다.

여기서 한 가지 더 살펴보아야 할 것이 있다. 파견된 통신사의 또 다른 사명이다. 『징비록』에 보면 통신사 파견 여부에 대하여 유성룡이 선조에게 "이 일은 빨리 의론을 결정하시어 두 나라 사이에 틈이 생기지 않도록 하시옵소서"라고 청하였고, 지사 변협(邊協) 등도 "마땅히 사신을 보내어 보답하도록 하고 또 그들의 동정도 살펴보고 오는 것이, 잘못된 계책은 아닐 것입니다"라고 아뢰어 그제서야 조정의 의론이 결정되었다고 하였다. 1995년에 국사편찬위원회에서 발행한 『한국사』 29권에서도 "이에 따라 조선 조정은 더 이상 거절하기 어려웠고, 일본 사정도 탐지하기 위해 선조 22년 9월에 통신사로 정사 황윤길, 부사 김성일, 서장관 허성을 파견하였다"고 하였다. 두 기록 모두 조선이 통신사를 파견한 것은 마지못해 한 결정이며, 그 나라에 가는 길이니 그 쪽의 사정도 알아본다는 정도의 동정 파악을 말하고 있다.

이러한 것은 『한국사』 29권 「조선중기의 외침과 그 대응」 중 왜란 전의 정세에 관해 기술된 말을 보아서도 알 수 있다.

'대마도주는 선조 20년에 가신인 귤강광(橘康廣)을 일본국 왕사라고 사칭하여 조선에 파견하여 일본의 정권이 교체되었음을 설명하면서, 조선왕을 일본에 오도록 하라는 풍신수길의 명령을 변조하여 통신사의 파견을 간청하였다. 그런데 이 사절단이 부산에 도착하자 조선 조정은 그들에 대한 영접 가부, 서계의 오만한 내용의 처리가 문제되었다. 이에 대해 조정에서는 여러 가지 논란이 있었고 공주 교수 조헌은 시폐개혁과 일본정벌을 주장하는 만언소를 올리기도 하였다. 결국 조정에서는 바닷길에 어둡다는 이유로 거절하였다. 조선은 사대교린을 외교 정책의 기본으로 하고 있어서 왜구의 내침을 방지하는 데 만족하고 일본 내정에는 무관심하였기 때문에 통신사의 파견에 소극적이었던 것이다.'

이렇다 보니 일본에 간 통신사들이 그 나라의 정보를 수집하기 위하여 특별하게 적정을 탐색하는 식의 행동은 하지 않았을 것이다. 오히려 통신사들이 왜의 수도에 들어간 다음에 관백이 유람을 하도록 허락을 하였는데도, 통신사들은 선조의 국서를 전달하지 못하였다고 스스로 숙소로 쓰고 있던 대덕사 한 구역 밖으로는 잠깐도 외출하지 않았었다. 이 말은 부사 김성일이 서장관 허성에게 보낸 편지에 쓰여 있다.

그런데 어떤 역사서들은 '조선이 보빙을 겸하여 일본의 실정과 풍신수길의 저의를 정찰케 하기로 결론을 내려 통신사 파견을 결정하였다'고 쓰고 있다. 보빙(報聘)이란 답례로서 외국을 방문하는 일이라고 사전에 풀이되어 있다. 그러니 이 말은 왜국의 사신들이 여러 번 온 데 대한 답방이 한 가지 사명이었다는 것이다. 맞는 말이다. 물론 보빙 속에는 왜의 국왕이 바뀐 것을 축하하는 의미도 포함되었을 것이다. 그 다음 일본의 실정과 풍신수길의 저의를 정찰케 하기로 하였다는 말을 한번 보자. 정찰(偵察)이란 더듬어서 알아내는 것 또는 몰래 적의 정세를 살펴 내는 것이라고 사전에 풀이되어 있다. 그러니 통신사를 파견하기로 결정하였을 때 즉 임진왜란이 발발하기 3년전인 1589년에 조선은 이미 일본을 적국으로 생각하고 있어서 그 적국의 실정과 적국의 왕(조선은 통신사들이 일본에 가서야 풍신수길이 왕이 아니라는 것을 알았다)의 저의까지를 파악하려고 했다는 것이다. 정말 이때 조선이 이런 혜안을 가지고 있었다면 임진왜란 초기에 그렇게 무참하게 패하지는 않았을 것이다.

통신사들이 돌아온 이듬해에 왜군들이 침범하여 왔고, 마침 저들이 침입하기 전에 그 나라에 갔으니 그들의 정세를 탐색하거나 풍신수길의 저의를 몰래 알아내는 것이 주된 임무가 되는 것이 당연하다고 생각되겠지만, 조선이 통신사를 파견할 당시에는 일본에 새로운 왕이 들어섰으니 이를 축하하여 달라는 대마도측의 사기에 속아서 왜국이 적국이라는 생각이 없이 우호 증진차 갔던 것이다. 적국이었다면 선조가 보낸 국서의 내용이 선린과 우호만을 이야기하였겠는가? 그리고 적국에 사신을 파견하였다면 그 명칭이 어찌 통신사가 되었겠는가? 그리고 인적 구성도 처음부터 달랐을 것이다. 임진왜란이 일어난 후의 시각과 생각으로, 임진왜란이 일어나기 전에 간 통신사들의 사명을 기술하다 보니 그때 벌써 조선이 일본을 적국으로 보아서 적의 실정과 적국의 왕의 저의까지 파악하려 하였다는, 파견 당시에는 생각하지도 않았던 새로운 사명이 생겨난 것이다.

통신사는 글 잘하는 사람 중심으로

『선조수정실록』 선조 24년 3월조에 사관이 기록하기를 '윤길은 본래 비루(鄙陋. 마음이 고상하지 못하고 더러움)한 사람으로서 글 잘하는 것으로 사신의 선발에 뽑혔지만 적임자가 아니었다. 허성은 사류(士類. 학덕이 높은 선비의 무리)로서 성일과는 친구간이었다. 본래 기대한 바가 있었으나 행동이 전도되었기 때문에 성일이 여러번 서신으로 간절히 책망하였다. 허성은 이로 인하여 명망이 손상되었다'고 하였다.

　상사 즉 사절단장은 글을 잘하였기 때문에 선발되었다는 것이다. 그리고 왕이 함께 갈 인원에 대하여 직접 청하라고 하니 상사가 한시(漢詩)에 뛰어난 차천로3)를 요청하여 함께 갔으며, 왕은 글씨를 잘 쓰는 사자관을 데려가라고 직접 지시하기까지 하였다. 그 당시 통신사들의 사명과 그때의 파견 분위기를 짐작하고도 남음이 있지 않은가? 일본의 실정과 풍신수길의 저의를 정찰하여야 할 사절단이라면 이렇게 구성되어서 되겠는가? 실제는 더 이상 어려울 수 없는 사명이 기다리고 있는 줄은 모르고…… 그러다 보니 인선에 별 신경을 쓰지 않았을 것이다. 적당히 안배를 하였거나 아니면 어떤 사람의 개인적인 관계가 작용하였다고나 할까.4)

　능력도 그렇고, 사명감도 부족하고, 인화도 안되고…… 조선을 떠나서 조선에 돌아올 때까지 11개월 가까이 계속 함께 있

---

　3) 車天輅. 1556-1615. 자는 복원(復元), 호는 오산(五山)·난우(蘭嵎)·귤원(橘園). 본관은 연안(延安). 송도 출신. 서경덕(徐敬德)의 문인. 문장으로 이름나 조선통신사들과 함께 일본에 다녀왔다. 당시 명나라에 보내는 외교문서도 담당하였다. 한시에 뛰어나 최립(崔岦)의 문장, 한호(韓濩)의 글씨와 함께 송도삼절이라 칭해졌다. 저서는 『오산집』이 있다.

　4) 유성룡이 쓴 『임진호종기』에 이런 기록이 있다. "경인년 2월에 통신사가 서울을 출발할 적에, 나는 사순(김성일의 자)을 숭례문 밖에서 전송하였다. 이때 이산해가 수상이 되었는데, 세 사람은 평소부터 그가 좋아하지 않는 사람이었기 때문에 어떤 일로 이들을 무함(誣陷)하였다."

었던 현소 등이 우리 사절들의 면면을 꿰뚫어 보고 각각의 특징과 우리 사절간의 불화를 이용하였을 테니…… 그때는 사람 밖에 다른 통신수단이 없었고, 길은 경파(鯨波. 큰 물결) 만리로 멀고, 140여 년 간 사신이 한번도 가보지 않은 나라로서 그 실정도 제대로 모르는 나라, 그 나라 일본에 가는데…… 그러다 보니 언제 예기하지 못한 문제가 발생할지도 모르는데 ……어떠한 비상 상황에도 대처할 수 있는 능력과 열의, 사명감이 있는 사람으로 팀이 구성되었더라면 1592년 임진년의 역사가 달라졌을 수도 있지 않았을까?

인사의 중요성은 그때나 지금이나 마찬가지이다. 더 이상 중요할 수 없는 시기에 파견된 통신사들이 임무 수행보다는 살아서 돌아오는 데만 급급한 가운데 결정권도 없는 부사 혼자서 분투하다가 돌아온 사절이었다.

조선국의 연혁(沿革)에 대한 고이(考異)와
조선국의 풍속에 대한 고이[*]

『대명일통지』도 다 믿으면 안된다

황명(皇明. 황제가 있는 명나라)에서 길에 떠도는 말을 주워모아 『대명일통지』(大明一統志) 안에 기록하였는데, 그 말이 비속하고 근거도 없습니다. 우리나라에 직접 와서 보고 듣지 않은 외국 사람들은 반드시 이 기록을 그대로 믿을 것이니 어찌 그것이 거짓인 줄을 알겠습니까.

이로 미루어 보면 귀국의 풍속에 관한 『대명일통지』의 기록도 부실한 것이 많을 것으로 생각됩니다. 맹자가 말하기를 "책을 다 믿으면 책이 없는 것만도 못하다" 하였는데, 바로 이 『대명일통지』를 두고 한 말입니다. 그러니 어찌 통탄스러운 일이 아니겠습니까.

---

* 이 글은 『학봉의 학문과 구국활동』, 1993, 학봉김선생기념사업회간, 중 "학봉 김성일의 조선국연혁고이 및 풍속고이 — 『대명일통지』 조선관계 기사에 관한 비판에 대하여 —"라는 이우성 교수의 논문을 습용한 것이 많음을 밝힌다.

위의 글은 통신부사 김성일이 왜의 수도 경도에 있는 대덕사에서 머무는 동안 그 절의 117대 주지인 승 종진(宗陳)이 『대명일통지』에 실려 있는 우리나라의 연혁과 풍속을 물어온 것에 대하여 답하면서 끝에 붙인 편지에 있는 말이다.

『대명일통지』란 1461년에 명나라 정부가 이현 등을 시켜 편찬한 중국의 대표적 전적의 하나라고 한다. 구체적으로는 중국의 광대한 국토와 주변 여러 나라의 지리, 민속에 관한 것을 기록한 것이지만 중국중심주의 입장에서 편찬된 것이라 한다. 황제 영종이 쓴 서문에 보면 이 책은 명나라 황통의 계승자들의 영구 보전(寶典)이 될 뿐 아니라 널리 세계 사람들의 견문과 지식에 좋은 영향을 줄 것이라고 하였다 한다. 그러나 그 내용에 있어서는 중화사상에 입각하다 보니 주변 국가에 대하여 정확을 기하기보다는 정말 얻어 들은 대로 기록한 것이 많았던 것이다. 거기에다가 주변 국가들을 자기들 나름대로 조종하려는 의도도 개재되었을 것이니 애초부터 어느 정도의 거짓은 본태적으로 내포되었다고 보아야 할 것이다. 이러한 행태는 오늘날도 예외가 아니니 우리나라에 대하여 잘못된 기록이 있는 것이 어디 한두 나라에 국한되는가?

조선국 연혁 고이

조선국의 연혁에 대한 고이는 기자조선때부터 조선의 이성계가 왕이 된 경위까지 9가지 역사적 사실에 대하여 잘못 기록되었는 것은 고쳐 써서 바로잡고, 기록이 소략한 것은 자세히 설명하여 읽는 이가 제대로 이해를 하도록 하였다. 오늘날도 동북공정이니 역사교과서왜곡이니 하여 중국, 일본과 우리나라 역사에 대하여 논쟁이 계속되고 있어서 우리역사 지키기가 강조되고 있는 시점이다. 이러한 때 이 조선국 연혁에 대한 고이는 과거 중국이 우리나라 역사에 대하여 가진 인식에 대해 우리 선조들이 어떻게 대처하였는가를 보여주는 좋은 자료로서 그 의미가 크다. 자기 나라의 역사를 지키는 노력은 어느 한 시기도 소홀히 할 수 없는 일인 것이다.

조선국 풍속 고이

조선국의 풍속에 대한 고이는 우리나라 사람들의 성격, 의생활, 결혼풍습, 장례 풍습, 주택, 종교 등등 열 가지 항목에 대하여 자세하게 설명하고 잘못 기록된 것은 바르게 고쳐 말하였다. 『대명일통지』만 읽는 사람은 우리나라 사람을 미개인으로 알 정도로 기록이 엉터리가 많았다. 임진왜란 전 조선시대 우리 선조들의 생활양식을 알아보는 데도 훌륭한 자료가 될 것이다.

16세기 중국을 중심으로 한 동아시아의 역학 구도 속에서 조선 왕조는 그 구도를 충실히 받아들이는 나라였다. 그러다 보니 중국과 조선의 관계는 부자관계, 군신관계로 표현되기도 하였으며 여러 가지 면에서 중국의 영향을 많이 받았다. 그러나 이러한 중국중심 질서에 적극적으로 동참한 것은 크게는 우리의 국익을 위하여 그렇게 선택한 것이다. 이 세상에 어느 누가 정말 상대에게 할 말을 하고 싶지 않겠는가? 어느 누가 상대에게 굽신거리고 싶겠는가? 할 말을 할 때는 그만한 뒷받침이 있어야 하고, 굽신거리기를 그만둘 때에는 혼자서 스스로를 지킬 수 있어야 한다. 그러지 못할 때 그러는 것은 한때의 객기에 지나지 않고, 그 객기는 두고두고 그 대가를, 그 비용을 치러야 한다는 것이 역사의 교훈이다. 자존을 위하여서는, 자립을 위하여서는 스스로 실력을 갖추는 길밖에 없다. 그 실력이 꼭 물질적인 것이거나 무력만을 의미하는 것은 아닐 것이다. 개인이나 조직이나 국가나 모두 마찬가지이다.

명나라 황제보다는 조선의 국익이 우선

앞에서 본 바와 같이 부사 김성일은 왜국의 명나라 침범에 조선이 같이할 수 없는 이유를 설명하면서 부자관계, 군신관계 때문에 그러하다고 이야기하였다. 그러나 이것도 국가의 이익 때문에 그러한 것이라는 것이 이 조선국의 연혁 고이, 풍속 고이와 관련하여 부사 김성일이 왜승 종진에게 보낸 편지로 알 수 있다. 만약 오늘날 어떤 사람이 새로 나온 책에 대하여 김성일이 위에서 말한 바와 같은 서평을 하였다면, 그 이상의 혹평은 없다고 할 것이다. 그런데 김성일은 1590년에 그것도 명나라 황제가 서문에서 자기들의 후대 황제들이 영구히 보배로운 전적으로 삼을 책이라고 쓴 그 책을 그렇게 과감하게 그 가치를 무시하다시피 한 것이다. 이것은 사실과 다르게 기술하여 우리나라 국가 이익에 배치되는 것은 비록 명나라 황제가 이야기한 것이라도 수용할 수 없다는 확고한 민족 주체성에 입각한 말이다. 이 국가 이익은 비단 정치, 경제, 군사적인 것에 국한된 것이 아니라 사상, 문화면까지도 포괄하는 것이다.

여기서 살펴 본 조선국의 연혁 고이와 풍속 고이는 부사 김성일이 우리나라 역사의 주체성과 문화, 예술, 풍속의 우수성을 국제적으로 천명한 것이다. 그러나 지면상 그 내용을 모두 전달하는 것이 문제가 있고, 또 임진왜란과 관련하여 기술한다는 이 책의 저술 의도와도 직접 관련이 없어서 그 전체적인 윤곽만을 소개하였다. 오늘 날에도 대외적으로 우리나라의 정치, 경제, 역사, 사회, 지리 등 여러 가지 면에 대하여 제대로 알리고, 잘못 알려진 것을 바로잡아 주는 것이 국위 선양의 중요한 업무중의 하나일 것이다. 4백여 년 전에 일본에 사신으로 가서 그곳 지식인의 질문에 대하여 명쾌하게 대답하여 우리나라에 대한 이해를 높이고, 잘못 알려진 부분을 바로잡았으니, 이것은 왜국과의 외교 교섭 업무 외에 또 다른 면에서 국위를 선양한 것이었다.

제3부
●
직간과 애민의 신료생활

요순(堯舜)과 걸주(桀紂)

성군이라는 평이 듣고 싶다?

"나를 과거의 왕들과 비교하면 누구와 비슷한가?" 하고 선조가 물으니, 어떤 신하가 대답하기를 "요순과 같은 임금이십니다" 하였다.

그런데 정언 김성일이 아뢰기를 "요순이 될 수도 있고 걸주가 될 수도 있습니다" 하였다.

왕이 말하기를 "요순과 걸주가 그와 같이 비슷한가?" 하니, 김성일이 아뢰기를

"잘 생각하면 성인이 되고 생각하지 않으면 미친 사람이 되는 법입니다. 전하께서는 천부적인 자질이 고명하시니 요순처럼 되기가 어렵지 않을 것입니다. 그러나 스스로를 똑똑하게 여겨 간하는 말을 받아들이지 않는 병통이 있습니다. 이는 걸주가 멸망한 이유가 아닙니까?" 하였다.

그러자 왕이 얼굴빛을 바꾸고 바르게 앉았으며, 그 자리에 있던 사람들이 벌벌 떨었다.

유성룡이 아뢰기를 "두 사람의 말이 다 옳습니다. 요순 같다는 대답은 임금을 격려하는 말이고, 걸주가 될 수도 있다는 말은 경계시키는 말입니다" 하니, 왕이 얼굴빛을 고치고는 술을 내리게 한 다음 자리를 파하였다.

　위의 대화는 1573년 선조 6년 9월 어느날의 경연의 한 장면을 보여주고 있다. 이때 선조는 22세 청년이었다. 왕이 된 지 6년 남짓한 기간 동안 여러 가지로 국정에 힘써 온 결과, 자못 훌륭한 임금이 될 수도 있다는 기대를 받고 있을 때였다. 그러니 속으로 스스로를 대견해하는 마음이 어느 정도 있었을 것이고, 이를 다른 사람으로부터 확인받고 싶었을 것이다. 그런데 김성일로부터 뜻밖의 대답을 들었으니 그 심정이 어떠했을까. 마침 유성룡이 잘 해석하여 선조의 마음을 풀어 주기는 하였지만, 두고두고 잊혀지지 않았을 것이다.

요순과 걸주

　요순은 누구이고 걸주는 누구인가. 요(堯)라는 임금은 중국의 태고 때의 왕으로 이상적인 성덕을 가진 군주로서 50년간 왕위에 있다가 자기 아들이 어리석으므로 순(舜)이라는 사람에게 왕의 자리를 물려준 사람이다. 순은 누구인가. 부모에게 효성스럽고 형제간에 우애가 있어 그 덕이 천하에 알려졌으며 요임금의 왕위를 이어받아 천하를 잘 다스렸고, 나중에 왕위를 또 한 사람의 성군(성스러운 왕)인 우(禹)에게 물려주었던 사람이다. 이처럼 요순은 동양에서는 이상적인 왕들의 대명사이다.

그럼 걸주는 누구인가? 걸(桀)은 중국 하(夏)나라 최후의 왕으로 말희라는 여자에게 빠져서 포학무도하기 때문에 은(殷)나라 탕왕(湯王)에게 쫓기어 죽은 사람이다. 주(紂)는 은나라의 마지막 왕으로 달기라는 여자를 총애하여 주색을 일삼고 포학한 정치를 하여 인심을 잃어 주(周)의 무왕(武王)에게 멸망당한 사람이다. 걸과 주는 동양에서 폭군의 대명사이며, 요순과 잘 대비된다. 오늘날 극히 호사스럽고 방탕한 주연(酒宴. 술잔치)을 일컬어 주지육림(酒池肉林)이라고 하는데 이 말은 걸왕이 말희와 놀아난 행태를 설명한 말에서 유래하였다.

선조 때 왕이란 어떤 존재인가? 그의 말 한마디가 정말 법이었으니 절대 군주가 아닌가. 그에게 동양에서 폭군의 대명사로 쓰이는 걸주가 될 수도 있다 하였으니…… 그러면서 그 이유가 자기 자신을 똑똑하게 여겨 간(諫)하는 말을 받아들이지 않는 병통에 있다고 하였다. 오늘날에도 대통령이나 장관, 기업체의 장 또는 어떤 조직의 장에게도 아랫사람이 면전에서 대놓고 직접 말하기 어려운 말이 아닌가!

궁전 위의 호랑이

김성일은 1579년 선조 12년 사헌부 장령이 되었는데 이때

'전상호'(殿上虎. 임금도 겁내지 않는 강직한 신하)라는 별호가 주어졌다. 왕의 면전에서 왕과 가까운 높은 사람들을 과감하게 탄핵하였으므로 많은 사람들이 두려워하였다. 선조의 친형 하원군 이정이 임금의 총애를 믿고 술에 빠져 방자하게 행동하고 여리(閭里. 마을 또는 마을 사람)에 해를 끼치고 있었는데, 김성일이 그 집의 노복을 체포하여 중형으로 다스렸다. 이에 궁가(宮家. 대군, 왕자군, 공주, 옹주의 궁전)에서 원망하면서 노엽게 여겼으나 감히 말하지는 못하였다.

왕과 왕의 친척을 이렇게 엄정하게 대하였는데 다른 사람은 말할 것도 없었을 것이다. 그 당시 여러 가지로 뇌물이 성행하였던 모양이다. 김성일은 뇌물의 다과나 주고받은 사람의 자기와의 친소 관계를 불문하고 공개적으로 왕에게 보고하니 면전에서는 칭찬도 있었지만, 왕을 비롯한 여러 사람으로부터 경원도 당하였을 것이다. 그러니 그 개인으로서는 승진이나 보직에서 여러 가지로 손해를 보았을 것이다.

노산군을 복위하고, 사육신의 관작을 회복시켜야 합니다

이보다 앞서 1572년 선조 5년 김성일은 상소를 올려 노산군(魯山君. 단종)의 묘를 봉식(封植. 제후에 봉함)할 것과 사육신의 관작(官爵)을 회복할 것, 종친을 서용(敍用. 죄로 인해 면관된 이를 다시 씀)할 것을 청하였다.1) 단종이 죽은 것이 1457년이니 단종이 죽고 115년이 지나고서도 왕으로 대접을 받지 못하고 있는 것을 왕으로 대접하자는 것과 사육신도 옛날의 관작을 되돌려주어 명예회복을 시켜 주자는 것이다.

오늘날에도 여러 가지 사유로 죽은 사람의 명예회복건이 논란되고 있다. 그 당시에도 마찬가지로 단종이나 사육신에 대하여는 누구나 마음 속으로 동정하고 그 충절을 높이 평가하고 있었지만, 공개적으로 왕에게 이렇게 건의한 것은 단종 사후 처음 있는 일이었다. 논리를 잘못 전개하면 세조를 욕해야 되고, 세조를 욕하는 것은 지금의 왕 즉 선조의 조상을 욕하

---

1) 이 상소에 대하여 이가환(李家煥. 1742-1801. 정조 때의 실학자)이 쓴 발문(跋文. 책 끝에 본문의 내용의 대강이나 또는 그에 관계된 사항을 간략하게 적은 글)이 그의 저서 『금대유고(錦帶遺稿)』에 실려 있다. 아래에 그것을 소개한다.

학봉(鶴峯. 김성일의 호) 김 선생이 올린 신미년 상소의 발문

일에는 천만 사람이 말하려고 하는 것을 한 사람이 말하는 경우가 있으니, 이를 일러 '공언'(公言)이라고 하고, 천만 사람이 말하려고 하면서도 하지 못하는 것을 한 사람이 말하는 경우가 있으니, 이를 일러 '감언'(敢言)이라고 한다. 무릇 천만 사람이 말하려고 해도 능히 말하지 못한 것을 한 사람이 말한다면, 이 사람은 천만 사람의 한 사람인 셈인데, 학봉 선생이 올린 이 상소가 그런 것이다. 그 뒤에 단종이 복위되고 사육신과 금성대군이 잇달아 신원된 것은 모두 이 상소에서 발단된 것이다.

이 상소는 처음에 유실되어 전해지지 않았는데, 2백여 년이 지난 뒤에 옛 책상자 속에서 나와 속집(續集)에 편입되었다. 이에 온 세상 사람들이 앞을 다투어 읽고 외우게 되었다. 내가 또 선생의 7세손인 김상호(金相虎)에게서 원고를 얻어 보았는데, 주석을 달고 문장을 고친 자취가 완연하였다. 종이는 해지고 먹물은 변했으나, 옛날의 향기가 사람을 엄습하니, 보배로 삼을 만하다.

장릉(莊陵). 비운의 왕인 단종의 능침이다. 김성일이 단종 사후 115년이 된 1572년에 묘를 봉식하기를 처음으로 청하는 상소를 올렸고, 그로부터 다시 126년이 지난 1698년 숙종 24년에야 장릉이란 묘호를 받았다.

는 것이니 아무나 거론할 수 있는 일이 아니었다.

  1573년 김성일이 사간원 정언이 처음 되었을 때이다. 당시에 김규라는 사람이 사간이 되어서 상회례(相會禮)를 하려는데, 김규가 임금과 가까운 사람에게 빌붙어서 그 자리에 올랐으므로 김성일이 대궐에 나아가서 직접적으로 그를 배척하였다. 김규는 조정에서 물러나고, 김성일도 체직되었다. 이로 인하여 사람들이 김성일을 공경하면서도 꺼렸다. 김응남(金應南)만이 "곧은 절개가 천 길이나 되는 절벽처럼 우뚝하게 섰으니 이는 30년 내에 없던 일이다. 철면어사(鐵面御史. 강직하고 사심이 없는 관원을 가리킨다)의 풍채를 직접 보게 되었으니 얼마나 다행한 일인가" 하고 편지를 보내어 칭찬하였다.

함경도 순무어사

1579년 선조 12년 9월 김성일은 함경도 순무어사에 임명되어 21일 조정을 하직하였다. 이듬해 4월 25일에 돌아와서 복명하였으니 만 7개월 동안 추위와 바람, 눈 속에서 함경도 여러 고을을 한 번 또는 두 번씩 들르며 그 사이에 있는 보와 진, 성도 두루 돌아보았다. 진흥왕 순수비로 유명한 황초령 아래에서는 노숙을 하기까지 하였다. 압록강 상류와 두만강 중류 및 하류까지의 국경지대와 동해안 여러 곳을 다 돌아본 것이다. 세종대왕 때 개척한 육진 지역과 야인들이 사는 접경지역까지 들어가 보았으며, 우리나라에 복속한 야인들에게 음식과 소금을 주는 등 이들을 위무하였다.

가는 곳마다 성지와 군기를 검열하고, 창고의 곡식을 조사하였으며, 옷과 동옷을 나누어 주었다. 군사들의 활 쏘기, 현자총통 등 화포 쏘기를 시험하고, 병영의 군기를 점고하였다. 진법 연습을 시켜 보고, 만호나 판관으로부터 병서와 진서를 설명토록 하여 그들의 능력을 점검하였다. 성 수어 절차를 살펴보기도 하였고, 진이나 목장의 위치에 대한 이전 의견도 듣고 이전 후보지 현장을 직접 가보기도 하였다. 물론 점검 결과에 따른 상벌을 시행하거나 문제점과 그 해결책을 조정에 건의하였다. 또한 백성들의 폐막(弊瘼. 없애 버리기 어려운 폐단.

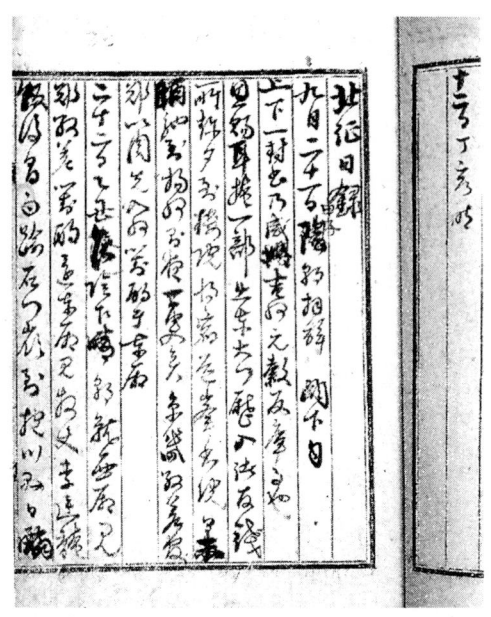

북정일록. 김성일이 1579년 9월부터 1580년 4월까지 순무어사로서 함경도에 출장갔을 때의 일기이다. 압록강 상류 부근인 혜산, 삼수, 갑산과 두만강 중류와 하류, 함경도 동해안 지방을 엄동의 추위와 눈보라 속에서 순무한 기록이다.

못된 병통) 진소도 받았다. 도망한 군인의 일족을 침징하는 것이 온 도의 큰 걱정거리였으며, 야인들이 함부로 변경을 들어오는 폐단 등을 조목별로 상소하여, 조정이 이에 대처하도록 하였다.

　그가 함경도를 순무하면서 쓴 일기인 『북정일록』에 보면 11월 9일 길주에서 서장 세통을 올렸다. 하나는 남변의 폐막을 아뢰는 것이고, 하나는 통사(通事)가 사삿짐을 함부로 실은 데 대한 것이며, 나머지 하나는 번호(藩胡. 북도의 오랑캐로서 강 건너 변보 가까이 살며 무역을 하고 공물을 바치는 자들)들이 마구 들어온 일에 관한 것이었다. 9월에 도성을 떠났으니 두 달도 채 못되어 세 번의 장계를 올린 것이다. 그러니 그 이듬해 4월에 복명할 때까지는 몇 번의 장계가 더 있었을 것이나, 불행하게도 그 내용들은 전해지지 않고 있다.

황해도 순무어사

김성일은 1583년 선조 16년 3월에 황해도 순무어사 발령을 받았다. 10일에 조정을 하직하여 황해도를 순무하고 출장 보고를 하기전에 나주 목사로 전근되었다. 순무 기간은 4개월 가까이 되었다. 이때 올린 소에 의하면, 군정은 해이해지고 부역은 과중하였으므로 백성들이 견디기 어려웠다. 그는 왕이 나라를 다스리는 근본은 백성을 편안하게 하는 데 있으며, 그 요체는 백성에게 해가 되는 것을 없애는 것이라고 하였다. 그러면서 백성들에게 해가 되는 것을 이렇게 진달하였다.

첫째는 일족을 침해하여 추징하는 데 따른 폐단이다. 이 족징의 폐단은 비단 황해도만의 고질병이 아니라 팔도 전체가 다 그렇다. 족징, 인징의 폐해로 마을은 사람 없는 빈터만 남게 되었다. 유망하는 자가 작은 고을은 80~90명, 큰 고을은 수백 명에 이른다. 이러한 가운데도 뇌물의 유무, 다과에 따라 번을 세우니 부자는 파산하고, 가난한 자는 도망친다. 잇달아 포흠(逋欠, 관가의 물품이나 곡식 등을 축내거나, 세금이나 환곡 등을 내지 않거나 병역을 피하여 도망치는 것을 말한다)을 내고 유망하여 열 집에 아홉 집이 텅 비게 된 것은, 비단 세금이 많고 병역이 무거워서일 뿐만이 아니라, 일족에 추징하는 것이 고르지 않기 때문이다. 도망친 자의 기간을 보면 가까운 경우는 4~8년 긴 경우는 10년 이상 심한 경우는 60~70년이 넘은 경우에도 군안(軍案)에 편성되어 있다. 그러니 일정한 기간을 정하여 그 이상된 자는 역을 면제하자고 건의하였다. 군호(軍戶)가 도망치는 폐단은 채수(債帥. 뇌물을 바치고 장수가 된 사람을 기롱하여 이르는 말)들의 탐학질과 무거운 부역 때문이니 조정에서 이에 대하여 대책을 강구하라고 하였다.

둘째는 늙어서 병역이 면제되어야 할 사람이나 병든 자도 군역을 면제받지 못하는 데 따른 폐단이다. 병역의 면제는 반드시 45년간의 실역을 마쳤다는 공문에만 의하도록 하니 공문이 없어진 사람은 나이가 65~70이 되어도 면할 방법이 없고, 아전들은 뇌물을 주지 않으면, 공문의 유무도 묻지 않고 모두 군역을 면제해 주지 않는다. 그리고 실역이 45년이 안되면 아무리 늙어도 실역 면제가 안 된다. 불치병이 든 자는 군역을 면제해 주도록 법에 정하여 있으나, 수령들이 이를 따르지 않으니, 왕이 팔도의 감사와 병사에게 교서를 내려 엄하게 신칙하라고 건의하였다.

셋째는 수군과 육군이 유방(留防)하고 부방(赴防)하는 데 따른 폐단이다. 육군은 한 해는 상번하고 한 해는 부방하는데, 군역이 균일하지 않다. 부방은 겨울에 75일간씩 2운(運)으로 나누어 교대로 하는데 방소에 도착하여서는 토병과 변장들의 착취로 사람, 기마(騎馬), 복마(卜馬. 짐을 싣는 말)의 고통과 재정적 부담이 막대하다. 부방하는 가운데 갑사는 비교적 군역을 감당할 수 있으나, 정위와 별위는 부담을 이기지 못하여 생업을 잃는 경우가 많다. 또 기병은 해마다 마가(馬價)로 반필을 내야 하기 때문에 군역이 더욱 무거워 유망하는 자가 가장 많다. 군호들은 법상으로는 세금을 면제해 주도록 되어 있으나, 실제는 육지에서와 군대에서 필요한 물품을 모두 군호에게 책임지워 내게 한다. 그러니 군호들이 도망쳐서 빈 장부만 남아 있다. 이것을 바로잡기 위하여서는 조정에 기강이 서서 상하가 모두 법을 지켜 수령들이 가렴주구를 하지 않게 하고, 변장들이 멋대로 하지 못하게 해야 한다. 기강을 세우기 위하여서는 상벌을 분명하게 해야 한다고 하였다.

황해도 수군은 각 진과 포에서 유방하는데 군역이 균일하지 않다. 1년에 4개월 안에 한 차례 번을 서는데, 양남(곧 호남과 영남)의 수군에 비하여는 고생을 덜하나, 요역을 모두 수군들이 맡고 있어서 고통이 크다. 번가(番價. 방수하는 자를 사사로이 놓아 주고 그 값을 받는 것), 각가(脚價. 걸어서 심부름 하는 사람에게 주는 심부름 값), 육물(六物. 전선과 병선에 쓰는 물건), 격기가(役只價. 변장들을 지공하는 것), 헐역가(歇役價. 군역 가운데 가장 헐한 네 가지 역에 차임되기 위하여 내는 돈), 연례조(年例租. 변장들에게 주는 요미[料米]로 병졸들이 준비한다) 때문에도 수군들은 고통을 받는다. 수군들이 이러한 고통을 감당하지 못하니 서로 잇달아서 유망한다. 그러니 변장들의 긁어들이는 폐단을 제거하지 않고, 방비 이외의 여러 가지 역을 줄이지 않는다면, 수군은 영원히 살아날 가망이 없다고 하였다.

넷째는 무비(武備)를 해이하게 하는 폐단이다. 황해도가 지리적으로는 방수의 중함이 다른 도에 비하여 덜하나, 바닷길에 아무런 장애가 없어 중국이나 왜국의 도적들이 바다를 오가면서 날마다 약탈을 일삼고 있으나 유방하고 있는 군사는 숫자도 적고 파리하며, 변장들은 연로의 행차에 나가 있어 군영을 비우고 있다. 조정에서는 걱정할 것 없는 지역으로 치부하여 감사나 변장들도 방비를 걱정하지 않아 무기는 장난감 같고, 사졸들은 활시위를 당길 줄도 모른다. 장리(將吏)는 대부분 채수이다. 그러니 이른바 무기가 날카롭지 않으면 그 병졸들을 적에게 바치게 하고, 군사들이 훈련되어 있지 않으면 그 장수를 적에게 바치게 되고, 장수가 병법을 모르면 그 나라를 다른 사람에게 넘겨 주게 된다는 격이다. 그러니 긴요하지 않은 곳에 배속시킨 자들은 줄이고, 요역도 가급적 줄여서 장병들이 방수에 전념토록 하고, 진영을 비워서는 안된다. 무예 훈련을 제대로 하고, 무기도 날카롭게 갖추게 하여야 한다. 이렇게 해야만 해적을 체포할 수 있고, 섬 오랑캐를 막을 수 있다. 지금 같이 하고서 적을 막는다는 것은 나무에 올라가서 고기를 구하는 것과 같다고 하였다.

다섯째는 군인의 수를 정원 외에 헛되이 명목상의 숫자만 늘린 데 따른 폐단이다. 1553년 명종 8년에 군적을 작성할 때 머슴이나 거지까지 끌어 모아 여정(餘丁)의 숫자를 군적에 편입하여 여외(旅外)라고 하였는데, 군적 작성도 끝나기 전에 이들은 다 유망하였다. 이 때문에 족징, 인징의 폐단이 더욱 심해졌다.

이것은 명목상으로는 군사의 숫자를 늘린 것이지만 실제로는 군사의 수를 줄인 것으로 온 나라가 이 때문에 고통을 겪고 있다. 1574년 선조 7년 이후로는 여외를 실액으로 삼아서 여외라는 명칭은 없어졌으나, 여외의 숫자는 그대로 남아 있다. 만약 이들의 숫자를 줄여서 원액(元額)만을 남겨두고, 현재의 여외의 군사를 실액에 충정하면, 방비하는 데는 손상이 없고, 군민들을 침해하는 폐단은 바로 고칠 수 있다고 건의하였다.

여섯째는 공부(貢賦)를 상정하여 부역을 면제하지 않는 데 따른 폐단이다. 각 고을 마다 공부와 전결을 미리 파악한 다음 바치는 물품의 귀천과 값의 경중, 전결을 나누어 준 숫자를 잘 헤아려서 귀천과 경중의 비율에 따라 차등을 두어 역을 영구히 정하는 것이다. 이렇게 할 경우 백성은 미리 준비할 수 있고, 관은 뒤늦게 내는 데 따른 벌을 받지 않게 된다. 황해도에서 백천, 해주, 재령 등의 고을에서 이 제도를 시행하고 있으며, 다른 도에서도 시행하는 곳이 있다. 이는 공물을 거두는 데 지극히 간편한 방법으로 지금 이 법을 국내에서 모두 시행하면 백성들의 은택이 클 것이다. 이른바 대동법을 시행하여 부역을 면제하자는 것이었다.[2]

일곱째는 원문이 없어져서 그 내용을 알 수 없다. 이 소에

---

2) 『한국사』 28, "조선 중기 사림세력의 등장과 활동"(1996, 국사편찬위원회 간)에 따르면 공납제 개혁론을 가장 심도있게 제시한 사람은 이이와 김성일이었다. 이들에 의해 제기된 각 군현단위로 공납제를 상정해야 한다는 개혁론은 대동법의 이론적 기초로서 기능하게 되었다고 하였다.

는 그 당시의 폐해가 아주 자세하게 기술되어 있으나 내용이 너무 많아서 간추려서 쓰다 보니 원래의 상소문의 취지를 십분의 일도 제대로 전달하지 못한 듯하다. 이것이 임진왜란 9년 전의 황해도, 아니 그 당시 조선의 군역의 실태와 백성들의 생활상이었다. 상소문은 전문을 별첨하였다.

경기추쇄경차관

김성일은 1588년 선조 21년 겨울에 경기추쇄경차관이라는 색다른 이름의 직책을 맡게 되었다. 설명을 한다면 이렇다. 추쇄(推刷)란 부역이나 병역을 기피한 사람 또는 자기 상전에게 의무를 다하지 않고, 다른 지방에 몸을 피한 노비 등을 찾아내어 본 고장에 돌려보내는 일이다. 경차관(敬差官)이란 조선시대 때 지방에 임시로 보내던 벼슬로서 주로 전곡(田穀. 곡식)의 손실을 조사하고 민정을 살피는 일을 하였다.

그럼 경기추쇄경차관이란 부역이나 병역을 기피하였거나 북방 변경에 이주시킨 백성으로서 경기도에 도망와 살고 있는 사람을 찾아내어 전 근무지나 전 거주지로 돌려보내며 민심을 파악하던 임시직이다. 정말 잘 하여야 할 중요한 업무였다. 불쌍하고 억울한 백성들이 기댈 수 있는 마지막 언덕인 동시에 정부로서는 국방이나 부역, 북방 변경에로의 이주업무 등 국가 경영에 꼭 필요한 인력 정책이 달려있는 업무가 아닌가.

그러나 백성들에게 원망을 받기 좋은 직무이다. 그러다 보니 이런 업무는 시쳇말로 잘해야 본전인 아주 어려운 일이다. 이 쇄환 업무는 1583년 선조 16년에 옥비(玉非)의 난3)이 일어날 정도로 그 당시 사회적으로 심각한 문제였다. 그 5년 뒤에 비슷한 쇄환 임무를 부여받았으니 김성일로서는 아주 어려운 업무를 맡았다고 할 수 있었다. 그런데 이때 김성일이 억울하게 죄를 받은 사람이 없게 엄정, 명백하게 일을 처리하였기 때문에, 4년 뒤에 임진왜란이 발발하여서 그의 가족이 피란중 경기도 이천 경내에 도착하였을 때 그때 벌 받은 사람들이 원망하는 마음을 품지 않고 오히려 그 가족들에게 식량을 대어 주기도 하고, 말을 내어 호송하여 주기도 하였다고 한다.

---

3) 국사편찬위원회에서 간행한 『한국사』 29권의 외침편 24면에 보면 옥비의 난은 이렇게 기술되어 있다.

    옥비의 난은 6진을 개척할 때 자원 입진하여 속량된 공사천인의 도환(逃還)이 속출하자 선조 16년 쇄환령을 발표하면서 일어난 사건이었다. 당시 도환자와 그 후손들을 엄격하게 전국에서 색출하였는데 이미 사망한 자들이 많았을 뿐만 아니라 후손이 전국적으로 분포하고 있었기 때문에 전국적으로 소란스러울 수밖에 없었다. 특히 함경도 경원의 관비 출신인 옥비는 영남으로 달아나 숨었다가 양가의 첩이 되었는데 사망한 지 80년이 지나 후손을 많이 두었고 그 중에는 사족과 결혼한 자도 많았으며 심지어는 종실과 결혼한 자까지 있었다고 한다. 이런 상황에 쇄환령이 시행되자 사족의 부녀자 가운데는 왕왕 자결하는 자까지 나와 '곡성이 하늘에 가득찰' 만큼 화근이 사족에까지 미치게 되었다. 이러한 사태는 옥비의 후손에 한한 것이 아니어서 중외는 소요를 일으키게 되었고, '팔도의 민심은 크게 돌아섰으며 원한은 하늘에 사무치게' 되었던 것이다.

나주목사

1583년 김성일은 나주에 목사로 부임하여 1586년에 해임되었으니 3년 4개월 정도 재직하였다. 그는 정사를 함에 있어서는 반드시 불쌍한 자들은 도와주고 세력이 강한 자를 억누르는 것을 우선으로 하였으며, 자신의 몸가짐을 더더욱 엄하게 하였다. 그는 민정(民情)이 막힐까 몹시 두려워하여 북 하나를 내걸도록 하여서 원통한 일을 하소연하고 싶은 사람은 이를 치게 하니 백성들은 소회가 있으면 진달해서 일이 막히지 않게 되어 고을 백성들이 크게 기뻐하였다.

정구4)는 김성일의 행장(行狀. 사람이 죽은 뒤에 그 평생에 지

---

4) 鄭逑 1543-1620 자는 도가(道可), 호는 한강(寒岡) 또는 사양병수(泗陽病叟), 본관은 청주. 조식, 이황의 문인이다. 여러 벼슬에 임명되었으나 취임하지 않고, 1580년 선조 13년 비로소 창녕 현감에 부임, 선정을 베풀어 생사당(生祠堂)이 세워졌다. 임진왜란 때에는 의병을 일으켜 싸웠다. 1608년 대사헌이 되었으나 임해군의 옥사가 일어나자 관련자를 용서하라는 상소를 올린 뒤 고향으로 돌아갔다. 1613년 계축옥사가 일어나자 상소하여 영창대군을 구하려 했다. 향리에서 백매원(百梅園)을 세워 유생들을 가르쳐 많은 제자를 배출하였다. 경학을 비롯하여 산수, 병진, 의약, 풍수 등에 능통하였고, 특히 예학에 밝아 많은 저술을 남겼으며, 명문장가로서 글씨에도 뛰어났다. 그의 학문의 특징은 성리학적인 것과 예학적인 것, 경세론적인 것으로 나눌 수 있는데, 성리학과 예학은 전통적인 영남학풍을 계승하였으며, 경세론은 허목(許穆) 등 근기학파에 속한 학자에게 계승되어, 이익(李瀷), 안정복(安鼎福), 정약용(丁若鏞) 등에 의해서 더욱 심화 발전되었다고 한다. 성주의 동강서원

낸 일을 기록한 글)에서 이렇게 썼다.

    그는 간사함을 적발하는 데 귀신같아서 사람들이 감히 속이지 못하였다. 위조한 문서를 가지고 서로 다투면서 분별하지 못하고 있던 송사가 있었는데, 목사 김성일은 물을 가져오게 하여 이어 붙인 곳을 적시어 보니 어제 붙인 것처럼 찰기가 있었다. 이에 다시 오래된 문서를 가져다가 적셔 보니 찰기가 이미 다 없어졌으므로, 수고로이 캐묻지 않고서도 정상이 저절로 드러났다. 또 나주 고을에 나씨(羅氏)와 임씨(林氏)가 살고 있었는데 이들은 모두 한 고을의 거족이었다. 나씨 집에서 임씨 집 딸을 며느리로 들였는데, 자식이 없이 죽자, 임씨 집에서 몰래 다른 사람의 아이를 훔쳐온 다음 여종과 짜고서 거짓으로 유복자를 잉태한 것처럼 꾸며 자신이 낳은 자식으로 만들었다. 이에 나씨 집안에서 진위를 판별해 주기를 청하면서 다른 성씨를 들여 종통을 어지럽혔다고 송사하였는데, 여러 차례 심리를 거치고서도 몇 년 동안이나 판결을 내리지 못하고 있었다. 그러던 것을 그는 한 번 보고서 간파하여 거짓임을 밝혀내어 바로 판결을 내렸다.5) 이에 온 도의 송사가 그

(東岡書院), 회연서원(檜淵書院), 천곡서원(川谷書院), 충주의 운곡서원(雲谷書院), 창녕의 관산서원(冠山書院), 통천의 경덕사(景德祠)에 제향되었으며, 저서는 『한강집』이 있다.

5) 김성일은 어릴 때부터 비범한 면이 있었다고 전한다. 여기서 그의 그런 면을 말해주는 어릴 때 일화 두 가지를 소개하고자 한다. 그 하나는 김성일의 아버지 김진(金璡)이 어느 무더운 여름에 잠깐 낮잠을 자고 있는데 구렁이 한 마리가 그 아버지를 향하여 기어가고 있었다. 이를 본 아이들이 모두 겁을 내어 달아났다. 그러나 어린 김성일은 급히 밖으로 나가서 개구리 한 마리를 잡아와서 구렁이가 가는 길 옆에 놓

에게 몰려들었는데, 그는 판결을 내리는 것이 물 흐르듯하여 적체되는 일이 없었다.

아 그 방향을 돌리게 하여 위기를 면하게 하였다.
　또 다른 이야기 하나는 어느날 신관 사또가 김성일의 집에 갑자기 들이닥쳤다. 서로 인사가 끝난 다음에, 불시의 방문에 의아해하고 있는 김성일의 아버지에게 사또는 자기가 방문한 연유를 이렇게 말하였다. "내가 이 마을을 지나는데 누군가가 언덕에서 내 가마에 오줌을 쌌습니다. 가마를 멈추고 보니 어떤 어린 아이가 오줌을 싼 것입니다. 그 아이는 수행원들에게 잡혀와서도 두려워하는 기색도 없었습니다. 내가 그 아이한테 만약 네가 시를 짓는다면 용서해 주겠다고 하니 이런 시를 지었습니다.

　　사또는 어찌 먼저 벼슬을 하고 나는 어찌 늦었나요
　　가을 국화 봄 난초 제 각각 때가 있다오
　　오늘 이 소나무가 저 의자보다 키 작다 하지 마오*
　　소나무가 자란 날엔 의자가 오히려 키 작다오*

　　君何先達我何遲　　秋菊春蘭各有時
　　莫道今日松低榻　　松長他日榻反低

이만하면 댁에 인재가 난 것이 아닙니까. 그래서 하례드리러 왔습니다" 하였다.

　　*또 다른 기록에는 마지막 두 구는 이렇다고 전한다.

　　여러분들 소나무가 탑보다 키 작다 하지 마오
　　소나무가 자란 날엔 탑이 오히려 키 작다오

　　衆人莫道松低塔　　松長他日塔反低

경현서원(처음에는 대곡서원이라 하였다). 김성일이 나주 목사로 재임중이던 1584년에 완공하여 동방오현을 향사하면서 인재를 양성하던 곳이다. 나중에 김성일, 기대승이 추가로 제향되었다. 지금의 서원은 1977년에 이전 복원한 것으로, 처음 지었을 때 보다 규모가 많이 축소되었다.

나주 목사로 재임 중 정사를 잘 한다는 소문이 크게 떨쳤으며, 왕이 표리(表裏. 은사나 헌상하는 옷의 겉감과 안집) 한 벌을 하사하고 글을 내려 포상하기를 "그대가 굳세고 밝게 다스리면서 송사를 판결하는 데 있어 흔들리지 않는 탓에 간사하고 교활한 자들은 매우 꺼리나 백성들은 편하게 여긴다는 것을 알았다. 몹시 가상하게 여긴다"고 하였다. 나주에 부임하던 이듬해 봄에 금성산 기슭에 대곡서원(大谷書院. 나중에 경현서원 [景賢書院]으로 사액을 받았으며 영평리에 복설하였음)을 세워서 동방오현을 향사하여 배우는 자들로 하여금 사종(師宗. 스승으로 받들어 섬기는 사람)으로 삼을 바를 알게 하였으며, 학생들

에게 경서의 뜻을 강론하고 근태를 점검하는 등 인재 양성을 위하여 노력하였다.6)

　나주에 있던 마지막 해인 1586년 선조 19년에 선조의 큰 아들인 임해군의 궁노(宮奴. 궁가의 노복)가 백성의 전지를 빼앗아 차지하여 목사 김성일이 그를 체포하고, 전라감사에게 형

---

　6) 김성일의 행장과 연보에 따라서 썼다. 그런데 현재 경현서원이 있는 나주 노안면 사무소의 자료 등에서는 서원 이름이 처음에 금양(錦陽)서원이었으며, 제향도 당초에는 김굉필만 하였다가 1589년에 정여창, 조광조, 이언적, 이황을 추가로 배향하였다고 하여서 서원 이름과 제향하는 유현에 차이가 있다. 그러나 서원을 주도적으로 세운 목사 김성일이 나주에 있을 때 지은 시문을 모은 『금성록』(錦城錄)에 '3월 19일에 이경함(李景涵. 이발의 자) 형제, 담양부사 김사중(金士重. 김천일의 자), 정자 곽미수(郭眉叟. 곽기수의 호), 유사 오근중(吳謹仲), 이언양(李彦讓), 유인(柳忍), 노언양(魯彦讓)과 더불어 대곡서원에 모여서 지원루(知遠樓)에서 술을 조금 마시다'라는 제목으로 지은 시가 있다. 이 시제에 연도는 기록이 없으나 『금성록』의 다른 시에서 병술년 늦봄 기망 하루 전에 동암(이발의 호)을 대곡의 모임에 초청하였다는 것이 있다. 이로 미루어 보아서 병술년 곧 1586년 선조 19년으로 판단된다. 또 '대곡서당의 공사를 감독하다가 우연히 진퇴체를 얻어서 제생들에게 보이다'라는 제하에 4수를 지은 것도 있다. 이와 같이 목사 김성일은 대곡서원(지을 때는 대곡서당)이라고 이름하였는데, 나주 현지 자료에서는 처음에 금양서원이라 하였다는 것이다. 동방오현을 향사한 시기도 김성일의 행장 등과 나주 현지 자료는 다르다. 또 김성일의 위판을 대곡서원에 봉안한 것은 1688년 숙종 14년이고, 유적은 뒤늦게 계유년(1693년 숙종 19년)에 봉안하였다고 김성일의 연보에는 기록되어 있는데, 나주 등의 자료에는 1693년에 기대승과 함께 추배되었다고 하였다. 이러한 기록상의 차이들은 뜻있는 이의 조사와 연구가 있어야 규명될 것이다.

신하기를 두세 번 청하였으나, 감사는 두려워하며, 회답을 보내오지 않았다. 이때도 임해군의 궁노를 예외없이 엄하게 다스리려 하였던 것이다. 그런 와중에, 사직단에 불이 나서 묘우(廟宇. 신주를 모신 집)가 불탄 사건이 발생하여, 김성일은 그 일을 감사에게 보고하여 스스로 책임을 진 뒤에 목사에서 해직되어 고향으로 돌아갔다.

  김성일은 선조가 왕위에 오른 이듬해인 1568년에 관료 생활을 시작하여 1593년에 죽을 때까지 약 21년 간을 관직에 있었다. 이 기간 중 나주목사와 초유사, 경상우병사, 경상좌우도 감사 등의 근무 기간 4년 반 가량을 뺀 나머지 기간은 중앙부서에서 일하였다. 어떤 일을 맡든 간에 기본에 충실하게 근무하였으며, 임금은 백성을 편안하게 하는 것을 원칙으로 하도록 진언하였다. 그렇게 함에 상하나 좌우의 눈치를 보지 않았다. 중앙부서 근무기간 중의 순무어사 두 번, 추쇄경차관 한 번 및 경기지방의 각 포구 순찰 업무 수행시와 지방관인 나주목사로서의 복무 기간은 백성들의 생활과 군사들의 실상을 현장에서 직접 보고, 파악하고, 다스린 기간이었다. 따라서 병역과 요역, 일반 생활 등 민생의 실상과 민심의 동향도 아주 정확하게 알 수 있었다. 그러한 그는 백성들의 고통과 폐해를 덜어주기 위하여 끊임없이 노력하였으며 항상 백성의 편에 서서 문제를 해결하려고 노력하였다.

모자의 생이별

사가독서

『선조실록』에 따르면 1574년 선조 7년 김성일은 사가독서를 하라고 명을 받았다. 장래가 기대되는 젊은 관료중에서 홍문관 대제학이 선발하여 왕명으로 일상의 업무를 쉬면서 공부하도록 하는 제도가 사가독서이다. 1426년부터 1773년까지 347년간 48차에 걸쳐 320명이 이 제도에 의하여 별도 공부를 하였다 한다. 그때 공부하던 장소를 호당 또는 독서당이라 하였으며 중종 때에 두뭇개 곧 지금의 옥수동으로 옮겼다. 김성일이 호당에서 공부를 하면서 지은 글 중에 "호당삭제 모별자(湖堂朔製母別子)"라는 것이 있다. 그 당시 백성들의 비참한 생활상을 그린 시이다. 좀 길지만 국문으로 번역된 전문을 아래에 소개한다

어미가 자식과 이별하다

어미 자식 각자 서로 헤어져서 떠나는데
어미 자식 따로따로 남쪽 북쪽 향해 가네
길가에서 머뭇머뭇 차마 두고 못 떠나며
오열 속에 서로 보며 눈물 주룩 흘리누나

내 물었네, 너희 모자 한 몸에서 갈리어서
골육간의 은혜와 정 하늘처럼 가없는데
지금은 어찌하여 남남처럼 버리어서
모자간에 맺은 천륜 제 스스로 해치는가

대답하길, 저흰 본디 농사짓는 사람으로
이내 몸은 길쌈하고 남편은 밭 갈았다오
해마다 제때제때 밭을 갈고 길쌈하면
저희 식구 그런 대로 먹고 살 수 있었다오

그런데 지난해에 비 한 방울 안 오더니
올해에는 온 들판에 풀 한 포기 안 났다오
논밭에는 먼지 일어 씨 뿌릴 수 없었으니
땅 있은들 무슨 수로 농사를 지으리오

세모의 추위 속에 바람벽만 썰렁하여
온 식구들 굶주림에 진저리를 쳤다오
그런데도 관가의 부역 점점 더 많아져
수령의 호령 소리 성화같이 급했다오

모별자. 김성일이 1574년 독서당에서 공부할 때 지은 시이다. 모자가 헤어져서 각자 따로 떠돌아야만 하는 처지를 중심으로 하여 당시 백성들의 비참한 삶을 그린 유민도이다.

아전들은 연좌시켜 관가 세금 독촉하며
매질 마구 해대면서 앞다투어 걸었다오
눈앞에 난 종기[1] 아직 다 낫지도 않았는데
고조 증조 묵은 포흠 줄이어서 독촉했지

유사들은 관가 경비 모자랄까 걱정하여
기한 내에 다 갚으라 날마다 성화였지
세금 많이 걸어야만 능력 있는 관리이고

---

1) 목전의 위급한 상황을 말한다. 당나라 섭이중(聶夷中)의 시에 "눈앞에 난 종기가 아물자마자 심장 머리살을 도려내누나(醫得眼前瘡 剜却心頭肉)" 하였다.

세금 독촉 잘 못하면 필히 견책당했다오

성군께선 애통하단 조서 비록 내렸지만
고생하는 우리 백성 그 은덕을 못 받았지
이 때문에 먹고 살길 날로날로 막막해져
이웃사람 많이들도 흩어져서 떠났다오

2월 되어 새 고치실 팔아먹은 처지이니[2])
지금에는 무엇으로 햇곡 사서 먹겠는가
논밭 모두 부잣집의 차지가 되버려서
둘러봐도 서까래만 덩그러니 남았다오

남편은 지난달에 병 앓다가 죽었고
어린 자식 오늘 아침 구렁텅에 버렸다오
구사일생 살아남은 우리 두 모자는
실낱 같은 목숨 언제 죽을지를 몰랐다오

길러 주고 봉양하긴 애당초에 글렀기에
제각기 흩어져서 살 길 찾아 나섰다오
여기저기 떠돌면서 입에다가 풀칠하여
하루라도 질긴 목숨 더 살기를 바랐다오

앞으로 이 망망한 천지간에 외로운 몸
죽었는지 살았는지 소식 알 길 없겠지요
말도 채 아니 끝나 제 갈 길로 떠나는데

---

2) 음력 2월은 누에를 치기 시작하는 때로 고치실을 뽑기도 전에 그것을 담보로 돈을 미리 빌려 썼다는 뜻이다.

자욱마다 돌아보며 울음을 삼키누나

오호라 나 역시도 시골에서 자라나서
농사꾼들 기쁨 슬픔 많이도 보아 왔지
그러나 몇 해 동안 국록 받아 먹다 보니
날 추우면 옷 있었고 배 고프면 밥 있었지

눈에 뵈는 처자식의 걱정조차 몰랐으니
그 어찌 창생들의 통곡 소리 들렸으리
이번 길에 보고서는 비로소 마음 놀라
눈물을 흩뿌리며 마음 슬퍼 하였다오

한 번 옮겨 살고서도 이처럼 깜깜한데
하물며 대궐 속서 농민 고통 어이 알리
그 누구가 다시금 유민도3)를 그리어서
임금 앞에 바치어서 촛불 되게 하려는가

이보다 더 사실적인 유민도가 어디에 있겠는가!

---

3) 유민도(流民圖). 난세 또는 혹심한 주구에 견디지 못하여 고향을 떠나 다른 지방에 떠도는 백성들의 모습을 그린 그림이다. 송나라 희령 6년에 정협(鄭俠)이 흉년이 들었는데도 세금을 급하게 독촉하여 떠도는 백성들이 길을 메우고 있는 것을 보고, 화공을 시켜 유민도를 그리게 하여 신종에게 바쳤다. 그러면서 아울러 상소를 올려 정사가 잘못된 점을 극언하였다.

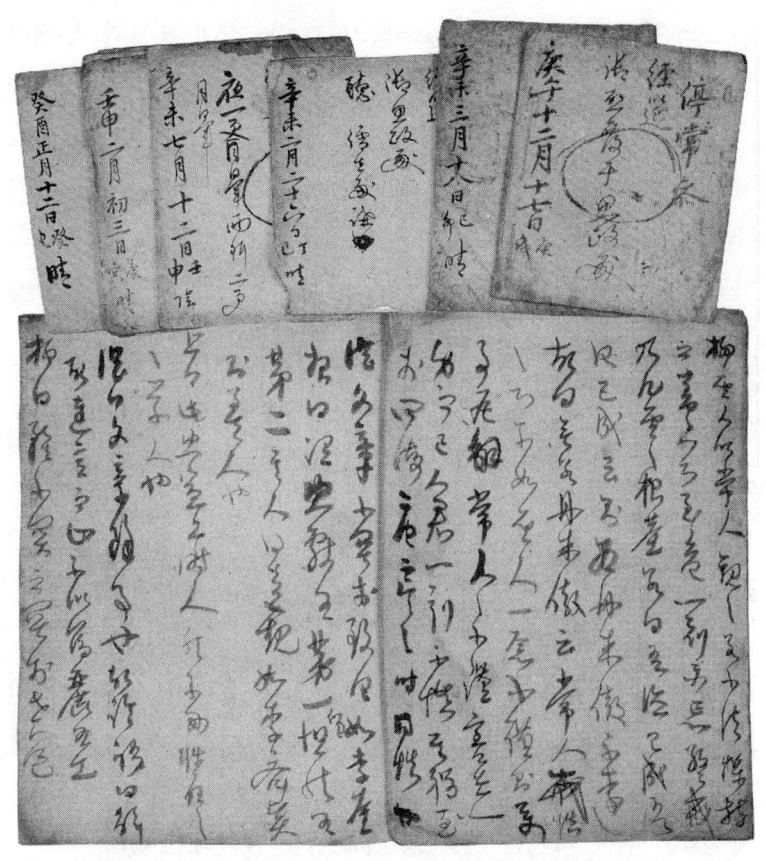

경연일기. 김성일이 1570-1574 기간 중 사관으로 있으면서 신하들이 왕에게 경서를 강의한 것을 포함하여 왕과 신하들 간에 있었던 여러 가지 일을 기록한 일기이다.

피곤도, 괴로움도, 한탄도, 원망도 극도에 달하였습니다

이러한 백성들의 생활은 세월이 흐른다고 개선되지 않았다. 아니 오히려 더 나빠졌다고 할 수 있다. 1591년 선조 24년 11

월 그러니까 임진왜란이 일어나기 5개월 전에 홍문관 부제학 김성일 등이 왕에게 올린 차자에 보면 백성들의 피곤함과 괴로움이 극도에 달하였으며, 한탄과 원망도 극도에 달하였다고 하였다. 우리나라의 토지는 척박하고 물력은 박약한데도 나라는 산업진흥책도 없고, 또 어루만져 기르는 방도도 없이 각박하고 가혹하다고 하였다. 같은 달에 올린 다른 차자에서는 백성의 힘이 피폐하여 나라의 근본이 위태롭다고까지 하였다.

조세는 토지에 따라서 내어야 함에도 불구하고 토질의 좋고 나쁨, 군읍의 크고 작음을 불문하고 똑같이 결정하여 생산되지 않는 것조차 다 바치게 하니, 그 괴로움이 이미 극도에 달하였다. 또 규정 이외에 각종 명목으로 수시로 징수하는 것이 끝도 없는데, 그 가혹함이 살가죽을 벗기고 뼛골을 후벼내듯이 하였다고 했다.

백성에게 세금을 중하게 부과하는 자를 훌륭한 수령이라 하고, 조세 독촉을 엄하게 하는 자를 유능한 서리라 하며, 형벌을 혹독하게 쓰는 자를 일 처리에 능한 자라 하고, 백성들의 것을 빼앗아서 위에 바치는 자를 봉공(奉公)을 잘한다고 했다.

여기에 방납4)의 폐단까지 더하여졌다. 공안(貢案. 공물을 기록한 문부)에는 정해진 액수가 있으나 백성이 바치는 것은 정해진 액수 이외에도 이른바 '인정가(人情價. 관청에 구실 즉 각종 조세를 바칠 때 아전들에게 선물 조로 주기 위하여 덧붙여 내는 것)'니

---

4) 防納. 납공자의 공물을 대신 바치고 그 대가를 납공자로부터 배징하던 일. 이것이 뒤에 폐단이 많아 광해군 때부터 대동법의 실시를 보게 되었다.

작지가(作紙價. 구실을 바칠 때 문서를 작성하는 종이 값으로 덧붙여 내는 것)니 하는 것이 있어서 원래의 액수보다 갑절은 되었다.

나라에서도 방납을 예사로 알아 호조(戶曹)에서 매기거나 본사(本司)에서 징수하는 것도 고을에다가 바로 하지 않고 그 주인(主人)5)에게 하니 이들은 이익을 독점하여 가만히 앉아서 부자가 되었다. 방납이란 백성들이 직접 바치는 데 따른 불편을 해소하고자 도입되었으나 도입시의 취지는 간 곳이 없고 그 폐해만 말도 못하게 컸던 제도였다. 조식(曺植)이 일찍 "국가가 망하는 것은 반드시 이것 때문일 것입니다"라고 왕에게 말하였을 정도로 방납은 문제였다.

성을 수리하거나 하천을 준설하는 등의 모든 공사를 봄부터 겨울까지 시기를 가리지 않고 계속 하다 보니, 남자들은 농사지을 시간도 없고 여자들은 베를 짤 시간도 없어서, 굶주리고 헐벗을 수밖에 없다고 하며, 부역(賦役)을 농사철을 피하여 조발하도록 건의하였다. 이 차자를 올릴 때가 음력으로 11월이었으니 그 해 동안의 백성들의 농사와 길쌈이 어떠했겠는가!

왕자들의 호화 저택과 부정축재

토목공사를 여러 해 계속하였다. 특히 새로 지은 왕자의 제

---

5) 나라에 공물로 바치는 물품을 주관하여 바치는 사람을 말한다. 민간인 가운데에서 주인을 선정하여 각 관아에서 물건 값을 미리 준 다음 이들로 하여금 물건을 사서 바치게 하였다.

택(第宅. 살림 집과 정자의 총칭)은 거리를 연하여 크게 높이 뻗쳐 있어서 당(唐)나라의 목요(木妖. 나뭇가지에 얼음이 얼어붙어 마치 갑옷을 입은 듯한 형상을 한 것인데, 나라에 병란이 일어날 조짐을 뜻한다)의 변괴가 나타날지도 모른다고 경고하였다. 왕자들의 이런 호화 저택은 자손을 편안하게 하는 방도가 아니고, 백성들이 그런 것을 계속 부담할 재력도 없다고 하였다. 여기에 비용을 멋대로 쓰고 절약하지 않아 국고가 고갈되었으니 조세 부과는 더욱 무거워졌고 그 징수는 더욱 가혹하여졌다.

다른 차자에서는 왕자들에게 딸린 하인들의 농간과 그에 따른 폐해를 자세하게 기록하였다. 이들은 사소한 옥송(獄訟)이나 미세한 관직을 임명할 때도 모두 뇌물을 받으려 하고, 각색의 방납을 받아들이는데 반드시 궁지(宮旨)라고 하면서 값으로 계산하여 받는다. 그래서 시장에 물건을 팔 때는 "이것은 대궐에서 내린 물건이다" 하고 비싸게 사게 하고, 물건을 살 때는 "이것은 대궐에서 사는 물건이다" 하고 싸게 팔게 하였다. 이리하여 상인들은 시장을 파하고 목놓아 울며 삶의 의욕을 잃었다고 하였다.

또한 왕자방(王子房) 사람이라고 일컫는 자들이 여러 산의 사찰을 원당(願堂. 각 사찰 안의 일실. 궁사 또는 민가에 베풀어 왕실의 명복을 빌던 곳. 소원을 빌기 위하여 세운 집)으로 삼는다고 핑계대고서 재물을 쓸어가고, 산택(山澤. 산림천택 곧 산과 숲과 내와 못)이나 제언(堤堰. 바닷물이나 강물을 가두어 놓기 위하여 그 일부를 가로질러 막은 돌이나 콘크리트로 쌓은 둑) 등을 점령하고는 남의 전지를 빼앗아 갔다. 양가의 딸을 위협하여 처첩으로 삼고, 부근의 민정(民丁)을 궁속이라고 하면서 수령과 향리 사람들을 위협하였다. 서울 부근의 산을 시장(柴場. 나무 갓. 땔나무를 파는 장)으로 삼고, 강과 바다의 어장과 염전을 입안(立案. 관아에서 어떠한 사실을 인증한 서면)하였다고 했다. 만일 조금이라도 뜻을 거스르면 종친부(宗親府)에서 보내는 관자(關子. 상관이 하관에게 또는 상급 관청이 하급 관청에게 보내는 공문서)라고 칭탁하고는 관리로 하여금 잡아 보내게 했다고 하였다. 이들의 위세가 이와 같았으니 도성 안에 사는 그들의 친척들 중 강포한 자들도 비슷한 횡포를 부렸다고 했다.6)

---

6) 별감이라고 사칭하다가 포도청에 붙잡힌 자들은 모두 가짜였다고 했지만, 어찌 가짜들만 있었겠는가. 『선조실록』 선조 25년 5월 3일조에 이곽이 선조에게 다음과 같이 진언하는 기록이 있다. 왜란이 발발한지 20여일 후이다. "국가의 위망(危亡)이 눈앞에 닥쳤는데 임금과 신하 사이에 무슨 숨길 것이 있겠습니까. 대저 인심을 수습하는 것이 상책입니다. 근래 궁인(宮人)들의 작폐가 심해졌습니다. 내수사(內需司) 사람들이 거짓 궁물(宮物)이라 칭탁하여 백성들에게 원망을 쌓고 있습니다. 오늘의 변이 생긴 까닭도 다 왕자궁(王子宮)에 있는 사람들의 작폐에서 연유된 것으로 인심이 원망하고 배반하여 왜(倭)와 한 마음이 된 탓입니다. 듣기로는 '우리는 너희들을 죽이지 않는다. 너희 임금이 너희들을 학대하므로 이렇게 온 것이다'라고 하였고, 우리 백성도 '왜인도 사람인데 우리들이 하필 집을 버리고 피할 필요가 있겠는가' 하였다고 합니다. 작폐한 내수사의 사람을 목 베고 또 오랫동안 쌓인 평안도의 포흠을 면제해 주소서." 이에 대하여 왕은 "작폐한 사람을 하옥하여 신문한 뒤에 조처하라" 하였다.

군정의 문란

군정에도 문제가 많았다. 인구의 수는 예전보다 줄었는데도 군사의 정원은 갑절로 늘어났다. 군적을 작성하는 날만 되면 대상이 되지 않는 머슴이나 거지도 편입시키고, 그래서 정원을 초과하면 별대를 만들어 여외(旅外)라고 이름을 붙인다. 그러나 군적 작성이 끝나면 도망자가 속출하니, 요즈음 문자로 도망자에게 영장이 나오면 일족이 대신 가고(소위 족징이다), 일족이 없으면 이웃에게 책임지우고(소위 인징이다), 일족도 이웃도 없으면 그 땅을 부치는 자에게 책임을 지웠다. 정말 친척도 잘 두어야 했고, 이웃도 잘 두어야 하였으며 남의 땅을 부칠 때도 운이 좋아야 했다. 한 사람이 도망하면 그 화가 열 집에 미쳤고, 열 집이 지탱하지 못하면 그 화가 백 집에 미쳤다. 그러는 사이 사람 없는 군적은 빈 장부가 될 수밖에 없었다.

군역과 부역은 거리의 원근이나 일의 난이는 불문하고 오로지 뇌물의 다과에 따라서 결정되었다. 예컨대 북쪽의 변경을 지키는 정병은 처음에는 6개월이 기한이었으나 7~8년이 되어도 집에 돌아가지 못하는 자들도 있어, 이와 서캐는 칼과 냄비에까지 득실거린다고 하였다. 여기에 채수(債帥. 뇌물을 바치고 장수가 된 사람을 기롱하여 하는 말)들의 잔혹한 재물 약탈도 빠지지 않았다.

15세에 군정이 되었다가 60세에 군역을 면제받는 것이 나라의 법이나 그때는 젖먹이 아이조차 모두 군적에 편입되어 있고, 실제 근무기간이 45년이 안되는 사람은 70이 넘어도 병적에 그대로 남아 있었다. 심지어는 맹인, 거지, 고질병이 든 사람까지 병역을 면하지 못하였다니 이렇게 하고도 나라라고 할 수 있었는지 모르겠다.

10년 전에 이이도 건의했건만

이와 비슷한 건의는 임진왜란 10년 전인 1582년에 이이(李珥)도 하였다. 그는 민생을 구하기 위하여 다섯 가지 폐단을 고쳐야 할 것이라고 주장하였으니, 그 첫째는 족징·인징의 폐단이며, 둘째는 진상(進上)7) 번중의 폐단이니 진상할 품목과 수량을 감축 조정할 것을 청하였다. 셋째는 공물 방납의 폐단이며, 넷째는 역사 불균의 폐단이니 군역이나 부역이 공평되게 해야 한다고 하였다. 마지막으로는 뇌물이 아니고는 승진도, 승소도 아무 것도 할 수 없다고 하였다. 오늘의 형세는 백성들의 힘이 마치 사경에 든 것 같아서 그 폐단을 고치지 않으면 평일에도 유지하기 어려울 뿐 아니라 남이나 북에서 외란이 일어나면 종묘 사직이 어떻게 되겠느냐고 하였다.

---

7) 지방 장관들이 왕에게 올리는 과실, 어물 등의 여러 가지 음식이나 나라의 제사에 사용되는 용품이다.

동서붕당과 관료들의 악습

　김성일 등은 차자에서 계속하여 말하기를 붕당으로 인한 조정의 불화, 권간(權奸. 권세를 가진 간신)의 횡포와 탐욕의 풍습 만연, 조정 신료들의 복지부동과 무사안일8)을 지적한 다음 위에 말한 모든 것을 고치려면 근본으로 돌아가서 왕이 솔선수범하여 자신의 마음을 바르게 하고, 그를 통하여 백관을 바르게 하고, 백관을 바르게 하여서 만민을 바르게 하여야 하며, 이렇게 하지 않고는 달리 방도가 없다고 하였다. 기본으로 돌아가려면 시간이 걸리겠지만, 굽어보이는 길이 곧은 길이라는 말도 있지 않은가. 그러나 임진왜란 때까지는 시간이 너무도 없었다.

---

8) 차자의 원문에는 의정부에는 삼지재상(三旨宰相)만 있으며, 대각(臺閣. 사헌부와 사간원의 총칭))에는 장마언관(杖馬言官)만 포진하여 있다고 하였다. 삼지재상은 무능한 재상을 비웃는 말이다. 송나라 때 왕규(王珪)가 재상으로 있던 16년 동안에 한 가지도 훌륭한 계책을 내지 못하면서, 왕에게 나아가서는 "성지(聖旨)를 정하십시오" 하고, 왕이 가부를 정하면 "성지를 알았습니다" 하였으며, 물러나서는 일을 품의한 자에게 "이미 성지를 얻었다" 하였으므로 당시 사람들이 '삼지재상'이라고 하면서 비웃었다.
　장마언관은 화를 받을 것을 두려워하여 직간하지 못하는 언관을 비웃는 말이다. 장마는 임금의 의장마이다. 당나라 때 권신 이임보(李林甫)가 간관들이 말하는 것을 막기 위하여 협박하기를, "그대들은 입장(立杖)한 말(의장으로 세워 놓은 말)을 보지 못하였는가. 소리만 지르면 쫓겨나는 법이다. 그대들도 내가 하는 일에 말썽을 부려서는 안된다" 하였다.

이때 김성일이 올린 차자에 대하여 『선조실록』 선조 25년 10월 28일조에 사관은 이렇게 논하였다. "(일본에서) 돌아와서는 옥당(玉堂. 홍문관의 별칭)의 장관에 보임되었다. 차자를 올려 시폐(時弊. 그 당시의 폐단)를 논하면서 궁위(宮闈. 궁중의 내전, 황후의 궁전)와 왕자들의 일에 저촉되는 말이 있었는데, 내용이 매우 긴절하고 곧았다. 주상(곧 임금)이 겉으로는 너그러이 용납한 것처럼 보였으나 속으로는 좋지 않게 여겨 승지로 좌천시켰다. 그때 마침 전옥서(典獄署. 조선조 때 옥수에 관한 일을 맡아 보던 관아)의 옥수(獄囚. 옥에 갇힌 죄인)가 도망친 일이 생기자 주상은 (김)성일이 전옥서의 제조를 겸하고 있으면서 검칙을 잘못하였다는 것으로 파직시켰다." 또 『선조수정실록』에는 "성일이 모두 세 번 차자를 올리면서 조금도 기휘(忌諱. 꺼리어 싫어함. 두려워 피함)하지 않았는데, 동료들은 대부분 인피(引避 공동 책임을 지고 일을 피하든 일)하고 참여하지 않았으나 유성룡만은 편지를 보내 치하하였다. … (중략) … 이에 양사(사헌부와 사간원)가 피혐하고 대신들 또한 대죄하고 물러갔다" 하였다.

차자의 내용이 궁중의 내전과 왕자의 일을 정면에서 엄하게 비판하였으니 홍문관의 동료들도 두려워서 함께 차자를 올리기가 어려웠을 것이며, 또 대신은 삼지재상이라고 비판받고, 대각에는 장마언관만 도열해 있다고 지적을 받았으니 해당자들이 그 자리에 계속 있기는 염치없는 일이었을 것이다. 선조도 이들 차자를 보고 국정을 쇄신하려는 생각보다는 충언을 올린 신하를 좌천시키고, 조그만 일을 꼬투리잡아 파면시키는 등 국정수행이 빗나가고 있었다. 이런 상태로 5개월 뒤에 임진왜란을 맞았으며, 그때 가서야 선조는 교서를 통하여 김성일 등이 이들 차자에서 말한 것을 거의 그대로 자기의 잘못이라고 인정하고 백성들의 용서를 빌었다.

『선조실록』 선조 24년(1591년) 12월 1일조에 보면 왕이 영의정 이산해의 건의에 따라 공물과 진상품을 올릴 때와 상급 관청에 공문을 보낼 때에도 인정가물(人情價物. 관청에 바치는 뇌물)이라는 것이 있어 이를 백성에게서 거둔다고 하니 이것을 금하라고 지시한 대목이 나온다. 이것을 금지시킨 것도 그 당시 백성들에겐 큰 혜택이었겠지만, 정말 본체는 내버려 두고 깃털만 다스린 격이 아닌가? 아니 그럴 수밖에 없었는지도 모른다.

제 4 부

지행합일의 학문과 위민의 정치철학

김성일의 학문과 정치철학

이황으로부터 성리학을 배우다

저녁 구름 떠 있는 가에 유정문 닫혀 있고
사람 없는 뜨락 가엔 달빛만이 가득하네
천 길 높이 날던 봉황 어디로 날아가고
벽오동과 푸른 대만 해마다 자라는가

幽貞門掩暮雲邊　庭畔無人月滿天
千仞鳳凰何處去　碧梧靑竹自年年

위의 시는 김성일이 1575년 선조 8년 고향에 내려와 있다가 도산에 가서 스승 이황[1]을 회고하면서 지은 시이다. 그 제

---

1) 李滉. 1501-1570. 자는 경호(景浩), 호는 퇴계(退溪)·도수(陶叟)·퇴도(退陶)·청량산인(淸涼山人). 본관은 진보이다. 6세 때 『천자문』을 배우기 시작하였고 12세 때부터 숙부인 이우(李堣, 호 松齋)에게서 논어 등

을 배웠다. 20세 경에는 『주역』 등의 공부로 침식을 잊어가며 독서와 사색에 잠겼다. 1534년 대과에 급제하여 벼슬길에 나섰다. 부정자, 박사, 전적, 지평을 거쳐 세자시강원문학, 충청도어사 등을 역임하고 1543년 성균관 사성에 이르렀으며, 1546년 낙향하여 양진암을 지었다. 이어 단양군수와 풍기군수를 지내고 사직원을 제출하고 낙향했다가 임의로 임소를 이탈했다 하여 직첩을 박탈당하기도 하였다. 풍기군수로 재임중에는 전임군수 주세붕(周世鵬)이 창설한 백운동서원에 편액, 서적, 학전을 내려줄 것을 청하여 실현되었는데, 이것이 조선시대 사액서원의 시초가 된 소수서원이다. 그는 두 부인 허씨와 권씨, 둘째 아들, 그리고 사화로 친형 이해(李瀣)를 잃는 등 개인적으로 불행을 겪기도 하였다. 1552년 홍문관 교리에 임명되었으나 신병을 이유로 사퇴하였다. 이후로도 30여 차례 벼슬을 제수받았으나 대사성, 참의, 경연참찬관 등을 잠깐씩 지냈을 뿐 대부분의 임명을 신병이나 노쇠, 재질 부족 등을 이유로 사퇴하였다. 향리에 돌아가 있으면서 본격적으로 학문연구에 전심하여 활발한 저술 활동과 강학에 몰두하였다. 60세 되던 해에 도산서당을 짓고 임종 때까지 여기서 학문을 연구하고 후진을 양성하였다.

이황의 성리학은 정이와 주희가 체계화한 개념인 주자학을 수용하여 이를 독자적으로 발전시켰으며, 이(理)를 중시하는 이기이원론이란 특성을 지니고 있다. 『태극도설』, 『주역』 등 주자학에서 중요시하는 글뿐만 아니라 『주자어류』, 『주자대전』 등 주자의 글을 깊이 연구했고, 이를 알기 쉽게 편집했다. 주자의 서한문을 초록한 『주자서절요』는 그가 평생 정력을 바쳤던 편찬물이다. 그의 저술은 대부분 학문이 원숙해진 50세 이후에 이루어졌다. 『개정천명도설』, 『역학계몽전의』, 『주자서절요』, 『자성록』 등은 그가 50대에 썼고, 이 시기에 향약도 기초하였다. 기대승과의 사단칠정논변은 59세 때부터 66세 때까지 계속되었다. 60대에는 『도산기』, 『송계원명이학통록』, 『심무체용변』, 『심경후론』, 『양명전습록변』, 『무진육조소』, 『성학십도』 등을 지었고 70세 때 마지막으로 『사서석의』를 편찬하였다.

목은 '오동나무와 대나무가 가득한 도산의 뜨락을 달빛을 타고 배회하노라니 감격의 눈물이 줄줄 흘러내리다'이다. 여기서 천 길 높이 날던 봉황은 이황을 말한다. 그리고 이 해는 퇴계 이황이 죽은 지 5년이 되는 때이고 또 도산서원이 새로 지어진 해이기도 하다.

이때 김성일의 나이는 38살이었다. 그가 19살이던 1556년 동생 복일(復一)과 함께 소수서원에서 글을 읽고 있다가, 이황을 찾아가서 스승으로 모시며 학문을 배우기 시작한 때로부터는 19년이 지난 때이다. 그러니 그는 이황으로부터 14년간 학문을 배운 것이다. 오랜 세월을 모시고 있던 스승이 돌아가시고 난 뒤에, 그 스승이 살아 계실 때 공부하면서 묵었던 도산정사와 농운정사 등이 그대로 남아 있는 곳에 새로이 서원을 추가하여 지은 데를 찾아왔으니, 온갖 감회에 눈물이 줄줄 흘렀던 것이다.

김성일은 퇴계 이황의 고제(高弟)요, 퇴계 학풍의 계승자로서 영남학파의 자리를 굳힌 학자였으며, 조선조의 성리학을 대표하는 존재였다. 그리고 그의 정치철학도 성리학에 뒷받침

이황의 문인은 3백여 명이 넘으며, 조목, 김성일, 유성룡, 정구, 황준량, 이덕홍 등을 중심으로 영남학파를 이루어 한말까지 내려오며 조선 후기 사상계와 정치계의 커다란 축을 이루었다. 이황의 사상은 일본의 근대유학 발달에도 큰 영향을 끼쳤다. 오늘날에도 그의 학문은 연구기관과 국제학술대회 등을 통하여 국내외에서 연구되고 있다. 그는 문묘에 종사되었으며, 안동의 도산서원, 나주의 경현서원, 괴산의 화암서원 등 전국 40여 서원에서 제향되고 있다. 저서는 『퇴계전서』 등이 있다.

도산정사와 농운정사. 앞에 보이는 건물이 이황이 공부하면서 제자들을 가르쳤던 도산정사이고 그 옆에 학생들이 머물던 농운정사가 있고 저 뒤쪽에 나중에 지은 도산서원이 보인다.

받았던 것이다.

성리학이란 주자학의 학문 내용을 지칭하는 표현이다. 공자가 주창한 유학은 한당시대를 거쳐 송대에 이르러 새로운 국면을 맞게 되었다. 한마디로 말하여 유학이 철학화된 것이다. 현실적인 정치문제에 국한되었던 학문적 관심이 우주와 인생의 근본 문제도 심각하게 생각하게 된 것이다.

송대의 유학이 이러한 학문 성격을 띠게 된 데는 역사의 필연적인 계기가 있었다. 송나라 때 북방에 요(遼), 금(金)이라는 나라가 생겨나 송나라를 압박하게 되었는데, 이에 대하여 백성들의 강력한 대항이 있어야 할 터인데 그런 것이 없었던 것이다. 당시 지배적이었던 사상인 불교는 그 사상 성격이 본래 출세간(出世間)적이어서 강력한 방위적 이데올로기로서는 부적합한 것이었다보니 그러하였던 것이다. 이에 맞서기 위한 사상으로서는 유교의 국가 존망을 걱정하는 의리사상이 적격이었다. 이에 중국의 정통사상인 유교에 대한 반성이 일어나고 이에 대한 부흥이 강조되게 되었던 것이다.

이와 같은 유교에 대한 반성과 부흥은 곧 불교에 대한 극복을 의미하는 것이었다. 그런데 불교는 그 성격이 유학에 비하여 훨씬 철학적인 것이었다. 이러한 불교를 극복하려면 어쩔 수 없이 유교에서도 그 자체 내에서 철학적인 요소를 발굴해 내고 그것을 체계화하여야 했다. 그러한 작업이 주돈이(周敦頤)의 태극도설(太極圖說), 장재(張載)의 태허설(太虛說), 정이(程頤)의 이일분수설(理一分殊說) 등으로 나타난 것이다.

이들 송대의 여러 학자들의 학설을 집대성하여 송대의 철학을 완성한 것이 주희(朱熹)의 철학이다. 주희 곧 주자(朱子)의 철학을 우리나라에서는 주로 성리학이라고 부른다. 이 말의 유래는 정이가 "성(性)은 곧 리(理)이다(性卽理也)"라고 한 말에서 생겨난 것이다. 즉 인간의 본성과 우주의 이법(理法)을 탐구하는 학문이라는 뜻이다.

성리학은 주자학, 정주학, 도학 등 여러 가지로 불리고 있다. 정주학(程朱學)이란 정이와 주희를 묶어서 표현한 것이다. 주자의 학문이 주자 이전의 송대의 여러 학자들의 사상을 집대성하였으나 특히 그 이론적 근간은 정이를 따랐던 것이다. 그러므로 학문적인 전승의 연원을 따져서 정주학이란 표현이 생겨난 것이다.

도학(道學)이란 지행(知行)이 합일하는 학문이란 뜻이다. 도(道)는 길이다. 길은 사람이 걸어가는 길이며 또한 사람이 마땅히 행해야 하는 도리(道理)로서의 길이기도 하다. 사람이 부단히 그러한 길을 걸어가야 하듯이 학문도 아는 것만으로 충족되는 것이 아니라, 생활을 통하여 실천될 때 비로소 참다운 학문이 된다는 것이다. 그런 뜻에서 이론과 실천이 합일되는 학문을 도학이라고 했던 것이다. 주자학이 이 도학으로 심화된 데에 그 학문적인 의미와 가치가 더욱 깊다고 할 것이다.

주자학을 숭상한 퇴계학의 궁극목적도 도를 체현하려는 도학에 있었다고 할 수 있다. 그것은 정(精)과 조(粗)를 합하고, 안과 밖을 겸하고, 지(知)와 행(行)을 병진하며, 가까운 신변사에서 멀리 천도(天道)에까지 관통되는 실천의 학이었다. 김성일은 곧 이러한 학문을 추구한 퇴계 이황의 고제(高弟)였다.

김성일의 연보에 의하면 그는 19세부터 29세에 이르기까지 10년간 부지런히 도산을 내왕하면서 공부한 것으로 되어 있다. 21세 때 아우 복일과 함께 『서전(書傳)』과 『역학계몽(易學啓蒙)』을 배웠으며, 그 해 겨울에 『심경(心經)』과 『대학(大學)』을 배웠다. 24세 때는 『대학』과 『태극도설』을 배웠으며 25세 때는 『주자서절요』를 공부하였다. 28, 29세 때에도 도산에서 공부를 하였다. 여러 가지 기록을 보아 김성일은 이황으로부터 『대학』, 『서경』, 『역학계몽』, 『심경』, 『태극도설』, 『주자서절요』(朱子書節要) 등을 공부했음을 알 수 있다. 『대학』과 『서경』은 유가의 핵심 경전이고, 『역학계몽』은 『주역(周易)』의 해설서이고, 『심경』은 심성함양의 원리인 경(敬)을 설한 요전(要典)이고, 『태극도설』은 우주진리의 원두처(源頭處)를 밝힌 도설(圖說)이고, 『주자서절요』는 주자학문을 광범위하게 다룬 주자의 긴요한 서찰들이다. 이들 전적들은 이황이 특히 즐겨 강론했던 요전들로서 도학의 핵심 정신을 담은 것들이다. 김성일은 이러한 전적을 통하여 도학의 핵심 정신을 배워 익혔던 것이다.2)

이황은 김성일이 자기에게 학문을 배우러 왔을 때 그 용모와 행동을 보고서 마음으로 사랑하였다. 그 뒤로 김성일은 왕래하면서 배우고 묻고 하였는데, 함께 배우는 선비로서 앞서는 이가 없었다고 한다. 이황은 조목과 정유일에게 보낸 편지에서 "김사순(金士純. 사순은 김성일의 자)이 도산에 와 있는데, 한더위를 무릅쓰고 산을 넘어 다니면서 의문되는 바를 묻고 있소. 이 사람은 민첩하면서 학문을 좋아하여서 그와 함께 학업을 닦으면 매우 유익함을 느끼는 바이오" 하고, 또 "김사순은 행실이 고상하고 학문이 정밀하니 나는 그에 비길 만한 사람을 보지 못하였소"라고 극찬하였다.

사제간의 마음이 이와 같았으니 서로 주고받은 말과 글이 많았으리라. 그 말과 글에 대한 기록이 『퇴계집』과 『학봉집』에 적지 않게 남아 있다. 이황이 쓴 것으로는 시 14제(題), 서 19편, 병명 1편이 있다. 김성일이 쓴 것으로는 시 15제, 서 18편, 퇴계선생사전 1편, 퇴계선생언행록 1권이 있다. 그 중에

---

2) 『학봉의 학문과 구국활동』, 1993, 학봉김선생기념사업회 발간 중 이완재 교수가 쓴 "영남학파에 있어서 학봉선생의 위치"에서 많이 인용하였다.

보면 1562년 김성일이 25세 때 도산에 머물면서 이황에게 절구 3수를 지어 올렸는데(김성일의 시는 전하지 않음) 이황은 다음과 같이 화답한 것이 있다.3)

　　　세속 따르니 방해 많아 머리가 희어지고
　　　그대 얻으니 아주 좋아 눈길이 반갑고야
　　　이제부터 날마다 그윽한 회포 헤쳐내어
　　　구름 창문 달 정자 저버리지 말게나

　　　應俗多妨頭雪白　得君偏喜眼湖靑
　　　從今日日開幽款　莫負雲窓與月亭

　　　여러 성인 그 심법 주자의 글에 전했으니
　　　읽으면 저 햇빛이 어두움 깨뜨리는 듯
　　　나부산 어디메뇨 평생 아니 오르고
　　　어두운 길 몇 번이나 그릇 향해 찾았던고

　　　雲谷書傳千聖心　讀來如日破昏陰
　　　平生不上羅浮望　幾向冥途枉索尋

　1565년 여름 김성일이 도산의 농운정사에 머물면서 이황에게 학문을 질정하였다. 그때 이황은 다음의 시를 지어서 주었다.

---

　3) 『진맥』, 2001, 진성이씨서울화수회 발간 중 이정섭 문화재전문위원의 "퇴계선생과 김학봉"에서 인용하였다.

젊을 때는 생각이 틔어서 잠깐 반짝했었는데
중년에는 병만 앓느라 오랫동안 방황했다네
    (3, 4구와 5, 6구는 생략)
그대가 오가면서 명리 담론함이 고맙거니
더위를 식히는 얼음, 서리 글귀마다 나오네

少日天開一念明　中間多病久迷行(3.4.5.6句略)
感君來往談名理　淸暑氷霜句句生

  이황은 평소에 김성일을 칭찬하기를, "이 사람은 후일 반드시 훌륭하게 될 것이다" 하였는데, 1569년 선조 2년에 조정에서 물러날 때 왕이 조정의 신하와 제자들 중 인재에 대하여 물으니, 이황은 이준경(李浚慶), 기대승(奇大升)과 함께 김성일을 천거하였다.

이황이 써 준 병명

  김성일이 퇴계 이황 문하에서 수학하여 성취한 학문의 경지에 대하여 바로 알 수 있는 그 자신의 저술은 전하는 것이 없다. 그러나 그가 이룩한 학문적 성취와 퇴계 문하에서의 그의 위치를 객관적으로 증명하는 한 가지 사실로서 이황이 그에게 써 준 병명(屛銘)이 있다. 이 병명은 김성일이 29세 때 이황으로부터 받은 것인데 그 내용이 유학도통(儒學道統)의 수수(授受) 내력을 명시한 것이다.

『학봉집』에 실려 있는 김사순의 병풍에 쓴 명(題金士純屛銘)을 보자.

요임금은 공경하였고 순임금은 한결같았으며	堯欽舜一
우임금은 공경하였고 탕임금은 조심하였도다	禹祗湯慄
공경하고 삼가함은 문왕의 마음이요	翼翼文心
편당없이 드넓음은 무왕의 지극한 덕이로다	蕩蕩武極
부지런하고 조심하라 말한 건 주공이고	周稱乾惕
학문의 즐거움을 말한 건 공자로다	孔云憤樂
자신을 반성하며 조심한 건 증자이고	曾省戰兢
사욕을 극복하고 예를 회복한 건 안회였네	顔事克復
경계하고 두려워하며 홀로 있을 때 삼가며	戒懼愼獨
밝음과 정성으로 지극한 도 이룩함은 자사이네	明誠凝道
마음을 잃지 않고 간직하여 하늘을 섬기고	操存事天
마음을 바르게, 행동을 의롭게 해 호연한 기를 기른 맹자	直義養浩
고요함을 주로 하고 욕심이 없으며	主靜無欲
시원한 바람과 개인 달 같은 주염계이네	光風霽月
풍월을 읊조리며 돌아오는 듯하며	吟弄歸來
봄볕처럼 따뜻하고 태산처럼 우뚝한 기상은 정명도이네	揚休山立
정제된 몸가짐에 엄숙한 태도	整齊嚴肅
전일한 마음으로 잡념없음은 정이천이네	主一無適
박문, 약례 두 가지 다 지극하게 하였으니	博約兩至
도통 연원의 바른 맥을 이은 건 주자이네	淵源正脈

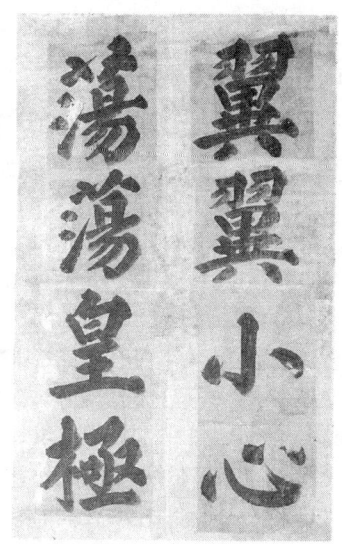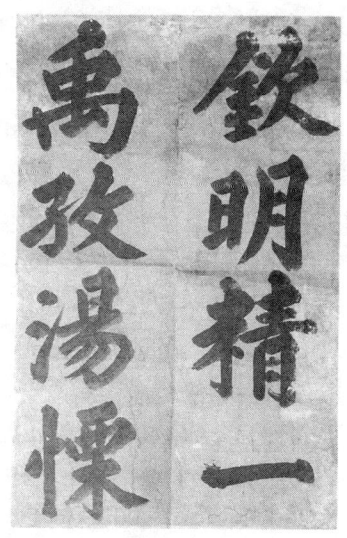

병명. 이황이 열폭 병풍을 만들 수 있게 80자를 손수 써서 김성일에게 준 것이다. 수백 명의 제자 중에서 김성일에게만 준 것은 연원수수의 징표라 한다.

이 병명에 대하여 최현(崔晛)[4]은 『학봉언행록』에서 "성현의 도통을 서로 전수한 심법을 차례로 서술하여 병명을 지어 손수 정서하여 주었으니 그 촉망 기대함이 다른 제자와 달랐다" 하였고, 이현일(李玄逸)[5]은 1689년 숙종 15년 7월 21일 경연에

---

4) 崔晛. 1563-1640 자는 계승(季昇). 호는 인재(訒齋). 본관은 전주이다. 김성일의 문인으로 천문, 지리, 병법에도 밝았다. 1592년 임진왜란 때 구국책을 올려 원릉참봉이 되었다. 광해군 때 천도론이 나자 극력 반대하여 이를 중지시켰다. 선산의 송산서원(松山書院)에 제향되었다. 저서는 『인재집』이 있다.

5) 李玄逸. 1627-1704. 자는 익승(翼升), 호는 갈암(葛庵). 본관은 재령. 장흥효(張興孝)의 외손. 1679년 숙종 5년 학행으로 천거를 받아 지평이

서 왕에게 이렇게 아뢰었다. "(김)성일은 곧 선정신 이황의 고제로서 일찍이 도를 들어 평심의 마음가짐과 행실이 모두 도의(道義)에서 나왔습니다. 이황이 일찍이 요순 이래의 도통진결(道統眞訣)을 글로 써서 주었으니 사문의발(師門衣鉢)의 전통을 받았다고 할 수 있습니다"고 하였다.

이 병명의 내용이 어떤 것인지에 대하여는 이상정(李象靖)[6]

되고 좨주, 예조참판이 되었다. 이어 대사헌이 되어 과거제도의 개혁을 주장하는 소를 올렸다. 그후 이조참판, 이조판서를 역임하였다. 1694년 갑술옥사 때에 조사기(趙嗣基)를 신구하다가 홍원에 유배되었으며, 다시 서인의 탄핵을 받아 종성에 위리안치 되었다. 1701년 전리(田里)에 방축되었다가 1704년 풀려났으며, 사후에 신원되었다. 형인 이휘일로부터 퇴계학통을 계승하였다. 그는 이황의 학설에 대한 김장생(金長生), 송시열(宋時烈) 등 이이 학파의 비판에 대하여 역비판을 가하였다. 그는 영남학파의 영수적 입장에 있었던 것이다. 율곡이씨사단칠정서변(栗谷李氏四端七情書辨)은 이이의 인심도심설과 기발이승일도설을 집중적으로 비판한 것이다. 그는 경세론에도 관심이 많았는데, 특히 이휘일이 기초를 구축한 『홍범연의(洪範衍義)』의 방대한 저술을 완성하였다. 저서는 『갈암집』이 있다.

6) 李象靖. 1711-1781. 자는 경문(景文), 호는 대산(大山). 본관은 한산. 1735년 사마시를 거쳐 과거에 급제, 정언이 되고 그 후에 예조, 형조참의에 올랐다. 그는 일찍부터 학문에 뜻을 두어 평생토록 강학에 힘썼으며, 당시 사람들로부터 '소퇴계(小退溪)'라는 칭송을 들었다. 그의 학문은 이황을 위주로 하여 이황의 학설을 변호하는 것이었으며 그의 이러한 주장은 '이기휘편(理氣彙編)'에 잘 나타나 있다. 그는 수양론에 대한 관심으로서 『제양록(制養錄)』을 지었는데, 여기서 인간됨의 근본은 심(心)을 보양하는 데 있다고 하고, 심이란 정향이 없으므로 행동으로 규제하고 내면을 기르는 경(敬)공부가 있어야 한다고 하였다. 단서와 『주역』, 『시경』 등에서 뽑은 글과 정주(程朱)의 경에 관한 설들을

이 "병명발휘(屛銘發揮)"를 써서 병명의 내용에 대한 전거를 자세히 제시하여 그 뜻을 분명히 한 바가 있다. "병명발휘"에서는 장구(章句)마다 훈석(訓釋)하고, '연원정맥'의 훈석이 끝난 다음에 조목(趙穆)의 『퇴계선생언행총록』과 김성일이 쓴 『퇴계선생사전』을 요약하여 부재(附載)하고 있다. 이상정은 "병명발휘"를 쓴 외에 『학봉선생문집』 속집의 서문에서 병명을 도통연원의 수수로 본다는 자신의 견해를 밝히기도 하였다.

이황의 문하에서는 조목(趙穆. 호 月川), 유성룡(柳成龍. 호 西厓)과 더불어 김성일(호 鶴峯)을 3걸로 지칭하기도 하였으나 흔히 학애(鶴厓)라는 호칭으로 불려지듯이 김성일과 유성룡이 계문(溪門)의 쌍벽으로 지목되기도 하고, 또 후대의 학맥으로 보아 김성일, 유성룡, 정구(鄭逑. 호 寒岡)가 함께 일컬어지기도 하였다. 그러나 이현일이 병명을 연원수수의 징표로 규정함과 동시에 김성일, 유성룡, 정구에게 두루 사사한 장흥효를 김성일 연원으로 귀속시킴으로써 김성일은 분명하게 계문의 정맥으로 정착되고 또한 영남학파의 주맥을 열게 된 것이다.

그 이후 김성일의 학맥은 장흥효(張興孝. 1564-1633. 호 敬堂)에게로 전하고 장흥효의 학문은 그의 외손자인 이휘일(李徽逸. 1619-1672. 호 存齋)에게로 전하고, 이휘일의 학문은 그의 아우인 이현일(1627-1704. 호 葛庵)에게로 전하고, 이현일의 학문은 그의 아들인 이재(李栽. 1657-1730. 호 密菴)에게로 전하고, 이재

종합하여 『심술(心術)』을 짓고, 자신의 경공부를 면려하고자 하였다. 저서에 『대산집』, 『경재잠집설』, 『퇴계선생서절요』, 『주자어절요』, 『약중편제』 등이 있다.

의 학문은 그의 외손자인 이상정(李象靖. 1711-1781. 호 大山)에게로 전하고, 이상정의 학문은 남한조(南漢朝. 1744-1809. 호 損齋)에게로 전하고, 남한조의 학문은 유치명(柳致明. 1777-1861. 호 定齋)에게로 전하고, 유치명의 학문은 김흥락(金興洛. 1827-1899. 호 西山)에게로 전하여졌던 것이다. 이와 같이 김성일은 퇴계 이황의 학문을 이어 받아 이를 다시 후학에게로 전하여 3백여 년에 걸쳐 영남학맥의 연원을 형성하였던 것이다.

김성일은 퇴계의 저작을 발간하는 데도 주도적인 역할을 하였다. 그가 나주목사로 있으면서 1585년에는 『성학십도(聖學十圖)』와 『계산잡영(溪山雜詠)』을, 1586년에는 『주자서절요(朱子書節要)』와 『퇴계선생자성록(退溪先生自省錄)』을 발간하였다. 그는 고향에 돌아온 후 1587년에는 조목, 유성룡 등과 함께 『퇴계문집(退溪文集)』을 편차하였고, 이듬해에는 『퇴계문집』을 교정하였다. 이황 문하의 여러 사람들이 문집 원고를 모으기는 하였으나 오래도록 탈고하지 못하고 있었던 것이다. 1588년 여름에 이르러 한두 동지와 함께 거듭 교정하여 확정지었는데, 처음부터 끝까지 맡아서 주관한 사람은 실로 김성일이었다.

위민과 애민의 정치철학

김성일은 1583년 선조 16년 황해도를 순무할 때 올린 상소에서 제왕이 나라를 다스리는 데는 여러 가지 방도가 있겠으나 그 근본은 백성을 편안하게 하는 데 있을 뿐이며, 백성을 편안하게 하는 방법에는 여러 가지 정사가 있겠으나 그 요체는 해(害)가 되는 것을 없애는 데 있을 뿐이라고 하였다. 그러면서 그는 백성들이 편안할 경우에는 그 나라는 항상 부흥하고, 백성들이 편안하지 못할 경우에는 그 나라는 항상 망하는 법이니, 두려워하지 않아서야 되겠느냐고 하였다.

1591년 선조 24년 11월 김성일은 또 재앙을 만나 수성하기를 청하는 차자에서 이렇게 썼다. "『서경(書經)』에 이르기를, 하늘이 듣는 것은 우리 백성들을 통하여 듣고, 하늘이 보는 것은 우리 백성들을 통하여 본다 하였습니다. 무릇 하늘이 백성을 보는 것은 부모가 자식을 보는 것과 같은 법입니다. 자식이 죽을 지경이 되었는데도 부모된 자가 마음아파하지 않고 근심하지 않는 법은 없습니다. 또한 모든 백성들이 제 살 곳을 잃었는데도 하늘이 진노하지 않는 법은 없습니다. 그러므로 백성들이 생겨난 이래로 시국의 편안하고 어지러움과 나라의 흥하고 망함이 모두 여기에서 결판났습니다."

이처럼 그의 정치철학은 한 마디로 말하여 맹자가 말한 민본사상(民本思想)에 근거를 둔 위민정치(爲民政治), 애민정치(愛民政治)였다. 이 민본사상 위에서 그는 도의를 바탕으로 천리(天理)에 부합하는 정치, 천명에 부합하는 정치를 하자는 것이었다. 이러한 천리에 따라 다스려지는 정치를 조광조는 지치주의(至治主義) 정치라고 했다. 이러한 지치주의가 곧 도학사상이요 지치주의 정치가 곧 도학정치이다. 조선시대의 성리학자들의 정치이론이었다. 김성일의 정치이론도 도학정치사상에서 우러나오는 것이었다.

요즈음은 최대다수의 최대행복을 사회정의의 기준으로 삼지만 도학정치는 어디까지나 이치에 맞고 천명에 부응하는 것이 사회정의의 기준이었다. 따라서 개개인이 인간으로서의 언행이 천리와 법도에 맞아야 되며 자식으로서, 부모로서, 형제로서, 남편으로서, 신하로서, 붕우로서, 제자로서, 스승으로서 모두가 훌륭한 인간이 되어야 효자도 될 수 있고 사회의 지도자가 될 수도 있었던 것이다. 그렇기 때문에 도학정치철학에 있어서는 정치는 목적과 수단이 모두 정당해야 하는 것이다. 일찍이 공자가 말한 '수신제가치국평천하'(修身齊家治國平天下)라는 철학이 처음부터 끝까지 적용되는 것이었다.7)

김성일은 인간이 해야 할 도리를 제대로 해야 하는데는 국왕이라고 예외가 될 수 없다고 생각하였다. 아니 그는 국왕부터 제대로 하여야 한다고 했다. 1573년 선조 6년 11월 5일 밤 비현각(丕顯閣)에서 있은 경연에 김성일은 검토관으로 참석하여서 이렇게 말하였다. 곧, "만일 이대로 간다면 10년이 못가서 국가가 위망할 화를 입을 것입니다. 조정의 명령이 막혀서 시행되지 않고 상하의 세력이 분산되어 통일을 찾지 못하고 있습니다. 경연석상에서 비록 한두 가지 건의를 올린다고 하지만 일을 시작하기만 하면 다른 폐단만을 수반하게 되니, 이렇게 해서는 나라가 잘 다스려지기 어렵습니다. 맹자는 군심(君心. 곧 왕의 마음)이 잘못됨을 바로잡는 것을 우선으로 삼았

---

7) 『학봉의 학문과 구국활동』(1993, 학봉김선생기념사업회 간) 중 강주진 전 성균관 이사장의 "학봉선생과 도학정치"에서 인용하였다.

으며, 주자는 정심성의(正心誠意)로서 언동의 요(要)를 삼았습니다. 지금 전하께서 능히 정심으로 본원을 닦지 않으시면 어찌 나라와 백성들이 능히 복종하겠습니까?"라고 말하였다. 그러면서 그는 지금처럼 정사가 이루어지면 10년 안에 나라가 망할 수 있다고 극언하면서 왕부터 마음의 자세를 바로하여야 국가를 제대로 다스려 나갈 수 있다고 진언하였던 것이다. 그 당시는 국가적으로 여러 가지 문제가 쌓여 있어서 이들 문제들을 고치지 않고는 정말로 나라가 무너질 지경이라고 뜻있는 사람들이 걱정하던 때였다.

그러다 보니 김성일은 조정에 있으면서 현실 개혁을 위하여 여러 번 소차계(疏箚啓)를 올렸으며, 이들 소차계에서는 백성을 나라의 근본으로 삼고 그들을 편안하게 하여야 한다는 그의 정치철학이 항시 기저를 이루고 있었던 것이다. 그는 이러한 정치철학 때문에 일본에 다녀온 후의 귀국 보고시에도 흉흉한 민심을 진정시키고자 노력하였고, 부제학으로서 올린 세 번의 차자에서도 백성들의 고통을 도외시한 내지의 축성 등의 요역을 비판하였고, 임진왜란이 일어난 후에도 왕이 군민에게 해가 되는 것을 모두 없애겠다고 약속하여 백성들이 기뻐 감격하게 하라고 건의를 하고 있는 것이다. 백성들이 기뻐하면 하늘의 뜻을 돌이킬 수 있으니, 왜적들이 아무리 창궐한다 하더라도 머지 않아 섬멸할 수 있을 것이라고 하였다. 이처럼 그는 민심을 잃으면 금성탕지가 있더라도 왜적을 막는 데 소용이 없다고 하면서 민심을 얻기를 끊임없이 주장하였던 것이다.

김성일의 학문과 평생의 업적은 이상정이 쓴 『학봉선생문집』속집의 서문에 잘 요약되어 있기에 여기에 그 해당되는 부분을 인용한다.

　　퇴도 노선생(退陶 老先生, 곧 이황)께서 끊어졌던 학문을 창도하여 사도(斯道. 유가에서 이르는 유교의 도덕)의 전통을 여니, 당대에 문하로 모여든 선비들이 덕을 이루고 재주를 통달하는 교화를 입게 되었다. 학봉(鶴峯) 김성일 선생께서는 어린 나이에 도를 들어서 자주 사문(師門. 스승의 집. 스승의 문하)의 권장과 칭찬을 받아 마침내 연원을 주고받는 종지(宗旨. 종문의 취지)와 혼자에게만 전하여 은밀히 부탁하는 뜻을 얻었는바, 이는 대개 나머지 다른 제자들이 참여해서 들을 수 없는 것이었다.
　　선생께서는 영특한 자질을 가진 데다가 각고면려하는 공부를 더하여, 공경을 주로하여 마음을 보존하고, 의리를 정밀히 하여 쓰임을 완성하였는바, 강건하고 독실하게 해서 날마다 진보하여 그침이 없는 분이었다. 이에 조정에서 얼굴빛을 바르게 하고 서 있으면 백관들이 모두 두려워서 엄숙해졌고, 사신의 명을 받고 일본에 가자 섬 오랑캐들이 모두 믿고 복종하였다.
　　왜적이 침략해 오자, 나라가 위태로운 즈음에 명을 받고서는 의병들을 격려하여 왜적들의 칼날을 막아 국가가 중흥할 수 있는 기반을 다졌다. 그러다가 피로가 쌓인 나머지 병이 들어 중도에 세상을 떠나게 되었으니, 이는 참으로 나라의 운수가 관계된 바이다.
　　그러나 배운 바를 미루어 실지로 시행하고 대의(大義)를 창도하여 나라를 위해 목숨을 바친 자취를 살펴보면, 참으로 이른바 체(體)를 밝혀서 용(用)을 알맞게 한 학문이고 죽음으로 써 지키면서 도를 선도한 용기인 것으로, 사문(師門)이 기대한 바를 저버리지 않은 분이다. 맹자가 이르기를, "나는 나의 호연지기(浩然之氣)를 잘 기른 사람이다. 호연지기의 기운됨은 천지 사이에 꽉 차서 의(義)와 도(道)에 배합된다" 하였는데, 선생과 같은 분은 아마도 맹자의 도에서 얻은 바가 있는 것이리라.

(중략)

아아, 선생께서는 외로운 충성심과 바른 도를 가지고 있으면서도 나아가서는 이를 세상에 펴지 못하였고, 물러나서는 또 시골에 은거한 채 정양(靜養)하여 말년에 도가 충만해지는 공부를 다하지 못했는바, 이는 참으로 후학들의 끝없는 유감인 것이다.

그러나 노산군(魯山君. 곧 복위하기 전의 단종)을 복위시키기를 청한 상소가 있어 군신간의 큰 윤리를 드러내었고, 사문에 전한 것이 있어 도학의 종통(宗統)을 밝히었으며, 언행에 대한 차록(箚錄)이 있어 선언(善言)과 덕행(德行)을 잘 살펴서 상세히 기록하였는바, 『논어』나 『주자어류(朱子語類)』와 더불어서 천년토록 그 공효를 같이 한다. 그렇다면 유교를 천명하고 사문(斯文)을 도운 공효 역시 어찌 밝고도 분명하게 드러난 것이 아니겠는가.

퇴도 노선생의 병명을 첨부하여 연원을 전하여서 부탁한 실제를 드러내었으니, 후대 사람들이 이를 잘 읽어 보면 무언가 얻는 바가 있을 것으로, 반드시 마음 속에 융합되는 바가 있어 옷자락을 잡고 문하에 나아가서 친히 말씀을 듣는 것과 다름이 없을 것이다.

제 5 부

초유와 토적의 구국활동

김성일을 유임시켜 주시옵소서

경상좌도 감사 임명

초유사 김성일은 임진년 5월 이후 네 차례나 장계를 올렸으나 한 번도 회답이 오지 않았다. 그러던 중 8월 11일 선전관 이극신(李克新)이 왔다. 선전관으로부터 전후 세 차례나 왕의 비지(批旨. 상소에 대하여 임금이 내리는 답변의 말씀)가 있었으며, 김성일이 경상좌도 감사로 제수된 것을 알게 되었다. 좌도 감사로 발령이 난 날은 6월 1일이었으나 길이 막혀 이날 처음 들은 것이다. 또한 평양이 적에게 함락되어 임금이 용만(龍灣)으로 몽진하고, 동궁이 안협(安峽)에 와서 머문다는 것도 듣게 되었다.

선전관으로부터 여러 가지를 들은 김성일은 "백발고신이 왕명을 받들고 남으로 온지 오래 되었는데도 근왕병을 힘써 일으키지도 못하였을 뿐만 아니라 도내의 적조차 소탕하지 못하

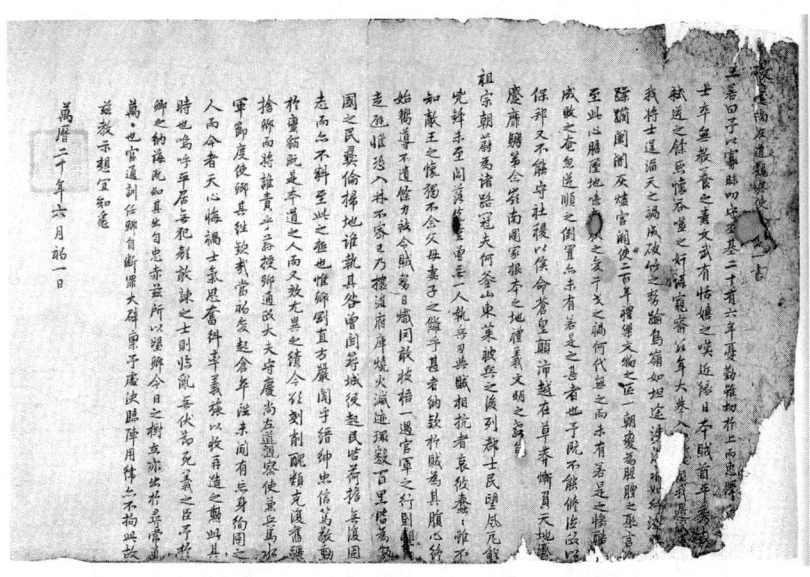

경상좌도 관찰사 김성일에게 내린 훈유 교서. 김성일을 경상좌도 감사로 제수하면서 왜적을 쳐 부술 것을 당부하는 교서이다.

고 난여(鑾輿. 연. 임금이 타는 가마의 하나)가 초야에 헤매고, 종묘사직이 폐허가 됨을 앉아서 바라보며 구차한 목숨을 오늘에까지 보전하여 왔으니, 은혜를 잊고 나라를 저버린 부끄러움, 만 번 죽어도 속죄하기 어렵거늘, 천벌을 내리시지 않고 도리어 한 방면(지방)을 맡겨 주시니 몸을 갈고 뼈를 가루로 한들 어찌 홍은의 만분의 일이라도 보답할 수 있으리요. 하늘을 우러러보고 땅을 굽어 살펴도 발붙여 돌아갈 곳 없으니 다만 죽음이 있을 따름이요, 그 밖에 어떻게 할 수 없구나" 하니, 좌우 사람들이 눈물에 가리어서 차마 눈을 뜨지 못하였다.

김성일은 초유사에서 경상좌도 감사로 그 임무가 바뀐 것을 산음에서 들었다. 그 이튿날 초계로 이동하여 장차 좌도로 향하려고 하였다. 그러나 김성일의 좌도감사로의 이동은 우도 사람들에게는 마른 하늘에 벼락과 같은 일이었다. 이때의 상황을 이노1)는 그의 『용사일기』에서 이렇게 썼다.

> 우도 사람들은 어린이는 울고 늙은이는 한숨 지으며 어른은 호통하면서 안절부절 못함이, 마치 물을 잃은 고기와 같고 보금자리를 불태운 제비와 같았으며, 의병의 무리들은 대개가 마음이 꺾여 수습할 수가 없었다. 이에 선비들은 밀물치듯 수십 명이 떼지어 와 뜰 아래서 머물기를 간청하였다.

김성일 유임 운동을 위한 모임 통지문

그러다가 강우(江右)의 유생들은 여러 가지로 김성일의 유임 운동을 하기 시작하였다. 우선 향교에 모여서 그 방법을 의논하자고 통문을 돌렸다. 그 통문의 내용은 다음과 같다.

---

1) 李魯. 1544-1598. 자는 여유(汝唯). 호는 송암(松巖)·문수산인(文殊山人). 본관은 고성(固城)으로 조식의 문인이며 곽재우의 장인이다. 1590년 문과에 급제하여 최영경의 신원을 청하였다. 임진왜란 때 김성일의 종사관으로서 의병들의 창의, 토적 활동과 군량곡의 조달 등 여러 면에서 김성일을 크게 도왔다. 김성일의 행적을 중심으로 하여 임진왜란 때의 일을 기록한 『용사일기』를 저술하였다. 저서는 『송암집(松巖集)』이 있다.

우리 영남 지방은 흉악한 왜적들이 침범해 온 이후로 열읍(列邑. 여러 고을)의 성이 토붕와해되어, 왜적들이 마치 무인지경에 들어오듯이 거침없이 쳐들어 왔습니다. 이에 병영의 장수는 썰물처럼 퇴각하고, 고을의 수령은 쥐새끼처럼 도망치고, 백성과 군졸은 무너져 숨고, 읍과 촌락이 텅 빈 채 쓸쓸하게 되었는 바, 전 지역이 모두 흉악한 왜적들의 소굴이 되어 다시는 손쓸 곳이 없었습니다.

그런데 다행히도 우리 초유사 김 상공(相公)께서 애통해하는 성상의 교지를 나라가 어지러워진 뒤에 받들고는, 간담을 키우고 눈물을 뿌리면서 이 왜적과는 한 하늘 아래에서 함께 살 수 없음을 맹세하였습니다. 그리고는 의병을 일으켜 나라를 회복시키는 일을 자신의 임무로 삼아, 이 지방에 도착한 즉시 열읍에 통문을 보내 효유하여 군신(君臣)의 명분을 밝히고, 복수의 대의를 선창하였습니다. 말이 매우 간절하고 충의가 솟구쳤으므로, 이를 들은 사람치고 두 주먹을 불끈 쥐지 않는 사람이 없었으며, 이를 본 사람치고 눈물을 흘리지 않는 사람이 없었습니다. 그리하여 같은 소리로 서로 호응하고, 멀고 가까운 데 사람들이 그림자처럼 따라서, 수백 명의 피곤에 지치고 흩어진 군졸로써 돌진해 들어오는 흉악한 왜적에 대항하여, 요해지를 차단함으로써 왜적들의 기세를 꺾었습니다. 그러니 나라가 회복될 가망이 있게 된 것이 그 누구의 힘이겠습니까.

지금 듣건대, 초유사를 좌도 감사로 옮겨 임명한다고 합니다. 이것이 어찌 단지 우리 몇 고을 사민들만 복이 없는 것이겠습니까. 아마도 장수와 군사들 역시 마음이 이반되어 반드시 흩어질 기세가 있으니, 한 삼태기의 흙이 부족하여 산을 쌓는 공을 이루지 못해, 또다시 나라를 회복시키는 기회를 잃게 될 것입니다.

　그러니 처음에 망했다가 다시 보존된 것은 초유사 김 상공께서 왔기 때문이요, 뒤에 거의 성공될 뻔하다가 다시 무너지는 것은 초유사 김 상공께서 떠나가기 때문입니다. 오고가는 것이 똑같이 국사를 위한 것이지만, 일의 급하고 급하지 않은 형세는 피차의 구별이 있는 법입니다. 좌도와 우도가 같이 한 도이니 왜적을 평정할 기회는 반드시 여기에서부터 시작되어야 할 것입니다.

　우리들의 뜻은 여러 유생들과 더불어 구공(寇公)을 1년 동안만 더 빌려 달라는 소(疏)[2]를 만들어 선전관이 가는 편에 부치는 한편, 초유사께 이곳에 남아서 우리를 살려 달라는 청을 올릴 생각을 하고 있습니다. 제군들께서도 반드시 서로 말을 하지 않아도 마음속으로 이해하고 있을 것으로 생각됩니다. 제군들께서 고을의 자제들을 거느리고서 모두 저의 향교에 왕림하신다면 매우 다행이겠습니다.

　유학 강위로(姜渭老) 등이 통문을 돌립니다.

　향교에 유생들이 모인 날짜와 그 수는 기록이 없어 알지 못한다. 『난중잡록』에는 8월 27일조에 위의 통문이 실려 있다. 그리고 사인 이대기 등이 김성일의 가는 길을 막고 머물러 있

---

2) 어진 수령을 유임시켜 달라고 청하는 소 후한(後漢)의 구순(寇恂)이 영천태수가 되었을 적에 치적을 세우고 이임되었는데, 그 뒤에 광무제가 남정(南征)을 할 때 구순이 광무제를 따라가 영천에 이르렀다. 그러자 영천의 백성들이 길을 막고서 광무제에게 말하기를, "폐하께서 구군을 다시 우리에게 1년 동안만 빌려 주시기 바랍니다" 하였다.

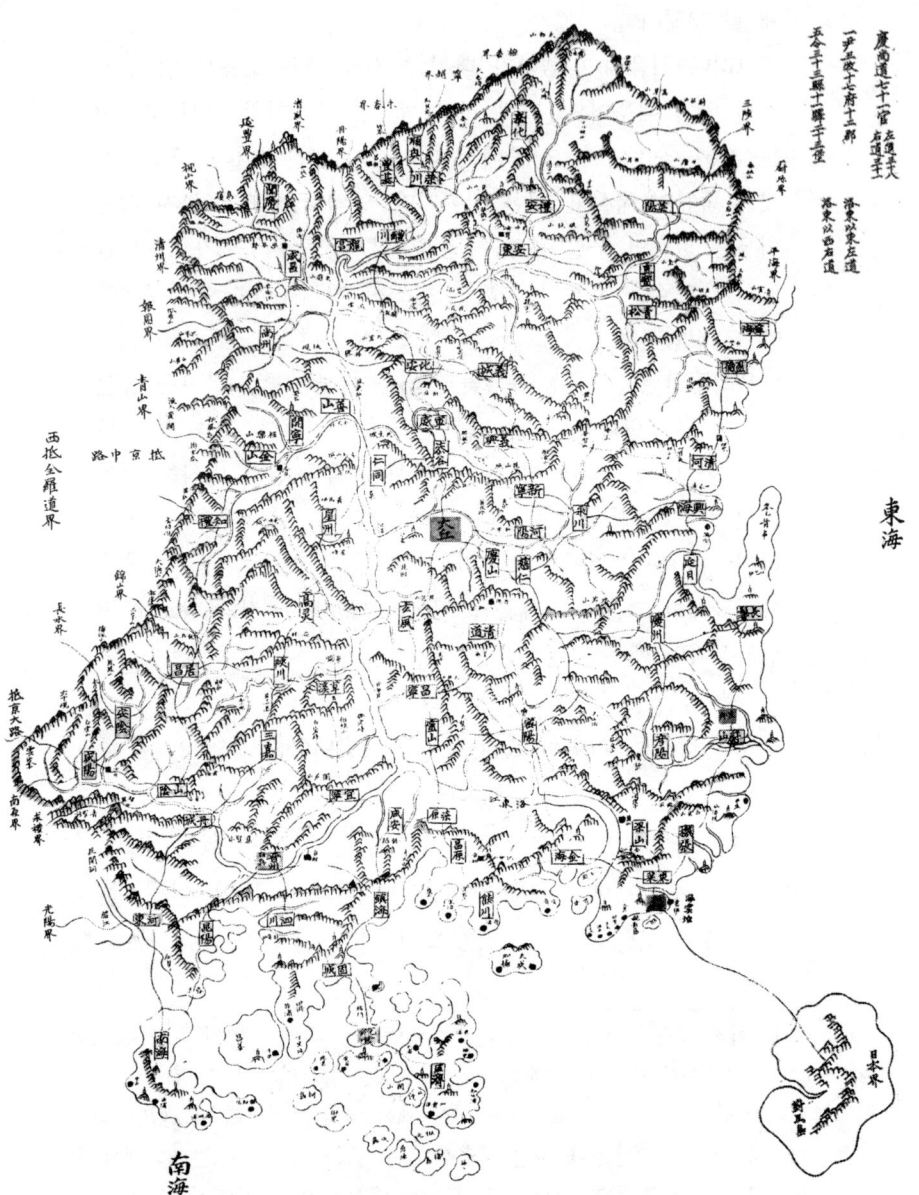

경상도 지도 18세기 말에 제작된 『첩여지도』의 경상도이다. 산맥과 강, 군현 중심의 지도이다.

기를 청한 것과 진사 박이문, 진사 정유명 등이 각각 원류소를 올려 윤허를 받은 사실도 모두 임진년 8월 27일조에 기록되어 있다. 경상좌도 감사 김성일이 거창에서 초계로 옮겨 주둔하여 장차 낙동강을 건너려 하였다고 기록된 것도 같은 27일조이다. 왕에게 올린 두 원류소와 김성일에게 제출한 만원서(挽轅書)를 여기에 그 일부씩만 인용한다. 지면 사정상 원류소와 만원서 중에서 정유명이 소두로 왕에게 탄원한 원류소만 전문을 뒤에 첨부하였다.

왕에게 올린 진사 박이문(朴而文) 등의 원류소 중에서

아아, 나라를 광복할 터전은 영남에 있고, 영남을 회복할 책임은 김성일에게 달려 있습니다. 김성일이 없으면 의병이 없을 것이고, 그에 따라서 또 영남도 없을 것입니다. 이제 김성일이 왕명을 공경히 받들고 강을 건너 동쪽으로 가고 나면, 간사한 무리들은 눈을 부라릴 것이고 의병들은 맥이 풀릴 것입니다. 이는 마치 큰 강과 높은 산에 용이 사라지고 호랑이가 떠나가는 것과 같으며, 아홉 길 높은 산을 쌓는 공이 장차 흙 한 삼태기가 모자라서 무너지게 생긴 격입니다. 그러니 오늘날의 일이 어찌 통곡하고 눈물을 흘리는 데에만 그칠 뿐이겠습니까.

신들의 생각으로는 한 방면을 나누어 맡는 책임은 비록 좌도와 우도로 나뉘어 있으나, 왜적을 토벌하는 사세는 본디 저곳과 이곳을 나눌 수 없을 듯합니다. 이미 내리신 어명을 비록 다시 돌이키실 수 없으나, 김성일로 하여금 좌도와 우도를 아울러 살피면서 의용군을 격려하게 한다면, 이는 실로 양도를 전담하는 중책을 맡아 영남 한 도를 주관하는 것이니, 위태로움을 되돌릴 기틀이 오로지 여기에 있게 될 것입니다.

왕에게 올린 진사 정유명(鄭惟明) 등의 원류소 중에서

전하께서 김성일을 옮겨 제수하신 것이 어찌 우도는 이미 회복할 만한 기미가 있으며 좌도는 한창 위급한 지역이라 하여 그런 것이 아니겠습니까. 그러나 일에는 급한 것과 늦출 것이 있으며, 시행함에는 먼저할 것과 나중에 할 것이 있습니다. 급한 것과 늦출 것으로 말씀드리면 좌도보다 더 급한 곳이 없을 듯하며, 먼저 할 것과 나중에 할 것으로 말씀드리면, 우도에 있는 자를 좌도로 옮기는 것은 마땅치 못한 일임이 틀림없습니다.

생각컨대, 저희들이 살고 있는 우도는 영남 좌도와 호남 사이에 끼어 있습니다. 왜적들이 밤낮으로 호남을 노리면서도 감히 침범하지 못하는 것은 우리의 초유사가 사민의 마음을 얻어 싸우면서 지키고 있기 때문에 그런 것입니다. 앞으로 만약 김성일이 없어서 관방(關防. 국경 기타 요해처의 방비)이 엄하지 못하게 될 경우에는 오직 우도의 몇 고을만이 함락되어 왜적의 땅이 될 뿐만 아니라, 호남의 50개 고을도 입술이 없어서 이가 시린 걱정을 면할 수 없을 것입니다. 현재 국가에서 조금이나마 믿고 의지할 곳은 전라도 한 도뿐입니다. 전라도 한 도를 보전하지 못하면 전하의 나라 일도 끝나고 말

것입니다. 아, 김성일이 떠나고 머무는 것이 어찌 영남 우도 의병의 성패에만 관계되겠습니까.

초유사 김성일에게 유생 이대기(李大期) 등이 올린 만원서 중에서

저 욕심 많은 아전과 백성을 해치는 감사들은, 산과 바다와 같은 임금의 은혜는 생각지도 않고 하찮은 자신의 목숨만을 아까워 하여, 왜적들이 쳐들어 오기도 전에 먼저 도망하여 숨어 버렸습니다. 그리고서는 의병이 한 번 일어나자 시기하고 질투하는 마음을 품고는, 다른 사람이 공을 이루는 것을 두려워하여 온갖 수단으로 헐뜯기를 꾀하였으며, 심지어는 불궤(不軌. 법률을 지키지 않음. 법규에 따르지 않음. 모반을 꾀함)를 도모하였다고까지 떠들어댔습니다. 그러면서도 그들이 감히 자신들 멋대로 술수를 부리지 못하고 분노를 폭발시키지 못하였던 것은, 상공(相公)께서 이곳에 계시기 때문이었습니다.

지금 상공께서 한 번 낙동강을 건너서 동쪽으로 가시고 나면, 전날에 귀신같이 숨어 있고 물여우처럼 잠복해 있던 자들이 그 기운을 드날리게 될 것이요, 노여움을 품고 미워하던 자들 또한 마음대로 수단을 부릴 것입니다. 그럴 경우 정충(精忠)과 의열(義烈)이 두 의병대장과 같은 사람들이 어찌 구차하게 공을 이루기를 바라서, 머리를 숙이고 마음을 굽혀 저들에게 견제당하려 하겠습니까.

이뿐만이 아닙니다. 의령의 의사 곽재우는 칼을 차고 적개심을 품어 충의가 늠름하지만, 광망스러운 마음을 잘 절제하지 못하여 방백(方伯)의 뜻을 거슬렀습니다. 곽재우가 믿는 바는 오직 우리 합하뿐인데, 합하께서 가시고 나면 형세상 장차 보전하기가 어려울 것입니다. 곽재우가 없으면 의령이 없을 것이고, 의령이 없으면 삼가로부터의 서쪽 지역이 장차 차례차례 왜적에게 함락당할 것입니다. 이것으로 보건대, 합하께서 가고 머무는 것이 어찌 의병들이 모이고 흩어지는데 관계되지 않겠으며, 나라가 보존되고 멸망하는 것이 달려있는 것이 아니겠습니까.

진사 박이문은 합천, 초계, 삼가, 의령, 진주, 단성의 소두(疏頭, 연명하여 올리는 상소에서 맨먼저 이름을 적은 주동이 되는 사람)가 되었고, 정유명은 거창, 안음, 산음, 함양의 소두가 되었다. 초계 유생 이대기는 30여 명의 선비들과 함께 김성일의 가는 길을 막고 경상우도에 계속 머물러 있어 달라고 하였다.

그러나 왕명을 받들 수 밖에 없어 낙동강을 건너 가게 될 무렵 이노가 따르려 하거늘 김성일은 "저편의 의혹이 풀리기 어려우니 아직 피하라"고 말렸다. 곽재우 또한 하직 인사차 와서, "형세가 이미 순찰사(김수)에게 용납되지 않으니, 청컨대 군대를 해산하고 진영도 파하고 속관이나 되어서 휘하에 따라가겠나이다" 하고 말하니, 김성일은 탄식하면서 "그대의 말인즉 그럴 듯 하다마는 내가 데리고 갈 수는 없는 일이요. 그대가 마지못해 좌도로 넘어온다면 나는 당장에 장계로 품의하여 현풍, 창녕, 영산 세 고을의 도의병장으로 삼을 테니 조금만 기다려 보시오. 사실상 적을 토벌하는 데야 어찌 좌도니 우도니 할 것이 있겠소. 그러나 다만 그대가 강좌(江左)로 넘어오면 강우는 장차 어떻게 하겠소"라고 하였다. 위에서 본 두 원류소와 만원서에서 우려하던 일이 현실로 나타나려 하고 있었다.

바다에는 이순신, 육지에는 김성일

한편, 『선조수정실록』 선조 25년 8월조에서는 이순신과 김성일의 공적에 대하여 이렇게 기록하였다.

이때 이순신은 수군을 거느리고서 서해의 입구에 웅거하였으며, 김성일 등은 진주의 관요(關要 국방상의 요새지)를 지키고 있었다. 적이 금산(金山. 곧 김천)을 경유하여 호남에 침입하려 했으나 여러 번 좌절당하였으므로 도로 종래의 길로 퇴각하여 돌아가니 호서(곧 충청도) 또한 함락되는 것을 면하였다. 국가가 이 두 도의 방어에 힘입어 군수 물자를 공급할 수 있었으니, 한때의 장사들이 방어하여 지킨 공로가 또한 대단하다 하겠다.

그러면 당시 김성일이 어떤 일을 하였기에 경상우도에서는 그의 유임운동이 일어났으며, 『선조수정실록』에서는 이순신의 공적과 마찬가지로 그가 지킨 공로가 대단하였다고 하였는지 알아 보기로 하자.

임진왜란 초기의 경상도 상황

왜병은 1592년 선조 25년 4월 13일 소서행장이 이끄는 제 1군 18,700여 명이 부산포에 침입하여 그 이튿날에 부산진을 점령하고 15일에 동래성을 공격, 점령하였다. 제2군, 제3군이 연달아 상륙하여 군사를 중로와 좌로, 우로의 세 길로 나누어 한양을 향하여 북상하였다. 부산진, 동래, 김해 등에서는 수비하는 우리나라의 관군과 전투를 하였지만, 다른 지역은 별 저항을 받지 않았다. 아니 사서들은 무인지경을 가듯하였다고 하였다.

왜적의 제1군은 중로를 잡고 4월 16일에는 양산성을, 18일에는 밀양성을 점령하였고, 이어 청도, 대구, 인동, 선산을 거쳐 25일에는 상주성을, 26일에는 문경을 점령한 후 조령을 넘었다. 가등청정이 이끄는 제2군 22,800여 명은 4월 18일 부산에 상륙하여 동래에서 좌로를 잡아 기장, 울산, 경주, 영천, 의흥, 군위, 비안, 용궁을 거쳐 문경을 지나 조령을 넘었다. 중로와 좌로를 잡은 왜적은 경상좌도 지역을 휩쓸고 갔다.

흑전장정이 이끄는 11,000여 명의 제3대는 4월 19일 죽도 부근에 상륙하여 김해, 창녕, 성주, 지례, 금산(김천)을 거쳐, 4월 28일 추풍령을 넘어 갔다. 낙동강을 중심으로 하여 경상도의 좌우를 무인지경같이 지나갔다. 천혜의 요험인 조령은 왜적들에게는 아무런 장애도 되지 못했고, 조선의 관군에게는 아무런 방어 구실을 하지 못하였다. 평지에 아무리 성을 잘 쌓고 못을 깊이 판들 조령만한 방어시설을 어떻게 만들 수 있었겠는가! 정말 통탄할 일이었다.

　이때의 우리 조선의 방비 실태를 보자. 왜적이 쳐들어 온 것을 처음으로 조정에 보고하였던 경상좌수사 박홍(朴泓)은 바다로 침입하는 왜적을 제일 먼저 막아야 하는 것이 그의 임무임에도 오히려 좌수영 영사를 불사르고 언양으로 도주하여 경상좌병사 이각(李珏)과 진을 치고 있다가 경주로 도주하였다. 경상우수사 원균(元均)은 왜군이 거제도로 향한다는 소문을 듣고 우후(虞候)로 하여금 우수영을 지키라고 명령을 하고는 노량으로 도망하였다. 우후는 수영에 남아 있던 백성들을 피란시킨 다음 전선 백여 척과 화포를 비롯한 군기를 바다에 침몰시켰다. 이와 같이 경상도의 좌·우수영의 수군은 왜적을 막아보지도 못하고 스스로 무너졌다.

　육지의 상황은 어떠하였던가? 당시 경상좌도의 군사 책임자였던 좌병사 이각은 울산 좌병영에서 왜군의 침입 소식을 듣고 15일 아침에 동래성으로 달려 왔다가 부산진이 실함되었다는 소식을 듣고는 어쩔 줄 모르다가 "나는 대장이니 외부에 있으면서 협공하는 것이 마땅하다. 즉시 나가서 소산역에 진을 쳐야 하겠다"고 하면서 동래부사 송상현이 성에 남아서 함께 지킬 것을 요청하여도 밖으로 나갔다. 나가서 소산역에 진을 치고 있다가 멀리 도망갔다. 이때 경상우병사는 조대곤이었다. 그는 창원의 경상우병영에 있으면서도 김해성에서 이틀간이나 왜적과 싸우는 데도 가서 이를 구할 생각도 않고 도망치다가, 그의 후임으로 부임하기 위하여 오던 김성일을 만나서 준엄한 책망을 받았다.

이 지역의 총책임자였던 경상감사 김수의 행적도 살펴 보자. 그는 임진왜란이 일어나기 전 해인 1591년 6월에 경상감사로 부임한 이래 방비에 관한 한 조금도 소홀히 하지 않았고, 우병사 신할과 뜻이 맞아서 국사를 성심껏 도왔다고 자부하던 사람이다. 임진왜란이 일어나던 날도 3월 9일부터 경상도 일원의 방비를 순심(巡審. 돌아다니면서 살핌)하던 끝에 진주에 와서 엿새째 묵으면서 전란을 대비하고 있던 중이었다.

그는 왜적이 수를 모를 만큼 많은 배에 타고 부산포에 침입하였다는 것을 14일 진주에서 들었다. 그 이튿날 왕에게 장계를 올리고 나서 함안, 칠원을 거쳐 16일에는 밀양에 도착하였다. 이때 적은 양산을 공격 중이었다. 그는 도내의 모든 색군의 징발령을 내려서, 각지에 분산 주둔하면서 도우라고 하였다. 양산이 실함되니, 영산으로 물러갔다가 밀양성이 실함되고 나니 초계로 옮겨 갔다. 그 후에 다시 고령으로 달려가서 조정에 장계를 올렸다. 이때부터 경상좌도로 가는 길이 막혔다.

22일에 그는 도순찰사를 겸하라는 명령을 받았다. 어깨가 더욱 무거워졌다. 김해를 함락한 적이 경상우도의 여러 고을을 점령하고 우병영을 거쳐 함안, 의령으로 돌진하였다는 소식이다. 그래서 김수는 거창으로 진을 옮겨서 여드레를 머물며, 동서로 대응하였다. 김해 전투에서 성이 함락되기 전에 도망한 초계군수 이유검(李惟儉)과, 김해로 가다가 배가 전복되어 장졸 백여 명이 죽고 무기도 잃은 후 도주하였던 의령현감 오응창(吳應昌)을 목베어 군중에 효시하기도 하였다. 침략한 왜군

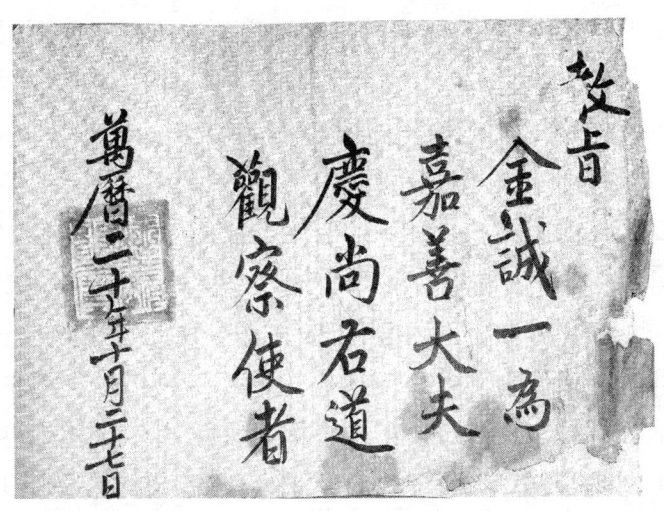

경상우도 감사 김성일을 가선대부로 가자(加資)하는 교지. 이 교지가 내리기 전인 임진년 8월 7일에 김성일을 경상우도 감사로 이동 발령한 교지가 내렸었다. 그러나 전쟁으로 길이 막혀 그런 사실을 모른 경상우도 사민들은 삼가에서 의병활동을 하던 노순(盧錞)으로 하여금 왜적들의 소굴을 뚫고 의주로 가서 선조에게 김성일 원류소를 올리게 하였다.

에게 낙동강을 중심으로 좌우도의 많은 지역이 함락되었지만, 그는 의리를 보아서도 왕을 그냥 둘 수 없다고 생각하여 2천여 명을 거느리고 근왕군(勤王軍)을 일으켜 상경하였다. 임지의 백성들보다는 왕을 먼저 생각한 행동이었다. 경상도 지역은 왜적에게 점령되어 있어서 호남을 통하여 가려고 함양을 지나 운봉에 이르렀다. 거기서 그는 부임차 내려오던 초유사 김성일을 만나서, 그의 준엄한 권고를 받고 경상도로 다시 돌아왔다.

경상우병사에서 초유사로

여기서 우리는 김성일이 초유사로 임명되는 과정을 살펴 보자. 그러기 위해서는 그가 경상우병사에 임명되어 부임하는 과정부터 보는 것이 좋다. 김성일은 1592년 선조 25년 4월 11일, 그러니까 임진왜란이 일어나기 이틀 전에 경상우도 병마절도사에 제수(除授. 벼슬에 천거하는 절차를 밟지 아니하고 임금이 바로 벼슬을 시킴)되었다. 그는 명을 받자 곧바로 임지로 출발하려 하니 조정의 친우들은 모두 차탄(嗟歎. 한숨 지어 탄식함)하면서 애석하게 여기고, 혹은 길에서 위문하는 사람도 있었다. 그러나 그는 "마땅히 국사를 위하여 진심갈력할 뿐이고 일의 성패는 말할 것이 못 된다"고 나라를 위하여 몸을 바칠 결연한 의지를 표명하였다. 그때의 그의 심경은 그가 한강을 건너면서 지은 한강유별(漢江留別)이라는 시에 잘 나타나 있다.

    국방(병사)의 중책 맡고 남방으로 떠나가니
    외로운 신하 한 번 죽음 이미 각오했네
    눈앞에 늘 보던 저 남산과 한강물은
    뒤돌아보니 마음속 깊이 잊혀지질 않는구나

    仗鉞登南路　孤臣一死輕
    終南與渭水　回首有餘情

그는 충주 단월역에 이르렀을 때 왜적이 이미 상륙하여 부산과 동래가 함락되었다는 말을 듣고 주야로 경상우병영이 있는 창원을 향하여 달려갔다. 4월 17일 상주를 지나서 20일 창원에서 30여리 떨어진 곳인 해망원(마산)에 도착하였다. 그곳에서 그는 창원 병영에서 후퇴하여 와 있던 전 병사 조대곤(曺大坤)을 만났다. 인수인계가 끝난 다음 조대곤이 떠나려는 것을 김성일이 "병사로서 김해성이 함락되는 데도 진격하여 돕지 않았으니 형을 받아 마땅하다. 그리고 또 세신으로서 나라의 은혜를 받은 몸이 어찌 이처럼 극렬한 변란의 때에 도망갈 수 있느냐" 하고 준열히 책망하니 조대곤이 두 손으로 얼굴을 감싸 쥐었다.

얼마 안 있어 척후병이 와서 왜적의 선봉이 이미 도착하였다고 알리자 조대곤은 겁에 질려 어쩔 줄을 모르면서 김성일에게 말에 올라타자고 재촉하는 것이었다. 김성일이 그를 꾸짖어 저지시킨 다음 군사들에게 망동하지 말게 영을 내리고 군사를 골라 좌우에 복병을 잠복시켰다. 그리고 왜적을 기다렸다. 두 왜적이 흰 말을 타고 새깃으로 만든 옷과 금 갑옷에 사방에 귀와 눈이 있어 빙글빙글 도는 금가면을 쓰고 칼을 휘두르면서 말을 달려 앞으로 다가오자 장병들이 겁내어 떨었다. 그런데 김성일이 조대곤과 편안히 걸상에 마주 앉아 있으니 왜적은 그가 꼼짝하지 않는 것을 이상히 여겨 감히 가까이 다가오지 못했고, 부채를 휘두르면서 걸어오는 왜적 수십 명이 그 뒤에 있었다.

김성일이 군관들에게 그들을 쏘게 하고 용맹한 군사들을 골라 돌격하게 하였으나 다들 서로 먼저 나가라고 미루는 것이었다. 김성일은 김옥(金玉)에게 말하기를 "너는 기왕에 먼저 나서서 공을 세우겠다고 하였는데, 지금 피할 수 있느냐" 하니,3) 김옥이 곧 앞장서서 말에 올라 수리 밖까지 쫓아가서 그

금가면을 쓴 왜적을 쏘아 거꾸러뜨렸다. 이긴 기세를 타고 추격하여 적의 수급 둘을 베고 금안장, 준마, 보검을 빼앗아 돌아왔다. 이 싸움이 임진왜란이 일어나고 나서 조선이 처음으로 왜적을 물리친 싸움이었다.4) 김성일이 군관 원사립과 이숭

---

3) 이 일에 대하여 조경남은 『난중잡록』 임진년 4월 20일조에 이렇게 썼다. 김성일이 경상우병사의 발령을 받고 임지인 창원으로 내려가던 중 의령에 당도하여 정진을 거쳐 병영에 바로 가려고 하였다. 그런데 그때 적병이 강의 우안(건너편)에 가득 모여드니 김성일의 휘하 장병들이 서로 말하기를, "이 길은 왜적의 소굴에 가장 가까우니 진주로 해서 함안에 도달하는 것만 못하다. 또한 주장(곧 병사)은 군령이 엄하고 적을 두려워하지 않으니 곧장 전진할 것이므로, 이 길은 위험하다" 하고는 "정진에는 배가 없습니다" 하고 김성일을 속이고 다시 그의 아들 김역(金㴒)에게, "강물이 불었고 배가 없으니 진주 길로 가는 것이 편리합니다" 하고 간하도록 부탁하였다. 김성일이 군관 김옥(金玉)을 시켜 가보게 했는데, 김옥이 돌아와서는, "배가 없어서 건널 수 없으니 진주 길로 빨리 가야 하겠습니다" 하고 속여 보고하였다. 그때 전 목사 오운이 김성일을 찾아 배례하고는, "영감이 오셔서 군민의 기운이 배가하였습니다만 왜 정진으로 바로 건너지 않으시고 진주로 해서 돌아 가시려고 합니까?" 하니, 김성일이 깜짝 놀라면서 말하기를, "나는 이 길을 와 본 일이 없소만 틀림없이 휘하 장병들이 왜적을 두려워하여 나를 속인 것이오" 하였다. 그리고는 직접 가서 보니 큰 배가 강 언덕에 대어 있었다. 김성일이 대노하여 김옥, 김역 등을 잡아들여 형을 집행하게 했는데, 김옥이 큰 소리로, "김옥의 죄는 마땅히 참형당해야 합니다. 그러나 공이 전쟁에 임하실 때 한 번 목숨을 바쳐 속죄할 수 있기를 원합니다" 하고 외치니, 김성일이 말하기를, "네가 속죄를 요구하였으니 앞으로 왜적을 만나거든 반드시 먼저 나서서 싸워야 한다. 그렇지 않으면 지금의 죄까지 다스리어 결코 용서하지 않겠다" 하고는 군사들을 재촉하여 강을 건너 해망원에 이르렀다.

인을 시켜 괵수(馘首. 자른 목, 또는 귀)를 바치고 장계를 올리게 했다.

또한 김성일은 격문을 돌리고 흩어진 장졸들을 불러모아 적을 물리칠 계책을 마련하던 중에 선조가 전년에 통신부사로 일본에 다녀와서 보고한 내용을 문제삼아 자기를 잡아 오도록 명령을 내렸다는 말을 들었다. 그의 체포 명령이 도달하리라는 소식은 들려왔지만 길이 막혀서 그 명령이 아직 당도하지는 않은 때였다. 그는 한양을 향하여 떠날 차비를 차렸다. 그러자 사람들이 말하기를 "임금의 말씀이 아직 내리지 않았고, 큰 적은 앞에 닥쳐 있는데 병사로서 어떻게 진(鎭)을 쉽사리

---

4) 조경남은 『난중잡록』에서 이 싸움에 대한 『경상순영록』의 기록을 인용한 후에 다음과 같이 본인의 평을 남겼다. 곧 "충성스런 분기에 격동되어 사졸들이 목숨을 내놓고 죽기를 무릅쓰면서 힘을 내어 싸우니 강한 왜적이 부지하지 못했는데 당시의 장병들은 왜 이것을 거울 삼지 않았는가."

조경남(趙慶男. 1570-1641)은 자는 선술(善述), 호는 산서(山西)·산서병옹(山西病翁)·주몽당주인(晝夢堂主人)이며 본관은 한양이다. 조헌의 문인이다. 그는 총명하고 효성스러웠으며, 독실하게 공부하고 몸소 실행하여 유림의 중망을 짊어지고 있었다. 어려서 부모를 잃은 그는 외조모 밑에서 자랐는데 임진왜란 때 외조모가 늙고 의탁할 데가 없어서 의병을 일으키지 못하였으며, 정유재란 때는 그를 따르는 사람 3백여 명을 데리고 지리산에 들어가서 왜적들의 수색, 토벌을 무사히 피하게 하였다. 그 뒤 전라병사 이광악의 막하로, 다시 명나라 도독 유정(劉綎)의 선봉이 되어 왜적을 쏘아 죽인 공로가 많았다. 그는 1582년부터 1639년까지 58년간의 사적을 전란을 중심으로 하여 일기체로 기록하여 남겼으니, 이것이 『난중잡록』이다. 남원의 주포서원에 향사되었다.

정암진. 김성일이 경상우도 병사로 부임중 이곳에 도착했을 때 휘하의 군관 김옥과 둘째 아들 역이 강 건너의 왜적을 피해 가려고 김성일에게 강을 건널 배가 없다고 거짓 보고를 하였다가 탄로난 다음 김옥이 공을 세울 기회를 달라고 빌었던 곳이다. 김옥은 나중에 왜적을 만나 앞장 서서 출격하여 왜적을 물리치는 데 공을 세웠다. 임진왜란 최초 승전의 뒷 이야기이다. 곽재우 등이 지켜서 왜적의 도강을 여러 번 막은 곳이기도 하다.

버릴 수 있겠습니까" 하였으나, 김성일은 "왕의 명령을 오래 지체시켜서는 안 된다" 하고 곧 길을 떠나 한양을 향하여 주야로 달려갔다.

김성일이 한양으로 떠나고 나니 그가 창원에 와서 모았던 1천여 명의 군사들도 모두 흩어져 갔다. 창원군수 장의국(張義國)은 성을 비우고 달아났으며, 우후 이협(李浹)은 병기를 연못에 던지고, 군량창고를 불사르고, 개문하여 먼저 숨으니, 여러 진영과 고을의 수령들도 일시에 다 도망쳤다. 순찰사 김수의 전령으로 창녕군수 이철용(李哲容)과 현풍군수 유덕신(柳德新)

은 모두 읍을 버리고 도망쳤는데, 이철용은 나중에 운봉에서 병사하였고, 유덕신의 행방은 그 후로는 알 수 없었다.

　김성일은 한양으로 올라가는 도중에 충청도 직산에서 초유사(招諭使. 난리가 일어났을 때 백성을 불러서 타이르는 일을 맡은 임시 벼슬)로 임명되었다는 명을 받고 영남으로 되돌아오게 되었다(초유사의 명을 받게 된 경위는 '흉흉한 민심과 변조된 귀국 보고'편을 함께 참고하기 바람). 초유사로 명이 난 날은 4월 26일이다. 이때부터 다음 해 4월 29일 순국할 때까지 그는 목숨을 건 노력을 경주한 끝에 임란 초기의 그 참담한 상황을 극복하고 빛나는 성과를 거두었다. 다음 의병의 아버지 Ⅰ편에서부터 그 자세한 내용을 보기로 한다.

의병의 아버지 I

초유사의 격문

　김성일은 직산을 떠나 공주, 전주, 남원, 운봉을 거쳐 팔량치를 넘어 5월 4일에 함양에 도착하였다. 군수 이각(李覺)과 늙은 아전 몇 사람만 있었다. 김성일은 군수를 독려하여 고을 사람들을 불러모았는데, 전 현령(縣令) 조종도(趙宗道)[1]와 전 직장(直長) 이노(李魯)도 왔다. 이 두 사람은 김성일이 다음해 4월 진주에서 순국할 때까지 시종 함께 생활하며 그를 도왔던 인물들로 김성일은 그들을 만났을 때 하늘이 나를 도왔다고

---

1) 趙宗道. 1537-1597. 조선 중기의 문신. 자는 백유(伯由), 호는 대소헌(大笑軒), 본관은 함안이다. 조식의 문인이다. 정여립의 모반사건에 연루되어 체포되었다가 석방되었다. 임진왜란이 일어나자 초유사 김성일의 막하로, 안음현감으로 의병을 일으키는 데 크게 힘썼고, 정유재란 때는 황석산성에서 싸우다가 전사하였다. 함안의 덕암서원에 제향되었다. 저서는 『대소헌집』이 있다.

기뻐하였다. 김성일이 그 자리에서 곧 바로 초유(招諭)하는 격문(檄文. 특별한 경우에 군병을 모집하거나, 세상 사람들의 흥분을 일으키거나, 또는 적군을 효유 혹은 힐책하기 위하여 발표하는 글)을 썼는데, 문장이 마음 깊은 곳에서 우러나왔기 때문에 붓에 먹을 적실 겨를조차 없었다. 이 초유문의 요지는 아래와 같다.

    우리나라가 생긴 이래 오랑캐의 화란이 지금같이 참혹한 때는 일찍이 없었는데, 여러 도의 감사, 병사, 수사 등 장수들과 군수, 현감 등은 적병의 소리만 듣고도 병졸을 흩어 버리고 달아나거나, 자기 처자들을 안전한 곳으로 대피시키고, 무기를 불태우거나 버리고 깊은 곳에 숨어 있다. 이러니 불쌍한 우리 군사와 백성들은 누구를 믿고 의지해서 도망해 흩어지지 않을 수가 있겠는가?
    산속에 들어가서 우선 적을 피한다고 하더라도 시일이 오래되면 식량이 떨어져 굶어 죽을 것이다. 산에서 나와 왜적에게 항복하면 어미 아비를 잡아먹는 짐승처럼 영원히 패륜무도한 족속이 될 것이고, 항복하지 않으면 왜적의 칼날에 모두 죽을 것이니 지혜 있는 사람이라면 어찌 이런 일을 할 것인가?
    이 땅에서 살아가는 사람으로서 임금이 피란을 가고 종묘사직 즉 국가가 무너질 지경이며, 많은 백성이 다 죽을 지경인데도 마음을 움직이지 않는다면 천지간의 변치 않는 도리에 비추어 보아 합당한가? 더구나 부모 형제 처자가 적의 칼날에 죽거나 부녀자가 저들의 처첩이 되니 가문 또한 위급한 처지에 있다. 이러한 데도 자식이나 동생된 자가 머리를 감싸고 쥐새끼처럼 숨기만 하여서 되겠는가!
    이곳 영남지방은 예로부터 인재가 많이 난 곳으로 충신, 효자의 아름다운 명성과 뜨거운 의열은 청사에 빛나고 있다. 근래에도 퇴계(退溪. 이황)와 남명(南冥. 조식)2) 두 선생이 동시

---

2) 曺植. 1501-1572. 자는 건중(楗仲), 호는 남명(南冥). 본관은 창녕이다. 20대 중반까지 학문에 열중하였으며, 25세 때 성리대전을 읽고 성리학에 전념하게 되었다. 30세 때 처가가 있는 김해 탄동으로 이사하여 산해정을 짓고 살면서 학문에 정진하였으며, 1538년 유일로 헌릉참봉에 제수되었으나 나아가지 않았다. 45세 때 고향 삼가에 돌아와 계부당과 뇌룡정을 지어 살면서 제자들 교육에도 힘썼다. 단성현감 등에 임명되었으나 모두 사퇴하였으며, 단성현감 사직 때에 올린 상소는 조정의 신하들에 대한 준엄한 비판과, 국왕 명종과 대비 문정왕후에 대한 직선적인 표현으로 큰 파문을 일으켰다. 모든 벼슬을 거절하여 처사로 자처하고 학문에 전념하자 명성이 높아져 오건, 정인홍, 하항, 김우옹, 최영경, 정구 등 많은 학자가 찾아와서 학문을 배웠다. 1561년 산청 덕산동으로 이거하여 산천재를 지어 죽을 때까지 머물며 강학에 힘썼다. 1566년 상서원 판관을 제수받고 왕을 만나 학문의 방법과 정치의 도리에 대하여 논하고 돌아왔다. 1568년 무진봉사를 올리면서 서리의 폐단을 극론하였다.

조식의 사후 제자들이 산청에 덕천서원, 삼가에 회현서원(뒤의 용암서원), 김해에 신산서원을 세웠으며, 광해군 때 대북세력이 집권하자 그의 문인들이 스승 추존사업을 적극 전개하여 세 서원이 모두 사액을 받았으며, 그는 영의정에 추증되었다.

그의 사상은 기본적으로 수기치인의 성리학적 토대위에서 실천궁행을 강조하였으며, 실천적 의미를 더욱 부여하기 위하여 경(敬)과 의(義)를 강조하였다. 이러한 신념을 바탕으로 그는 일상생활에서는 철저한 절제로 일관하였으며, 불의와 타협하지 않았다. 당시의 사회 현실과 정치적 모순에 대하여도 적극적으로 비판적인 자세를 견지하였다. 출사를 거부하고 평생을 처사로 지냈지만 현실을 외면한 것은 아니었다. 그의 사상은 제자들에게 그대로 이어져 경상우도의 특징적인 학풍을 이루었다. 그의 제자들은 지리산을 중심으로 진주, 합천 등지에 모

에 나서 도학을 가르쳐 인심을 순화시키고 윤기(倫紀. 윤리와 기강)를 바로 잡았으며 선비들이 두 선생의 교육에 감화되고 학행을 본받은 사람이 많았다. 이들이 평일에 많은 글을 읽었으니 그 자부심이 어떠했겠는가. 그런데도 왜변을 만나 살기만을 구하고 죽기를 피한다면 나라를 버리고 어버이를 소홀히 하는 죄에 빠질 것이다. 구차하게 목숨을 부지하더라도 어찌 다른 사람과 한 하늘 아래에 같이 살 수 있으며, 죽어 지하에 가서 어찌 우리의 선현들을 뵐 수 있겠는가.

혹자는 왜적은 용감하고 병기가 예리한 데 반하여 우리 군은 겁을 잘 내고 무기가 무디니 군사를 일으켜도 일을 할 도리가 없다고 한다. 그러나 옛날의 충신 열사는 실패할 것이라 하여 뜻을 바꾸지 않았으며, 힘이 약하다 하여 기세가 꺾이지 않았다. 하물며 왜적이 강하다고 하나 후원 없는 군대로서 우리 땅에 깊숙이 쳐들어 온 것은 작전상의 금기를 범하였으니 어찌 제대로 무사히 돌아갈 수 있겠는가! 우리 군사가 비록 겁이 많다고 하나 충의가 북받치면 약한 자도 강해지고, 적은 군사로도 많은 군사를 대적할 수 있다. 단지 마음 한 번 먹기에 달린 것이다.

현재 도망한 병졸들이 산골짜기에 가득차 있는데, 처음에는 비록 살려고 도망쳤지만, 끝내 죽음을 면하기 어렵다는 것을 알게 되면 모두가 분발하여 나라를 위해 힘쓸 것인데, 지금 이 일을 솔선하여 인도하는 사람이 없다. 내가 진실로 원하는 것은 이 격문이 도착하는 날에 군수와 현감은 그 고을 백성들

여 살면서 유학을 진흥시키고, 임진왜란 때는 의병활동에 적극 참여하는 등 국가의 위기 앞에서 투철한 선비 정신을 보여 주었다. 저서에 『남명집』 등이 있다.

학사루. 김성일은 그때 학사루에서 충의가 북받치고 말뜻이 격렬한 초유문을 지어 각처에 배포하였으니, 이것이 의병창기의 기폭제가 되었다. 학사루는 신라 때부터 함양 관아와 함께 있어 왔으나 지금의 학사루는 건물도 옛 것이 아니고 위치도 예전과 다르다.

을 효유(曉諭. 알아 듣게 타이름. 깨닫도록 일러줌)하고, 변장은 그 사졸을 격려하고, 문관 무관이나 부로(父老. 그 동네에서 나이가 많은 어른) 유생 등 모든 사람들은 서로서로 유시하라. 그리하여 동지를 불러모아 방비책을 세워 스스로 막기도 하고, 군사들을 이끌어 싸움을 돕기도 하라. 부자들은 유차달[3]처럼 곡식을 날라 군량을 대고, 용사들은 원충갑[4]처럼 용

---

3) 柳車達. 고려 태조 때의 공신으로 문화 유씨의 시조이다. 태조 때 군량 수송에 공을 세워서 대승(大丞)에 제수되었으며, 삼한공신의 호를 받았다.

4) 元冲甲. 고려 충렬왕 때의 무신이다. 향공진사(鄕貢進士)로 원주의 별초(別抄)에 소속되어 있다가 1291년 충렬왕 17년에 합단(哈丹)이 쳐들

기를 내어 적을 무찌르라.

집집마다 사람마다 각자가 싸우겠다는 각오로 한꺼번에 일어나면, 군사의 위용은 크게 떨치고 용기는 백 배나 되어, 괭이나 고무래도 튼튼한 갑옷과 날카로운 무기로 변할 것이다. 만약에 성공하면 나라의 부끄러움을 완전히 씻을 것이며, 성공하지 못하더라도 의로운 귀신이 될 것이다. 제군들은 힘쓸지어다. 조정에서 나중에 상을 줄 것이다.

위의 격문에 대하여 『선조실록』의 사관은 선조28년 2월 6일조에서 "김성일이 지은 초유하는 격문은 충의(忠義)가 북받치고 말뜻이 격렬하였으므로, 아무리 어리석은 남녀들조차도 그 말을 들으면 반드시 모두가 마음이 동해서 눈물을 떨구었다"고 논평하였다. 사실 이 격문은 그 내용이 감동적이어서 경상도 일원에서 의병들이 왕성하게 일어나고 흩어진 군사들과 백성들을 다시 불러 모으는 데 결정적인 역할을 하였다.

이반된 민심

그렇지만 초기에는 초유사 김성일이 격문을 내보내고 되풀이하여 설득을 하여도 응하는 사람이 없었다. 마침 김성일의 종사관인 조종도의 누이동생 시가가 함양의 노판서 댁이어서

어 와 성을 포위하자, 전후 열 차례에 걸쳐서 적을 크게 무찔러 성을 지켜 후세에까지 무명(武名)을 남겼다.

조종도가 노씨들이 피난한 산 속에 찾아가서 창의를 돈독히 권면하였더니 뒤에 군내의 선비들이 많이 모여왔다. 김성일이 이들을 위해 의리를 타이르니 모두들 감격의 눈물을 흘렸다. 그러면서 말하기를 "영공(令公. 영감. 정삼품과 종이품의 관원을 일컫는 말. 곧 초유사 김성일을 말함)이 진심으로 나라를 위하여 일하려면 마땅히 먼저 감사 김수와 병사 조대곤을 제거하여서 인심을 고동시켜야만 그 뜻을 이룰 수 있는데 어찌하여 (김)수를 맞이하여 왔습니까. 우리들은 처음 영공의 선성(先聲. 전부터 알리어진 명성)을 듣고 마치 어린아기가 젖을 물리기를 바라듯 하였는데, 다시 순찰 김수가 돌아왔다는 말을 들었기 때문에 기운이 위축되어 나오지 않았습니다"고 하였다.

김성일이 감사와 병사가 없는 것은 옳은 일이 아니라고 저들을 설득하니, 그들은 민심을 따르지 않으면 의병을 일으키기 어렵다고 대답하였다. 이는 감사 김수가 경상도의 감사로서 임진왜란 전에 성을 새로 쌓거나 수리하면서 가혹하게 하였고 군정(軍丁. 군적에 있는 지방의 장정. 공역에 종사하는 장정)을 군적에 올리는 일로 거듭 인심을 잃었을 뿐만 아니라, 왜적이 침범한 이래 도내가 적의 발 아래에 짓밟혀도 아무런 계책도 없이 피해 다니기만 하였기 때문이다. 병사 조대곤도 도내의 여러 성이 함락되고 군현이 침략을 받아도 하나도 구원도 못하고 도망만 다녔던 것이다.

감사 김수는 그때 근왕(勤王. 임금을 위하여 힘씀)한다는 핑계를 대고 호남으로 가다가 운봉에서 초유사로 내려오던 김성일과 맞닥뜨려서, 김성일로부터 "한 도를 모두 잃고서도 구원하지 못하였으면서 혼자서 멀리 가서 무슨 일을 할 수 있겠느냐. 임지에서 죽어야 마땅한데 어찌 임지를 버리고 왔느냐. 빨리 임지로 돌아가기 바란다"는 말을 듣고 경상도로 되돌아왔던 것이다.

김성일이 5월 10일 산음에 도착하였다. 이곳 사람 오장(吳長)과 의령 사람 이지(李旨), 단성 사람 김경근(金景謹)이 왔는데 김경근이 김성일에게 말하기를 "김수와 조대곤을 죽이지 않고서는 대의를 펴서 나라를 회복시키는 공을 이룩할 수 없을 것입니다" 하니 김성일은 "그렇게 해서는 일을 이룰 수 없다"고 대답하였다. 감사와 병사에 대한 사민의 반감 때문에 의병 모집이 제대로 되지 않는 것이다. 그런 중에도 산음 현감 김낙(金洛)은 평소에 민심을 얻고 있었으므로 군사를 800여 명이나 모집하였다.

임시군수와 소모관 임명 등 행정체계를 갖추어 나가다

초유문을 내보낸 지 여러 날이 지나고, 또 의병들이 창기하기를 간절히 바라면서 초유사 김성일은 효과적인 의병 창의 방법을 생각하였을 것이다. 그것은 무엇보다도 수령이 없는 고을에 수령을 세워서 행정체계를 갖추는 것과, 명망있는 사람을 찾아서 의병을 일으키도록 권유하는 것이었다. 즉 전시에 무너진 행정체계를 다시 조직화하는 것이었다.

전 주부 손승의(孫承義)가 찾아 와서 그를 고령 가수(假守. 임

환아정. 산음 현감 김낙이 초유사의 관사를 설치하였던 곳이다. 이 정자는 지금은 없어져서 볼 수 없고, 18세기 김윤겸이 그린 그림이 남아 있어 옛모습을 알 수 있다. (사진: 도미자 제공)

시 군수)로 삼았다. 산음을 떠나면서 현감이 도주하여 행방불명이 된 의령에 조종도를 가수(假守)로 삼고, 현감들이 숨어 있다가 불려서 나온 단성(丹城. 이제 李濟), 삼가(三嘉. 장영 張翎)에 이노를 소모관으로 삼아 군사를 모집하게 하였다. 왜적이 쳐들어 오지도 않았는데 도망쳤던 수령들은 백성들로부터 호응을 얻기 어렵기 때문이었을 것이다.

조종도가 의령에 다다르니 한 고을 사람이 모두 곽재우(郭再祐)에게 소속되어 그 지휘를 받고 있어서 할 일이 별로 없었다. 이노는 삼가 땅에 가서 황계에 숨어 있는 현감 장영을 불러내었다. 박사겸(朴思謙), 박사제(朴思齊), 노순(盧錞) 세 사람을 만나서 서로 군사를 일으키기를 약속하였다. 단성에 가서는 권세춘(權世春), 권제(權濟) 등에게 초유하는 뜻을 간곡히 부탁했다.

인사 발령의 시기는 지역에 따라서 다르지만 김성일은 이후로도 조종도, 곽율, 김준민 등을 가수로 발령내어 행정체계를 유지함과 아울러 이정, 오운, 정경세 등을 소모관으로 삼아 군사들을 계속 모집하였으며, 군량미 등을 확보하기 위하여 사저관을 임명하기도 하였다.

그 후에도 도승지의 서장에 따라 의병 창기와 전투에 공이 많은 박사제를 의령 현감에, 강덕룡을 함창 현감에, 변혼을 문경 현감에, 여대로를 지례 현감에, 정기룡을 상주 판관에, 정인홍을 성주 목사에, 이정을 사근도찰방에 임시로 차임하고 조정에 이를 보고하였다. 또 사천현감 정득열이 전사하였으므로 신갑을 사천가수로, 단성현감 이제는 몸을 숨기고 맡은 일을 다하지 못하여 적이 성에 들어오게 했으므로 파면하고 조종도를 대신 가수로 삼았다.

드디어 의병들이 일어나다

시일이 지남에 따라 원근 각지에서 의병이 일어나기 시작하였다. 먼저 의령에서 곽재우[5]가 격문이 나가기 전인 4월 22일 자기의 많은 재산을 다 내놓고 의병을 일으켰다.[6] 초유사 김성일은 함양에 있을 때 곽재우가 기병하였다는 말을 듣고 대단히 기특하게 생각하고 편지를 보내어 초청하였다. 그러나

---

5) 郭再祐. 1552-1617. 자는 계수(季綏), 호는 망우당(忘憂堂). 본관은 현풍이다. 조식의 문인이자 손녀사위이다. 1585년 정시(庭試 증광, 별시 때에 대궐 안 마당에서 보이는 과거)에 급제하였으나 응시문이 시휘에 저촉된 바 있다 하여 삭과(削科)된 후 다시 과거를 보지 않았다. 임진왜란이 일어난 직후인 4월 22일에 의령에서 가산을 털어 의병을 일으켜 천강홍의장군이라 불리며 왜적을 거듭 무찔렀다. 한때 경상감사 김수와 불화하였으나 김성일의 중재와 장계로 무마되었다. 유곡찰방, 성주목사를 거쳐 정유재란 때는 경상좌도 방어사로 승진되어 화왕산성을 지켰다. 이후 경상좌도 병마절도사, 도총부부총관, 한성좌윤, 함경감사, 전라도 병마절도사 등에 임명되었으나 소를 올리고 부임하지 않은 때가 많았다. 유저에는 『망우당집』이 있고 사후에 그의 사우에 예연서원이라는 사액이 내렸다.
6) 전국에서 제일 먼저 의병을 일으킨 의병장에 대하여 통설은 의령에서 4월 22일에 창기한 곽재우로 본다. 그런데 부산진이나 동래성이 함락될 때도 백성들이 함께 싸웠다. 또 가야문화연구회의 김종국이 쓴 "임란과 김해성의 4충신"이라는 논문에 따르면 4월 20일에 실함된 김해성 전투시에도 초계 군수 이유검과 김해 부사 서예원이 도주한 뒤에도 성을 지킨 네 명의 의병장이 있었다. 이들은 초야에서 살다가 왜란이 일어나자 김해성을 방어하는 전투에 참여하였다가 성의 함락과 함께 모두 순국하였다. 그 중에 송빈(宋賓)과 이대형(李大亨) 두 사람은 부사 서예원의 부탁을 받고 전투에 참여하였으며, 김득기(金得器)와 유식(柳湜) 두 사람은 스스로 군사를 모집하여 전투에 참가하였다. 이 네 사람에 대하여는 나중에 나라에서 증직이 있었고, 또 네 사람을 모신 사당에 사액도 있었다. 김해성이 왜군의 공격을 하루 이상 견디다가 이틀 만에 실함된 것은 역시 이와 같은 의사들이 있었기 때문이었다.

곽재우는 목을 베어서 처벌해야 할 감사 김수와 초유사가 함께 있다는 소문을 듣고는 갈 수 없다고 편지를 보내었다. 그러다가 초유사가 단성에 있을 때 와서 만났다. 서로 이야기를 해보고는 같이 국사에 힘쓰다가 죽기로 약속하고 함께 진주로 갔다. 단성의 권세춘 등도 의병을 일으켜서 군사 5백 명을 모았다.

전 좌랑 김면(金沔)7)은 거창에서 기병하고, 고령과 거창 두 고을의 군사를 거느렸는데, 그 참모는 곽준(郭䞭)과 문위(文緯)였다. 김면 휘하에는 나중에 박성(朴惺), 변혼(卞渾)도 참여하였으며, 난 초에 도망하였다가 이지의 노력으로 초유사에게서 용서를 받은 황응남(黃應南)이 가세하여 많은 공을 세웠다. 또한 거창의 산척(山尺. 산 속에 살면서 사냥도 하고 약도 캐는 것으로 업을 삼는 사람) 수십 명도 참여하여 일당백의 공들을 세웠다. 우지곡(牛旨谷) 밑에 진을 치고 지례(知禮), 금산(金山. 지금의 김천), 개령(開寧)에 유둔한 적을 막았다.

합천의 전 장령 정인홍(鄭仁弘)8) 등도 의병을 일으켰다. 정

---

7) 金沔. 1541-1593. 자는 지해(志海), 호는 송암(松菴). 본관은 고령이다. 이황, 조식의 문인이다. 임진왜란이 일어나자 곽준, 문위 등을 참모로 하여 의병을 일으켜 거창, 지례. 성주, 금산, 개령 등지에서 여러 차례 왜적과 싸웠으며, 승전한 공으로 의병도대장에 제수되었고, 나중에는 경상우도 병사가 되었다. 1593년 3월 진중에서 순국하였다. 도암서원과 남전서원에 제향되었다.

8) 鄭仁弘. 1535-1623. 자는 덕원(德遠), 호는 내암(萊庵). 본관은 서산이다. 조식의 문인이며 대북파의 영수이다. 임진왜란 때 의병대장으로서 많은 공을 세웠다. 학행으로 천거되어 환로에 나갔다. 대사헌이 된 후

인홍은 합천 사람을 동원하여 군사로 하고, 야로(冶爐)에 주둔하여 성주성에 웅거한 왜적을 괴롭혔다. 그의 참모는 하혼(河渾), 조응인(曺應仁), 정인영(鄭仁榮)이었으며, 군량 조달은 정인준(鄭仁濬)과 서적(徐迪)이 담당하였다. 권양(權瀁)은 진중 군수물을 관리하고 호렴(戶斂. 집집마다 물리는 구실)도 거두어서 공급하였으며 병정으로서 숨는 자가 있으면 그 집간을 불사르기까지하여 감히 숨지 못하게 하였으므로 군병의 수가 매우 많았다. 곽재우, 김면, 정인홍을 모두 의병대장이라고 불렀다.

김성일은 함안 사람 이정(李瀞)도 소모관으로 삼았다. 그는 흩어진 병졸 6백여 명을 거두어서 군수 유숭인(柳崇仁)에게 맡기고 함께 복병을 설치하고 성을 지키며, 적의 길을 끊었다. 군수 유숭인은 산속에 숨었다가 나와서 정호를 건너 의령을 지나가다가 곽재우와 마주치었다. 곽재우가 성을 버리고 도망친 죄를 물어 활을 당겨 쏘려고 하니 그도 활로 응수하여 서로 한동안 버티고 있었다. 조종도가 가서 화해케 하여 곽재우의 진영에 머물러 있었다. 그 후에 초유사가 이정의 말을 듣고 자기 고을 함안으로 돌아가게 하였던 사람이다.

에 임란 당시 화의를 주장하였다고 유성룡, 성혼을 탄핵하여 사직하게 하였으며, 광해군이 즉위한 다음 대북 정권을 수립하였다. 스승 조식의 추존 사업을 적극 추진하면서 이언적, 이황의 문묘 종사를 저지하려다가 성균관 유생들에 의하여 유적에서 삭제되었다. 1613년 영창대군 제거, 인목대비 유폐 등 정국이 혼란할 때 영의정에 올랐다가 1623년 인조반정으로 참형되고 가산도 몰수당하였다. 1907년 신원되어 좌의정으로 복권되었다. 저서에 『내암집』이 있다.

합천 군수 전현룡(田見龍)은 적이 경내에 들어오기도 전에 도망을 갔고, 초유사 김성일이 그의 악행을 듣고 처벌하려고 하니 감사 김수가 그를 두호할 수 없음을 알고 먼저 사소한 일로 그를 파면시키고 전 첨사 손인갑(孫仁甲)으로 가장을 삼았다. 나중에 손인갑이 전사하고 나서 김성일은 거제 현령 김준민(金俊民)을 합천의 가수로 삼았다.

박사겸(朴思謙), 박사제(朴思齊) 등은 삼가에서 기병하였다. 윤탁(尹鐸)은 삼가(三嘉)의 대장(代將)으로 군사를 거느리고 곽재우에게 가서 정암진(鼎岩津)에 진을 치고 강을 건너려는 적을 막았다. 또한 삼가에서는 박사제가 도총(都摠)이 되고, 허자대(許子大)가 병기를 만들고, 정질(鄭晊)이 군량을 주관하고, 노순(盧錞)은 군량 수송을 담당하고, 정연(鄭演)이 독후장(督後將)이 되고, 권난(權鸞)은 돌격장이 되고, 이운장(李雲長)은 수병장(收兵將)이 되고, 심대승(沈大承), 배맹신(裵孟伸)은 선봉장이 되고, 허언심(許彦深)은 군향(軍餉. 군량)을 맡고, 강언룡(姜彦龍)은 병기를 다스렸으며, 고을의 부호들은 다투어 소를 잡고 쌀을 내어 군사를 즐겁게 해주었다.

초계의 전치원(全致遠)과 이대기도 기병하였다. 초계 군수 곽눌(郭訥)은 행방불명이 되어서 초유사 김성일은 이노의 천거를 따라 전 군수 곽율(郭赳)을 가수로 삼았다. 곽율은 공교롭게도 감사 김수로부터도 합천 가수로도 동시에 임명을 받았으나 초유사의 뜻을 따라 초계 가수에 취임 하였다.

의령은 조종도마저 가수를 사양하므로 초유사 김성일은 판교(判校) 오운(吳澐)으로 소모관을 삼아 곽재우와 더불어 협심하여 백성을 불러모으게 했다. 오운은 곽재우가 의병을 일으킨 처음부터 재물을 내어서 군사들을 향응하더니 더욱 진심으로 애를 썼다.

진주의 중요성

진주의 허국주(許國柱) 등도 6~7백 명을 모집하였다. 초유사 김성일이 진주에 갔을 때 목사 이경(李璥)과 판관 김시민(金時敏)은 지리산 상원동(上院洞)에 숨어 있었다. 초유사가 왔다는 말을 듣고 판관은 나왔으나 목사는 병을 칭탁하고 나오지 않다가 등창이 나서 죽었다. 초유사는 판관을 독촉하여 군사를 모으게 했던 바 판관 김시민이 인심을 얻고 있어서 군사 수천 명을 모았다. 또 판관과 성을 지킬 계책을 의논하였다.

전 군수 김대명(金大鳴)으로 소모관을 삼고, 손승선(孫承善)으로 수성유사(守城有司)를 삼고, 허국주와 정유경(鄭惟敬)으로 복병장을 삼고, 하천서(河天瑞)를 조도(調度. 사물을 정도에 맞게 처리함. 경비를 쓰는 것)로 임명하고, 강덕룡(姜德龍)은 갑병(甲兵. 갑옷과 병기)을 수선케 하고 신남(申楠)은 옹희(饔餼. 죽인 희생과 산 채로 있는 희생)를 관장케 하였다. 이에 군사를 조련하니 위세를 떨치게 되었고 군률이 서게 되었다. 성이 허물어진 곳은 고치고 못이 얕은 곳은 더 깊이 파냈다.

김성일은 선조에게 올린 장계에서 진주에 대하여 이렇게 말하였다. "신이 보건대 진주는 남쪽 지방의 거진(巨鎭)으로 양도(兩道. 경상도와 전라도)의 요충지에 위치하였으니, 이곳을 지키지 못한다면 이 일대에 보존된 여러 고을이 토붕와해되어 조석(朝夕. 아침과 저녁)을 보전할 수 없을 뿐만 아니라 적이 반드시 호남을 침범할 것입니다.

호남은 지금 근왕(勤王)으로 인하여 도내가 텅 비어 있으니 만약 또 적의 침입을 받는다면 더욱 한심하게 될 것입니다. 이곳은 바로 수양(睢陽) 1군(郡)이 강회(江淮)의 보장이 된 것9)과 같으니, 오늘날 꼭 지켜야 할 곳입니다. 그런데 진주의 정병(精兵)이 이미 감사와 병사에게로 갔다가 모두 무너져 산속으로 들어갔고 그 나머지도 성을 지키는 군사는 겨우 천여 명이며 아병(牙兵)으로서 활을 잘 쏘는 자도 겨우 60~70명뿐입니다. 신은 진주에 머물면서 독려 조치하여 이 고을을 견고하게 지키도록 하여 호남 및 내지를 방어하는 계책으로 삼으려고 합니다."

군령의 확립과 선악부 비치 관리

김성일은 군에 기율이 없어 모이고 흩어지는 것이 일정하지 않은 것을 보고는 조목을 정하여 열읍에 전하였다. 그 조목에 이르기를 "항오(行伍)에는 자연 통솔이 있는 법이다. 10명의

---

9) 당(唐)나라에 안녹산(安祿山)의 난이 일어났을 때에 장순(張巡)과 허원(許遠)이 수양성을 사수하여 적의 남하를 저지한 고사로 진주가 그와 같은 전략적 요충지임을 비유한 것임.

군사 가운데서 도망치는 자가 있을 경우에는 통장(統將)을 참수하고, 통장 가운데서 도망치는 자가 있을 경우에는 도훈도(都訓導)를 참수하며, 전군이 모두 도망칠 경우에는 영장(領將)을 참수하라. 그리고 도망친 자를 잡아보내지 않는 자가 있을 경우에는 그들도 같은 죄를 주어라" 하였다.

사실 김성일은 임진왜란 초기에 관군이 그렇게 허무하게 무너진 이유의 한 가지는 군령이 엄정하지 못하였기 때문이라고 하였다. 그는 왕에게 올린 상소에서 말하기를 "군법이 만약 엄중하여 패전한 자는 반드시 죽이고, 나아가지 않고 머뭇거린 자를 반드시 죽이며, 성을 포기한 자를 반드시 죽이며, 또한 변란이 발생한 뒤에 장수가 군법을 잘 시행하여 범죄자를 즉시 참수하였다면, 사람들이 후퇴하면 반드시 처형당할 줄을 알았을 것이니 어찌 오늘날처럼 달아나 무너지는 데까지 이르렀겠습니까. 장수나 수령 등을 처벌하지 않고 도망한 군졸들만 처벌하는 것은 아무래도 근본이 아닌 듯 합니다"라고 하였다. 사실 이때 군령은 누구는 백의종군시키고, 누구는 처형하고, 누구는 승진시키고 하는 등 같은 죄과에 대하여 처리가 가지각색이었다. 아무리 전시라고 하나 아무런 기준도 없었다.

또한 김성일은 여러 고을에 선악적을 두고 적을 치는 자는 선적에 기록하고 적에게 가담하는 자는 악적에 기록하게 하였다. 이에 적에게 가담하였던 백성들이 앞을 다투어 적의 수급을 가지고 와서 속죄하기를 청하였다.

현장 파악

조종도를 단성, 산음, 함안에 보내고, 이노를 의령, 삼가, 합천에 보내어 군사를 점고, 사열하게 하였다. 현장을 파악하는 것은 예나 지금이나 다 같이 필요한 일이다. 이노가 출장 결과를 보고하였다. 윤탁은 삼가군을 인솔하여 용연(龍淵)에 주둔하고, 심대승은 의령군을 인솔하여 장현(長峴)에 주둔하고, 심기일(沈紀一)은 정호(鼎湖)에서 드나드는 배를 검색하고, 안기종(安起宗)은 유곡(柳谷)에 설복(設伏)하고, 이운장은 낙동강 서편을 관장하고, 권난은 옥천대(沃川臺)를 차절(遮截)하고, 오운은 백암(白巖)에서 군사를 모집하고, 곽재우는 세간(世干)에 군사를 유둔시키고 중앙에 있으면서 전군을 통제하였다. 낙동강 왼편과 정호 오른편에는 강 기슭을 따라 아래위로 60리에 걸쳐 정찰대가 총총 있어 정보를 수집하여, 때로는 적을 공격하고 때로는 적을 구축하였다. 이 때문에 적이 함부로 쳐들어오지 못하니, 남아 있는 백성들이 이것을 믿고 농사를 짓게 되었다.

삼가에서는 군수 장영이 노순(盧錞), 허자대와 함께 있으면서 학유(學諭. 조선시대 때 성균관의 종구품 벼슬) 윤선(尹銑)에게 곤욕을 당하고 있었다. 그때 박사겸 등은 물동으로부터 먼저 향병을 일으킨 뒤에 그 정용한 자를 가려서 윤탁으로 하여금 영솔하여 곽대장에게 예속 설복케 하고, 박사제, 박응구(朴應龜) 등은 남은 군사를 거느리고 물현 위에 설복하였으나 공비

(公費)는 쓰지 않았다.

합천에서는 가장 손인갑(孫仁甲)이 군에서 군사를 다스리는데, 군 안의 인사들이 초유사의 충의에 감동해서 머리를 들고 기운을 내지 않는 사람이 없었다. 초계 의병장 전치원, 이대기도 사막(沙漠), 황강(黃江)의 적을 쫓아서 적이 경내에 들어오지 못하게 했다. 이때 전치원의 나이는 66세였는데 좁은 곳에서 적을 만났는데, 앞은 강이고 뒤는 산이라 거의 피할 수 없었는데도 몸을 날리고 말을 달려서 험준한 언덕길을 내달아 피하였다. 이에 사람들이 노익강(老益强)이라고 하였다. 그의 아들 우(雨)는 화살에 맞은 적을 강 가운데까지 뛰어들어 목을 베어 입으로 그 머리를 물고 나왔다. 그 아버지에 그 아들이라 할 만하였다.

진주에 있는 초유사 김성일에게 함안의 소모관 이정이 촉석루로 찾아오고 이노도 돌아왔다. 조종도는 병으로 돌아오지 못하였다. 김성일은 이노의 보고를 받고 기뻐하면서 의령, 초계, 합천을 거쳐 거창으로 갈 계획으로 이튿날 일찍 출발하였다. 의병들을 격려하고 지원하기 위한 것이었다. 그런데 수리원에 도착하였을 때 거창에서 보고가 오기를 지례(知禮), 금산(金山. 지금의 김천), 개령(開寧)에 있는 적이 합세해서 공격하여 오는데 장차 우지(牛旨)를 넘어 오려고 하니 일이 매우 급하다고 했다. 그래서 바로 거창으로 가고자 삼가로 가니 현감 장영은 어머니를 보러가고 없고, 고을 사람 박사겸 등 십여 인이 왔다. 그들이 말하기를 "공의 충렬(忠烈. 충성스럽고 절의에 열렬함) 경직(鯁直. 강하고 바름)하옴은 어리석은 사람도 다 아

촉석루. 진주성의 주장대(主將臺) 곧 지휘본부로서 진주의 상징이다.

는 바이요, 초유하시는 말씀을 듣는 사람은 모두 감분(感奮. 감격하여 분발함) 격려(激勵)할 것입니다. 지금 삼면이 모두 적에게 둘러싸여 우리 고을이 그 가운데 있사오니 원컨대 공은 거창으로 가시지 말고 여기에 머물러서 모든 읍에 전령을 시켜 군사를 거느리고 달려가서 구원케 하고, 용사를 뽑아 보내어 진(陣)에 나가 힘써 싸우게 하면 옳을까 하나이다. 한 나라의 흥망이 매달린 몸으로 혼자 빈주먹으로 흉봉을 대적하여 어찌하시렵니까" 하고 배알하면서 차례로 간하고는 모두 울면서 물러갔다.

　그러나 김성일은 이들의 말대로 위급한 전투 지역으로부터 멀리 떨어진 곳에서 지휘만 할 수는 없었다. 이튿날 새벽 일찍 떠나면서 이정10)을 함안으로 돌려보내어 군려(軍旅. 군대나 군세의 범칭)를 통솔케 하고 이노를 의령, 함안, 산음의 사저관(私儲官. 백성의 사유 창곡을 관리, 징발하는 관원)으로 삼았다. 이정이 말하기를 "우리 두 사람이 모두 뒤에 남으면 공과 같이 갈 사람이 없으니 어떻게 하시겠습니까?" 하니 김성일이 말하기를 "함안은 유숭인(柳崇仁)에게만 맡겨둘 수 없으며, 곡식을 마련함은 현재 급한 일입니다" 하였다.

---

10) 李瀞. 생몰년 미상. 자는 여함(汝涵). 본관은 재령. 조식의 문인이다. 임진왜란 때 의병을 모집하여 함안, 진해, 창원 등지에서 공을 세웠다. 함안의 도림서원, 진주의 대각서원에 제향되었다.

의병의 아버지 II

병기 조달

『선조실록』 선조 25년 6월 28일조에 경상우도 초유사 김성일이 올린 장계가 있다. 그 장계에 보면 경상도가 왜적에게 함락된 이래 도망한 군사, 패전한 병졸만이 산속으로 들어간 것이 아니라 대소 인원들이 모두 산속으로 들어가 새나 짐승처럼 숨어 있으니, 아무리 되풀이해서 알아듣도록 설득해도 (의병에) 응모하는 사람이 없었다고 하였다. 이렇듯 어려움 속에서 천신만고로 힘쓴 끝에 5월 하순부터 본격적으로 의병이 일어나기 시작하였지만, 의병이 일어난다고 하더라도 그 의병들이 먹을 식량과 그 의병들이 가지고 싸울 무기가 없으니 이 또한 큰 문제였다. 여기에다가 의병장들과 감사, 병사, 수령들 간에 시기와 불화도 많았으니 애국심, 애향심만 있다고 의병 활동이 그대로 되는 것이 아니었다.

위에 인용한 장계에서 김성일은 또 이렇게 쓰고 있다. "변란이 발생한 초에 도내의 병사, 수사, 방어사, 조방장 등이 각 고을의 군기(軍器. 군용의 기구. 병기)들을 옮겨 전쟁터에 쌓아 두었다가 무너져 달아날 때에는 물이나 불 속에 던져버리기도 하고 도중에 버리기도 하였기 때문에 병기가 일체 없어졌으며, 창고 곡식은 수령들이 왜적이 닥치기도 전에 먼저 스스로 겁을 먹고서 창고를 불사르기도 하고 혹은 백성들이 훔쳐 먹도록 내버려 두기도 하였기 때문에 군량도 일체 없어졌습니다. 의병이 비록 일어났어도 병기와 군량이 없어서 사람들이 견고한 뜻이 없어 적변을 들으면 모였다가는 바로 흩어져 버립니다. 백방으로 생각해 봐도 도무지 병기와 군량을 조달해 낼 방도가 없으니 민망하기 그지 없습니다." 정말 참담한 상황이었다.

왜란 초기에는 관군은 무기가 있었어도 저들의 상대가 되지 못하였고, 관군이 패한 다음에 일어난 의병들은 무기가 없어 적들과 싸우는 데 어려움을 겪어야 했던 것이다. 그러나 병기가 없다고 가만히 있을 수 없었으니, 의병들이 스스로 무기를 만들어 적과 싸웠다. 의병 부대마다 군기를 자체 조달하였을 텐데 담당하는 장수의 이름이 기록된 경우는 얼마 되지 않는다. 이노가 쓴 용사일기에 군기를 맡은 사람으로 그 이름이 쓰여 있는 사람은 삼가에서 일어난 의병에서는 허자대(許子大)가 병기를 만들었고, 강언룡(姜彦龍)은 병기를 다스렸다고 했다. 진주 사람들 중에서는 강덕룡(姜德龍)이 갑병을 수선하였다고 하였다. 전 목사 오운은 의령의 소모관으로서 2천 명의 의병을 모은 외에 군기(軍器)를 만들어 전투할 도구를 갖추었다. 『난중잡록』에 보면 고령 선비 박정완이 활과 화살을 준비하여 창녕, 현풍, 성주에 왕래하며 충돌하는 적들을 많이 잡았다고 하였다. 감사 김성일이 진주대첩을 보고하는 장계를 보면 목사 김시민은 변란이 일어난 뒤로 국사에 온 마음을 다하여 염초(焰硝) 150근을 미리 구워서 만들었으며, 대충 왜국의 제도를 모방하여 총통(銃筒) 170여 자루도 주조하였다고 하였다. 이 염초와 총통이 진주대첩 때 위력을 발휘하였던 것이다. 또 김성일은 결사대를 모집하여 적에게 포위된 진주성에 많은 활과 화살을 몇 차례 공급하여 전투를 돕고 성안의 민관을 격려하기도 하였다.

  김성일 스스로도 염초와 조총, 화전을 만들도록 직접 지시하기도 하였다. 이노가 쓴 『용사일기』에 보면 김성일이 무기를 만드는 것을 지시한 것이 두 번 있다. 그 하나는 산음 현감 김낙이 감찰케 하여 염초와 조총을 산음 지곡사(智谷寺)에서 제조케 하는 것이었다. "조총은 호남의 숙련공을 시켜서 만들게 하였는데 그 숙련공이라는 자는 서자로서 공이 일본에 사신으로 갔을 때 함께 간 군관이었다. 성은 김이고 이름은 잊었다. 찾아와 뵈므로 공은 진중에 머무르게 했다"는 기록이 있다.[1] 여기서 공은 김성일을 말한다. 김성일은 이와 별도로

---

[1] 김성일의 지시로 언제부터 조총을 만들기 시작하였는지에 대한 자료는 없다. 그런데 항왜장 김충선(金忠善. 1571-1642)의 시문을 모은 『모하당문집(慕夏堂文集)』에 실려 있는 김충선이 초유사 김성일에게 답하는 편지에 보면 "올려 보내라는 말씀이 계시기로 김계수(金繼守)를 올

지곡사지. 김성일이 통신부사로서 일본에 갔을 때 군관으로 함께 갔던 김씨 성의 호남 숙련공이 김성일의 지시에 따라 산청 현감 김낙의 감독하에 염초를 굽고 조총을 만들었던 곳이다.

려 보내니 총과 화약을 대량으로 또 정밀하게 만들어서 적을 깨뜨릴 기회를 노리기를 엎드려 바랍니다"고 하였다. 김충선이 편지를 쓴 날짜가 없어 분명한 시기는 알 수 없으나 김성일을 초유사로 부른 것을 보아서는, 김성일이 경상좌도 감사 임명을 통보받은 것이 1592년 8월 11일이니, 그 이전인 듯하다. 그런데 김충선이 그의 편지에서 김성일을 팔거(八莒, 칠곡) 진중에서 만났다고 하였는데, 지금까지는 김성일이 언제 팔거 진중으로 갔는지 알 수 있는 기록을 보지 못하였다. 다만 김성일이 경상좌도 감사로 갔다가 바로 우도 감사로 돌아올 때 동화사에서 어둠 속을 뚫고 1백여 리를 걸어와서 밤사이에 팔거, 하빈을 지나고, 9월 17일 아침에 무사히 고령에 닿았다고 한 김성일이 경상우도 감사로 있을 때 올린 장계와 『용사일기』의 기록은 있다. 그러나 이때 김성일은 초유사가 아니었고, 또 밤중에 긴급히 이동해야 했는데 김충선을 만났을 시간이 있었는지 모르겠다. 김성일이 경상도에서 초유사로 활동한 시기는 1592년 5월 4일부터 8월 11일까지이니 그 기간 진주 판관 성수경을 시켜서 조총을 많이 만들게 하고, 또 화전을 많이 만들게 하였다. 이때 만든 조총과 화전들은 김성일이 죽고 두 달 뒤에 벌어진 2차 진주성 싸움에서 잘 사용되었을 것이다.

군량 조달

다음은 군량 문제를 보자. 『용사일기』에 보면 김성일이 진주에서 이정, 이노 두 사람과 삼가를 거쳐 거창으로 가다가 이정은 함안으로 돌아가서 군대를 통솔하게 하면서, 이노는 의령, 함안, 산음의 사저관(私儲官. 백성의 사유 창곡을 관리, 징발하는 관원)으로 삼았다. 이노는 의령에 가서 쌀 686석, 함안에 가서 156석을 얻고 나서 산음으로 가서 더 수집하려 하는데 감사 김수의 압력으로 제대로 거두지 못하여 겨우 백여 석을 얻어서 현감 김낙에게 인계하여 김면 부대에 보내 주도록 하였다. 거창 현감 정삼섭(鄭三燮)은 탐욕이 크고 유민을 구제한다고 평계하며 외람된 짓을 많이 하였으나 의병들에게는 양식을 후하게 보내왔다.

김성일이 거창에서 합천을 거쳐 삼가에 왔을 때 진주 사람들이 정인홍의 명령으로 진주에 가서 물자를 조달하던 전 좌

안에 항왜장 김충선의 도움을 받아 염초를 굽고 조총을 만들기 시작한 것으로 보인다.

랑 박이장(朴而章)2)을 토적으로 몰아 욕을 보이려 한 사실을 듣고는 의병장이 보낸 사람인 줄 번연히 알면서 행한 짓이므로 그 고을 아전들과 그 방면의 도장(都將)을 잡아다 매를 때려 보냈다. 그리고는 즉시 전령하기를 거창과 안음의 사저는 김면에게 맡겨주고, 합천과 고령은 정인홍에게 맡겨주고, 함안은 그 군(郡)에, 의령은 곽재우에게 맡게 하여 모두 절약하며 쓰라고 하였다. 박성(朴惺)은 김면의 수속관으로 군량을 모으는 데 힘을 썼다. 이때 양곡을 기증한 사람중에는 신문빈(愼文彬)과 윤언례(尹彦禮)도 있었다.

　대부분의 군량은 초유사의 명령을 받은 사람들이 백성들로부터 수집하였지만, 백성들이 스스로 군량미를 제공하기도 하였다. 남원의 전 좌랑 이대윤(李大胤)과 유학 소황(蘇愰)은 각각 1백 석의 쌀을 보내왔다. 사술(射術)에 능하여 함창 현감에 임명된 진주의 주부 강덕룡은 왜적과 12번이나 싸웠으나 모두 크게 이겼으며, 군사와 백성을 쓰다듬고 개유하며, 충의로써 격려하여 돌아와 모이게 하였을 뿐만 아니라 충청, 전라, 경상

---

2) 朴而章. 1540-1622. 자는 숙빈(叔彬), 호는 용담(龍潭)·도천(道川). 본관은 순천. 노수신의 문인이다. 임진왜란 때 김성일의 종사관과 도사로 활약하였다. 1615년 폐모론이 일어나자 이를 반대하다가 삭직되어 성주에서 후진을 양성하며 여생을 마쳤다. 성주의 청천서원에 제향되었다. 그는 김성일이 살아 있을 때 『해사록』을 빌려서 보던 것을 호남에 출장갈 때 다른 사람에게 맡겨 두었다. 그는 출장 중에 노친의 병환으로 바로 돌아오지 못하였다. 그런데 그 맡았던 사람이 진주성 싸움 때 이 『해사록』을 잃어버렸다가 나중에 어느 시골집에서 우연히 되찾았는데, 이것을 돌려받아 김성일의 아들에게 돌려 준 일도 있다.

세도의 군량을 한꺼번에 싣고 와서 균일하게 나누어 주기도 하였다.

김성일은 박성과 이지(李旨)로 무곡차사원(貿穀差使員. 민간 양식을 현물로 교환하여 군량을 조달하는 책임자)을 삼으니, 대개 공천(公賤. 관아의 사내 종과 계집 종의 총칭)들의 공목(貢木)과 염분(鹽盆. 바닷물을 졸이어 소금을 만들 때 쓰는 큰 가마. 염부)과 세포(稅布. 조세로 바치든 피륙)로써 밑천을 삼았다. 박성과 이지는 추위와 고난을 꺼리지 않고 힘껏 쫓아다녔고, 이노는 강우의 선비들에게 통문을 내어서 의연곡(義捐穀. 자선이나 공익을 위하여 기부하는 곡식)을 끌어모아 군수를 돕게 하였다.

경상우도에서 조금 완전한 지역이라고는 거창, 함양, 산음 세 고을뿐이어서 각 진영의 군량이 다 여기서 나왔으나 장차는 계속 나올 수가 없게 되므로 경상우도 감사 김성일은 밤낮으로 걱정하고 탄식하다가 전라도 도사 최철견(崔鐵堅)에게 군량과 구황곡(救荒穀. 기근 때의 빈민을 구조하는 곡식)을 청구하였다. 먼저는 소촌찰방 김수회(金壽恢)를 보내고, 다음은 김천찰방 조존도(趙存道)를 두 번 보내고, 다음은 사근찰방 이정을 보내고, 다음은 창원부사 장의국(張義國)을 보내고, 다음은 전좌랑 박이장을 보내고, 또 다음은 박성을 보냈으니 모두 일곱 번이나 전라도 도사에게 사람을 보낸 것이다. 그러나 번번이 쾌한 조치가 없었다. 김성일은 "어찌 차마 이렇게 할 수 있는가. 호남 곡식이 자기 집 물건이며, 영남 사람은 왕의 신하가 아닌가" 하면서 탄식하였다. 전라도 도사가 이렇듯 곡식을 주지 않으니 김성일은 임진년 10월의 진주대첩 직후와 그 이듬해 봄에 유성룡에게 두 번, 정철에게 한 번, 이성중(李誠中)에게 한 번, 유근(柳根)에게 한 번 등 조정에 있는 사람들과 체찰사에게 여러 차례 편지를 보내어 호남의 곡식을 경상도에 나누어 주게 하도록 요청하기도 하였다. 이때 김성일이 보낸 식량 지원 요청 편지는 그의 문집에 남아 있는 것만을 기준으로 한 것이다.

함양에는 부요한 집들이 많으나 군수가 나약하여 사유 저장을 봉고(封庫. 창고를 봉해 잠그는 일)하지 못한 때이므로 김성일은 그것을 뽑아 기록하여 주린 백성에게 나누어 주도록 명령하였다. 어떤 완고한 양반에게는 볼기를 친 다음 눈물을 흘리면서 타이르기까지 하여 곡식을 내놓도록 설득하기도 하였다. 왕으로부터 의병도대장으로 임명된 김면이 전라도 감사에게 긴 편지로 군량을 도와주도록 요청하였으나 곡식은 보내오지 않았다.

진양의 세가대족(世家大族)들은 쌀을 지리산에 감추어 두었으므로 꿔준 곡식(환곡)을 회수하지 못하고 있었는데, 그들은 산에서 나올 뜻도 없었다. 김성일이 꿔준 곡식을 기록한 문서를 보고 판관 성수경으로 하여금 괴수 10여 명을 뽑아서 산음으로 묶어 보내게 하니 진주의 백성들이 크게 동요하였다. 장차 형법에 따라 처리하려는데 이노가 진주 토호의 습관이 오래되었을 뿐만 아니라 이제신(李濟臣)이 목사로 와서 거실(巨室. 세가대족) 10여 집을 묶어 가두기 10여 년에 재산을 탕진하여 원망하는 소리가 길에 깔렸고, 기축년 변고(선조 22년에 일어 난 정여립의 역모 사건) 때에 최징사(崔徵士. 곧 최영경)는 삼

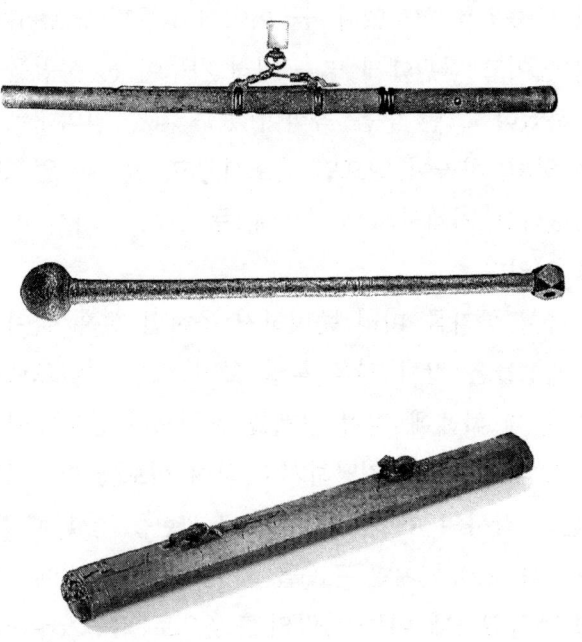

임진왜란 때 김성일이 사용하였던 패도, 철퇴, 유서통이다.

봉(三峯. 정여립의 참모라는 길삼봉으로 실존 인물이 아니라는 설이 유력하다)이라는 혐의를 받아 원통하게 죽고, 유종지(柳宗智)는 공모했다는 명목으로 억울하게 무함되고, 고을 안의 착한 선비 하항(河沆) 같은 이는 분통이 터져서 목멘 채 죽었다. 이에 선악 간에 고을 사람들의 원한이 극도에 달하여 있어서 서두르면 일이 더 어려워지니 늦추어 지도해서 스스로 교화에 순종하게 하는 게 좋겠다고 하였다. 김성일은 이 말을 듣고, 그들을 묶은 것을 풀어주며 의리를 밝혀 말해주니 그들은 머리를 조아리고 죽음을 청하였다. 곧 이어서 효유방(曉諭榜)이라는 글을 써서 붙이고 판관에게 명을 내려 가두어 둔 사람을 모두 석방하게 하였다. 그런 다음 곡식이 있는 자는 임의대로 곡식을 바치게 하되, 환곡이 있으면 말소시키고, 환곡이 없으면 곡식을 헌납했다고 기재하게 하였는데, 두 달이 못가서 곡식 수만여 석을 얻었다.

내년의 곡식 종자를 미리 준비하지 못하면 설혹 적이 물러가더라도 백성들은 장차 명을 붙일 곳이 없을 것이므로 김성일은 전후 두세 차례에 걸쳐 장계를 올렸으나 중도에서 유실되기도 하고 외부에서 저지당하기도 하여 회보를 받지 못하였다. 조존신은 감사의 표신(標信. 궁중에 급변을 전할 때나 궁궐문을 드나들 때 표로 가지던 문표)을 가지고 호서지방에 갔다가 자칫 갇힐 뻔하였는데 아는 사람의 도움으로 겨우 돌아왔다.

명나라 군사들에 대한 정보도 얻고 농사에 쓸 종자도 구할 일로 이노가 길을 떠났다. 여산에 이르러 보아도 명병에 대한 소식이 없어 이를 감사에게 서한으로 보고하였다. 이노는 함께 간 수행원들은 병이 들고 길은 적군에게 막혀 공차인(公差人. 공문을 전달하는 사람) 편에 경상우도의 딱한 사정을 고하는 서신을 그 당시 임진에 있는 도체찰사 유성룡에게 올렸다. 그리고 그는 도체찰부사 김찬(金瓚)을 찾아가서 누차 종자를 내려 주도록 간절히 요청하여 겨우 전라도사에게 5백 석을 맡겨 주므로 전주에 당도하여 도사를 만나 보았다.

한편 감사 김성일은 조정의 소식은 들을 수도 없고 더 이상

현지에서 조처하기도 어려워 군교 수문장 박경록(朴慶祿)을 보내어 장계하였다. 그 장계의 요지는 다음과 같다.

    평양이 수복된 후에도 명나라 병사가 오래 머뭇거리고 있으니 문경, 함창, 상주의 적은 다시 기운을 차려 분탕질을 함이 변란 초보다 더욱 심하고, 전라 수군이 실리(失利)한 뒤로 웅천, 김해, 창원의 적마저 다시 창궐할 기미가 있습니다. 각 읍의 군량이 탕갈(蕩竭. 재물이 남김없이 다 없어짐)해서 곽재우 군은 굶주리다 못해 흩어지니 장차는 군사 없는 장수가 되겠으며, 주사(舟師. 수군의 별칭) 격군(格軍. 조선시대 때의 수부의 하나로 사공의 일을 돕는 사람)도 양도(糧道. 양식의 씀씀이. 군량을 운반하는 길)가 계속되지 않는 한 스스로 붕괴될 것이며, 병사가 거느린 장병 또한 오래 버티지 못할 것이므로 앞으로 한 달쯤 더 지나면 토붕와해될 것입니다.

    부유한 백성의 사저는 이미 다 떨어졌으며, 그마저 처음에는 상격 바람에 원납자가 있었으나 상이 오래도록 시행되지 않으니 수차 명령을 해도 응모하는 자가 한 사람도 없습니다. 이는 곡물이 탕갈된 때문이기도 하지만 나라의 신임이 없어졌기 때문입니다.

    해가 넘게 싸운 군졸과 공이 있는 선비들에 대하여 장계한 것이 여러 번이라 번거롭게 하였으나 이들의 공로는 조정의 상격으로 보상할 수밖에 없습니다. 조정에 아뢰는 문서가 많아서이겠지만, 상격이 어떤 자는 누락되고, 어떤 자는 공이 없이 벼슬을 받는 등 불공평하여 장수와 병졸들이 기가 풀리고 선비는 억울해 합니다. 이러다 보니 장수가 독전을 하여도 명령을 따르지 않고 꼬리를 이어 도망가도 불러 모을 계책이 없습니다.

　본도의 기근은 일찍 볼 수 없던 바여서 칼날에서 살아남은 백성은 다시 그 유종(遺種)이 없으며, 다행히 죽지 않은 자는 서로 모여 도둑이 되어서 사람을 식량삼아 뜯어 먹나이다. 곡식과 종자를 각각 수만 석만 저장한다면 능히 굶주림을 구제하고 적을 방어하며, 농사도 폐하지 않게 되어 호남의 보장을 튼튼하게 함으로써 국가회복의 터전을 마련하겠거니와 그것이 안 되면 신은 죽음이 있을 뿐입니다. 명나라 병사 지공용으로 본도에 운반해 오려고 전라도의 쌀, 콩 수만 석을 운봉, 남원 땅에 가져다 둔 것이 있으나, 명병이 영(嶺. 곧 추풍령, 조령 등)을 끝까지 넘어오지 않을까 염려하여 보내지 않으니, 그 곡식으로 흉년을 구하고 군량을 보충하면 편리하지 않겠습니까.

　그리고 누차 아뢴 바 있는 이름 비운 고신과 서자를 허통하고, 노복을 면천하는 일도 시급히 시행한다면 위급한 사태를 구하는 데 도움이 되겠습니다. 본도의 보존 멸망이 국가에 관계됨이 너무도 크기 때문에 이와 같이 죽음을 무릅쓰고 말을 다 합니다.

　때는 1593년 선조 26년 계사년 3월 초 4일로 이것이 김성일이 올린 마지막 장계였다. 이노는 『용사일기』에서 전후 장계의 여러 천만 글자는 다 기록할 수 없지만 이것만은 제일 끝 장계이기 때문에 적어 둔다고 하였다.

　유성룡은 김성일의 첩장(牒狀) 및 서한을 보고 왕에게 주달하여 승낙을 얻어 1만 석을 배정하고 문서를 호남에 돌렸다. 호남에서는 말은 1만 석을 주었지만 사실은 전라도 도사가 단지 9천 석만 내어 주었다고 김성일이 유성룡에게 답하는 편지에 쓰고 있다. 김성일은 최철견에게 부탁하여 반은 남원부에, 반은 순천부에 배정하여 운반에 편리하게 하여 달라고 하였다. 남원의 곡식은 박이장이 가서 운반하여 와서 지례, 금산, 개령, 성주, 고령의 백성에게 나누어주게 하고, 순천의 곡식은 이노가 가서 운반하여 와서 사천, 고성, 거제, 함안, 단성, 진주 지방의 백성에게 나누어 주게 하였다. 이노는 이 일을 "비록 넉넉하게 나누어 주지는 못하였으나, 때를 맞추어서 종자를 뿌리게 하니 황폐해진 고을의 백성들이 다 죽어 넘어짐에 이르지 않고, 차츰 안집하여 오늘에까지 이르게 된 것은 다 공(즉 김성일)이 주신 혜택"이라고 하였다.

의병장과 감사, 병사 간의 불화 조정

감사와 고을의 수령들은 왜란을 대비한다고 성지를 수축하면서 백성들을 가혹하게 부리고, 군정을 군적에 올리는 일로 거듭 민심을 잃었다가 적이 오니 남보다 먼저 도망하였다. 그런 중에 의병들이 일어나서 공을 세우고, 백성들로부터 호응을 받고 인기를 끄게 되니 이들을 시기하고 방해하기 시작하였다. 이러한 현상은 전국적이었으며, 의병 활동이 성공적일수록 더욱 심하였다.

곽재우는 임진년 4월 22일 전 재산을 기울여 의병을 일으켰다. 그때 초계군수는 김해성 방어 전투에 갔다가 도주한 후 돌아오지 않아서 군에는 군수가 없고, 아전과 백성들이 병기와 군량을 그냥 가져가는 판이었다. 곽재우 군이 계속 그의 재산만으로 유지될 수 없었고 또 처음에는 병기도 없었으므로 초계와 신반 창고에 가서 군기와 식량을 싣고 오기도 하고 강가에 방치된 전세미를 가져 오기도 하였다. 이때 용문산에 숨어 있던 합천군수 전현룡(田見龍)이 도순찰사 김수와 병사 조대곤에게 곽재우를 사나운 큰 도적이라고 보고하였고, 감사와 병사는 곽재우를 잡아죽이려고 여러 고을에 관자(통문)를 돌렸다.

이에 곽재우의 군사들은 사기가 떨어져 모두 사방으로 흩어질 생각을 함에 곽재우는 장차 모두 다 버리고 두류산(頭流山 지리산의 별칭)으로 들어가려고 하였다. 초유사 김성일이 이 소식을 듣고 놀라서 곽재우에게 편지를 보내어 일어나 주기를 권장하였으며, 그 편지에서 "그대의 돌아가신 아버지는 충성스럽고 효성스러운 아들을 두었다"라고 하였다. 이에 곽재우는 "나를 알아주는 사람이 있구나" 하면서 다시 떨치고 일어나 김성일의 편지를 장대 끝에 내걸어 향리 사람들에게 두루 보였다. 이로 말미암아 사람들은 비로소 곽재우가 의병을 일으켰음을 믿게 되었으며, 감사와 수령들도 감히 저해하지 못함에 군사의 기세가 다시 떨치게 되었다.3)

---

3) 국역 『망우선생문집』에서 인용하였다. 이때 초유사 김성일이 곽재우에게 보냈던 편지는 통유문이라고 하여 『난중잡록』에 실려 있다. 그 전문은 다음과 같다.

    초유사(招諭使)가 다음과 같은 통유문(通諭文)을 내다.
    해적이 도량(跳梁. 거리낌 없이 함부로 날뛰어 다님)하여 우리 성지 그런데 곽재우는 초유사 김성일이 도순찰사 김수와 함께 있다는 말을 듣고 초유사에게 편지를 보내어 말하기를 감사 김수의 죄를 성토하여 조정에 알리고 머리를 베어 거리에 내달므로써 의병을 일으켜야 한다고 하였다. 그는 성을 쌓던 도순

(城池)를 공격하여 함락하고 우리 생령(生靈)을 도륙하였으며, 동서로 충돌하면서 무인지경을 들어오듯하였으나, 67읍 중에서 한 사람도 충의를 제창하여 군사를 일으켜서 나라의 치욕을 씻은 자가 없었고 우두커니 앉아서 온 고장[道]을 왜적의 손에 넘어가게 하였습니다. 종묘사직은 깃술[綴旒]보다 위태롭게 되었고 정기(正氣)라곤 쓴 듯이 없어져 국토[山河]엔 수치만이 안겨 있으니, 무릇 혈기를 가진 자라면 누군들 통분히 여기지 않겠습니까. 본관은 어명을 받들고 이 땅에 와서 눈물을 뿌리고 주먹을 불끈 쥐면서, 이 왜적과 한 하늘을 함께 이고 살지 않겠다고 맹세했습니다. 여러 읍이 무너져 달아난 끝에 병력은 이미 꺾여진 터인지라 빈 주먹을 뻗고 흰 칼날을 무릅쓰면서 홀로 서서 분개하는 것입니다. 들리는 말에 의하면 귀하는 여염에서 분발하고 일어나 의병을 불러모아 가지고 강중(江中)에서 왜적의 배를 섬멸하여 의병의 명성을 한 고장에 날려 사람마다 기운을 돋구었다 하니, 선대부(先大夫)께서 훌륭한 자손을 두었다고 하겠습니다. 그 뜻을 끝까지 관철하기에 힘쓰고 의병을 더욱 확장하여 역내(域內)에서 돼지 같은 왜적들을 죽이고 백성들을 도탄 속에서 구출하여, 위로는 임금의 원수를 갚고 아래로는 충효의 가문을 빛낸다면 또한 통쾌하지 않겠습니까. 본관이 비록 노둔하고 졸렬하기는 하나 충의가 천성에 뿌리박고 있으니, 한 번 죽어 나라에 보답하는 일에 있어서는 감히 남에게 뒤지지 않습니다. 동지를 규합하여 의열(義烈)로써 그들을 격려한 다음 족하(足下)들과 더불어 좌우로 제휴하여 함께 하늘을 받치고 태양을 맑히는 공을 이룩하기 원하고 있습니다만 귀하는 어떻게 생각하십니까? 살아서는 충의로운 선비가 되고, 죽어서는 충의로운 귀신이 되는 일이니 귀하께서는 노력하십시오. 의령(宜寧)의 곽 의사(郭義士)에게 내림.

찰사 김수는 왜란이 일어나고 나서 밀양으로 후퇴하여 절제도 위들이 어쩔 줄 몰라 성이 함락당하게 하였으며, 영남의 백성들이 힘없이 무너지게 하여 마침내 왜적의 소굴이 되게 하였고, 왜적들이 조령을 넘어가고 임금의 소식이 들려오지 않자 목숨을 건지기 급급하여 운봉을 넘어 도망쳤다고 성토하였다. 그러면서 곽재우는 김수의 목을 벤 후에라야 가서 만나겠다고 하였다. 또한 초유사의 글을 보고 산에서 내려오던 사람들은 감사가 김충민(金忠敏)을 읍의 가장으로 삼았다는 말을 듣고 되돌아 도망갔다고 하면서 김충민도 죽여야 한다고 하였다. 초유사 김성일은 나중에 단성으로 찾아온 곽재우를 만나 보고 서로 국사에 힘쓰다가 죽기로 약속하고 함께 진주로 갔다.

 김수는 6월 초 용인에서 참패한 후 돌아와서 산음에 머물며 여러 고을에 통문을 보내고 군사들을 여러 장수들에게 나누어 의병들로 하여금 무너지고 흩어지게 하였다. 이에 인심이 더욱 거칠어지고 많은 사람들의 분노가 한꺼번에 폭발하게 되었다. 혹은 그 죄를 성토하고, 가서 쳐서 신(神), 인(人)의 분노를 풀자 하며, 마땅히 죄를 헤아리고 격문을 돌려서 스스로 달아나게 하자고 했다. 이에 인근 몇 고을의 사람들이 뇌동하여 모여들고 창을 비껴들고 용약하니 그 창끝을 막을 수 없었다. 이때 곽재우는 김수의 죄상 8가지를 열거하여 격문을 만들어 김수에게 보냈다. 이 격문에서 곽재우는 "김수 네가 신하의 본분을 안다면 네 군관을 시켜 네 머리를 베어 천하, 후세에 사죄해야 할 것이고, 그렇지 않다면 내가 곧 네 머리를 베어 분노를 풀겠다"고 하였다. 이 격문을 받은 김수는 군대를 배치하여 자구책을 강구하는 한편 조정에 곽재우를 역적으로 모는 장계를 올렸다.

한편 초유사 김성일은 곽재우에게 편지를 보내어 역순(逆順)의 이(理)로 달래었다. 그 편지에서는 왜란이 일어난 후에 곽재우가 이룩한 공은 역사에 길이 남을 것이며, 적을 멸하는 공도 멀지 않아 이룩되리라고 생각하는 이때 의병장이 감사에게 격문을 보내어 말을 함부로 하였다니, 이는 백성으로서 할 바가 못된다. 감사가 잘못이 있다면 조정에서 처치할 것이요, 이런 일은 스스로 몸을 버리고 삼족을 멸할 죄에 빠질 수 있다. 내 말을 좇으면 충순(忠順)이 되어 복이 많을 것이요, 내 말을 좇지 않으면 반역이 되어 화를 취할 것이다. 의병장은 잘 생각하라고 하였다.

초유사 김성일은 또 조정에서 김수의 장계를 보고 혹시 곽재우를 역적으로 몰아 죽일까 염려하여 곧바로 치계하였다. 그 장계에서는 곽재우가 왜적을 치는 일에 여러 번 공을 세운 것을 상기시킨 다음, 그 가계를 설명하고 효행으로 알려진 사람이라고 하였다. 전쟁이 나고부터 병사, 수사가 달아나도 형을 시행하지 않고 감사 또한 도망쳐 가니 곽재우는 감사도 베어야 한다고 하였으나 주위에서 말려 그만 두었다고 한 다음 초계와 신반현의 창고 물품을 가져다 군량과 병기로 썼다가 도적으로 몰린 것을 초유사의 조처로 의병활동을 계속하게 된 사정을 설명하였다. 그 다음 곽재우가 기이하게 군사를 지휘하여 강과 숲의 전투에서 많은 공적을 세웠으며, 그로 인하여 의령과 삼가 두 고을 사람들은 평시와 같이 농사를 지을 수 있고 도내의 남은 성이 보존된 것은 재우의 공이 많다고 하였다.

그러던 중 삼도의 장수가 수원에서 패하였다는 말을 들은 다음 순찰사에게 격문을 보내어 죄를 헤아리고 치겠다고 성명하는 동시에 각읍의 의병장에게도 통문을 내어 순찰사의 죄를 칠 것을 권유하였다고 하였다. 이에 순찰사는 곽재우를 잡아 가두라고 초유사에게 관자를 보냈으나 초유사가 곽재우에게 편지를 보내어 타일러서 군사를 거느리고 진주의 위급을 구하러 갔다는 것과 순찰사 김수에게도 편지를 보내어 곽재우를 선처하게 한즉 변은 없을 듯하다고 하였다. 다만 김수가 조정에 곽재우를 반적으로 하여 장계를 보냈기에 혹 재우에게 죄를 주면, 재우와 일도 인심이 수습되기 어려울 것이기에 장계를 올린다고 하였다.

의병대장 김면도 곽재우에게 '우리들 초야의 몸으로 의병을 일으킨 자는 왕인(王人. 왕이 임명한 관리)에게 명령을 받은 뒤에야 명분이 바르고 말이 통하여서 적을 칠 수도 있고, 근왕을 할 수도 있다. 만약 일을 그르친 사람이 죄가 있다고 목을 베면, 의기에는 합당함이 있을지 몰라도 순리를 쫓아 공을 세우는 도리에는 미진한 것이 있을까 두렵다. 낙동강 우안 일대를 걱정없이 평안하게 한 것은 귀하의 공이다. 그러니 일에 임해서 반드시 그 순리를 생각하여 능한 것을 억제하고 모자라는 것은 더한다면 만고에 빛나게 될 것'이라고 충고하였다.

이때 조정에서는 김수의 장계를 보고서 처치를 어렵게 여겼는데 김성일의 장계가 올라가자 의심이 확 풀려 즉시 김수를 소환하니 영남 사람들이 크게 감복하였다. 이처럼 감사와 의병장 간에 일촉즉발의 위기가 조성되어 있을 때 김성일의 조정과 중재가 없었다면, 김수나 곽재우 중 어느 한 사람 또는 두 사람 모두 변을 당할 뻔하였다.

사람이 사는 세상이라 의병대장 간에도 불화와 반목이 나타나기도 하였다. 정인홍과 김면은 명성과 지위가 비슷하게 높아서 서로 차이가 나지 않았다. 정인홍의 참모는 모두 그의 문하생들이었는데 그 중에 어떤 사람은 자신의 스승을 높이 떠받들어 의병 가운데 제일 가는 공을 세운 사람으로 만들려고 하였다. 그런데 김면의 성망과 공적이 정인홍보다 자못 높아지자 와언을 일으키고 비방을 조작하여 두 장수로 하여금 서로 용납되지 못하게 하였다. 정인홍이 김면에게 글을 보내면서 온당치 못한 말을 드러내놓고 하였으며, 김면 또한 불만스러워하여 형세가 정말 화해하기 어렵게 되었다. 이에 김성일이 두 진영에 가서 통렬히 말하기를 "마땅히 합심하여 왜적을 쳐서 함께 국난을 구제할 것이요, 부박한 사람들의 말을 듣고 틈이 벌어져서는 안 된다. 아첨하기를 좋아하여 이간질하는 자는 내가 마땅히 추궁하여 법으로 다스릴 것이다" 하니, 이로부터 부박한 무리들이 말썽부리는 것이 조금 수그러들었다.

경상좌도 영천의 진사 정세아(鄭世雅), 생원 조희익(曺希益), 전 현령 곽회근(郭懷瑾) 등 60여 명이 김성일에게 보내는 글을 몇 사람이 낮에는 숨고 밤에는 걸어서 가져왔다. 그 내용은 강좌(江左. 낙동강 좌편)의 여러 수령과 장수들이 처음에는 도

비슬산 용천사. 김성일이 경상좌도 감사로 부임하기 위하여 왜적을 피해 밤중에 낙동강을 건넌 다음 적의 소굴을 지나면서 잠시 쉬었던 곳이다.

망쳐 숨었다가 이제야 기어나와서 의병들을 억누르고 있는 상황을 거론하였으며, 경주 부윤 윤인함(尹仁涵)은 깊은 산 속에 머물러 있으면서 의병을 방해하고 있고, 병사 박진(朴晉)은 의병을 호령하고 관군을 억압하여 군사들이 흩어져서 수습할 수 없다. 그러나 좌도에서는 품명할 곳이 없어 초유사의 지휘를 들으려고 한다는 것이었다. 이에 김성일은 그들을 위유(慰諭. 위로하고 타일러 잘 달램)한 다음 훈련원 봉사 권응수(權應銖)를 의병대장으로 삼은 다음, 이웃 몇몇 고을에도 다 의병장을 정하여서 권응수의 명령을 받도록 하였다.

권응수는 초유사 김성일이 추천함에 감격하여서 더욱 분려하였다. 그 뒤 하양의 의병장 봉사 신해(申海) 등과 합동하여 네 고을의 병사를 거느리고 영양(영천)성에 굳게 웅거해 있는

팔공산 동화사: 김성일이 경상우도 감사로 되돌아 오면서 경상좌병사 박진을 만나 토적을 논의한 외에 의병들을 철주하는 것을 말렸던 곳이다.

왜적들을 쳐 섬멸하였다. 이에 좌도의 민심이 점차 떨쳐져 모두들 왜적을 토벌할 마음을 품게 되었다.

 김성일은 경상좌도 감사가 되어서 좌도에 왔다가 우도감사로 전근되어 되돌아가면서 박진이 한 도의 병권을 혼자서 농단하여 의사들 중에 분기하는 자가 있으면 저해하고 억압해서 그 군권을 모두 빼앗는 사실과, 권응수는 날쌔고 건장하며 슬기로운 지려가 있어 무변 중에서 얻기 어려운 인재이며 만약 한 방면의 책임을 맡기면 성공을 바랄 수 있으나 위에 병사가 있어 권응수는 뜻하는 바를 행사하지 못하고 있기 때문에 유식한 사람들이 깊이 탄식한다고 왕에게 장계를 올렸다. 김성일은 또 박진을 대구 동화사에서 만났을 때도 그에게 의병들을 철주(남을 간섭하여 마음대로 못하게 막음)하는 것이 옳지 못함을 힘써 말하였다. 이때 권응수 군 외에도 상도(上道)의 유생 4백여 명이 전 한림 김해(金垓)를 의병장으로 추대하여 적을 칠 계획을 세웠고, 생원 임흘(任屹)도 안동 지방에서 의병을 모집하여 왜적을 치기로 맹세하였으나 모두 병사 박진에게 견제를 당하여 뚜렷한 공을 세우지 못하고 있었다. 그러나 박진은 쾌히 응낙하지 않았다. 권응수는 김성일의 장계로 뒤에 병사로 승진하였으며, 의병들도 박진에게 더 이상 흔들리지 않게 되었다.

의병들의 성취와 김성일의 공적

이와 같이 김성일은 경상도 일원에서 의병들이 일어나게 격문도 내보내고 힘써 권유도 하였으니 의병이 일어난 것이 그에게서 비롯되었다고 할 수 있다. 오희문은 그가 쓴 『쇄미록』에서 초유사가 쓴 격문과 의령의 곽의사(곧 곽재우)에게 보내는 편지에 대하여 "이 두 글을 보니 말뜻이 간절하여 충의(忠義. 충성과 절의)를 권장하고 격려하였는 바 영남의 선비들이 모두 떨쳐 일어난 것이 어찌 이로 말미암아서 발한 것이 아니겠는가" 하였다.

『난중잡록』 임진년 7월조에 이런 기록이 있다. "영남 초유사의 공문 내에, '본도 우도의 여러 의병 2만여 기가 날마다 적을 공격하여 고령 이하는 이미 수복하였으며, (중략) 산중에 피란간 사람들에게 급히 이 기별을 전해서 사람마다 분연히 일어나 적을 치게 할 것이다.'" 또 『선조실록』 선조 26년 1월 11일조에 보면 명나라의 원주사(袁主事)가 팔도의 병마 총수를 물은 데 대하여 조선이 답한 것이 있다. 이에 따르면 전국의 의병은 22,900명이며, 그 중에 경상좌도의 의병은 2,000명, 경상우도의 의병은 10,000명이라고 기록되어 있다. 경상우도의 의병 수는 불과 반년 전의 숫자의 절반밖에 되지 않는다. 이는 아마도 관군으로 상당수가 편입되기도 하였을 것이고, 또 이 지역에서 전투가 계속하여 있었으니 전사자도 많았을 것이기 때문에 의병이 반으로 줄어든 것으로 추측된다. 이처럼 파악된 전체 의병 중 김성일의 노력과 지원에 힘입어 창의한 경상우도 의병과 역시 김성일의 노력으로 창의한 창녕과 영산의 의병 2천 명만 포함된 경상좌도 의병 2천 명 등 도합 12,000명은 전체 의병의 절반을 넘는 숫자이다. 이것은 당시의 의병의 창기와 활동에 김성일의 영향이 그만큼 컸다는 증거가 된다고 하겠다.

의병이 일어난 다음에는 그들이 먹을 군량을 조달하고, 그들이 가지고 싸울 무기도 공급하면서 관의 시기와 무함, 철주로부터 의병장들을 보호하여 의병들이 왜적과 싸우도록 지휘하고 지원하였다. 경상좌도와 우도에서 감사, 병사, 수령 등 관리들과 의병장들을 잘 조화시켜서 이들이 합동하여 이 지역에서 왜적에게 빼앗겼던 읍과 성을 수복하게 하거나 왜적을 물리치도록 하였다. 이것을 『선조수정실록』 선조 25년 6월조에서는 "여러 도에서 의병이 일어났다. …… 이에 관군과 의병이 서로 철주하여 수신(帥臣. 곧 병사, 수사)과 의병장이 서로 불화하는 경우가 많았지만, 유독 초유사 김성일만은 이를 적의한 방도로 요령있게 잘 조화시켰다. 이 때문에 영남의 의병이 그를 믿어 중하게 의지하였으므로 패하여 죽은 자가 적었다"고 김성일의 조정 통제력을 높이 평가하였다.

　김성일이 의병을 위하여 이와 같이 한 것은 부모가 자식을 낳아서 키우고 또 스스로 살아가도록 도와준 것과 비슷하다고 할 수 있지 않은가. 진사 정유명은 김성일이 경상좌도 감사로 발령이 나자 그를 경상우도에 머물러 있게 하여 달라는 원류소를 선조에게 올리면서 "오늘날의 일은 그 어느 것이나 의병이 한 일이 아닌 것이 없으며, 의병들로 하여금 종시토록 그만큼 성취하게 한 것은 김성일의 공입니다"고 하였다. 그렇다면 우리는 초유사로서, 경상좌우도 감사로서 임진왜란 기간 중에 의병의 활동이 가장 활발하였던 시기에 가장 왕성하게, 또 가장 성공적으로 의병활동을 한 지역에서 의병의 모든 일을 기획하고 조정하고 지원하였던 김성일을 훌륭한 의병의 아버지라고 부를 수 있을 것이다.

진주대첩

삼장사시

촉석루 마루 위에 마주 보는 세 장사
한 잔 술로 웃으면서 장강을 가리키네
장강의 저 물은 도도히 흘러가네
저 강물 안 마르듯 우리의 넋도 없어지지 아니하리

矗石樓中三壯士　一杯笑指長江水
長江之水流滔滔　波不渴兮魂不死

이 시는 1592년 선조 25년 5월 15일경, 그러니까 임진왜란이 발발하고 한 달 가량 지난 때에 김성일이 초유사로서 진양(지금의 진주)에 처음 갔을 때 지은 것이다. 참담한 현실을 직면하고 있는 가운데서도 세 장사는 기필코 나라를 구할 것이며, 나라는 도도히 흐르는 강물처럼 존속할 것이며, 또 그들의

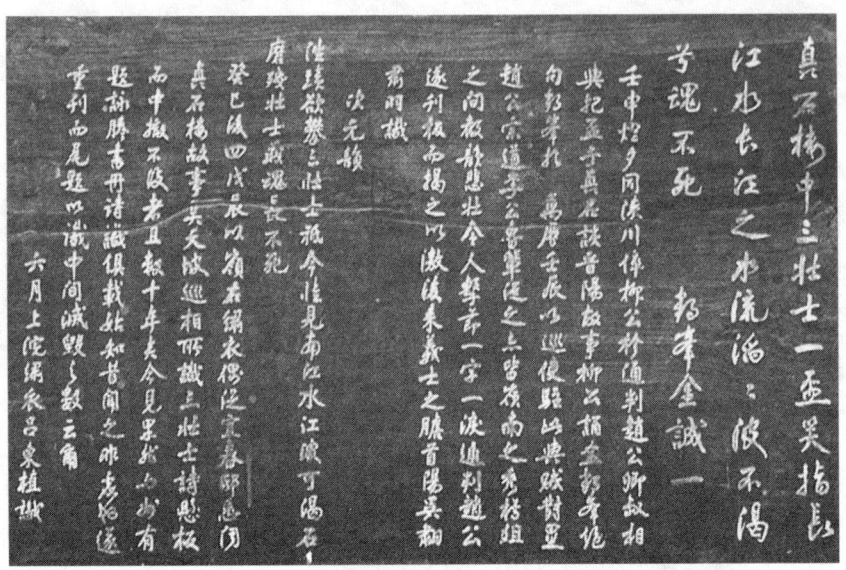

삼장사 시 현판. 김성일이 1592년에 지은 삼장사 시를 1632년 인조 10년에 합천 군수 유진, 경상도 관찰사 오숙, 진주판관 조경숙 등이 촉석루에 게시하였다.

넋도 없어지지 않을 것이라는 굳은 결의와 비장함이 함께 표현된 보기드문 명시이다. 시를 쓴 김성일 본인의 뜻만 천명한 것이 아니라 함께 있는 두 사람에게도 같은 생각을 하게 하는 그런 시이다. 시가 이렇게 훌륭하다 보니 임진왜란이 끝난 뒤에 저절로 인구에 회자(膾炙. 칭찬받는 화젯거리로서 널리 사람의 입에 오르내림)되었고, 시의 작가와 시 가운데 말한 삼장사가 누구냐에 대한 논란까지 불러 오기도 하였다.[1]

---

1) 삼장사시에 대하여는 몇 가지 설이 있다. 그 한 가지는 삼장사 시의 작가가 누구냐 하는 것이고, 다른 하나는 삼장사가 누구냐 하는 것이다. 작가에 대한 주장은 김성일이 작가라는 주장과 최경회가 작가라는

이때 김성일이 진주에 가게 된 경위를 조경남은 『난중잡록』에 이렇게 썼다. 곧 "흉악한 왜적이 진해, 고성 등지를 불태워 재물을 없애버리니, 본도 우수사 원균(元均)은 퇴각하여 남해의 노량에 진을 치고 전라도의 수군에 구원을 청하였다. 적병이 진주를 향한다고 떠들썩하자, 목사 이경(李璥)과 판관(判官 조선시대 때 감영, 유수영 및 큰 고을에 둔 벼슬. 종오품) 김시민2)

두 가지 주장이 있다. 이 책을 쓴 저자는 이 시를 지을 때의 상황과 퇴고 과정 등을 보아서 김성일이 지은 것이 틀림없다고 단정한다. 물론 김성일이 작가라는 것이 통설이다.

다음 삼장사가 누구를 지칭하느냐 하는 것에 대하여는 주장이 몇 가지로 나뉜다. 김성일이 시를 지었다고 보는 쪽에도 김성일, 조종도, 이노 세 사람을 삼장사로 보는 쪽과, 김성일, 조종도, 곽재우를 삼장사로 보는 쪽으로 나누인다. 그런데 1960년 영남유림 325 문중에서 임진왜란 당시 초유사 김성일이 삼장사시를 짓게 된 경위와 시의 내용, 시가 세상에 널리 알려지게 된 경위 등을 쓴 촉석루중삼장사기실비(矗石樓中三壯士記實碑)를 진주성 내에 세웠는데 그 기실비에서는 삼장사가 김성일, 조종도, 이노 세 사람이라고 하였다. 최경회를 작가로 보는 쪽은 최경회, 김천일, 고종후로 주장하는 쪽과 최경회, 김천일, 황진으로 주장하는 쪽이 있다. 그러나 이 시를 지은 사람이 초유사 김성일이므로 최경회를 작가로 보는 쪽의 주장은 논란의 대상 자체가 될 수 없다고 하겠다.

2) 金時敏. 1554-1592. 조선 중기의 무신. 자는 면오(勉吾), 본관은 안동이다. 1578년에 무과에 급제하였다. 임진왜란 때인 1592년 여름 사천, 진해, 고성을 왜적으로부터 수복하였고, 같은 해 10월 진주성 안에서 관군과 백성들을 지휘하여 왜적을 격퇴하여 진주대첩을 이루었다. 선무공신 2등에 추록되었고 상락군에 봉해졌다. 진주의 충민사에 제향되었다.

은 지리산에 가서 숨어 피하였다. 김성일이 이 소식을 듣고 본주(즉 진주)에 달려가니, 경내는 싹 비어 있었다."

　문관으로서 의병을 불러일으키고 백성들을 진무(鎭撫. 난리를 평정하고 백성을 평안하게 함. 진정시켜 어루만짐)하는 것을 주임무로 부여 받은 임시직의 초유사는 적이 쳐들어 오는 곳으로 달려 갔다. 이에 반하여, 함경도에서 오랑캐들과 여러 번 전투하여 승리하는 등 용맹을 떨쳤던 무관으로서 이때 경상우도 현지에 와서 근무하고 있던 수사와 판관은 왜적을 피하여 미리 퇴각하였거나 숨어 피하였고, 거진(巨鎭. 절제사의 진영)인 진주성의 책임자인 목사도 성을 버려두고 지리산에 숨어 있었다. 현지의 책임자들이 도망하고 없는 판에 군사와 백성들이 남아 있었겠는가? 모두들 도망 하였거나 숨어 버렸다. 그러니 성안은 적막하여 사람의 그림자도 보기 어려웠다. 오직 남강의 강물만 출렁이고 있었다.

　김성일이 서글픈 생각으로 이리저리 거닐며 슬픔과 통분함을 견디지 못하고 있던 차에 함께 간 조종도가 김성일의 손을 잡고 "진양은 거진이고, 목사는 명관인데도 지금 이와 같으니, 앞으로의 사세는 다시 손 써볼 도리가 없을 것이므로, 빨리 죽느니만 못합니다. 공과 함께 이 강물에 빠져 죽었으면 합니다" 하고는 김성일을 강가로 이끌었다. 잡은 손이 힘차서 풀리지 않았다.

　그러자 김성일은 웃으면서 말하기를, "한 번 죽는 것이야 어려운 일이 아니나, 헛되이 죽는다면 무슨 소용이 있겠습니까. 필부들이나 지키는 작은 의리를 나는 따라하지 않겠소. 선왕(先王)께서 남기신 은택이 아직 다 없어지지 않았고, 주상(왕)께서도 이미 자신을 죄책하는 교서를 내리셨습니다. 이에 하늘이 현재 화를 내린 것을 후회하고 있소. 여러분들과 더불어 군사를 모은 다음 나누어 점거하고 있다가 함부로 쳐들어온 왜적을 막는다면, 적은 숫자의 군대로도 충분히 나라를 흥복(興復. 부흥)시킬 수가 있어서, 회복의 공을 분명히 이룰 수 있을 것입니다. 만약 불행히도 그렇게 되지 않았을 때에는 당나라의 장순3)처럼 지키다가 죽어도 되고, 안고경4)처럼 적을 꾸짖다가 찢겨서 죽어도 됩니다. 그런데 그대는 어찌하여 그처럼 서두릅니까. 이 강물을 두고 맹세하거니와 나는 죽음을 두려워하는 사람이 아닙니다" 하였다. 그리고 위에 인용한 절구(絶句 한시의 근체시의 하나로 기·승·전·결의 네 구로 되어 있음) 한 수를 읊고는 서로 눈물을 흘리면서 크게 통곡하고

---

3) 張巡. 당나라 현종 때의 충신이다. 천보 연간에 안록산이 반란을 일으켰을 때 처음에 진원 영으로 있으면서 백성들을 인솔하고 당나라의 시조인 현원황제의 묘(廟)에 나아가 통곡한 다음 기병하여 반란군을 막았다. 그 뒤에는 강회(江淮)의 보장(保障)인 수양성(睢陽城)을 몇 달 동안 사수하고 있었는데, 구원병이 오지 않아 양식은 다 떨어지고 힘은 소진되어 성이 함락되었다. 그러자 태수로 있던 허원(許遠)과 함께 사절(死節)하였다.
4) 顔杲卿. 당나라 현종 때 안록산의 난이 일어났을 때 안록산이 사사명(史思明)으로 하여금 상산군(常山郡)을 공격하게 하였다. 그때 성을 지키고 있던 위위경 안고경이 군사가 적어 성이 함락되면서 사사명의 포로가 되었는데, 동도로 끌려가서는 안록산을 크게 꾸짖다가 살해되었다.

자리를 파하였다.

  말로 형언하기 어려운 절망감과 비감한 마음이 드는 그때의 광경이 눈 앞에 선하게 떠오른다. 이런 진주에서 다섯 달 뒤에 우리가 자랑스럽게 임진왜란의 삼대첩의 하나라고 말하는 진주대첩을 이루었다. 정말 절망의 나락(奈落 지옥)에서 기적의 승리를 이루어낸 것이다. 이제 그 자랑스러운 승리의 과정을 쫓아가 보자.

호남의 보장 진주 사수 결의

  김성일은 초유사로서 진주에 처음 도착하여 "진주는 호남의 보장(保障)이다. 진주가 없으면 호남이 없게 되고, 호남이 없게 되면 국가는 다시 회복할 도리가 없게 될 것이다. 왜적이 항상 노리고 있는 곳이 바로 이곳이니, 방비를 느슨히 해서는 안된다. 나는 이 성을 떠나지 않고 끝까지 사수(死守)할 터이다"라고 진주의 중요성을 이야기 한 다음, 그렇게 중요한 진주를 죽음으로써 지킬 결의를 천명하였다. 그리고 정말 그가 나중에 순국한 곳도 이곳 진주였다.

  왜적이 임진년 4월 13일 부산에 상륙한 후 두 달 열흘 만인 6월 22일에 선조는 저 서북쪽 국토의 끝 의주로 몽진(蒙塵. 임금이 난리를 피하여 안전한 곳으로 옮아 감)하였다. 그 반달여 전에 경기도 용인 북두문산과 광교산에서 전라도, 충청도, 경상도의 삼도 감사가 이끈 관군 5~6만 명이 왜의 협판안치(脇坂安

治)가 이끈 수군(水軍) 약 1천 6백 명에게 제대로 한 번 싸워 보지도 못하고 어이 없이 참패하여 이들 삼도의 근왕병에게 한 가닥 실낱같은 희망을 걸고 있던 선조에게 의주 몽진을 결정하게 하는 계기를 제공하였다. 의주 몽진 9일 전에는 왜적이 평양을 점령하였다. 함경도는 가등청정(加藤淸正)군이 두만강 너머까지 쳐들어 갔으며 두 왕자와 수행 관리들이 포로로 되기도 하였다. 나라의 운명이 조석간에 달린 위기의 순간이었다.

이러한 때 남쪽 지방은 사정이 어떠했는가? 진주, 산청, 함양, 거창, 안음, 단성, 합천, 삼가 등 낙동강 서쪽 일부와 호남지방 그리고 호서지방 일부가 적의 수중에 들어가지 않고 남아 있었을 뿐이었다. 이 남은 지역은 군사를 모집하고 군량을 조달하는 등 국가 중흥의 근거지로서 우리로서는 지키지 않으면 안 될 곳이었다.

왜적으로서도 조선을 완전히 점령하기 위하여서는 그들의 미점령 지역중 인력과 물자의 주공급원인 전라도를 먼저 점령하여야 한다는 것을 인지하고서는 한시라도 빨리 호남에 진입하려 하였다. 그들의 조선 침략 출발점이자 거점인 부산 등지로부터 전라도로 가는 방법은 크게는 바닷길을 통해 가는 것과 육로를 통해 가는 두 가지가 있다. 그런데 바닷길은 이순신을 위시한 조선의 수군들이 지키고 있어서 왜적들이 얼씬도 할 수 없었다. 그런데 육상은 저들이 조선에 침입한 이래 싸워서 이기지 못한 전투가 없었으니 이기지 못할 바다를 통하기 보다는 육로를 선택하는 것이 왜적들의 당연한 전략이 아니었겠는가.

그 당시 왜적들은 특히 전주를 목표로 하였으니 이것은 감영이 있는 전주가 저들에게는 영주가 있는 국(國)의 수도로 인식되어 이곳만 장악하면 전라도 전체를 장악하는 것으로 오해한데서 비롯된 것이다. 우리나라의 중앙 집권체제와 저들의 영주가 지배하는 국 체제의 차이를 몰랐기 때문이다.

육상으로 가는 것도 멀리 돌아가는 길을 택하기 보다는 지름길로 가는 것이 당연한 일이다. 지도를 놓고 보면, 동쪽 강원도 동해, 삼척 부근에서부터 저 경남 서남쪽 끝에 있는 하동까지 고산준령들이 연이어 있다. 소위 소백산맥이다. 이런 천혜의 요험(要險)이 있어서 경상도에서 전주쪽으로 진입하는 길은 소백산맥 중에 있는 육십령(六十嶺)이나 팔량치(八良峙) 등의 험준한 고개를 넘어가야 한다. 부산에서 이곳으로 가는 지름길은 창원, 함안을 지나 정암진에서 낙동강 지류인 남강을 건너 의령, 삼가, 산청이나 거창을 지나 안의까지 와서 육십령을 넘거나, 남쪽으로 더 내려와 함양 팔량치를 넘는 길이다. 이 길에서 정암진은 교통의 요지일 뿐 아니라 전략적 요충지이다. 또 하나는 진주를 통하여 단성, 산청을 지나 함양에서 팔량치를 넘거나, 더 북쪽으로 올라가서 안의에서 육십령을 넘는 길이다.

이처럼 육십령이나 팔량치는 소백산맥 중에서 호남을 지키는 최고의 관문이다. 따라서 이 두 재로 가는 길을 지키기 위한 전투가 임진왜란 초기에 여러 번 있었다. 특히 진주는 두 재로 가는 길목이 될 뿐만 아니라 남해안 평야 지대를 통과하여 전라도로 진입하는데도 요충인 곳이다. 그래서 김성일은 진주는 호남의 보장이라고 말한 것이다.

추풍령 북쪽에서 전주로 들어가는 길은 이치, 웅치 등을 통하여 가거나, 추풍령을 넘어와서 지례와 거창 사이에 있는 우지현(牛旨峴)을 통과하여 육십령이나 팔량치를 넘는 방법이 있다. 왜적들이 성주, 고령, 개령, 지례, 금산 등지에 대부대가 주둔하고 있으면서 낙동강의 수로를 확보하기 위하여 애쓰는 일방, 전라도로 진입하고자 무수히 전투를 벌였으니, 낙동강에 면해 있는 초계, 고령과 전라도 진입의 길목에 있는 거창의 지리적 중요성도 대단하였다. 그래서 김성일은 거창, 산음 지역에 비교적 오래 주둔하면서 활동하였던 것이다.

진주대첩 전의 진주지역 전투

임진년 5월에 적병이 진주를 침범한다고 하여 김성일은 진주로 달려 왔다. 이때 단성에서 만난 곽재우도 함께 왔다. 김성일은 지리산 속에 숨어 있다가 초유사가 왔다는 말을 듣고 나온 진주 판관 김시민으로 하여금 군사를 모집, 정돈하여 성을 지키게 하였다. 또한 적병이 고성으로부터 사천에 와 머무르면서 진주를 침범하려 하자 김성일이 군관 중에서 용맹하고 건장한 자 10여 명을 시켜 강을 건너가서 적을 치게 하니, 적이 곧 퇴각하였다. 다시 군사를 나누어 사천의 성 밑까지 진격하여 그들의 나무하고 물 긷는 길을 끊어버리니, 왜적은 고성으로 퇴각하였다.

전 군수 김대명(金大鳴)을 도소모관으로 하여 생원 한계(韓誡), 정승훈(鄭承勳)과 함께 군사 6백여 명을 모집하여 고성의 의병장 최강(崔堈) 등과 같이 적을 유인하기도 하고, 매복 야습하기도 하니, 왜적은 웅천, 김해 등지로 물러 갔다. 김대명 등은 군사를 거느리고 창원의 마산포로 들어가서 진을 쳤다. 김성일은 이때 손승선(孫承善)을 수성유사(守城有司)로, 허국주(許國柱)와 정유경(鄭惟敬)을 복병장으로, 하천서(河天瑞)를 군량책임자로, 강덕룡(姜德龍)을 병기책임자로, 신남(申楠)을 옹희책임자로 임명하여 돕도록 하였다.

진주성 수비 준비

　김성일은 선조에게 올린 계사에서 자기는 진주에 머물면서 군병을 감독 조치하여 이 성을 굳게 지켜 호남과 (경상우도) 내륙 지방을 방비할 계책을 세우려고 한다고 하였다. 그래서 병사들을 모으게 함과 동시에 성과 못을 수축하고 군기(軍器. 군용의 기구, 병기)를 새로 마련하거나 수선 하고, 성첩(城堞. 성가퀴)을 헤아려서 군대를 나누어 사수할 계획을 세웠다. 아주 구체적인 사항까지도 점검, 준비하였음을 알 수 있다. 물론 식량도 준비하였다.

　5월에 진주로 쳐들어 왔던 왜적은 웅천, 김해 등지로 이미 물리쳤고, 스스로 생각해도 진주의 수성준비는 어느 정도 되었다고 느낄만큼 된 6월 어느 날에 김성일은 이노, 이정과 함께 경상우도 각지를 순회하면서 의병 등 장졸들을 지원, 격려

진주성도. 임진년 10월 전투에서는 크게 승리하였고 이듬해 6월의 전투에서는 크게 패하여 성 안에 있던 6만의 인명을 포함하여 모든 살아있는 생명체는 죽음을 당했던 곳이다.

하려고 진주를 떠났다. 먼저 삼가로 갔다. 그곳에 가자마자 왜적이 거창으로 쳐들어 와서 위급하다는 보고를 받고는 바로 거창으로 가서 전투를 지휘하였다.

전후 사정으로 보아 그는 진주에 한 달 가까이 머물러 있으면서 김시민 등과 함께 진주의 수성 계책을 충실히 마련한 것으로 보인다. 이는 김성일이 진주에 와서 죽음으로써 진주를 지키겠다고 하였었는데, 그런 그가 진주를 떠나 다른 곳을 순시하러 간 것은 진주는 나름대로 충분히 수성 준비가 이루어졌다고 판단하였을 것이기 때문이다.

이때 마련한 계책에 대한 시험 기회가 바로 왔다. 곧 7월에 창원에 있던 왜적이 진해에 있던 왜적과 서로 호응하며 진주를 향하여 쳐들어 온 것이다. 이에 김성일은 성중에 있는 김시민에게 가볍게 움직이지 말게 하는 한편, 함양 등 여러 고을의 군사를 모두 동원하여 진주로 달려가 지원하게 하였다. 곤양군수 이광악(李光岳)도 달려오고, 의병대장 곽재우도 성에 먼저 들어가 있어서 군대의 위세가 왕성하였다. 왜적은 남강까지 와서는 더 이상 다가오지 못하고 있던 중 김성일이 현지에 도착하여 독전하니, 마침내 그날 밤에 도망을 쳤다. 이들을 뒤 쫓아 적에게 함락되었던 사천, 진해, 고성 세 고을을 수복하였다. 이 전투의 승리로 김시민은 진주목사로 승진하게 되었다.

보통 진주성 전투라고 하면 석달 뒤 10월의 진주대첩이 워낙 유명하기 때문에 이 7월의 승리는 크게 주목을 받지 못하고 있으나, 이번의 승리로 여러 고을의 관군과 의병들이 성내외에서 합동하여 왜적에 대항한다면 그들을 물리치는 것은 충분히 가능하다는 자신감을 얻은 것이 무엇보다도 값진 소득이었다. 또한 사천, 진해, 고성의 세 해안 고을을 수복한 것은 패전만 거듭하던 임진왜란 초기에 왜적에게 빼앗겼던 고을을 수복하였다는 그 자체로서의 뜻뿐만 아니라 남해안 평야 지대를 통하여 왜적이 호남으로 침입하는 길을 한층 더 굳게 막았다는 군사적 중요성이 있음을 간과해서는 안될 것이다.

경상우도의 유임 운동과 진주 수성 대책 마련

김성일은 6월 1일에 경상좌도 감사의 발령을 받았다. 그러나 선전관이 내려와 명령을 전달한 것은 두 달도 더 지난 8월 11일이었다. 전쟁중이라서 그만큼 왕의 명령이라도 전달되기가 어려웠던 것이다. 곧 경상좌도로 부임하려 하니, 길이 막힌 외에 우도의 사민(士民)들의 적극적인 만류로 바로 떠나지를 못하다가 9월 4일에 낙동강을 건너 경상좌도로 부임하러 갔다. 경상좌도로 가자마자 경상우도 감사로 전근 명령이 다시 내렸다는 통보를 받고는 9월 16일에 낙동강을 건너 경상우도로 돌아왔다.

19일에 전 관찰사 김수를 거창에서 만나 보고 산음에 옮겨가 머물렀다. 이때 진주목사 김시민은 진주성을 지킬 수 없다는 그 당시의 경상우도 감사 김수의 말을 따라 진주성을 떠나서 1천여 명의 군사를 거느리고 거창의 의병대장 김면(金沔)의 진영에 가 있었다. 거기서 사랑암 전투에 참가하여 전공을 세운 후 계속 머물러 있었다.

경상좌도에서 돌아와 진주성을 지키는 목사가 없음을 알게 된 김성일은 크게 놀라서 군관을 시켜 목사 김시민을 가서 데려오게 하여 다시 진주로 가서 성을 지키도록 하였다. 진주대첩의 본격적인 전투가 10월 5일부터 시작되었으니 불과 2주일 전이었다. 경상우도 감사 김성일이 부임하여 온 것도 그렇고, 진주목사 김시민이 진주에 돌아온 것도 그렇다. 정말 아슬아슬한 순간이었다.

이때 진주에 쳐들어 온 왜적 3만 명은 김해에 주둔하고 있다가 9월 24일부터 행동을 개시하였다. 1592년 9월 28일조의 『난중잡록』에 보면 경상우순찰사가 전라좌의병장 임계영에게 급히 관문을 보내왔는데, 그 요지는 "김해와 부산의 적이 합세하여 진주, 의령, 산음 등지를 향하여 쳐들어 오는데 그들의 진로에 있던 우리나라의 여러 장수가 붕괴되고 (경상우)병사는 퇴각하였으며, 25일에 적은 이미 창원의 병영에 침입하였다. 또한 성주에 있는 적은 거창을 엿보며 아침 아니면 저녁에 공격할 것이다. 상황이 매우 위급하니 남원 근처에 있는 전라도 병사들은 산음 등지로, 순천 등지의 군사들은 진주로 가서 구원하여 주고, 지금 남원에 있는 전라도의 좌우 두 의병대장은 밤낮을 가리지 말고 산음, 의령으로 달려와 도와달라"는 것이었다.

한편 『용사일기』에 보면 왜적이 합포(마산)를 짓밟고 장차 파릉(함안)을 어지러이 하거늘 경상우도 순찰사 김성일이 산음, 단성, 삼가, 의령의 네 고을의 유생, 장병 및 수령들과 오운, 조종도, 이노, 초계가수 곽율과 함께 깃발을 많이 만들어 좌우의 산위에 열지어 꽂아놓고, 정호 언저리에서 병력을 과시하였더니, 적은 바라보다가 도망쳤다고 하였다.

이것은 진주대첩 직전에 진주로 쳐들어 오는 왜적들을 경상우도 병력만으로는 막을 수 없어서 일면으로는 전라도의 지원을 요청하면서 일면으로는 경상우도 네 고을의 민관과 병력으로 군세를 과시하여 적의 정암진 도강을 막아 적이 남강 북쪽에서 의령, 진주, 산음 등지로 공격하려는 것을 막은 작전이었다. 만약 왜적이 정암진을 건너서 침공할 경우에는 여러 곳에서 전투가 동시에 벌어지게 되니 군사 숫자가 턱없이 적은 우리는 커다란 어려움에 직면하게 된다. 그럴 경우 진주를 집중적으로 지원할 수 없어서, 진주는 외부 지원이 없는 고립무원의 전쟁터가 되는 것이다. 따라서 이 정암진 도강 저지 계책은 진주대첩을 가능하게 한 뛰어난 작전이었던 것이다.

정암진 도강에 실패한 적은 10월 5일에 진주의 동쪽 임연대에 집결하였다. 창원에서 패하여 단기로 진주에 온 병사 유숭인(柳崇仁)은 성 안에 들어가지 못하고 사천현감 정득열(鄭得悅), 가배량 권관 주대청(朱大淸) 등과 합세하여 왜적과 싸우다가 전원이 전사하였다. 병사가 두 번의 싸움에서 패하여 죽은 자가 1,400여 명이나 된다고 하였다. 진주대첩을 이루는 데는 이렇게 먼저 싸우다가 죽은 장병들의 큰 희생도 있었다.

이러한 왜적의 움직임을 안 경상우도 감사 김성일은 지난 7월의 진주성 싸움과 마찬가지로 성 내외에서 합동하여 왜적에 대처하는 전략을 채택하였다. 즉 진주성 내에는 목사 김시민, 곤양군수 이광악 등 관군으로 하여금 방어 태세를 갖추게 하고, 성 밖에서는 여러 곳의 의병들이 지원하게 하는 것이었다. 이때 외부 지원군은 경상우도의 병력만으로는 쳐들어 오는 왜적을 대적할 수 없다고 보아서 김성일은 수차 호남의 의병장들에게 지원을 요청하였다. 그리하여 전라우의병장 최경회와 전라좌의병장 임계영이 각각 의병을 이끌고 지원하러 왔다. 영호남의 합동작전이 이루어진 것이다.

성내외의 관군과 의병, 시민

진주성 안		진주성 밖			
직함	장수명	직함	장수명	병력수	주둔지
진주목사	김시민	삼가의병장	윤탁	200	마현
진주판관	성수경	초계가장	정언충	100	마현
곤양군수	이광악	선봉장	심대승	200	향교뒷산
전 만호	최덕량	전라우의병장	최경회	1,000(2,000)	살천창
영장	이 눌	전라좌의병장	임계영	1,000	함양
율포권관	이찬종	승의장	신열		단성
군관	윤사복	한후장	정기룡, 조경형		살천
함창현감	강덕룡	고성가현령	조응도	500	진현
		진주복병장	정유경	300	진현,사천
		고성의병장	최 강		망진산
		고성의병장	이 달		두골평
		합천가장	김준민, 정방준	500	단계,단성
		김면의병군관	윤경남		단계, 단성
합계 3,800명		합계 3,800(4,800)			

이때 진주성 내외에서 전투에 참가한 장수와 군사의 수는 위와 같다. 위에 열거한 병력에 더하여 진주성 내에는 수많은 민간인이 있었다.

전투경과와 김시민의 공훈

전투는 10월 5일 진주성 부근에 왜적이 도착하여 진을 친 후, 6일 이른 아침부터 시작하여 11일 진시(辰時. 오전 7-9시)와 사시(巳時. 오전 9-11시)쯤에 왜적이 퇴각하였다고 하니 6일 간이나 치열한 전투가 있었던 것이다. 성안에 있던 관민 모두는 목사 김시민의 지휘에 따라 혼연일체가 되어 남녀노소 전부가 전투에 참가하여 빛나는 승리를 쟁취한 것이다.

김시민은 평소에 염초(焰硝. 화약 원료) 150근을 미리 구워 만들었으며, 조총을 본 딴 총통 170여 자루를 주조하여 사격연습을 시켰다. 그래서 싸움에 임해서는 화약을 물 쓰듯 썼고, 총통으로 철환을 잇달아 쏘아 적을 물리치는 데 큰 힘이 되었다. 현자총통과 진천뢰, 질려포 같은 화포도 쏘았지만, 돌을 굴리거나 던지고, 불에 달군 쇠붙이, 불붙인 짚단을 던지기도 하였으며, 끓는 물을 쏟아 붓기도 하였다. 성안에 있던 집들의 기와와 돌, 지붕의 이엉이 거의 다 없어졌다 하니 그 치열했던 전투를 짐작할 수 있겠다. 하루나 이틀의 전투도 힘든데, 만6일 간이나 싸웠으니 이들의 공훈은 이루 다 말할 수 없이 컸던 것이다.

특히 10일, 날이 어두울 때 진주에서 적에게 잡혀갔던 아이 하나가 탈주하여 신북문 앞에 왔다. 데려와서 조사를 하여 보니 "적이 내일 새벽에 온 힘을 다해 성을 치려고 한다"고 말하였다. 적은 그날 밤 2경에 거짓 퇴각하였다가 새는 날 첫 새벽에 1만여 명은 동문의 새성 안으로, 또 다른 1만여 명은 옛 북문으로 쳐들어 왔다. 적의 마지막 대공격이었고, 우리측도 남녀노소 없이 있는 힘을 다하여 이들을 저지 격퇴하였다. 왜적의 새벽 공격을 미리 알려 주었으니 얼마나 값진 적의 정보를 가져왔는가! 작은 아이의 이런 도움도 있었으니, 어찌 승리가 우리의 것이 되지 않았겠는가!

임진년 10월의 진주대첩은 목사 김시민과 그를 도운 곤양군수 이광악 등 모든 장수와 병사들, 그리고 함께 전투에 참여한 백성들의 공으로 이루어졌다. 즉 6주야에 걸쳐 왜적의 공격을 계속하여 물리친 성안의 민관 참전용사들에게 큰 공이 있음은 두말할 것이 없다. 여기에 더하여 진주성 전투가 일어난 초기부터 원근 각지에서 진주 부근으로 달려와서 성안의 군민들과 서로 성원하기도 하고, 왜적과 직접 전투를 벌이기도 하면서 싸움을 지원한 외부의 지원병의 공로도 크다고 하여야 할 것이다.

이처럼 큰 승리 가운데서도 아쉬운 면이 있었다. 적병이 물러 갈 때 성안의 장병들은 이미 힘이 다하여서 적병을 대규모로 추격하지 못하고 일부 병력이 소촌역까지 추격하여 갔다가 되돌아왔다. 성밖에 있던 김준민 등이 왜적을 뒤쫓아 함안까지 갔으나, 추격하지 못하고 되돌아 왔으며, 최강과 이달은 군사를 거느리고 뒤쫓아 반성까지 가서 적의 수급 20여 개를 베었다. 그런데 진주대첩 직전 왜적의 정암진 도강을 막기 위하여 경상우감사 김성일이 여러 군의 병력을 이끌고 군세를 과시하였을 때 곽재우에게 의령, 함안의 경계에 진을 치고 있으면서 기병을 내어 적을 치게 하였다. 그런데 곽재우가 왜적이 대거 쳐들어올 것이니 배수진을 쳐서는 안되겠다고 김성일의 지휘를 따르지 않았다. 김성일의 지시는 한창 기세가 오른 왜적을 치라는 것이 아니라, 복병을 매복시켰다가 적의 후미를 치거나 돌아가는 적을 치라는 것이었다. 그런데도 곽재우가 끝내 함안 경내에 한 걸음도 나오지 않아 진주성 싸움에서 상처를 입고 패주하던 왜적을 모두 편안하게 돌아가게 하고 말았던 것이다. 당시 사람들이 곽재우가 명령대로 따르지 않은 것을 한스러워 하였다. 김성일이 노하여 곽재우를 뜰 안으로 잡아오게 한 다음 장차 군율로 다스리려고 하였으나 박성과 오운이 막하에 있다가 힘껏 말렸으므로 그만두었다.

김성일의 종합 수성기획

김성일은 진주대첩 전 5개월 동안에 진주를 두 번이나 떠났던 김시민을 데려와서 진주를 지키게 한 외에 초유사로 부임하면서 진주의 중요성을 어느 누구보다도 정확하게 알고 목사 김시민을 비롯한 관군으로 하여금 병력의 확보, 성지의 수리, 병기의 준비, 식량의 확보 등 진주 자체로서 수성을 철저히 준비하게 하였던 점, 적에게 포위된 성 안에 사잇길을 통하여 화살 등 무기를 수차례 공급하여 전투를 지원하고 사기를 진작시킨 점, 적이 진주를 공격하기 전에 병력을 나누어서 정암진을 건너 작전을 전개하려던 것을 병력 과시만으로 미리 막아서 군사의 수가 크게 열세에 있던 휘하의 관의병들이 진주를 집중하여 지원할 수 있게 사전에 작전 계획을 수립, 시행하였을 뿐만 아니라 멀리 호남에까지 지원을 요청하여 진주성 사방에 구원병이 많이 포진토록 함으로써 성안에 있는 사람들에게는 크나큰 의지와 격려가 되게 하였고, 왜적들에게는 전방과 후방에서 협공을 받을 수 있다는 위협을 줌으로써 적의 공격력을 약화시킨 뛰어난 전략을 구상, 실행에 옮긴 김성일의 공은 더욱 크다 할 것이다.

이 진주대첩으로 조선은 경상우도 내륙과 호남으로의 왜군 침범을 막을 수 있었다. 왜적의 호남 침범과 그 침입로를 막은 것은 호남 그 자체를 지켜서 국가 중흥의 기틀을 확보하였다는 뜻만 있는 것이 아니다. 이것은 동시에 경상우도 수군과 호남의 수군들의 배후를 지킨 것이 되어 양도의 수군들이 병력 충원과 식량 조달, 군비마련 등을 손쉽게 할 수 있도록 하였고, 배후로 왜적이 쳐들어 오는 염려를 하지 않아도 되게 하였으니 군사적으로도 크나큰 지원이 된 것이다. 뿐만 아니라 육지에서도 우리의 자력으로 왜적을 크게 무찌름으로써 전국적으로 군사들과 백성들의 사기를 크게 고양시켰다.

결론적으로 말하여 진주대첩을 이룩할 수 있었던 것은 평소 진주의 중요성을 철저히 인식하여 수성 준비에 만전을 기하도

진주수성절차. 진주성 방어를 총괄적으로 주획, 지휘하여 진주대첩을 가능케 한 김성일이 전투 경과를 선조에게 보고한 '치계진주수성승첩장'의 초고로 일자별로 진주방어 상황이 기록되어 있다.

록 지휘 감독하였던 경상우도 감사 김성일이 경상좌도로부터 때 맞추어 부임하여 와서 진주성을 비우고 있던 목사 김시민을 진주성에 돌아가서 지키도록 함과 동시에 싸움이 일어났을 때에는 진주성 밖에서 싸움을 총괄적으로 지휘, 지원한 공과, 염초와 총통 제조, 성지 수축 등 평시에 현장에서 수성 준비를 철저히 한 외에 싸움이 시작되자 상하 관민을 잘 이끌어서 여러 날에 걸친 왜적의 공격을 물리친 일선 지휘관 목사 김시민의 공이 절묘하게 합작되어 이룩한 위대한 승리인 것이다.

이처럼 진주대첩이 가지고 있는 여러 가지 커다란 전략적·전술적 의미를 고려할 때 진주성 수성계획이야 말로 임진왜란 중 우리나라가 착안하고 성공한 최고의 방어계책이었다고 말할 수 있을 것이다.

영남우도 일원에서의 방어와 수복

　임진년 4월 19일 이후 경상우도의 여러 고을을 흑전장정(黑田長政) 등이 이끈 왜적들이 무인지경 같이 휩쓸고 지나갔다. 이들은 김해를 함락시킨 후 웅천, 창원, 창녕, 성주, 선산, 개령, 금산(김천)을 지나 추풍령을 거쳐 충청도의 영동, 옥천으로 갔다. 중로와 좌로를 잡은 소서행장(小西行長)과 가등청정(加藤淸正)의 군사들도 경상좌도를 점령한 다음 낙동강을 건너 선산, 상주, 함창, 문경 등을 함락시켰다. 21일부터는 낙동강의 동쪽과 서쪽의 길도 막혔다.

　5월 하순 이후 경상우도 지역에서는 여러 의병들이 일어나서 도처에서 왜적을 공격하거나, 그들의 진로를 막았다. 그리고 또 왜적에게 빼앗겼던 읍성을 수복하기도 하였다. 그 모든 전투를 다 파악하여 이 책에 수록할 수 없으니 안타깝다. 이 하에서는 이 책의 주제에 따라서 김성일이 1593년 4월 29일 진주공관에서 순국할 때까지의 의병과 관군의 활동 중에서 중요한 전투를 중심으로 간략하게 살펴보기로 한다. 임진년 10

월의 진주대첩과 그 전에 있었던 진주 부근 전투는 별도로 취급하였으므로 여기서는 다루지 않았다.

  기강(岐江)에서의 왜군격퇴(임진년 4월 이후) 등: 왜적이 지나간 바로 다음인 4월 22일에 곽재우가 의령에서 의병을 일으켰다. 『망우당집』 부록 용사별록에 따르면, 그는 집안의 젊은 종 10여 인을 거느리고 의령에서 처음으로 의병을 일으켜 스스로를 '천강홍의장군'이라 하였다. 집안의 재산을 완전히 처분하고 곳간을 열어 마음대로 가져가게 하여 용감한 무사와 건장한 청년 수백 명을 모집하였으며, 북을 치고, 호각을 불고, 깃발을 휘날리며, 크게 외치면서 기강을 따라 올라오는 적의 배 30여 척을 추격하여 낙동강 서쪽을 지켰다.
  그러나 그는 초계와 의령에 있는 관의 창고 곡식을 가져오고 기강에 버려져 있던 조세미를 가져다가 군량으로 쓰다가 토적으로 몰려 군졸들이 모두 흩어져 버렸다. 그때 마침 초유사 김성일이 내려와서 그의 이름을 듣고 그를 불러다 만나보고 의병을 일으키라고 격려하니 비로소 군졸들이 되돌아와서 군세를 회복할 수 있었다. 이에 곽재우는 더욱 힘을 내어 정진에 진을 치고 낙동강 연변의 왜적을 추적하여 잡았다. 뒷날 지산의 싸움에서는 수없이 적을 죽이고 목베인 것이 60여 급이나 되었는데, 군관 조사남(曺士男)이 먼저 적선에 올라가 적을 치다가 거짓으로 죽은 체하고 있던 왜적에게 찔려 전사하였다.

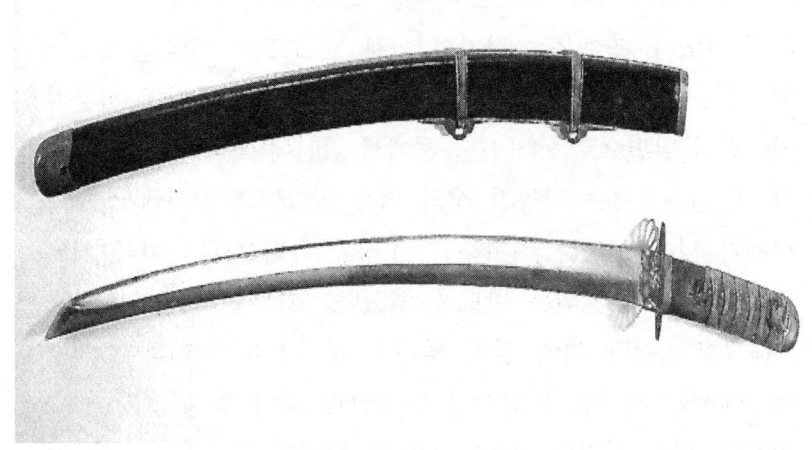
곽재우가 사용하였던 칼이다.

정진 등 의령부근 전투(임진년 5월 이후): 곽재우는 낙동강 연안의 아래 위에 수비대를 배치하여 적의 통로를 차단하고 왜적들의 배가 오가는 곳에는 강물 속에 장애물을 설치하고 강 언덕에서 갑작스럽게 공격하여 많은 적병을 사로잡았다. 또 정진(鼎津)에는 적군의 판단을 흐리게 할 수 있는 의병(疑兵)을 두어 적군을 기다리고 있었기 때문에 전라감사를 자칭하던 왜장 안국사혜경(安國寺惠瓊)이라는 자는 창원으로부터 함안에 와서 정암 나루를 건너려다가 곽재우에게 막혀 건너지 못하니 거창을 침범하려 하였다. 이에 김면이 또 격퇴시키니, 지례를 경유하여 금산에 들어가서 충청도에 있던 적과 합하여 무주, 용담, 진안 등의 고을을 함락시키고 전주로 향해 갔다.

의령부근의 전투는 장기간에 걸쳐서 전개되었는데 곽재우는 항상 출몰무쌍하여 적으로 하여금 그 군사의 다소를 알지 못하게 하였다. 곽재우는 삼가와 의령 두 고을의 의병을 거느리고 정호와 세간리 두 곳에 큰 진을 친 다음 왕래하며 번갈아 머물러서 한편으로는 창원 웅천에서 함안에 출몰하는 적을 치고 또 한편으로는 낙동강 상의 적을 막았는데 삼가에서는 박사제가 남은 군사를 지휘하고, 정병은 윤탁으로 하여금 거느리고 곽재우의 지휘를 받도록 하였다. 그러니 적들도 홍의장군(紅衣將軍)이라 하며 감히 덤비지 못하였다. 이리하여 의령 부근에서는 백성들이 안심하고 평일과 같이 농사를 지을 수 있었다. 한편 김면도 왜적이 정암진 남쪽에 주둔하고 있을 때 정암진 북쪽에 군사를 주둔시켜 곽재우 군과 함께 왜적을 막기도 하였다.

무계 전투(임진년 6월): 왜적이 큰 군사를 주둔시키고 있는 성주와 현풍의 사이에 있는 무계는 중요한 군사 요해지로 왜적들이 나루 부근에 주둔하고 있으며 수륙의 길을 통하고 있어서 좌우편의 도로가 막혀 있었다. 정인홍이 한여택(韓汝澤), 하종해(河宗海), 정상례(鄭尙禮), 이언성(李彦誠), 성정국(成定國), 정언충(鄭彦忠) 등에게 각각 임무를 맡긴 다음, 손인갑(孫仁甲)과 더불어 중위군을 거느리고 새벽에 적을 기습하여 양곡을 저장한 창고를 불사르고 적병 1백여 명을 죽였다. 이 싸움에는 고령의 김응성(金應聖), 성주의 이승(李承) 등이 각각 군사들을 거느리고 합세하였다.

(임진년 7월): 의병장 김준민(金俊民)이 적의 배후를 공격하여 적이 낙동강 상에서 제대로 활동하지 못하게 하였으며, 이해 9월에 적은 스스로 성을 불태우고 성주성으로 퇴각하였다.

개산포전투(임진년 6월): 왜적 80여 명과 우리나라 여인 5, 6명이 탄 배를 의병 군관 황응남이 의병 30여 명을 데리고 공격하여 적을 거의 다 섬멸할 무렵 또 한 척이 내려 오는데, 아군은 화살이 떨어져 더 이상 공격을 하지 못하였다. 그 다음날 다시 접전하여 적 3급을 베고 많은 물건을 노획하였다. 김면 대장은 이 전투에서 노획한 물건 두어 바리를 초유사 김성일에게 보냈는데 비단 옷감과 진귀한 보물 등이 많았다. 이 물건들은 남원부로 보내어 감추어 두고 왜적이 물러갈 때까지 기다리게 하였다.

초계 마진 전투(임진년 6월): 정인홍의 부장으로서 동래현령에 새로 임명된 의병장 손인갑은 낙동강을 내려오는 적선 12척을 포착하여 승리하였으나, 손인갑이 떠내려가는 적선 1 척을 물에 들어가 쫓다가 애마와 함께 익사하고 말았다. 이때는 군사들이 전투에 익숙하지 않아서 주장이 몸소 사병에 앞서 나가지 않으면 적에게 나가려들지 않았다. 손인갑은 전투를 할 때마다 먼저 나섰는데, 여기서 좋은 장수를 한 사람 잃었다. 사병들치고 눈물을 흘리지 않는 자가 없었고, 촌락 사람들도 그 소식을 듣고 모두 슬프게 울었다. 당시 왜적은 낙동강을 이용하여 군사와 물자를 수송하고 있었으며, 이것을 엄호하기 위하여 영산, 현풍, 무계, 창녕 등지에 거점을 확보하고 있었다.

창녕, 현풍, 성주의 낙동강 전투(임진년 6월): 고령 선비 박정완(朴廷琓)이 장사 4백여 명을 모집하여 강 기슭에 복병을 매복시키고 사재를 기울여 군량을 구입하고, 활과 화살을 준비하여 창녕, 현풍, 성주를 왕래하며 적들을 많이 잡았다. 또 배를 수선하고 수장(水柵)을 설치하여 강을 타고 내려오는 적을 막았다. 김면이 무계(개산포)에서 승첩하는 것을 크게 도왔다.

우지현전투(임진년 6월): 이탁영이 지은 『정만록』 임진년 6월 20일조에 "지례의 적이 패하여 도망쳤다" 하였고, 또 21일조에 "안음현을 지나 거창에 도착하니 초유사 김성일이 주둔하고 있었는데 관군과 의병이 근일에 적의 머리 3백여 개를 베었다"고 한 기록이 있다. 또 문위의 이의사사적(李義士事蹟)과 김송암 사적에 따르면 6월 14-18일 간에 지례의 적이 우지현을 넘어오려 하는 것을 순찰사의 군관으로서 초유사 휘하에 와 있던 이형(李亨)이 산척들을 지휘하여 싸우다가 전사하였다는 기록이 있다.[1] 김성일이 진주로부터 각지의 의병을 둘러보려는 중에 수리원에 도착하였을 때 거창에서 보고가 오기를

---

1) 『임진영남의병사』(2001, 임진호국영남충의단보존회) 중 김면의 의병활동을 참고하였음

'지례, 금산, 개령에 있는 적이 합세하여 우지를 넘어오려고 하니 일이 매우 위급하다'고 했다. 그래서 급히 삼가를 거쳐 거창으로 갔었다. 이러한 기록들을 연결하여 볼 때, 이때 초유사가 거창 우지현에서 적을 크게 무찌르고, 이형은 전사한 것으로 보인다.

(임진년 7월): 지례, 금산(金山), 개령에 있는 적이 합세하여 우지를 넘어오려는 것을 의병대장 김면의 군과 산음, 함양, 안음의 군병을 초유사 김성일이 후방에서 독전하여 넘어오지 못하게 하였다. 제포만호 황응남(黃應男), 거창 출신 변혼(卞渾)이 공이 많았다. 거제 현령 김준민도 적을 많이 죽였고, 거창 산척 수십 명은 모두 일당백으로 싸우니 적의 기세가 이로부터 갑자기 꺾였다.

안언 전투(임진년 7월): 합천의 의병대장 정인홍이 가장 김준민, 정방준(鄭邦俊)과 함께 군사 2천 8백여 명을 거느리고 안언의 적을 공격하여 다 섬멸하였다. 성주 가리현의 이홍우(李弘宇) 군사, 고령, 합천의 군사, 문여(文勵)의 군사와 함께 무계로부터 성주로 향하는 적 4백여 명과 짐을 실은 말을 공격하였다. 여러 군대가 20여 리를 추격하여 적을 죽였으므로, 죽은 시체가 서로 이어지고 흐르는 피가 들판에 가득하였다. 적에게서 빼앗은 것이 짐싣는 말 백50여 필과 철환, 화약 등이었다. 얼마 안되어 무계의 적은 철수하여 성주의 적과 합하고, 현풍의 적은 철수하여 대구의 적과 합하였다.

함안 전투 (일자미상): 이정과 함안군수 유숭인이 병사 1천여 명으로 대현(大峴)을 넘어 오려는 진해의 적을 막았으며, 창원의 적이 칠원으로 넘나드는 것을 물리쳤다. 이정은 적의 소굴에 들어가 향병을 수천 명이나 모았으면서도 백의종군 중인 군수를 돌려보내 주기를 청하여 그로 하여금 적을 막게 하고, 큰 공을 세우고도 스스로 그 공을 차지하지 않아서 초유사 김성일이 깊이 존중하였다.

사원동 전투(임진년 6월): 손인갑이 성주 남쪽 20리에 있는 사원동에 복병을 매복시켰다가 불리하여 퇴각하고 박응성(朴應星), 장호(張浩) 등이 약속한 때보다 일찍 적을 공격하다가 패하여 죽었다.

영산, 창녕, 현풍 수복: 영남은 임진년 4월 21일부터 낙동강을 경계로 왼쪽과 오른쪽이 왜적 때문에 통하지 못하게 되었다. 그 이후 낙동강 왼편은 모든 고을이 텅 비어서 적들이 마음껏 약탈을 하였다. 초유사 김성일은 경상우도 지역이 어느 정도 안정을 찾게 되자 임진년 6월 강을 격한 세 읍(좌도의 영산, 창녕, 현풍)에 책임자들을 임명하여 의병을 일으키도록 하였다.

영산은 정로위 신방주(辛邦柱)를 가장으로, 훈련봉사 신갑(辛砰)을 별장으로, 생원 신방즙(辛邦楫)을 소모관으로 삼았다. 신방주, 신방즙이 군사 6백여 명을 모아서 적을 쳐서 연달아 괵(馘. 전쟁에서 벤 적의 귀나 머리)을 바쳤다. 그런데 고좌리의 사족 수십 집이 피란하여 진치고 있는 대산에 화왕산에 잠복하여 있던 영산현감이 뛰어들어 망녕되이 호령하니 사수와 산척 등이 달아나고, 적이 크게 침입하여 남녀노소 모두를 죽여 버렸다. 신갑만이 겨우 달아날 수 있었다.

창녕은 충의위 성천희(成天禧)를 가장으로, 보인 조열(曺悅)을 별장으로, 교서정자 성안의(成安義)를 소모관으로 삼았다. 창녕 사람들은 모두 적을 격살함을 일삼고 항복하여 가는 이가 없었다. 성천희, 성안의, 성천유(成天裕), 조열, 곽찬, 신의일(辛義逸) 등이 군사 6백여 명을 모집하여 매일 적을 쳐서 귀를 베어 바쳤다. 조열과 성천유 등이 군사 1천여 명을 모아 창녕을 포위하고 엄습하여 종일토록 교전하였으며, 고을 원이라고 칭하는 백마를 타고 있는 자를 쏘아 죽이자 사흘 만에 적은 책(柵. 쇠나 나무의 말뚝으로 둘러 막은 우리)을 불태우고 도망갔다.

현풍의 사족가들은 모두 낙동강을 건너서 가야산이나 덕유산으로 들어갔지만 많은 아전들과 백성들은 적을 위해 복역하여 오가며 짐을 운반하고 있었다. 초유사 김성일은 이 말을 듣고 격문을 초하여 보내고 전령하여 전 군수 엄홍(嚴泓)을 의병별장으로 삼고 곽찬(郭趲)을 소모관으로 삼았다.

김성일은 또 곽재우를 보내어 현풍, 창녕, 영산의 적을 치게 하였다. 곽재우는 낙동강을 건넌 뒤에 정병 수백 명을 뽑아서 현풍성 밖에 육박하여 적을 위협하니 적은 성을 버리고 퇴각하였고, 곽재우 군은 현풍성을 수복하였다. 창녕에 있던 적도 곽재우 군의 압력으로 퇴각하였으나 영산의 적은 군세가 강하여 싸우기 어려워서 곽재우는 초유사 김성일에게 청하여 의령, 삼가, 합천 등 세 군현의 병력 지원을 받았다. 곽재우는 이들 병력과 윤탁, 주몽룡의 군사와 더불어 3일에 걸쳐서 적들과 싸우니, 적들은 철퇴하였다. 이로써 낙동강 좌측의 세 고을 현풍, 창녕, 영산을 모두 수복하였다.

임진년 7월의 경상우도 상황: 조경남이 지은 『난중잡록』 7월조에 보면 초유사 김성일의 공문이 있다. 그 공문에 "본도 우도 여러 의병 2만여 기(騎)가 날마다 적을 공격하여 고령 이하는 이미 수복하였으며, 서울에서 내려오는 적이 진퇴를 마음대로 못하고 나왔다가 도로 들어가는 형편이니 산중에 피난 간 사람들에게 급히 이 기별을 전해서 사람마다 분연히 일어나 적을 치게 할 것이다" 하였다. 이로 미루어 보아 5월 하순 이후에 의병들이 본격적으로 일어나기 시작하여 두 달여 만에 의병이 2만여 명에 달하였고 낙동강 서쪽의 고령 이남은 거의 전부 수복하였다니, 경상우도 지역의 의병 활동이 얼마나 왕성하였는지를 짐작할 수 있다.

영천성 수복(임진년 7월): 초유사 김성일은 신녕의 권응수(權應銖)가 통문을 돌리기 전에 이미 군사를 일으켜 적을 쳤으므로 그대로 의병대장을 시켰다. 권응수는 영천 의병장 정세아(鄭世雅), 정대임(鄭大任), 하양 의병장 신해(申海), 영천군수 김윤국(金潤國)과 더불어 네 고을 군사를 거느리고 영천성을 점령하고 있는 적을 쳐서 남김없이 무찔렀다. 그러자 하양, 신녕, 의흥, 군위, 의성의 적은 모두 달아나고 안동의 적은 풍산현으로 옮겨갔다. 이 전투에는 여러 고을의 의병이 참여하였으며, 그 이름이 기록된 사람들은 최문병(崔文炳), 권응평(權應平), 이온수(李蘊秀), 홍천뢰(洪天賚), 정담(鄭湛)과 경주 사람인 권사악(權士諤), 손시(孫時), 최진립(崔震立) 등이 있다. 이 싸움에서 우리측 전사자는 83명, 부상자는 2백 38명이었으며, 적으로부터 노획한 것은 군마 2백 필, 총통과 창검 9백여 정, 기타 안장과 채단이 많았다. 그리고 무엇보다 포로로 잡혀 있다가 탈환된 사람이 1천 9십 명이나 되었다. 이처럼 혁혁한 전과를 올린 영천성 전투는 화공으로 성공한 가장 전형적인 예라고 사서들은 기록하고 있다.

상주지역 상황: 상주의 소식을 몰라 궁금히 여기는 초유사 김성일에게 함창의 사인(士人) 이홍도(李弘道)와 상주 사인 조정(趙靖) 등이 와서 이봉(李逢)이 의기를 분발하여 적을 친다고 말하였다. 이봉은 청주 사람으로 함창에 와서 살았는데, 동지 유생들과 뜻을 합하여서 적을 많이 포획하였다고 하였다. 김성일은 공문으로 이봉을 표창하여 의병장으로 삼고, 상주의 전 한림 정경세(鄭經世)와 함창의 전 찰방 권경호(權景虎)와 문경의 유학 신담(申譚)을 세 읍의 소모관으로 삼아 각각 향병을 모집하여 이봉의 지휘를 받게 하였다. 이로써 경상우도 거의 전 지역에서 의병들이 활동하고 있었음을 알 수 있다.

지례 전투(임진년 8월): 김면이 김해부사 서예원 등을 거느리고 지례에 둔친 적을 토벌하여 거의 다 태워 죽였다. 전라도의 여자들도 함께 죽었다. 금산의 소모관인 여대로(呂大老)가 군사를 모집하여 권응성(權應星)을 임시 장수로 삼았는데, 김면의 지례, 금산 싸움에 함께 참여하여 공격하였다. 살아 남은 적들이 성주로 도망하였는데 주부 배설(裵楔)이 성주 군사를 거느리고 이들을 무찔러서 전멸시켰다. 이보다 앞서 전주로 향하여 가던 왜적이 퇴각하여 경상도로 오는 것을 김면이 지례의 지경에 군사를 매복시켜 불시에 공격하니 경상도로 다시 오지는 못하고 대부분 충청도 옥천 쪽으로 달아난 싸움도 있었다.

거창, 성주, 의령의 3 의병대장: 이때 김면은 거창에 주둔하여 지례, 금산(金山), 무주의 적을 막고 가장 전 주부 손승의(孫承義)와 전 수문장 제말(諸沫) 등으로 하여금 나누어 고령을 지켜서 성주의 적을 막게 하였다. 정인홍은 성주에 주둔하여 고령, 합천, 초계의 길을 질러 막았는데 전치원(全致遠), 이대기(李大期), 전우(全雨) 등이 군사를 모집하여 정인홍에게 소속되어 무계 및 낙동강을 왕래하는 적을 토벌하는 데 협조하였다. 곽재우는 의령에 진을 쳐서 함안, 창녕, 영산에서 강을 건너는 적을 방비하였는데, 삼가의 학유 박사제(朴思齊) 형제가 군사를 모집하여 윤탁(尹鐸)을 대리장수로 삼아 곽재우에게 부속시켰다.

임진년 8월의 경상우도 상황: 진주판관 김시민은 관군 및 군수 김대명 등이 모집한 군사를 거느리고 고성, 진해의 적을 막고, 함안군수 유숭인, 칠원 현감 이방좌(李邦佐), 사천현감 정득열(鄭得悅), 곤양군수 이광악(李光岳) 등은 각기 그 성으로 돌아와서 싸우고 지킨 공이 많았다. 창원 부사 장의국도 함안, 칠원 등지의 군사와 함께 창원 본부의 적을 김해로 쫓아내고 성을 수복하였다. 이리하여 임진년 8월 현재 함창, 상주, 지례, 선산, 김해, 창원, 진해, 고성 밖에는 적이 감히 침범하지 못하였다. 영남 우도 일대가 상당히 많이 수복되고 보존될 수 있었던 것이다.

경주 노곡 전투(임진년 8월): 초유사 김성일은 경주 사람인 훈련봉사 김호(金虎)를 의병도대장에, 전 현감 주사호(朱士豪)를 소모관에, 진사 최신린(崔臣隣)을 소모유사에 임명하였다. 김호 등은 경주 부근의 각 군현을 돌아다니면서 의병을 모집하고 훈련하였으며, 수시로 적진을 공격하여 적의 수급을 많이 베었다. 그들은 임진년 8월 2일 언양현 성에 들어온 왜군을 공격하기 위하여 의병 1,400명을 이끌고 출동하다가 경주 노곡에서 적군과 마주치어 전투를 벌였다. 약 5백여 명에 달하는 적군을 섬멸하였으나 김호도 부상을 당하여, 전사하였다. 이 싸움에서 의병은 경주 일원의 적에게 커다란 타격을 주었고, 끝까지 적을 추격하여 전과가 컸다.

경상좌도 의병 창기: 초유사 김성일의 격문이 경상우도로부터 간간이 좌도 각 고을에 전해져서 문무(文武), 부로(父老), 사

민(士民)에게 두루 타일러서 국가의 은혜를 잊음을 문책하고 의병에 참가하기를 격동시켰다고『난중잡록』임진년 8월 27일 조에 기술되어 있다. 이 책의 9월조에 보면 경상도 안동 선비들이 의병을 일으켰다. 이때에 생원 김윤명(金允明), 진사 배용길(裵龍吉) 등이 초유사의 격문을 보고 부로들에게 고하여 이 달 9일에 금법사에서 전 현감 권춘란(權春蘭), 전 봉사 안제(安霽), 전 검열 김용(金涌), 진사 신경립(辛敬立) 등과 모였다고 하였다. 다시 전 예천 현감 이유(李愈)도 참여하고 전 검열 김해도 예안에서 와서 합세하기로 하였다. 이때 안동, 의성, 의흥, 군위, 비안을 합하여 하나의 진을 만들어 다시 김해를 대장으로 삼고 이정백, 배용길은 부장이 되며, 안동향교를 진소로 삼았다고 하였다. 안동을 중심으로 대규모 의병 군단이 구성된 것이다.

김시민의 적장 생포: 목사 김시민이 진해에 있는 적장 소평태(小平太), 혹은 평소태를 꾀어 잡아서 판윤 김수에게 부쳐서 행조(行朝)에 보냈다.

성주 전투(임진년 9월2)): 정인홍과 김면이 합동하여 성주의

---

2) 『임진영남의병사』와 『합천임란사(합천임란창의기념사업회 발행)』에서는 성주성의 전투는 『모계일기』, 『고대일록』, 『송암실기』의 임계일기에 의거하여 임진년 8월 19-20일에 있었다고 기술하였다. 그러면서 『임진영남의병사』에서는 『난중잡록』과 같은 내용으로 '김성일이 이 전투를 품의 없이 치렀다고 하여 정인홍의 행수군관을 불러 태 수십 대

성을 공격하였으나, 합천군수 배설이 개령에서 응원오는 적을 막으라는 김면의 지시를 어겨서 공격 준비를 하던 우리 군이 개령의 왜적 원군과 성주 성에서 나온 적의 공격을 받고 오히려 패하여 퇴각하였다. 고령의 가장 손승의는 적탄에 맞아 죽었다. 김준민이 퇴각하면서 군사들을 방위하여 군사들이 많이 죽지는 않았고, 사사 이죽(李竹)이 금안장에 탄 왜장을 쏘아서 칼로 베어 죽였다. 경상우순찰사 김성일이 사전에 품(稟)하지 않고 거사한 책임을 물어 합천의 의병대장 정인홍의 군관을 잡아와서 곤장을 쳤다.

김성일이 임진년 9월 중순에 경상우도 감사로 우도에 돌아와서 올린 장계에 "의병대장 정인홍이 합천, 고령, 삼가, 성주의 군사를 거느리고 이달 곧 9월 15일에 성주에 있는 왜적들을 유인하여 성 밖에서 싸웠는데, 적들이 삼가의 군사들에게 패해 도망쳐서 도로 성 안으로 들어갔다"는 기록이 있다. 이

를 쳤다'고 하였고, 『합천임란사』에서는 이에 대하여 아무런 기록을 하지 않았다. 성주성 전투가 있었다는 8월 19, 20일에 김성일은 경상좌도 감사 임명을 통보받은 때인데, 경상좌도 감사가 우도에서 치른 전투를 사전에 품의 없이 하였다고 직접 처벌하였다는 것은 수긍하기 어려운 대목으로 보인다. 더욱이 그는 경상좌도 감사로 옮겨 제수된 다음에 왕에게 올린 장계에서 우도의 일에 대하여 우려되는 기미를 목격한 것을 보고하면서도 이를 '외람되고, 직분을 뛰어넘는다는 혐의도 피하지 않는다'면서 몇 가지를 보고한 것이 있다. 그런 김성일의 자세로 보아서는 전투시기를 8월로 단정하기도 어렵다고 본다. 그래서 이 책에서는 『경상순영록』을 인용한 『난중잡록』의 기록에 따라서 9월에 전투가 있었던 것으로 기술하였다.

전투가 위에 쓴 전투와 같은 전투인지 아니면 다른 전투인지는 확인하지 못하였다.

거창 사랑암 전투(임진년 9월): 의병대장 김면이 거창, 안음, 함양, 지례, 금산의 군사를 거느리고 진주목사 김시민의 도움을 받아 금산과 개령의 적 4천여 명을 물리쳤다. 상당히 큰 전투여서 거창을 지키는 데 크게 기여하였다. 김시민은 이 전투에서 발에 부상을 입었다. 김시민이 진주목사로서 진주성을 비워둔 채 군사 1천여 명을 이끌고 이곳 거창으로 온 것은 진주 사수를 주장하던 김성일이 경상좌도 감사로 갈려 가고 난 후에 진주는 지킬 수 없다고 주장한 경상우도 감사 김수의 명에 따라서 김면의 거창 전투를 도우러 온 것이었다.

김면의 의병도대장 임명: 김면은 6월에 기병한 이래 몇 달 동안 갑옷을 벗지 않았으며 또 싸우지 않는 날이 없어서 적을 유인, 격파, 기습하는 등 큰 싸움을 무려 10여 차례나 하였고 적을 물리치기를 30여 차나 하였다. 그는 임진년 11월 의병도대장의 교지를 받았으며 이로부터 그의 이름이 크게 떨쳐서 이르는 곳마다 왜적을 쫓아서 고령, 지례, 의령, 금산(김천)을 수복하였다. 선조는 그의 공적을 장하게 여겨 근왕토록 명령하였는데, 영남 여러 곳의 의병들은 "김대장이 만약 본도를 떠나면 우리들은 의뢰할 곳이 없고 왜적을 소탕할 길이 없을 터이니 영남일대를 어떻게 지킬 것이냐"라고 했으며, 원근 백성들도 "우리가 김대장을 잃으면 우리는 보전하지 못하리라"

고 해서 온 도내의 인심을 진정시키기 어려웠다. 이에 경상우도감사 김성일은 급히 장계를 올려 김면을 유임시켜 주기를 요청하였다. 그리하여 김면은 경상우도에 계속 머물러 있게 되었다.

김시민의 순국: 진주목사 김시민이 진주성 싸움 때 입은 부상으로 죽었다. 군중에서는 적이 알까 겁내어 숨기고 발상(發喪. 상제가 머리를 풀고 울어서 초상난 것을 발표하는 일)하지 않았다. 그러나 부모의 상을 당한 것 같아서 곡하는 소리가 서로 들리었고, 1년이 넘도록 남녀들이 소찬을 먹으면서 애도하였다. 감사의 장계로 서예원으로 대신 목사를 삼았다. 서예원은 임진왜란 발발초에 김해부사로 흑전장정의 왜군을 하루 동안은 잘 막았으나, 밤중에 도망간 초계군수를 잡으러 간다는 핑계를 대고 김해성이 함락되기 전에 도망쳤던 사람이다. 그러나 그는 후에 의병대장 김면의 중위장으로 지례 전투에 참가, 크게 승리하여 전공을 세우기도 하였다.

전라도 관군과 의병의 지원: 진주대첩 직후 감사 김성일은 진주에 가서 장수와 군사들을 위로하려 하였으나 개령, 성주의 적이 지례와 고령을 급박하게 쳐들어 올 기세여서 진주에는 도사를 보내고[3] 감사는 휘하의 용사들을 나누어 보내어서

---

[3] 『용사일기』의 기록을 따랐다. 그러나 『난중잡록』에는 이렇게 쓰여 있다.
　　본도 우순찰사 김성일이 거창에 있다가 승전의 보고가 이르매 본주

보조해 싸우게 하고, 나머지 군사는 성원하여서 구원하게 하니 적은 패하여 달아났다. 그러나 성주와 개령을 점거한 적이 치성함으로 관군과 의병이 연달아 싸워서 패하기도 하였다. 감사와 의병장들이 여러 번 체찰사에게 간절히 구원을 청하였더니, 정철이 운봉현감 남간(南侃)과 구례현감 이원춘(李元春) 등의 전라도 관군 5천여 명을 보내어 개령과 성주의 전투를 돕게 하였다. 이들도 영남의 군사들과 함께 성주성을 치다가 패하여 돌아갔으며, 그 죽은 수는 알 수 없을 정도로 많았다. 임진년 10월의 진주성 싸움 때에 김성일의 청을 받고 원군으로 왔던 전라좌의병장 임계영은 거창으로부터 합천 해인사로 진을 옮겨 의병장 정인홍과 함께 성주의 적을 쳤고, 전라우의병장 최경회는 그대로 거창에 머물면서 개령의 적을 쳤다. 전주부(注簿) 민여운(閔汝雲)은 태인으로부터 와서 비록 진주의 싸움에는 참가하지 못하였지만, 인하여 성주와 지례의 경계에 머물러 있으면서 본도의 의병대장 김면, 정인홍 등과 힘을 합하여 왜적을 토벌하였는데, 여러 번 접전하여 적병을 죽인 것이 매우 많았다.

  로 달려와서, 적의 송장이 서로 베개 삼아 깔렸고 피비린내가 땅에 가득한 것을 보고 탄복하기를 마지아니하고 이어 성에 들어가 목사가 누워 있는 방안—탄환에 맞아 누워 있었다—으로 들어가 위로하고 감탄하기를 한참이나 하였으며, 김해부사 서예원으로 가목사를 삼아서 군사를 대신 거느리게 하고 즉일로 장계를 올리니 다음과 같다.
  (이하 생략)

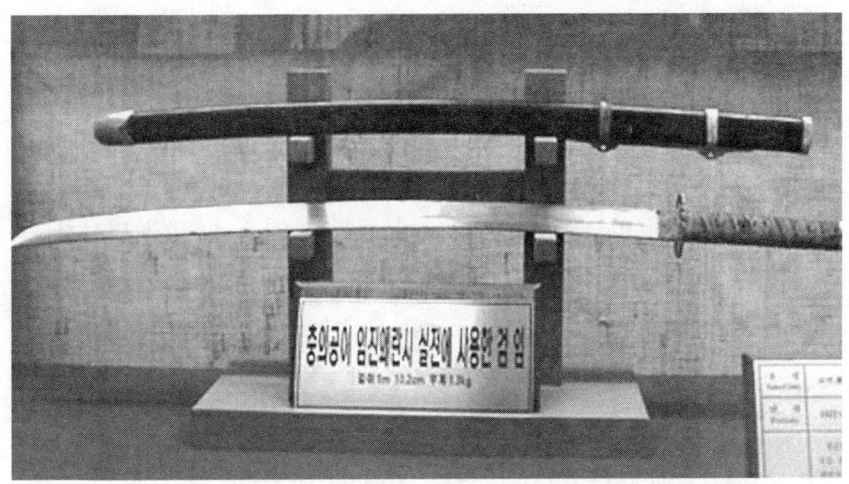

정기룡의 칼.

경상우병사 김면: 진주대첩 직전인 10월에 전사한 경상우병사 유숭인 후임에 합천군수 김면을 임명하였다. 전라 좌우의 병이 영남에 오랫동안 있으면서 성주 개령의 적과 여러 번 싸웠으나 전승한 때는 없이 군사들의 피해가 크므로 철병하여 북으로 가서 근왕할 계책을 하는 이가 많으니, 영우의 선비와 백성들이 계속 머물러 달라고 간청하였다.

상주 용화동 전투 및 상주성 탈환(임진년 11월): 임진년 10월의 진주대첩 시에 한후장으로 공을 세운 정기룡은 경상우감사 김성일의 천거로 상주 판관이 되었다. 11월 상주에 부임하여 용화동에서 피난 중이던 목사 김해와 백성들을 공격하던 왜적을 섬멸하였다.

『국역매헌실기』를 인용한 상주시 자료에 따르면 판관 정기룡은 또 임진년 11월 23일에 민관군 5백여 명을 지휘하여 횃불작전으로 성안에 있던 적을 쫓고, 도주하는 적을 무찔러서 상주성을 탈환하였다.

『정만록』에 따르면 함창 당교에 주둔한 적은 11월에 막사를 태웠고 12월에는 당교에 주둔하고 있던 적은 물러가고 서울서 온 적이 대신 주둔하였다. 이때 이미 양식이 부족하여 산에 굶어 죽은 시체가 낭자하여 차마 눈뜨고 못 보겠다고 하였다.

성주, 개령 전투(임진년 11월, 12월): 진주대첩 직후에 김면 군과 전라도의 좌우 의병장 임계영, 최경회 군이 함께 치성한 왜적을 맞아 싸웠다. 성주의 적 또한 치성하여 정인홍 군이 여러 번 싸워 불리하니 하루에 세 번씩이나 임계영에게 사자를 보내어 위급함을 고하여 최경회의 군은 개령에 남고 임계영 군은 성주로 가서 적과 싸워 여러 명을 죽였다. 특히 12월 14일에는 하루 종일 싸워서 적의 시체가 성 밑에 언덕처럼 쌓였다. 우리 군사도 10여 명이 피해를 입었다.

전라좌우의병의 계속 주둔 요청: 1593년 선조 26년 계사년이 되어 조정에서 중국 군사와 협력하여 서울을 공격할 일로 체찰사 정철로 하여금 여러 도의 관군과 의병을 징발하게 하였다. 이에 정철이 전라 좌우의병장으로 하여금 군사를 거느리고 서울로 가게 하니, 영남과 호남의 선비들이 두 의병부대가 계속 영남에 머물게 하여 달라고 상소를 올렸으며, 경상우

김면 사당: 의병도대장으로서 또 경상우병사로서 혁혁한 전공을 세운 김면을 제향하는 곳이다.

도 감사도 같은 내용의 장계를 올렸다. 그리하여 조정에서 두 의병장을 부르는 것을 중지하였다.

김면의 순국: 김면은 본래 병이 많은 몸으로 의병을 일으켜 적과 해를 넘겨가면서 싸웠으니 피로가 쌓이고 쌓였다. 그러다가 혹독한 병에 걸려 이듬해 1593년 3월 군중에서 죽었다. 군사들과 백성들의 슬픔은 말할 것도 없었고 김성일도 장계로 그의 죽음을 조정에 알리면서 만시(輓詩. 죽은 사람을 슬퍼하여 지은 시) 세 폭을 지어서 보냈다.

성주, 개령 전투(계사년 2월, 3월, 4월): 임계영 군이 2월 2일에 몰래 도망하는 적을 추격하여 부상현에서 4백여 명을 죽였으며, 11일에는 군사를 옮겨 개령의 적을 쳐서 2백여 명을 죽이고 적에게 잡혀 있던 우리나라의 남녀 4백여 명을 빼앗아 왔다. 3월과 4월에도 적과 싸웠다. 특히 의병장 임계영의 부장 장윤(張潤)과 최억남(崔億男)이 적을 많이 죽이고 적에게 잡혀 갔던 백성들도 탈환하여 오는 데 전공을 많이 세웠다.

왜군 철수, 남해안 주둔: 성주의 적과 개령의 적이 군사를 철수하여 남쪽으로 내려가니 연로에 있던 영호남의 군사들이 성을 점거하기도 하고 선산의 적을 공격하기도 하였다. 선산의 적은 4월에 철병하여 퇴각하였으므로 영호남의 군사들이 의령에 나아가 진을 쳤다. 이때 왜적은 전투, 기아, 추위, 질병 등으로 개전 당시 병력의 3~4할이 소모되었고 조선과 명나라 군의 반격과 후방에서의 관의병의 반격 및 병참 수송로 차단으로 군량 조달이 어려운 처지였다. 이에 1593년 계사년 4월 19일 서울에서 전군이 철수한 후 일본에서 군량 수송이 용이한 울산에서 거제에 이르는 남해안가로 철군하여 주둔하게 되었다.

김성일의 순국

지금이라도 민심을 얻으소서

김성일이 선조에게 초유사로서 처음 올린 장계가 『선조실록』 선조 25년 6월 28일조에 실려 있다. 그 마지막에서 김성일은 민심 문제를 다시 거론하고 있다.

근래에 부역이 번거롭고 무거워 백성들이 편히 살 수 없는 데다가 형벌마저 매우 가혹하므로 군졸이나 백성들의 원망하는 마음이 뱃속에 가득한데도 호소할 길마저 없어 그들의 마음이 이산된 지 벌써 오래입니다. 그러므로 왜국은 정수(征戍. 먼 곳의 수비로 떠난 병정)나 요역(徭役. 나라에서 구실 대신으로 시키는 노동)이 없다는 말을 듣고 마음속으로 이미 그들을 좋아하고 있는데 왜적이 또 민간에 명을 내려 회유하니 어리석은 백성들이 모두 왜적의 말을 믿어 항복하면 반드시 살고 싸우면 반드시 죽는 것으로 여깁니다. 그러므로 연해의 무지한 백성들이 모두 머리를 깎고 의복도 바꾸어 입고서 왜적을 따라 곳곳에서 도적질하는데 왜적은 몇 명 안되고 절반이 배반한 백성들이니 매우 한심합니다.

　지난번 애통해 하시는 교서가 내리자 들은 사람들이 눈물을 흘리지 않는 이가 없었으니 인심이 쉽게 감동되는 것을 알 수 있습니다. 지금 만약 관대한 명령을 내리어 전쟁이 평정된 뒤에는 요역을 경감하고 부세를 가볍게 하며, 형벌을 완화하고 옥사(獄事)를 느슨히 하며, 진공(進貢)을 감축하고 포흠을 면제하며, 일족이 연대 책임지는 법을 제거하고 공적을 세운 장수에 대한 율(律)을 소중히 하여 일체 군민(軍民)에 해가 되는 것을 모두 면제하겠다고 약속하여, 국가가 구습을 개혁하고 백성들과 다시 시작한다는 뜻을 알게 하면 백성들의 마음이 거의 감격하여 기뻐할 것입니다. 백성들의 마음이 이미 기뻐하면 하늘의 뜻을 돌이킬 수 있으며, 왜적이 아무리 창궐한다 해도 섬멸의 공을 거둘 날이 멀지 않을 것입니다.

　그는 백성들의 마음이 기쁘게 되면 아무리 왜적이 창궐한다 하여도 멀지 않아 왜적을 남김없이 모두 무찔러 멸망시킬 수 있다고 하였다. 이 말은 백성의 마음을 얻지 못하고서는 왜적을 물리칠 수 없다고 말하는 것과 같다. 이처럼 그는 전쟁 전에도, 전쟁이 일어난 후에도 백성들에게 해가 되는 여러 가지 일들을 개선하여 민심을 얻을 것을 최우선 과제로 생각하였고, 또 그렇게 하도록 계속하여 건의하였던 것이다.

선조의 자책 교서

선조는 임진왜란이 일어나기 전에는 김성일이 홍문관 부제학으로 있으면서 성과 못을 쌓는 일, 궁금의 폐단, 왕자가 이권을 노리는 해독, 형벌과 옥사가 화기를 손상시키는 일 등을 고치도록 충심으로 간하는 말이 듣기 싫어서 그를 승지로 좌천시켰고, 또 얼마 후에는 크지도 않은 일로 그를 파면까지 시켰다. 그러던 선조도 왜적이 침범하여 파죽지세로 북상하여 오고, 국토의 서북쪽 끝에 파천하여 있는 참담한 현실이 닥치자 민심의 중요성을 뒤늦게나마 뼈저리게 느끼게 되었다. 그리고 그는 김성일의 생각에 동감하게 되었다. 선조가 전라도 도민에게 내린 교서가 조경남이 지은 『난중잡록』에 실려 있는데, 그 중에서 일부를 보자.

내가 즉위한 이래로 이제 25년째이다. 비록 사랑함이 백성에게 미치지 못해 그 혜택이 아래로 통하지 못하였고 지혜는 만물을 살피지 못하여 정치에 많은 실수를 했다 해도 본심인즉 일찍이 백성을 사랑하고 물정을 알려는 데 뜻을 두지 아니한 적이 없었다. 다만 요 몇 년 사이에 변방에 허술함이 많고 군정(軍政)이 해이해진 것을 보고는, 오직 성이 높고 참호가 깊으며 갑옷이 견고하고 칼날만 예리하면 왜적을 막을 수 있으려니 생각하여 중앙과 지방에 신칙(申飭. 단단히 타일러 경계함)하여 엄하게 방비하게 하였다. 그러나 성이 높아갈수록 국세는 더욱 약해지고 못이 깊어갈수록 백성들의 원망은 더욱 깊어져서 일찍이 가을 뽕잎이 떨어지고 기왓장이 풀어지듯이 점차 이 지경에 이를 줄을 헤아리지 못하였다. 더구나 궁중의 사람들을 엄밀히 단속하지 못하여 백성들의 세세한 이권까지 그물질하고 형벌이 정당함을 잃어서 원통한 기운이 화기(和氣)를 손상하였다. 왕자들이 산택(山澤)의 이권을 점령하자 영세민들이 생업을 잃어 걱정하였었다. 백성은 마땅히 나를 허물할 것이니 내가 무슨 변명이 있으리오. 이에 유사로 하여금 모두 파하여 돌려주도록 하였다. 이러한 일들 역시 어찌 내가 다 알았을까마는 몰랐던 것 역시 나의 허물이니 생각하고 후회한들 무엇하랴. 차라리 내 몸을 희생으로 삼아 천지 종묘 사직의 모든 신령에게 사죄하고 싶다. 내가 손가락을 깨묾이 이미 이러하니, 바라건대 너희 사민들은 내가 허물을 고치어 새로운 정치를 도모하도록 허락하여다오.

정말 왕으로서 통절하게 자기를 반성하고 백성들의 용서를 비는 글이다.

억울한 죽음 예방

김성일은 전쟁 중에 백성들이 무고하게, 억울하게 도적이나 왜적으로 잘못 희생되는 것을 막기 위하여 여러 가지로 애를 썼다. 하동 현감 준해(遵偕)는 창고의 곡식을 도둑질하는 토적 15명의 목을 베었다고 보고서를 김성일에게 보내왔다. 김성일은 보고서 끝에 회보하기를 "지방민들이 난을 빙자하여 도둑이 되어 관의 창고를 파헤치기까지 하였다면 그 죄는 마땅히 목을 벨 것이로되, 만일에 죄 없는 백성까지 죽이는 일이 있을까 하니 삼가지 않으면 안 된다"고 하였다. 그런데 나중에 알고 보니 현감이 왜적이 쳐들어 오면 창고의 곡식은 잿더미가 될 터이니 차라리 우리 백성들이나 먹게 마음대로 가져가라고 해서 백성들이 이 말을 곧이 믿고 와서 곡식을 가져갔더니 이들을 쏘아 죽여 머리를 베었다는 것이었다. 이처럼 죄 없는 백성들이 공을 세우고자 하는 수령 등에게 속아 죽음을 당하는 억울한 일을 막고자 보고서 뒤에 그 뜻을 적어 회보하였던 것이다. 하동 현감은 뒤에 공론이 일어나서 곤장을 친 다음 장계를 올려 파면시켰다. 반면에 이때 경상좌도에서는 우리 관군을 수백 명이나 죽였는데도 순찰사는 이것을 공을 세운 것이라고 잘못 보고하여 승진한 사람도 있었다.

　김성일은 또 여러 진영에서 수급을 바칠 때에는 매번 반드시 몸소 검사했다. 누군가가 '더러우니 가까이 하지 마십시오' 하고 말하면, "아니다. 우리나라 사람을 잘못 죽이는 일이 반드시 많을 것이니 삼가지 않을 수 없다"고 말하였다. 이렇게 토적을 잡았다고 올린 보고서에는 죄 없는 백성을 죽이지 않도록 조심하라고 회신하고, 왜적의 수급이라고 바친 머리는 직접 하나하나 점검하였으니, 이로써 경상우도 지역에서 우리나라 사람이 억울하게 죽는 것을 임진왜란 초기부터 상당히 예방할 수 있었던 것이다.

　어느 날 이정이 심부름을 갔다 오다가 함안과 진양의 경계에서 싸우다가 죽은 백골이 무더기로 되어 있음을 보고 김성일에게 모든 진영 장수를 시켜 거두어 묻기를 청하였다. 때는 이미 깊은 밤이었으나 김성일은 곧 영리를 불러 그 일을 지시하는 공문을 띄우게 하면서, "착한 말을 듣고 밤을 묵히지 않는 것은 나의 천성이다"고 하였다.

기민 구호

　병화의 나머지 기근이 또 닥쳐 일도의 유민이 가는 곳마다 울부짖으며 길에 널려 있고 뜰에 가득하였다. 김성일은 가는 곳마다 반드시 소금과 쌀을 나누어 주었다. 이어서 열읍에 진제장(賑濟場)을 설치하여 굶주린 사람들을 진휼하게 하였는데, 마음을 다해 일하고 형식적으로 하지 못하게 하였다. 불시에 그 음식물을 가져다가 살피고 맛보기도 하였다. 또 식량이 모자라니 솔잎 가루를 많이 만들어 죽에 섞어서 먹이도록 하였다.
　김성일은 진주에서는 목사 서예원(徐禮元)을 시켜서 장소를 마련하고 주린 백성을 구호하였는데 그의 기민구호(飢民救護)를 바라보고 모두 성 안에 모여드니, 신음하는 소리는 귀에서 떨어지지 않았고 굶주림에 아우성치는 형상은 항상 눈앞에 가득찼다. 이때 역질이 곳곳에 치열하게 번졌다. 그래서 갈근탕을 써서 앓는 사람을 구하게 하고, 모든 수단을 다하여 굶주린 사람을 구하게 하였다. 김성일은 국사를 근심하고 민정을 걱정하여 밤을 새우면서 잠을 못자기도 하니 이 때문에 수염과 눈썹이 허옇게 세어 버렸다.

김성일 순국하다

김성일은 왜적이 휩쓸고 간 직후에 처음에는 초유사로, 다음에는 경상좌도와 우도의 감사로서 경상우도를 중심으로 임진왜란 초기 1년간을 근무하였다. 이때는 조정과는 통신조차도 제대로 되지 않는 상황이라 중앙으로부터는 어느 한 가지도 제대로 지원받지 못하는 상황이었다. 이렇게 말할 수 없이 어려운 때에 의병을 일으키게 하고, 관군을 지휘 통솔하면서 왜적과 싸워 그들을 물리쳤을 뿐만 아니라 그들에게 잃었던 지역을 상당 부분 수복하였다. 전쟁으로 더욱 부족해진 식량을 조달하고 기근과 질병에 허덕이는 백성들도 돌보아야 하였으니, 그는 문자 그대로 노심초사할 수밖에 없었을 것이다.

그러다보니 심열(心熱. 울화로 일어나는 열)이 몹시 중하였고, 나중에는 내상(內傷. 몸이 쇠약하여 몸 속에 생긴 병의 총칭)에 외감(外感. 고르지 못한 기후 때문에 생기는 병의 총칭)을 낀 데다가 여기(癘氣. 못된 돌림병을 일으키는 기운)마저 타고 들어서 4월 19일에 머리를 앓기 시작하여 점점 위경(危境. 위태로운 경우. 위험한 처지)) 고경(苦境. 괴로운 지경. 불행한 처지)에 이르렀다. 이노와 박성은 항시 떠나지 않고 곁에 있으면서 약을 드리고 미음을 드리면 김성일은 그것을 물리치면서 "내 병은 약을 마셔서 나을 병이 아니니 그대들은 그만두오"라고 말하였다. 이

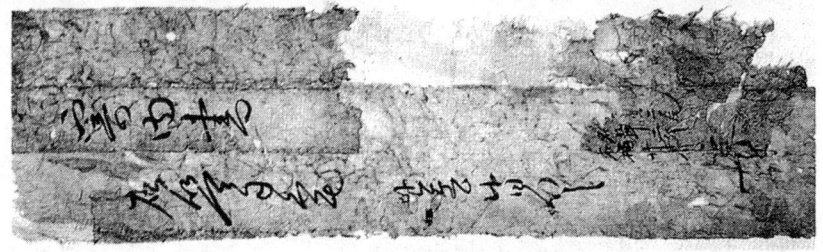

김성일의 한글 편지와 봉투. 경상우도 감사 김성일이 1593년 계사년의 설을 앞두고 부인에게 보낸 영결의 편지다. 그 내용은 이렇다.

요사이 추위에 모두들 어찌 계신지 가장 사념(思念)하네. 나는 산음 고을에 와서 몸은 무사히 있으나, 봄이 돌아오면 도적이 대항할 것이니 어찌할 줄 모르겠네. 또 직산에 있던 옷은 다 왔으니 추워하고 있는가 염려마오. 장모 뫼시옵고 설 잘 쇠시오. 자식들에게 편지 쓰지 못하였네. 잘들 있으라 하오. 감사라 하여도 음식을 가까스로 먹고 다니니 아무것도 보내지 못하오. 살아서 서로 다시 보면 그때나 나을까 모르지만 기필 못하네. 그리워하지 말고 편안히 계시오. 끝없어 이만. 섣달 스무나흗날

봉투에 보면 석이(버섯의 일종) 2근, 석류 20개, 석어(조기) 2마리를 함께 보낸 것으로 적혀 있다. 생애 마지막 세수(설 용품)였다.

때 김성일의 둘째 아들 역(㴌) 또한 역질에 걸려 서편 방에서 앓고 있었으나 그에 대하여 한마디도 묻지 않았다. 후실이 떠돌아다니다가 곤양 사위집에 와서 임시 머물고 있었는데, 여종을 보내어 문병하려 하니 물리치고 받아들이지 않았다.

비록 혼미하여 정신을 차리지 못하는 중에도 가냘픈 목소리로 하는 말은 모두 나라 일이었다. 박성과 이노에게 이르기를 "중국 군사가 오게 될 것이니 어떻게 그들이 먹을 것과 쓸 것을 마련하겠소. 그대들은 힘쓰오" 하였다. 그때 오운, 조종도도 와서 문병하였는데 오운이 "중국 군사가 멀리 내지에 들어와서 남하하여 서울은 이미 수복되었으니 일로에 주둔하고 있는 적도 차례로 물러갈 것입니다" 하니, 김성일은 눈을 부릅뜨면서 이르기를 "뜻을 이루지 못하고 몸이 먼저 죽으니 그것이 천명인데 어찌하오. 또 적이 물러나 돌아가면 나라의 회복은 기약하겠지만, 조정의 붕당은 누가 깨뜨리겠는가?" 하였다. 그리고 4월 29일 진주의 공관에서 운명하였다.

그는 경상우병사로 발령을 받아 서울을 떠나면서 지은 시에서 "외로운 신하 한 번 죽음 각오했네(孤臣一死輕)"라고 읊으면서 죽음으로써 병사의 직무를 수행하겠다는 결의를 나타냈었다. 그 후에도 그는 경상우병사로서, 초유사로서, 경상우도 감사로서 올린 여러 장계에서 여러 번 자기의 죽음을 말하였다. 그가 나라를 위하여 목숨을 내놓고 임무를 수행하겠다는 각오를 여러 번 밝힌 것이다. 이처럼 그는 임진왜란이 일어난 직후의 가장 어려웠던 시기에 만 1년 동안 나라를 위하여 진심갈력 하다가 그가 여러 번 말한 대로 군중에서 운명한 것이다. 『선조실록』 선조 40년 5월 13일조에 사관은 김성일의 죽음에 대하여 "나라 일을 위하여 심신을 다하다가 군중에서 죽었다(盡瘁王事 卒於軍中)"고 논평하였다.

온 도내의 선비와 백성은 그의 죽음을 듣고 골육지친의 부고처럼 모두 애통해 하며 "충신은 갔다. 열사는 없어졌다. 절의(節義)는 장차 어느 곳에 의탁하며 국가는 장차 어느 곳을 믿을꼬"라고 하였다. 성 안과 성 밖에서 구호를 바라며 유리하던 백성들이 열 사람씩, 백 사람씩 떼를 지어 슬피 울면서 "하늘은 어찌 무심해서 우리의 아버지, 우리의 어머니를 빼앗는고. 아아 그만이다" 하면서 흐느끼니 듣는 이들은 너나없이 눈물을 흘리면서 서로 조문하였다.

대사간(大司諫) 최현(崔晛)은 김성일에 대하여 이렇게 썼다. "영남이 오랑캐가 되지 않은 것이 비록 의사가 창수(倡率. 앞장서서 외침)한 공이기는 하지만, 의병이 시종 성공한 것은 실로 선생(곧 김성일)이 처치를 마땅하게 함에 말미암았고, 진주성이 굳게 지켜져 함락되지 않은 것은 비록 김시민이 힘써 싸운 공이기는 하지만 또한 선생의 지휘가 방법이 있음으로 말미암았다. 그 몸이 살아서는 일도의 인심으로 하여금 장성처럼 의지하게 하였고, 그 몸이 죽게 되어서는 대소의 사민으로 하여금 눈물을 흘리며 서로 조상하게 하였다."

『선조수정실록』 선조 26년 4월조에는 "(그는) 평소에 군려(軍旅. 군대나 군세의 범칭. 전쟁)에 대한 일은 알지 못했으나, 지성으로 백성들을 효유하였고, 관군과 의병 등 여러 군사들을 잘 조화시켰는데, 한 지역을 1년 넘게 보전할 수 있었던 것은 모두 그가 훌륭하게 통솔한 덕분이었다. 그는 임종할 적에도 개인적인 일에 대하여는 언급하지 않았다. 그의 아들 김역이 옆 방에 있으면서 함께 염병에 걸려 위독하였으나, 한 번도 그의 병세에 대해서는 묻지 않았다. 그러면서 오직 국사를 가지고 종사관들에게 권면하였으므로, 사람들이 그의 의열에 감동하였다"고 기록하고 있다.

그가 죽은 지 겨우 두 달 후에 진주성이 함락되어 경상우도의 조금 완실한 고을이 모두 적병의 도륙을 당하고 일도의 보장이 모두 적병의 근거지가 되어 버렸으니 홍진(洪進) 같은 사람은 선조에게 "김성일이 (살아) 있었더라면 진주도 보전할 수 있었을 것입니다"라고 아뢰었고, 유성룡은 『징비록』에서 "아 아, 사순(士純. 김성일의 자)의 불행(곧 죽음)은 진주성 천만인(곧 많은 사람)의 불행이다. 이것은 진실로 운수이므로 인력으로서는 할 수 없는 것이다"라고 하면서 그가 죽지 않았으면 진주성도 함락되지 않았을 것이라고 진주성의 실함을 안타까워하면서 그의 죽음을 진심으로 슬퍼하였다.

별 첨

●

황해도를 순무(巡撫)할 때 올린 상소

현소(玄蘇)에게 답하는 편지

황 상사(黃上使)에게 보내는 편지

재앙을 만나 수성(修省)하기를 청하는 차자

홍문관에 있으면서 두 번째 올린 차자

축성(築城)을 정지하기를 청하고 이어 시폐(時弊)를 진달하는 차자

경상우도 유생들이 김성일을 머물러 있게 해 주기를 청하는 상소

황해도를 순무(巡撫)할 때 올린 상소*

　신이 삼가 생각건대, 제왕이 나라를 다스리는 데는 그 방도가 한 가지가 아니나, 그 근본은 백성을 편안하게 하는 데 있을 뿐입니다. 백성들을 편안하게 하는 방도에는 그에 대한 정사가 한 가지가 아니나, 그 요체는 해가 되는 것을 없애는 데 있을 뿐입니다. 옛날에 황제 헌원씨(黃帝軒轅氏)가 말을 기르는 자에게 천하를 다스리는 방도를 묻자, 말을 기르는 자가 해가 되는 것을 없애라고 하였는데, 이것은 잘 비유한 것입니다. 말을 기르면서 해가 되는 것을 없애지 아니하면 말이 어떻게 번식할 수 있겠습니까. 마찬가지로 백성을 편안케 하고자 하면서 백성에게 해가 되는 것을 없애지 아니하면 백성들이 어떻게 편안할 수 있겠습니까.
　백성들이 편안할 경우에는 그 나라가 항상 부흥하고, 백성들이 편안하지 못할 경우에는 그 나라는 항상 망하는 법이니, 두려워하지 않아서야 되겠습니까.
　신이 외람스럽게도 용렬한 몸으로 여러 차례 중한 명을 받아 지금 두 도에서 군민(軍民)들을 순무(巡撫. 각처로 순회하면서 백성들을 위무함)하고 있는데, 재주와 식견이 천박하고 용렬하여 위로는 성상의 은택을 제대로 선양하지 못하였고, 아래로는 아랫사람들의 실상을 제대로 진달(進達. 말이나 편지를 받아서 올림. 관하의 상신 서류 등을 상급 관청으로 올려 보냄)하지 못하였습니다. 이에 심지어 하찮은 방비책을 세우는 한 가지 일도 아직 다 살펴보지 못하였습니다. ― 원문 빠짐 ― 우선 어리석은 신이 눈과 귀로 보고 들은 것을 가지고 글로

---

* 계미년 1583년 선조 16년.

적어서 진달하고자 합니다.
 본도 내에는 어느 한 사람이나 어느 한 물건도 병들지 않은 것이 없어서 보기에 참담하고 마음이 아파 차마 말할 수가 없습니다. 그러니 오늘날의 군민들이 편안하다고 할 수 있겠습니까. 군민들의 괴로움이 이와 같으니, 뒷날에 흙덩이처럼 무너지고 기왓장처럼 부서지는 것을 어떻게 막겠습니까. 아, 한 백성이 제 살 곳을 잃더라도 오히려 왕정(王政)의 잘못된 것을 알 수 있는 법인데, 하물며 한 도가 살 곳을 잃은데서야 말해 뭐하겠습니까. 한 도가 살 곳을 잃었다는 것도 오히려 차마 말할 수가 없는데, 하물며 온 나라가 모두 그러한데야 말해 뭐하겠습니까.
 신이 한 도 백성들을 편안하게 살지 못하게 하는 해로운 일에 대해 대충 진달하겠습니다. 삼가 성상께서는 해가 되는 것을 없애고 백성들을 편안하게 살게 하는 방도를 강구하시기 바랍니다. 그러면 그만한 다행이 없겠습니다.

 첫번째는 일족(一族)을 침해하여 추징하는 폐단입니다.
 아아, 일족에게 추징하는 폐단이 현재의 고칠 수 없는 고질병이 되었는데, 팔도(八道)가 모두 마찬가지로 본도만 그런 것이 아닙니다. 한 사람이 포흠(逋欠. 관가의 물품이나 곡식 등을 축내거나, 세금이나 환곡[還穀] 등을 내지 않거나 병역을 피하여 도망치는 것을 말한다.)을 하고 도망치면 그 역(役)이 구족(九族)에게까지 미치고, 구족이 내지 못하면 인보(隣保 가까운 이웃 집 또는 그 집 사람)에게까지 미치며, 인보들이 내지 못하면 마침내 일족은 죽고 마을은 빈 터만 남는 지경에 이르고 맙니다.
 전지(田地)에는 풀과 쑥대만이 자라고 있는데도 그에 대한 부세(賦稅 세금을 부과함)는 그대로 남아 있으며, 군적(軍籍)은 빈 장부가 되어 있는데도 방수(防守)는 그대로 남아 있습니다. 이에 한 집에서 장정 열 사람의 세금을 내고, 한 사람이 군사 열 사람의 군역을 담당하고 있으니, 군민들이 어찌 포흠하고 유망(流亡)하지 않을 수 있겠습니까. 이에 대해서는 성상께서 항상 가엽게 여기고 있으며 묘당(廟堂)에서도 항상 방책을 강구하고는 있습니다만, 끝내 이렇다 할 방도가 없어서 어쩔 수 없이 내버려 두고 있는데, 줄곧 이렇게 하다가는 몇 년도 채 안 되어 현재 남아 있는 백성들조차 한 명도 살아남지 못할 것입니다.

신이 이 도에 오면서부터 군민들 가운데 원통함을 호소하는 자들이 곳곳마다 뜰에 가득 찼는데, 일족이라는 이유로 추징당한 자가 열에 아홉이나 되었으며, 추징을 당한 일족 가운데는 일족이 아니면서 이웃에 살고 있다는 이유만으로 추징을 당한 자가 또 절반이나 되었습니다. 그들이 울부짖으면서 하소연하는 것이 비록 간절하였으나, 그들을 구제할 만한 방도가 없었습니다. 이에 단지 한숨과 탄식 속에 밥상을 대해 밥 먹는 것 조차 잊을 뿐이니, 무슨 보탬이 있겠습니까.

신이 한 도내 유망하는 자들의 숫자를 알아보고자 하여 각 고을로 하여금 사실대로 보고하게 하였습니다. 그 결과 큰 고을은 수백 명에 이르렀으며, 작은 고을도 8, 90명을 밑돌지 않았으니, 한 도를 통틀어 계산하면 유망하는 자가 몇백 명이나 되는지 모릅니다. 한 고을 안에서 8, 90명이 유망하는 것은 적은 숫자가 아닌데, 사람마다 각각 구족이 있으니 침해를 당한 자들 역시 몇백 명이나 되는지 모릅니다.

신이 처음에는, 각 고을마다 반드시 일족에 대한 장부를 비치해 두고 번갈아 가면서 역을 대신 서게 하고 있을 것으로 생각하였습니다. 그런데 수령들이 백성들의 고통은 돌보아 주지 않은 채 이런 일을 전적으로 간사한 아전이나 일족의 우두머리 손에 내맡겨 두고 있습니다. 이에 일족의 멀고 가까움이나 번(番)을 설 차례가 되었는지의 여부조차 구분하지 않은 채 뇌물이 많으면 가까운 친족을 면제해 주고 번을 설 차례가 된 자의 번을 넘겨 주며, 뇌물을 바치지 않으면 먼 친족에게도 먼저 추징하고 번을 설 차례가 아닌 자에게 군역을 부과합니다.

그러므로 도망친 집 대신에 다른 사람을 번 세울 때에는 구족들이 앞다투어 담당 아전에게 뇌물을 바칩니다. 아전은 가만히 앉아서 구족들의 뇌물을 받는데, 그 중에서 가장 가난하거나 병든 자도 면할 수가 없습니다. 이번에도 이와 같이 하고 다음번에도 이와 같이 하여 부자는 파산하고 가난한 자는 곧바로 도망칩니다. 잇달아 포흠을 내고 유망하여 열 집에 아홉 집이 텅 비게 된 것은, 비단 세금이 많고 병역이 무거워서 뿐만이 아니라, 참으로 일족에게 추징하는 것이 고르지 않은 데에서 말미암은 것입니다.

  수령들이 만약 도망친 집의 일족을 먼저 적어 둔 다음 멀고 가까운 것을 구별하고 번을 설 차례를 참작하여 돌아가면서 역을 대신 서게 하고 균등하게 나누어 징수해서 간사한 아전들로 하여금 손을 쓸 수 없게 한다면, 일족에게 추징하는 폐해가 어찌 이처럼 극도에까지야 이르겠습니까.

  신이 또 도망친 집들이 도망친 날짜를 살펴보았더니, 가까운 경우는 4, 5년이나 7, 8년이 되었고, 오래 된 경우는 10여 년이나 수십 년이 되었으며, 심한 경우에는 6, 70년이 넘었는데도 아직도 군안(軍案 군적)에 편성되어 있는 경우도 있었습니다. 의논하는 자가 말하기를, "일족에게 추징하는 폐단을 없애려면 도망친 지 3년이 지난 자는 모두 군안에서 삭제하는 것을 허락하여야 한다" 하였는데, 이것은 군민들의 애통하고 절박한 해독을 잘 알기 때문에 이런 단적인 말을 한 것입니다. 비록 일족에게 추징하는 해독이 심하기는 하지만 일족에게 추징하는 것 또한 없앨 수는 없습니다. 만약 3년이 넘은 자를 모두 다 삭제하도록 허락할 경우에는 빠진 인원을 보충하기가 어려울 뿐만 아니라, 그 누가 3년 동안 거짓으로 도망하여 군역을 면하려고 하지 않겠습니까. 만약 그렇게 하다가는 군액(軍額 군인의 수효. 군용에 쓸 곡물의 양. 국용에 쓸 인부의 수효)이 텅 비어 장차 나라가 나라꼴이 되지 않을 것입니다.

  신의 어리석은 생각으로는, 도망친 집의 역을 면제하는 것은 7년으로 한계를 정해서 7년 이상이 된 자는 모두 역을 면제하는 것을 허용해야 한다고 봅니다. 그렇게 하면 일족에게 추징하는 폐해가 열에 다섯은 세서될 것입니다. 이와 같이 하고서 또 각 고을로 하여금 도망친 집의 일족을 장부에 적어 한 건은 감영(監營 감사가 직무를 보던 관아. 순영)에 비치하고 한 건은 본 고을에 비치해 두었다가 대신 번을 세울 때 이 장부를 살펴서 번갈아 가면서 번을 세워 편중되게 역을 부과하거나 거듭하여 징수하는 폐단이 없게 합니다. 그리고 감사는 법대로 하지 않는 자를 조사해서 정사를 잘하고 잘못한 것을 평가하는 근거로 삼습니다. 그렇게 하면 일족이 반드시 그 혜택을 받아 오늘날과 같이 파산하는 지경에는 이르지 않을 것입니다. 그리고 만약 도망친 군사가 60세가 넘었을 경우에는 용모나 나이를 직접 살펴보지 않았더라도 우선 병역을 면제하면, 일족에게 추징하는 폐단을 또 줄일 수 있을 것입니다.

군호(軍戶)가 도망치는 폐단에 이르러서는, 채수(債帥)들이 탐학질을 하는 것이 첫 번째 원인이고, 부역이 너무 무거운 것이 두 번째 원인입니다. 이것에 대해서는 조정에서 더더욱 유의하여 강구해서 해독을 없애고 백성들을 편안하게 하는 근본으로 삼아야 할 것입니다.

두 번째는 노제(老除. 늙어서 병역이 면제되는 것)의 차례가 된 자나 불치병으로 인해 폐인이 된 자에 대해 군역을 면제해 주지 않는 폐단입니다.

무릇 백성들은 성년이 되면 군역에 종사하다가 60세가 되면 군역을 면제받는 것이 국법입니다. 그런데 말세에 와서는 인심이 간교해져서 호적과 병적에 대부분 사람들이 나이를 늘려 기재하고는 나이가 차지 않았는데도 군역을 면제받는 자가 상당히 많습니다. 그러므로 근래에는 조정에서 새로운 법을 만들어 군안을 따르지 않고 반드시 45년 간의 실역(實役)을 마쳤다는 공문을 상고한 뒤에야 바야흐로 군역을 면제하는 것을 허락하고 있으니, 군정을 중하게 여기고 거짓으로 속이는 것을 막는 방법이 치밀하다고 하겠습니다. 다만 법을 세우면 그에 따른 폐단이 생겨나게 마련인데, 그 폐해가 이루 다 말할 수조차 없을 정도이니, 신이 그에 대해 진달드리겠습니다.

무릇 우리 나라는 땅이 좁아서 인구가 번성하지 못하고, 군액은 많은데 백성이 적습니다. 그러므로 법에는 비록 성인이 되어야 군역에 종사한다고 되어 있지만, 나이가 차기를 기다려서 군역에 종사하는 자가 몇 사람이나 되겠습니까. 겨우 젖을 떼면서부터 이미 척적(尺籍. 민호[民戶]의 많고 적음에 따라 군정[軍丁]의 숫자를 알맞게 배정하여 만든 호적이나 군적을 말함)에 편성되어 있는 탓에 병역을 정할 때에는 본 나이로 할 수가 없으므로 반드시 5, 6세를 늘려 적어 장정으로 만듭니다. 이는 비단 사람들이 마음이 간교해서일 뿐만이 아니라, 실로 관리들의 죄입니다. 그리고 그 사이에 혹 의지할 곳이 없어서 품팔이를 해 먹고 살거나 중이되어 병역을 도피하는 자도 있을 것이니, 성인이 된 뒤에도 군역에 종사하지 않는 자가 많으며, 병역을 정할 즈음에 거짓으로 나이를 늘린 자도 역시 많을 것입니다.

지금 거짓으로 속이는 폐단을 제거하고자 하여 반드시 실역을 마쳤다는 공문을 상고하고 있는데, 이른바 공문이란 것은 처음에 군역을 정한 차첩(差帖)을 말합니다. 관청의 공문서는 아주 긴요한 것이라 하더라도 오히려 햇수가 오래되면 산실되고 상고할 수가 없는 법입니다. 그런데 하물며 종이쪽 한 장으로 된 공문이겠습니까.

불에 탔거나 찢어졌거나 잃어버렸거나 해서 군사들 가운데 공문을 가지고 있는 자가 열에 네다섯도 되지 않습니다. 더구나 이보다 앞서 군역을 면제하면서는 실역을 마친 공문을 상고하지 않고 군안과 용모만 보고서 하였으니, 군사들이 공문을 보관하고 있지 않은 것이 역시 마땅합니다. 그런데 하루 아침에 갑자기 법을 새로 만들어 군안이나 용모를 보고서 면제하지 않고 반드시 공문에 따라서만 면제한다고 하였으니, 이는 백성들을 심하게 속인 것입니다. 이것이 어찌 왕정(王政)의 체모이겠습니까.

국법이 이와 같으므로 관리들이 눈으로 늙은 것을 보고는 자못 측은한 마음이 들더라도 공문이 없을 경우에는 세초(歲抄 해마다 6월과 12월에 군적을 정리하여 군역을 면제하거나 결원을 보충하는 것을 말함)를 하지 못합니다. 그리고 간사한 아전은 또 그에 따라서 그 사이에 농간을 부려 인정(人情. 관청에 구실을 바칠 때 아전들에게 선물조로 주기 위하여 덧붙여 내는 것을 말함)이나 뇌물을 바치지 않으면 공분이 있는지의 여부도 묻지 않고 모두 군역을 면제해 주지 않습니다. 먼 변방 땅에 사는 백성들은 아무리 지극히 원통한 일이 있더라도 자기가 사는 주현(州縣)에 이를 스스로 진달할 수 있는 자가 거의 없습니다. 그런데 하물며 감사가 있는 곳에 와서 스스로 하소연 할 수가 있겠습니까. 허옇게 센 머리털에 등이 구부정한 모습으로 눈물을 훔치고 울음을 삼키면서 군역에 종사하고 있으면서 죽기를 기다리고 있는 자가 그 얼마나 되는지 조차 모를 정도입니다.

　신이 본도의 경계에 도착한 처음에 도내에 공문을 보내 그들로 하여금 폐단을 진술하게 하였습니다. 그 결과 공문이 없어서 군역을 면제받지 못한 자가 관청의 문 앞으로 모여들어 원통함을 하소연하였습니다. 이에 신이 한 명 한 명 이름을 부르면서 직접 살펴보았더니, 나이를 거짓으로 늘린 자 이외에도 64, 5세나 67, 8세, 70여 세된 자가 많을 경우에는 1백여 명이나 되었으며, 적어도 5, 60명을 밑돌지 않았는데, 그 나머지 머리가 반백인 자는 이 숫자 안에 포함시키지 않았습니다. 신은 거짓으로 속이면서 대신 소장을 바치는 폐단이 있는가 의심스러워 갑작스럽게 그들의 사조(四祖 부, 조부, 증조부, 외조부의 총칭)를 물어 보니, 한 명도 틀리게 대답하는 사람이 없었습니다. 이에 그 고을의 수령으로 하여금 다시 조사해 보게 하였는데, 그 결과 역시 속인 자가 없었습니다.

　아아, 늙은이를 늙은이로 대우하는 것은 왕정의 중요한 일입니다. 공자(孔子)는 이르기를, "늙은이를 편안하게 하라" 하였고, 맹자(孟子)는 이르기를, "나의 늙은이를 늙은이로 대접하여 남의 늙은이까지 늙은이로 대접한다" 하였으며, 『대학(大學)』에는 이르기를, "윗사람이 늙은이를 늙은이로 대우함에 백성들이 효(孝)에 흥기한다" 하였으며, 삼왕(三王)의 경우는 늙은이를 봉양하는 정사가 있었고, 『예기(禮記)』 왕제(王制)에는 50세가 된 사람은 부역에 나가지 않는다는 글이 있습니다. 그러니 늙은이를 우대하는 어진 마음이 지극하다고 하겠습니다.

　우리나라에는 늙은이를 늙은이로 대접하는 정사가 국법에 갖추어져 있습니다. 그런데도 한결같이 담당자가 일을 그르쳐서, 이런 일체의 법을 시행해 백성들을 상처입은 자처럼 불쌍하게 여기는 전하의 어진 마음으로 하여금 중간에서 가로막혀 아래까지 미치지 못하게 하였으니, 그 불행함이 어떠하다 하겠습니까.

　무릇 호적에 거짓으로 쓴 나이를 그대로 믿어 면제해 줄 수는 없다 하더라도, 유독 용모를 살펴보고서 면제해 줄 수는 없단 말입니까. 호적상으로 나이가 많은데도 용모가 쇠하지 않은 자는 참으로 나이를 거짓으로 속인 자입니다마는, 호적상으로도 나이가 많고 용모 역시 쇠한 자는 실제로 늙은 자가 아니겠습니까. 믿어야 할 용모는 믿지 않고 반드시 이미 잃어버린 공문만 가지고서 면제하니, 이것이 무슨 도리입니까.

어떤 자는 이르기를, "용모가 비록 쇠했다고 하더라도 실역이 기한에 차지 않았으면 장정 때에 한가롭게 논 자이다. 그러니 어찌 실역에 종사한 햇수를 기한으로 삼지 않을 수 있겠는가" 합니다. 아, 이것이 실로 법을 만든 자의 본 뜻이라면 이 법을 만든 자는 매우 어질지 못한 자입니다. 무릇 백성들 가운데에는 빌어먹거나 중이 되거나 유적(儒籍)에 끼어들어가 3, 40세가 되어 군역에 충원된 자가 많습니다. 이와 같은 사람은 실역에 종사한 햇수를 기한으로 삼을 경우, 비록 나이가 7, 80세가 되어서도 군역을 면제받을 날이 없을 것입니다. 왕자(王者)가 백성들을 대하는 도리가 어찌 이와 같이 철저하게 따지고 법령을 치밀하게 해서야 되겠습니까.

삼가 바라건대, 전하께서는 늙은이는 늙은이로 우대하는 어짊을 더욱 미루어 나가 공문이 있는 자는 공문을 따르고, 공문이 없는 자는 용모를 따라 모두 군역을 면제하도록 허락하시기 바랍니다. 그렇게 하면 천지처럼 드넓은 은덕이 온 나라 안에 두루 퍼져서 윗사람을 친애하고 어른을 섬기는 마음이 여기에서 생겨날 것입니다. 어찌 노쇠하여 힘이 없는 사람을 군역에 종사하게 한 다음에야 나라의 방위가 튼튼해져서 외적의 침입을 막을 수 있겠습니까.

불치병이 들어 폐인이 된 자의 군역을 면제해 주는 법은 법조문 안에 들어 있어서 참으로 이를 변경한 적이 없습니다. 그런데도 수령들이 이 법을 봉행하지 않아 불치병이 든 폐인들로 하여금 군대의 대오를 따라다니다가 구렁에 굴러 떨어지고 들판에서 울부짖게 하고 있습니다. 그러고서도 그들을 위해 마음을 쓰지 않고 있으니, 아아, 그것 역시 어질지 못한 것입니다.

병든 사람들이 한 번 어사(御史)가 나온다는 말을 듣고는 억울함을 풀 수 있을 것이라고 여겨, 고자, 봉사, 벙어리, 바보, 다리가 없는 자, 팔이 없는 자, 악질(惡疾)이 든 자, 전신을 가누지 못하는 자, 팔다리의 뼈가 부러진 자 등이 등에 엎히거나 말등에 태워져서 뜨락으로 모두 모여들었습니다. 신이 처음에 그들을 보고서는 마음이 상하여 밥을 먹어도 오랫동안 목구멍으로 내려가지 않았습니다. 그 뒤에 많은 곳을 순시하면서 돌아다님에 미쳐서는 곳곳마다 모두 그러하였으니, 마음은 비록 상심되었으나 또한 놀라지는 않았습니다. 이것으로 미루어 보면 저 수령들 역시 어찌 사람의 마음이 없겠습니까. 생각건대 그들도 필시 늘 보는 데에 익숙해져서 대수롭지 않게 여겨 조처를 취하지 않는 것일 뿐입니다.

  삼가 생각건대, 늙은 사람의 군역을 면제하는 일은 수시로 할 수 있는 일이 아니니 신이 어떻게 할 수가 없습니다. 그러나 병든 자의 군역을 면제하는 일에 이르러서는, 이는 본디 정해진 시기가 있는 것이 아닙니다. 그러므로 담당 아전을 곤장치고 수령들을 독촉하여 그들로 하여금 일일이 감사에게 보고하고서 군역을 면제시키게 하였습니다. 그랬더니 감사 역시 측은한 마음을 내어 보고하는 바에 따라서 즉시 직접 살펴보았으니, 장차 그들을 종류별로 모아 계문(啓聞 관찰사, 어사, 절도사 등이 글로 써서 상주함)할 것입니다. 다만 사람의 눈과 귀는 한계가 있고 질병은 무궁하므로 신과 같이 어둡고 용렬한 자가 대충대충 지나치면서 눈으로 본 것은 십분의 일에 불과할 것이니, 어찌 능히 두루 알아서 샅샅이 살필 수 있었겠습니까.

  삼가 바라건대, 전하께서는 병든 자의 군역을 면제하는 법을 신명(申明. 되풀이하여 설명함)하여 팔도의 감사와 병사(兵使)에게 교서를 내려 수령들을 엄하게 신칙해서 그들 모두의 군역을 면제시키게 하소서. 그렇게 하면 쓰러져 넘어진 전하의 동포들이 백성들을 상처입은 자처럼 여기는 전하의 어진 은덕을 입을 수 있을 것입니다.

  세 번째는 수군(水軍)과 육군(陸軍)이 유방(留防)하거나 부방(赴防)하는데 따른 폐단입니다.
  이 도의 군사는, 수군의 경우는 각 진(鎭)과 포(浦)에서 유방하는데 군역을 하는 것이 균일하지 않습니다. 그리고 육군의 경우는 한 해는 상번(上番)하고 한 해는 부방(赴防 다른 도의 군대가 서북 변경을 방비하기 위하여 수자리 사는 일)하는데, 군역을 하는 것이 역시 균일하지 않습니다. 신이 그에 대해 하나하나 진달드려 보겠습니다.

이른바 부방이라고 하는 것은 평안도의 수상(水上)과 수하(水下)에 나아가 겨울철에 방수(防戍)하는 군졸이 그들입니다. 압록강 가는 토병들이 얼마 없어서 얼음이 얼어 강 양쪽이 합해지면 방수하는 것이 더욱 급합니다. 그러므로 매년 늦가을이면 정위(定衛)와 별위(別衛), 갑병(甲兵)과 기병(騎兵)을 뽑아 보내는데, 이들을 2운(運)으로 나누어 한 운은 10월 1일부터 방소(防所)에 도착해서 12월 16일에 번(番)에서 풀려나고, 한 운은 12월 16일에 방소에 도착해서 다음해 2월 그믐에 번에서 풀려나, 앞 운과 뒤 운이 모두 각각 75일 동안 번을 섭니다.

이른바 수상이란 것은 위원(渭原), 벽동(碧潼), 이산(理山), 강계(江界) 등지의 지역에 있는 진보(鎭堡)가 그것이고, 이른바 수하란 것은 삭주(朔州), 의주(義州) 이하의 지역에 있는 진보가 그것입니다. 수상의 지역은 본도에서의 거리가 먼 곳은 25일 일정이고 가까운 곳은 20일 일정이며, 수하의 지역은 먼 곳은 15일 일정이고 가까운 곳은 13일 일정입니다. 이 지역은 산은 높고 물은 험하여 평상시에도 사람이나 말이 다니기가 어려운데, 엄동설한에는 눈과 얼음으로 길이 막히고 매서운 추위에 살갗이 갈라져 터지니, 먼 변방 지역을 오가는 그들의 고통이 어떠하겠습니까.

그들이 구사일생으로 겨우 방소에 도착하면 변장(邊將)과 토병(土兵)들이 번군(番軍)들을 손가락질하면서 기화(奇貨)로 여겨 이용해 먹으려고 합니다. 토병의 경우에는 변장에게 청해서 그들의 집으로 나누어 배속받고서는 으레 땔나무 값으로 목면 3필을 받습니다. 그리고 식량 값, 말에게 먹이는 꼴 값, 반찬 값으로 들어가는 것은 스스로 목면 5, 6필을 마련하지 않으면 충분하지 않습니다.

변장의 경우에는 그들이 방소에 도착하는 날이면 으레 목면 1필, 쌀 한 말, 소금 석되, 종이 한 묶음, 약간의 소 힘줄, 아교, 깃털, 실 등을 받으며, 군장(軍裝)에 탈이 있으면 으레 1필을 받으며, 혹시라도 방수할 기일에 도달하지 못하면 2일마다 목면 1필을 받으며, 그 나머지 산역(山役)을 빠지거나 순찰을 빼먹으면 일에 따라서 그에 대한 죄

값을 받는데 이런 따위가 부지기수입니다. 군졸들이 그 고통을 이기지 못하여 목면 6필을 바치면 방소에서 빠져나와 주인으로 정한 집에 편히 머물러 있을 수 있습니다.

그들이 가지고 간 기마(騎馬)와 복마(卜馬)는 싸움에 대비하기 위한 것입니다. 그런데 변장들이 이를 조금도 아끼지 않고 사사로이 행차할 때 짐을 실어 나르는 데 이것을 이용하며, 사신을 접대하면서 짐을 싣는 데 이것을 이용합니다. 이에 날마다 길을 오가느라 편하게 쉴 겨를이 없는 탓에 끝내는 뼛골만 앙상하게 되어 쓰러져 죽고 마니, 돌아올 때는 빈손으로 돌아오는 자가 많습니다.

방소로 가는 길이 먼 것이 이미 저와 같이 고생스러운데 침해하여 징수하는 폐해가 또 이와 같으므로, 정군(正軍)이 된 자가 첩호(貼戶 첩군호로 정군에게 딸려 있는 호구(戶口)를 말함)에게 거두어들이는 것 역시 끝이 없어서 한 번 번을 서는 값이 적어도 7, 8필을 밑돌지 않고, 많을 경우에는 10여 필에 이르기도 합니다. 이에 한 차례 부방하고 나면 정군에 딸린 첩호들은 모두 집이 망하고 맙니다.

그리고 부방하는 가운데에서도 갑사(甲士)의 경우는 네 집의 첩호가 있으며 또 동거솔(同居率 정군이 되는 호수(戶首)와 한 호를 이루며 함께 사는 장정을 말함)이 있는 데다가 녹봉이 있어서 군역을 감당할 수가 있습니다. 그들 가운데 가장 고통스러운 자는 정위와 별위입니다. 이들은 대개 한 차례 부방하고 한차례 상번하는 것은 갑사들과 차이가 없으나, 정위와 별위의 경우에는 처음부터 첩호가 없이 단지 동거솔 2인만 주며, 동거솔이 없을 경우에는 호별(戶別 호수와 함께 살지는 아니하고 하나의 세대를 따로 이루고 사는 장정을 말함) 2인을 지급해 주는데, 이른바 동거솔이란 것은 바로 아들이나 사위, 동생, 조카 등입니다. 아들, 사위, 동생, 조카들은 비록 그 명목은 동거솔이나 한 사람의 몸이나 마찬가지니, 어찌 능히 다른 사람과 마찬가지로 값을 내라고 요구할 수 있겠습니까. 실제로는 단신으로 입역(入役)하는 것과 다를 것이 없습니다. 이 때문에 한 도 가운데 갑사는 집안이 망하는 자가 적은데 비해 정위와 별위의 경우는 모두 생업을 잃고 맙니다.

이들은 똑같이 취재(取才 재주를 시험하여서 뽑는 일)한 군사인데도 그 고통스러움과 편안함이 고르지 않은 것이 이처럼 현격하게 다른 것은 어째서이겠습니까. 신이 그 이유를 두루 물어 보았더니, '당초에 정위와 별위는 단지 상번만 하고 부방은 하지 않았으므로 첩호가 없더라도 오히려 지탱할 수가 있었는데, 지금은 상번을 하는 이외에 또 부방을 하고 있는데도 보졸(保卒)을 주는 것은 예전과 같으므로 그 고통을 감당하지 못하는 것이다'라고 하였습니다. 과연 이 말이 사실이라면 병정(兵政)이 몹시 공평하지 않은 것입니다.

기병의 경우에는 비록 첩호가 있기는 하지만 상번하고 부방하는 고통이 방수하는 군졸에 비하여 몇 배는 되는데, 해마다 말 값으로 반필을 내야 하니 그 군역이 무거운 것을 잘 알 수가 있습니다. 이 때문에 기병으로 호(戶)를 이룬 자들은 얼마 안 되는데도 유망하는 자가 가장 많은 것이니, 이들에 대해서는 깊이 마음을 써야 합니다.

신이 삼가 그것을 구제하는 방도를 생각해 보았으나, 백 번을 생각해 보아도 좋은 계책이 없습니다. 대개 숙위(宿衛)는 폐지해서는 안 되고, 부방도 폐지해서는 안 되며, 말 값도 폐지해서는 안 됩니다. 이 세 가지를 모두 폐지해서는 안 되니, 장차 그들이 도탄에 빠지는 것을 앉아서 보면서도 어찌하면 구제할 수 있을지 모르겠습니다.

무릇 방수하는 데 따른 고통과 가는 길이 먼 것은 아주 옛날부터 이와 같았습니다. 그런데도 성대하였던 조종조 때에는 백성들이 원망하면서 유망하는 걱정이 없이 군사의 위엄이 장하고 방비가 견고하였습니다. 그것은 비단 깊고도 두터운 임금의 어짊과 은택이 백성들의 마음에 흡족해서일 뿐만이 아니었습니다. 조정에는 기강이 있어서 상벌이 마땅하였으므로 수령과 변장들이 백성들을 어루만져 구휼해 주는 방도를 다 하였기 때문입니다.

지금은 밝으신 성상께서 위에 계시면서 백성들의 일에 대해 걱정하고 변경의 방비에 대해 마음을 써서, 간절한 내용의 교서와 외침을 방비하는 데 대한 경계를 한밤중에도 일찍이 소홀하게 한 적이 없습니다. 그런데도 기강이 서지 않고 상벌이 밝지 않은 탓에 대궐에서 내리는 명령이 조정에서 행해지지 않고, 조정에서 내리는 명령이 사방에서 행해지지 않고 있습니다. 이는 비유하자면 머리가 팔다리를 뜻대로 움직이지 못하고 팔다리가 뼈마디를 통제하지 못하여, 정신과 기맥이 어느 한 곳도 제대로 통하지 않는 것과 같습니다. 그러므로 수령과 변장들이 위에서 내리는 명령을 받들어 시행하지 않고 국법을 두려워하지 않고 있는 것입니다.

군호(軍戶)들을 보살펴 주어 세금을 면제해 주는 법이 법전에 실려 있는데도 수령들 가운데 이를 봉행하는 자가 없습니다. 이에 자신은 변방 지역에 나아가서 무기를 손에 들고 방수하는 수고를 하는데도 처자식들은 집에 있으면서 과중하게 부과하는 부역을 면하지 못하고 있습니다. 그들이 번에서 풀려나 구사일생으로 살아서 옛 집에 돌아와 보면 집안은 썰렁하고 처자식들은 굶주리고 있어서 장차 겨울을 날 계책이 없습니다.

그런데도 관리들은 또 그에 따라서 빨리 내라고 독촉하면서 꿩과 노루를 잡으러 사냥 나가라느니, 쾌포(快脯 고기를 얇게 저며서 꼬챙이에 꿰어 말린 포)와 편포(片脯 고기를 칼로 짓이겨서 얇게 펴서 말린 포)를 뜨라느니, 사슴 꼬리와 사슴 혓바닥을 바치라느니, 호랑이 가죽과 사슴 가죽을 바치라느니, 군기를 수리하라느니, 방물을 무역하라느니, 일족의 번가를 내라느니 하면서 육지에서 생산되는 물품과 군대에 필요한 물품을 모두 군호에게 책임지워서 내게 합니다. 이에 몽둥이를 들고 그물을 지고 오래도록 사냥을 나가는데, 혹시라도 사냥을 빠질 경우에는 으레 포목을 징수합니다. 본도는 목화가 생산되지 않아 한 자 짜리 베가 귀하기가 금싸라기와 같습니다. 그러므로 서울 상인들이 그런 사실을 알고는 말에다가 포목을 싣고 내려와 그 틈을 타고 값을 올려 받아 반 필의 포목 값을 반드시 쌀 20여 말이나 받고 있습니다. 이 한 가지 일만 가지고도 군호들의 고통이 얼마나 심한지는 미루어 알 수 있습니다.

부방하는 날에 미쳐서는 변장들이 용이 움켜잡고 호랑이가 낚아채듯이 멋대로 괴롭히며 뜯어 먹기를 앞서 진달드린 바와 같이 하고 있습니다. 그러니 군호들이 몰락해서 도망쳐 떠돌아다녀 단지 빈 장부만 남아 있는 것이 어찌 괴이할 것이 있겠습니까. 참으로 조정에 기강이 서서 상하가 모두 법을 봉행하여 수령들이 가렴주구하는 정사를 행하지 않고 변장들이 멋대로 괴롭히는 짓을 하지 않게 한다면, 오늘날의 군호들이 반드시 살 곳을 잃고 도망쳐 떠도는 지경에는 이르지 않을 것입니다.

옛날에 제(齊) 나라의 정사가 중간에 쇠해졌는데, 위왕(威王)이 아대부(阿大夫)를 팽형(烹刑)에 처하라는 명령을 한 번 거행하자 나라가 크게 다스려졌습니다.[1] 그리고 당(唐) 나라의 황실이 쇠해져 채수의 풍조를 금하지 못하자, 나라가 이에 망하게 되었습니다. 이것은 상벌이 분명하냐 분명하지 않느냐에 따라서 기강이 서거나 무너지기 때문입니다. 그리고 저 한(漢) 나라의 신하 최식(崔寔)이 말하기를, "덕교(德敎)라는 것은 평안할 때 다스리는 쌀밥과 고기반찬이고, 형벌이란 것은 어지러울 때 다스리는 약과 침입니다. 현재 말은 재갈이 벗겨지고 마부는 고삐를 놓쳐서 말은 날뛰고 있고 황로(皇路)는 험난하니, 재갈을 물리고 굴레를 씌우고 끌채를 매어서 제압하여야지, 어느 겨를에 방울을 울리고 음악을 울리겠습니까" 하였는데, 이것은 바로 오늘날의 상황을 두고 이른 말입니다.

현재 백성들을 기르고 사람들을 거느리는 자들이 비록 발호하여 제압하기 어려운 걱정은 없으나, 국법을 무시하여 거리끼는 바가 없어서 늦추고 당기면서 조종하기를 자신이 하고 싶은 대로 하는 것은 한 나라 때보다도 더 심합니다. 예로부터 쇠미해진 말세에는 쇠퇴하고 게을러져 정치와 형벌에 법도가 없게 된 다음에 사람들이 국법을 우롱하며, 사람들이 국법을 우롱하게 되면 나라를 망치고 백성들을 병들게 하는 일을 하지 않는 것이 없어서, 흙덩이처럼 무너지고 기왓장처럼 부서져서 구할 수 없는 지경에 이르고 마는 법입니다. 그러므로 최식의 말이 저와 같았던 것이니, 덕교를 뒤로하고 형벌을 먼저 해야 한다

---

1) 제나라의 아대부가 탐학스런 짓을 하면서도 위왕의 곁에 있는 사람들에게 뇌물을 바쳐 정사를 잘한다는 소문이 나게 하자, 위왕이 전야가 개간되지 않아 백성들이 굶주리고 있는데도 임금 곁에 있는 사람들에게 뇌물을 바치면서 명예를 구하였다는 이유로 아대부를 팽형에 처하였다. 그러자 뭇 신하들이 두려워하여 제나라가 크게 다스려졌다.

는 것은 아닙니다.

　신이 보건대, 오늘날을 위한 계책은 역시 먼저 상벌을 분명하게 하여 기강을 세우고, 기강을 세워서 인심을 맑게 하여 사람마다 모두 국법이 두렵다는 것을 알게 하는 것입니다. 그런 다음에 선왕들이 행하였던 백성들을 보호하는 어진 정사를 시행할 수 있습니다. 이와 같이 하지 않을 경우에는 성상의 어진 마음과 어진 소문이 아무리 사방에 퍼져 나간다고 하더라도 수령들이 가렴주구하는 것은 예전과 같고, 변장들이 탐학스럽게 구는 것이 예전과 같을 것이니, 무슨 보탬이 있겠습니까.

　수군의 경우에 이르러서는 4정(丁)이 1호(戶)가 되는데, 1년에 4개월 안에 번갈아 가면서 서로 교대하면 1년에 한 차례 번을 서게 됩니다. 그런데다가 방소마저 멀지 않아서 멀 경우라도 3, 4일 일정이면 갈 수가 있습니다. 그러므로 그 역이 다른 사람들에 비해 헐해서 고생하고 있는 양남(兩南)의 수군들과는 참으로 같지 않습니다.

　다만 역을 하는 것이 고르지 않아 달마다 물선(物膳)을 진상하라느니, 잡초를 베라느니, 궁궐을 조성하라느니, 재목감을 벌채하라느니, 전선(戰船)을 만들라느니, 해도(海島)에서 말몰이를 하라느니, 목장에서 말의 꼴을 베라느니, 산대2)를 만드는 데 부역하라느니, 개성에 가서 방회(螃灰)3)하라느니, 와서에 가서 토목공사를 하라느니, 군기시(軍器寺)의 탄군(炭軍)이 되라느니, 장성(長城)의 가포(價布)를 내라느니 하는 등의 요역에 관계되는 것을 모두 수군들에게 떠맡기고 있으니, 수군들의 고통이 여기에서 극도에 달하였습니다. 그런데 첨사와 만호 등은 침해하여 긁어들이면서 하지 않는 짓이 없습니다.

---

2) 山臺. 산디놀음을 하기 위하여 길가나 산기슭에 임시로 만들어 놓는 무대를 말한다. 산디놀음은 나례(儺禮 민가와 궁중에서 잡귀를 쫓기 위하여 베풀던 의식)를 모방하여 궁중에서 행하던 가면극으로, 특히 중국 사신을 맞이하기 위하여 도감을 설치하여 이를 상연하였다.

3) 傍灰의 잘못인 듯하다. 傍灰는 빈 틈 사이에 회(灰)를 채워 넣어 튼튼하게 하는 것을 말한다.

이른바 번가(番價)라는 것은 방수하는 자를 사사로이 놓아 주고 그 값을 징수하는 것인데, 한 달 동안 풀어 주는 값이 2필에 지나지 않는데도 반드시 그 배를 거두며, 진무(鎭撫) 등은 또 각가(脚價)를 내도록 책임 지웁니다. 가난하고 잔약한 수군들이 한 자의 베나 한 말의 곡식도 오히려 갑자기 마련하기가 어려운데, 더구나 5, 6필이나 되는 포를 어디에서 마련해 내겠습니까. 이에 부득이 전지를 전당 잡히고 소를 팔아서 그 역에 응합니다. 금년에도 이와 같이 하고 내년에도 또 이와 같이 하여 전지나 재물 등 팔 만한 것은 다 팔아치운 다음에는 온 집안을 데리고 멀리 줄행랑을 쳐서 마침내 구렁에 굴러 떨어져 죽고 맙니다.

육물(六物)이라고 하는 것은 전선(戰船)과 병선(兵船)에서 쓰는 여러 가지 물품을 말하는데, 관가에서 마련하기가 어려우므로 수군들로 하여금 이를 마련해 내게 하고는 변장들이 이를 인하여 폐단을 만들어 냅니다. 가령 한 번(番)이 100호(戶)이면 한 호가 4정(丁)이니 총 수가 400명인데, 매 1인당 반필의 포를 거두니 총 숫자가 200필입니다. 이를 세 번을 통틀어서 계산하면 사람 숫자는 1,200명이니 그들에게서 거두어들이는 포목은 얼마나 많겠습니까. 그런데도 이들의 심장 살점을 가져다가 마침내 자기 자신을 살찌우는 자본으로 삼고, 정작 필요한 물품들은 방치해둔 채 따지지조차 않고 있습니다.

격기가(役只價 음식을 차려서 대접하기 위한 값으로 내는 것을 말함)라고 하는 것은, 변장들을 지공(支供)하는 것을 수군들에게 마련하도록 책임지워 1인당 포목 1필을 거두는 것입니다. 그런데 법으로 정해진 이외에 아문(衙門)의 족속이나 손님을 접대하는 술과 음식의 비용을 모두 수군들에게서 거두어들입니다.

헐역가(歇役價)라고 하는 것은, 염조군(鹽租軍), 후망군(候望軍), 능노군(能櫓軍), 대량군(代糧軍)의 경우는 여러 군역 가운데 가장 헐한 역이므로 반드시 목면 1, 2필을 바친 다음에야 이 역에 차임됩니다. 그러므로 부자들은 앞다투어 포목을 바치고 헐한 역에 차임되기를 도모하고, 가난한 자들은 바칠만한 물품이 없어서 오래도록 고된 역에 차임되니, 고되고 헐함이 고르지 않아 원망하는 소리가 길에 가득합니다.

연례조(年例租)라고 하는 것은, 변장들에게 줄 요미(料米)를 준비하는 군사를 말합니다. 이는 달마다 4명씩 인원을 정하여 한 달에 내기로 정한 것이 처음에는 조(租) 2곡(斛)에 지나지 않았으나, 지금은 으레 백미로 15두를 받으며, 심한 경우에는 20여 두를 받기도 합니다.

이상과 같이 갖가지로 침해하여 징수하는 길이 한두 가지가 아니므로 수군들이 그 고통을 감당하지 못하여 서로 잇달아서 유망(流亡)하고 있습니다. 그러니 만약 변장들이 긁어들이는 폐단을 제거하지 않고, 방비하는 이외의 여러 가지 역을 줄이지 않는다면, 수군들은 영원히 살아날 가망이 없을 것입니다.

네 번째는 무비(武備)를 해이하게 하는 폐단입니다.

본도는 남쪽으로는 해구(海寇)들이 오가는 양호(兩湖) 지방과 길이 통해 있고, 북쪽으로는 수적(水賊)들이 쳐들어 오는 통로인 요동(遼東)과 발해(渤海) 지역에 접해 있습니다. 이에 방수(防戍)의 중함이 다른 도에 비해서는 조금 헐하나, 수로는 아무런 장애물이 없는 탓에 왜노(倭奴)들이 불시에 출몰합니다. 이는 전대의 역사에서 상고해 보더라도 이들이 쳐들어 오는 변란이 한두 번 있었던 것이 아닙니다. 그러니 우선 당장 걱정이 없다고 해서 방비책을 세우지 않아서는 안됩니다.

6진(鎭)과 7포(浦)가 바둑돌처럼 해변에 펼쳐져 있고 유방하는 육군과 수군 역시 적지 않으니, 전부터 방비책을 엄하게 세웠다는 것을 잘 알 수 있습니다. 그러나 1백 년 동안이나 태평을 누린 탓에 마침내는 이 도는 방비를 엉성하게 해도 되는 지역이라고 여기고 병사들을 모두 뽑아 사부군(斜付軍)으로 만들었습니다. 이에 유방하고 있는 군사는 약하고 파리한 군사 수십 명만이 겨우 남아 있게 되었습니다. 그런데다가 변장들은 오래도록 연로의 행차에 나가 있어서 군영에 머물러 있는 때가 없습니다. 이에 조그마한 외로운 성이 장수도 없고 군사도 없이 멀리 외따로 떨어진 바닷가에 덩그러니 홀로 있게 되었으니, 이러한 때에 해적선 한두 척이 빠른 속도로 쳐들어 온다면 속수무책이어서 가만히 앉은 채로 함락당하고 말 것입니다.

조정에서는 이미 걱정할 것이 없는 지역으로 치부하고 있으므로 감사나 변장들 역시 방비하는 것을 걱정하지 않고 있는 탓에 무기는 병정놀이에나 쓰는 것과 같고 사졸들은 활시위를 당기는 것조차도 알지 못하며, 장리(將吏)들은 대부분이 채수들입니다. 그러니 참으로 이른바 무기가 날카롭지 않으면 그 병졸들을 적에게 바치게 되고, 군사들이 훈련되어 있지 않으면 그 장수를 적에게 바치게 되고, 장수가 병법을 모르면 그 나라를 다른 사람에게 넘겨 주게 된다는 격입니다.

신이 연해를 순시하면서 변경의 일에 대해 두루 물어 보았더니, 중국인인지 왜인인지 구별이 안되는 도적들이 바다를 오가면서 날마다 약탈을 일삼고 있는데, 풍천(豊川)의 초도(椒島), 장연(長淵)의 백령도(白翎島), 대청도(大靑島), 소청도(小靑島), 해주의 연평도(延平島) 등지가 도적들의 소굴이 되어, 어선이나 상선이 그들에게 약탈당하였으며, 이들을 수색하는 배 역시 공격당해 부서졌습니다. 이와 같은 변고가 한 해 사이에 한두 번만 일어나는 것이 아닙니다. 그런데도 변장들은 이런 사실을 숨기기만 한 채 보고하지 않는 것을 능사로 여기고 있으면서 이들을 섬멸할 계책을 세우지 않고 있으니, 더욱더 통분스럽습니다.

이른바 수적이라는 것은 공격을 할 수 있는 무기를 가진 자들이 아니고, 단지 약한 활과 무딘 화살에다가 돌멩이나 나무 몽둥이를 무기로 삼고 있는 군사들입니다. 그러니 변장으로 있는 자가 망보기를 삼가서 하고 병선을 정제해 두고서 그들이 여러 섬에 와서 정박하기를 기다리고 있다가 사방에서 엄습하면, 포획하기가 손바닥을 뒤집는 것보다도 쉬울 것입니다. 그런데도 그들이 마음대로 오가도록 내버려 둔 채 금지하지 않고 있으니, 해적들이 여러 섬에 들락날락하면서 목장에서 기르는 말을 사냥하고 배를 만들 재목을 벌채하기를 일삼는 것은 조금도 괴이할 것이 없습니다.

신의 망녕된 생각으로는, 긴요하지 않은 곳에 배속시킨 자들은 줄이고, 줄일 수 있는 용역은 줄여서, 그들로 하여금 방수에 전념하도록 하여 전처럼 진영을 비워두는 폐단이 없게해야 한다고 생각합니다. 그리고 무예를 훈련하는 등의 일에 대해서는, 감사가 신명(申明)하여 거행해 군사가 활을 제대로 쏘지 못하거나 무기가 날카롭지 않을 경우에는 중한 자는 파출(罷黜)하고 가벼운 자는 곤장을 치고 유시하되, 한결같이 군령대로 종사하게 하여야 합니다. 그렇게 하면 군사들이 어찌 훈련을 하지 않는 자가 있겠으며, 무기가 어찌 날카롭지 않을 리가 있겠습니까. 이와 같이 한 다음에야 수적들을 체포할 수 있고 섬오랑캐를 막을 수 있을 것입니다. 만약 오늘날 하는 것처럼 하면서 뒷날에 적을 꺾는 성과를 바란다면, 신은 아마도 맹자가 이른 바 나무에 올라가 물고기를 구한다고 한 것과 불행하게도 비슷할 것이라 여겨집니다.

다섯 번째는 여외(旅外)의 군사를 헛되이 늘리는 폐단입니다.

무릇 군사는 정예롭게 하기를 힘쓰고 많게 하기를 힘쓰지 않는 것이 옛날의 좋은 제도입니다. 우리 나라에는 안에는 숙위하는 군사가 있고 밖에는 진을 지키는 병사가 있습니다. 조종조 이래로 제위(諸衛)의 번을 서고 쉬는 것과 관방의 긴급함과 헐함을 적당히 헤아려서 정원 수를 이미 정하였는데, 소홀한 걱정이 있다고는 듣지 못하였습니다.

계축년(1553, 명종 8년)에 군적을 작성할 때 수령들이 능력을 과시하기 위하여 머슴을 살거나 빌어먹는 자들까지 모두 끌어모아 여정(餘丁)의 숫자를 작성해 병조에 보고하였습니다. 그러자 당시에 병조 판서로 있던 자가 뒷날의 걱정은 생각하지 않고 이들을 묶어서 척적(尺籍)에 편입시키고는 여외라고 이름을 붙였는데, 군적의 작성을 마치기도 전에 이들이 모두 다 유망하였습니다. 그 뒤로는 각 고을이 골수에까지 병이 들어 일족(一族)과 절린(切隣)에게 징발하는 폐단이 이로부터 더욱더 심해졌습니다. 이것은 명분은 비록 군사의 숫자를 늘린 것이라고 하지만, 실제로는 인원 수를 감소시킨 것으로, 온 나라 사람들이 그에 따른 병통을 알고 있으면서도 제거하지 못한 지가 오래 되었습니다.

신이 이도에 온 이래로 군사의 정원 수를 알고자 하여 각 고을로 하여금 현재 있는 자와 유망한 자와 충정(充定)하지 못한 군사의 숫자를 열거하게 하였습니다. 그 결과 갑술년(1574, 선조 7년)에 충정하지 못한 자가 ─ 원문 빠짐 ─ 여 명이나 되었으며, 유망한 자는 ─ 원문 빠짐 ─ 여 명이나 되었으며, 현재 있는 자라고 하는 것도 역시 대부분 근거지가 없어 조석간도 보존하기 어려운 자들이었습니다. 호구의 숫자는 날이 갈수록 잔폐 되는데도 군사의 정원 수는 예전에 비해서 더욱 늘어나는 것은 무슨 이유에서이겠습니까.

갑술년 이후로는 또 여외를 실액(實額)으로 삼아, 지금은 비록 여외라는 명칭은 없어졌지만 여외의 숫자는 아직 그대로 남아 있습니다. 만약 이들의 숫자를 줄여서 단지 원액(元額)만을 남겨 두고, 현재 남아 있는 여외의 군사를 실액에 충정한다면, 방비하는 데에는 아무런 손상이 없고 군민들을 침해하여 해독을 끼치는 폐단은 하루 아침에 제거될 것입니다.

신이 전에 북도(北道)에서 순무하였을 적에도 역시 이 폐단에 대해 진달드렸는데, 조정에서 채록(採錄)하지 않았으니, 지금 또다시 진달드리는 것이 몹시 번독스럽기는 합니다. 그러나 한 도가 도탄에 빠진 해독을 목격하고는 진달드리지 않을 수가 없습니다. 바라건대 꼴을 베는 사람에게도 물어 보는 어짊을 드리워서 이를 해사(該司)에 내려 상의하여 시행하게 하소서. 그렇게 하면 신만의 다행이 아니라 바로 한 도의 다행이 될 것이며, 한 도만의 다행이 아니라 바로 온 나라의 다행이 될 것입니다.

여섯 번째는 공부(貢賦)를 상정(詳定)하여 부역을 면제하지 않는 데 따른 폐단입니다.

우리 나라의 법은 토질에 따라서 공물을 내게 하지 않고 있는데, 그에 따른 폐단이 생긴 지 이미 오래 되었습니다. 지금 의논하는 자들이 공안(貢案)을 바꾸기를 청하고 있으니, 신이 덧붙여 떠들 필요가 없습니다. 신이 이곳에 와서 백성들을 편안하게 하는 정사에 대해 들었는데, 이른바 대동법(大同法)을 실시해 부역을 면제하는 것이 그것입니다.

대개 공부가 비록 많기는 하지만 반드시 정해진 숫자가 있으며, 전결(田結)은 비록 많고 적음이 같지 않으나 역시 각자 정해진 숫자가 있습니다. 그러니 각 고을에서 먼저 공부가 얼마인지 전결이 얼마인지를 헤아린 다음, 바치는 물품의 귀천과 값의 경중 및 전결을 나누어 준 숫자를 잘 헤아려서 귀천과 경중의 비율에 따라서 차등을 두어 영구히 역(役)을 정하여 다시는 고치지 않습니다. 그럴 경우 백성들이 미리 진공(進貢)할 물품이 무엇인지를 알아 그 곳의 토산(土産)이면 시기에 맞추어 채집하거나 잡고, 먼 데서 생산되는 것이면 미리 사들일 것입니다. 그리하여 백성들에게는 창졸간에 마련하기 어려운 걱정이 없을 것이고, 관가에서는 뒤 늦게 내는데 따른 벌을 받지 않을 것이니, 공사(公私)간에 양쪽 다 편할 것이며, 일 역시 간단할 것입니다.

신이 백천군(白川郡)에 도착해서 그 곳 백성들이 편안하게 삶을 즐기고 있는 이유를 물어 보았더니, 그 곳의 부로(父老)들이 말하기를, "5, 6년 전에 수령으로 온 분이 부역을 면제하는 법을 시행하였으므로, 그때부터 백성들이 생업에 편안할 수 있었다" 하였습니다. 이에 신이 다른 고을에 물어 보았더니, 해주(海州)나 재령(載寧) 등의 고을에서도 역시 이 법을 시행하고 있었으며, 다른 도에서도 시행하는 곳이 있었습니다. 그러니 이는 실로 공물을 거두는 법에 있어서 지극히 편하고 지극히 간단한 방법입니다.

옛날에 송(宋) 나라의 주자(朱子)가 숭안(崇安)에서 사창법(社倉法)을 시행하자, 송 나라 조정에서 그 법을 미루어 시행해 천하 만세가 그 혜택을 받았습니다. 지금 만약 이 법을 국내에서 모두 시행한다면 백성들이 받는 은택이 반드시 클 것입니다. 삼가 바라건대, 성상께서는 시험 삼아 채택하여 시행하소서.

일곱 번째는 — 이하 원문 빠짐 —

현소(玄蘇)에게 답하는 편지

성일은 현소 족하에게 말합니다. 어저께 보내 주신 편지를 받아 보니, '각하(閣下)'와 '방물(方物)' 네 글자를 고치도록 특별히 허락하여 곧바로 부관으로 하여금 관백 전하에게 달려가 아뢰도록 하였다 하니, 머지 않아 고쳐서 돌아올 것이라고 생각되는바 참으로 감사하고 또 기다려집니다.

다만 '귀국이 먼저 입조한다면(貴國先驅入朝)'이라고 운운한 몇 글자에 대해, 존사(尊師)께서는 그것이 명(明) 나라를 가리켜 말한 것이라고 핑계 대면서 고치는 것을 허락하지 않았습니다. 상사와 서장관은 존사의 말이 사실이라고 여겨 감히 두 번 다시 청하지 않았지만, 나와 같이 고집스럽고 어리석은 소견을 가진 자로서는 끝내 그렇지 않다고 여깁니다.

대개 이 글을 지은 자의 뜻은 비록 쉽사리 추측할 수는 없습니다만, 그러나 말을 꾸며서 일을 단정한 것이 저절로 일단의 기축(機軸)을 이루었는바 어찌 속일 수가 있겠습니까. 앞에서는 말하기를, "한 번 뛰어 바로 대명국(大明國)에 들어가서 400여 주를 우리 풍속으로 바꾸고, 억만년토록 제도(帝都)에서 정화(政化)를 시행하겠다" 하였으니, 이것은 귀국이 대명을 빼앗아서 일본의 정화를 시행하겠다고 이른 것입니다. 다음에는 "귀국이 먼저 입조한다면 원대한 생각이 있고 가까운 걱정은 없을 것이다" 운운하였으니, 이것은 귀국이 우리 나라에서 오늘날에 사신을 보낸 것을 가지고 원대한 생각이 있다고 이른 것입니다. 존사께서는 과연 이 '입조(入朝)'라고 한 곳의 조(朝)를 대명에 조회하는 것이라고 하는 것입니까?

또 그 다음에 "먼 지방에서 뒤늦게 오는 자는 허용할 수 없다"

하였는데, 이것은 귀국이 먼저 입조하는 자는 허용하고 후일에 오는 자는 처벌하겠다는 말입니다. 또, "내가 대명에 들어가는 날에는 사졸을 거느리고 군영을 바라보면서 이웃 나라와의 맹약을 더욱 닦을 것이다" 하였는데, 이것은 귀국이 모든 나라로 하여금 군사를 있는 대로 다 거느리고서 정벌하는 데 따라오게 하겠다는 말입니다. 서계(書契) 가운데에 우리 나라를 위협한 것이 한두 가지가 아닙니다. 이와 같은데도 '입조'라고 한 곳의 '조'가 우리 나라를 지칭한 것이 아니라고 할 수가 있습니까?

우리 나라 조정은 예의를 중하게 여겨서 귀국과 우호를 통한 지 2백 년이 되었으나, 일찍이 털끝만큼도 무례한 말을 더한 적이 없었습니다. 이번에 통신사를 보낸 것도 귀국의 위세를 두려워 한 것이 아니라 실로 귀국의 신의를 가상하게 여긴 것입니다.

귀국에서 포로로 잡아간 우리 나라 백성들을 돌려보내고 우리 나라를 침범한 무리의 머리를 베어 바치면서 옛날처럼 수교하기를 청했으니, 어찌 큰 신의가 아니겠습니까. 우리 전하께서는 이를 몹시 가상하게 여기시어 특별히 사신을 보내셨으니, 이는 실로 두 나라 사이에 전에 없던 장한 일이었습니다. 그런데 귀국의 서계 안에는 그런 일에 대하여 감사하다는 뜻은 생략해 버리고, 도리어 나라의 위세를 장황하게 늘어놓아 병력을 자랑코자 하였습니다. 그러면서 심지어는 '먼저 와서 입조한다'는 내용으로 글을 지었으니, 이것이 어찌 예로써 이웃 나라와 사귀는 도리라 하겠습니까.

이웃 나라 사신으로서 귀국에 오랜 시일을 머물러 있으면서 공업(功業)을 성취한 것을 직접 보니, 실로 기쁘고 축하하는 마음이 있었습니다. 하지만 지금 서계를 보니, 위로는 대명국을 엿보고 옆으로는 이웃 나라를 위협하여, 업신여기고 위협하는 말이 바로 적진에 임해서 적을 꾸짖는 격문 같았습니다. 이것이 어찌 예로써 서로 사귀는 글이라 하겠습니까.

비록 그러하나, 이것이 어찌 모두 관백 전하의 뜻이겠습니까. 아마도 글을 짓는 자가 우연히도 살피지 못한 것일 것입니다. 『주역』에 이르기를, "말을 낼 적에 그 말이 착하면 천리 밖에서도 호응하고, 그 말이 착하지 못하면 천리 밖에서도 어긴다" 하였으며, 『논어』에는 이르기를, "외교 문서를 지을 적에는 비심(裨諶)이 기초(起草)하고 세숙(世叔)은 토론하며, 행인(行人)인 자우(子羽)는 수식하고 동리(東里)의 자산(子産)은 윤색(潤色)하였다" 하였는데, 해석하는 자가 이르기를, "정(鄭) 나라에서 사명(辭命 임금의 말 또는 명령. 사신이 명령을 받들어 외교 무대에서 응대하는 말)을 지을 때에는 반드시 이 네 사람의 솜씨를 거쳐서 만들었다. 그렇기 때문에 제후에 응대함에 있어서 실패하는 일이 적었다" 하였습니다. 이로써 본다면 사명이 나라에 관계됨이 또한 중하지 않습니까. 이는 실로 귀국의 글을 짓는 자가 마땅히 유념할 바입니다.

한 폭에 열 줄이 되도록 자잘하게 글씨를 써서 글을 만드는 것은 제왕의 훌륭한 의절입니다. 천자가 제후에 대해서도 이와 같이 하는데, 하물며 대등한 나라끼리 교제하는 데이겠습니까. 지금 서계의 자획도 법식과 크게 다르니, 이 또한 두 나라가 서로 공경하는 도리가 아닙니다.

존사께서는 사신이 충고하는 뜻을 관백 전하에게 잘 아뢰어 서계를 고쳐 지어서 사신에게 주기 바랍니다. 그럴 경우 두 나라의 우호가 더욱 두터워져서 관백 전하가 예로써 나라를 다스리는 미덕이 원근에 더욱 드러날 것이니, 이 또한 아름답지 않겠습니까. 이것은 우리 조선만의 다행이 아니라 실로 귀국의 다행일 것입니다. 존사께서는 살피시기 바랍니다.

황 상사(黃上使)에게 보내는 편지

성일은 돈수하여 말합니다.
사신이 불행하여 뜻밖의 변고를 만나 바다를 건넌 지 3개월 만에 왜도 (왜의 수도)에 들어왔고, 왜도에 들어온 지 5개월 만에 왕명을 겨우 전했습니다. 왕명을 전한 지 4일 만에 왜도를 떠났고 왜도를 떠난 지 반달 만에 답서를 받았습니다. 그런데 답서를 받기는 하였으나 답서의 말이 또 공손하지 않아서 종이 가득 늘어놓은 말은 으르고 협박한 말이 아닌 것이 없었습니다. 심지어는 '각하(閣下)'니, '방물(方物)'이니, '입조(入朝)'니 하는 따위의 말을 쓰기까지 하여 대국을 능멸한 것이 극도에 달하였습니다.
1백년 만에 통신사로 왔다가 얽매여서 곤욕을 당한 것이 거의 1년이었고, 끝내는 나라를 모욕하는 글을 받들고 돌아가 임금에게 보고하게 되었으니, 사신의 마음이 어떠하겠습니까. 오랑캐들은 무지하여 따질 것이 못 된다고 하더라도, 또한 굽고 곧음과 옳고 그름을 분별하는 마음은 있는데, 사신은 어찌하여 고민 하면서 아무 말도 하지 않고 받아 가지고 간단 말입니까.
사신이 이미 '각하' 등 여섯 글자를 가지고 저들과 다투었으며, 저들도 또한 급히 아뢰어서 고치는 것을 허락하였습니다. 이왕 고치기를 청하였으니 거만하고 무례한 말도 함께 고치도록 했더라면 또한 흔쾌하지 않았겠습니까. 이 점이 바로 제가 여러 날 동안을 계속해서 다투면서 그칠 줄을 모르는 이유입니다. 그런데 명공(明公 높은 벼슬아치를 부를 때 그를 높여 일컫는 말)과 서장관은 사단이 생길까 염려하여 끝내 들어주지 않았습니다.
'입조'라는 두 글자에 이르러서는 한 번만 보아도 나라를 욕되게 하는 문구임을 알 수 있습니다. 명공과 서장관도 처음에는 분하게 여기면서 말을 함께 해서 고치기를 청했습니다. 그러다가 근거도 없는 현소의 말을 한 번 듣고는 덮어두고 쟁변하지 아니하니, 이것은 어떤 소견에서 그런 것입니까?

이 답서가 비록 현소의 손에서 나왔다 하더라도 그 근거 없이 속이는 말은 믿을 만한 것이 못 됩니다. 하물며 그 자가 이미 왜도에서 나온 다음에 그 답서가 뒤에 이르렀으니, 현소와 같이 글이 짧은 자가 어찌 능히 알아보겠습니까. 비록 알아보았다 하더라도 우리와 동족이 아니니 어찌 사실대로 고하겠습니까. 사신의 소견은 명약관화한데, 저의 소견을 믿지 않고 왜인의 눈을 믿으니, 이것은 무슨 사리입니까. 만약 두 글자를 고치지 않으면 이것은 우리 조정이 왜놈의 속국이 되어 온 나라의 관원들이 죄다 그들의 배신(陪臣. 제후의 신하가 천자에 대하여 자기를 일컫던 말)이 될 것이니, 또한 원통하지 않습니까.

송 나라 고종은 금 나라를 섬겼는데도 금 나라에서 보낸 국서에 '강남에 조유한다(詔諭江南)'라는 문구가 있자, 호담암(胡澹庵)은 눈물을 뿌리면서 분개하여 말하기를, "차라리 바다에 빠져 죽을지언정 속국이 된 조정에 구차스럽게 살기를 원치 않는다" 하였습니다. 송 나라와 요 나라의 관계처럼 형제국이라 해도 욕될 말인데, 하물며 당당한 대국으로서 오랑캐와 이웃 나라인데, (그 나라의) 사신된 자가 도리어 '입조'라는 욕을 달갑게 여기고 따지지도 않는단 말입니까.

명공의 말에, "나의 소견에도 의심이 없지는 않지만 현소의 편지가 또 이와 같으니, 우선은 그의 말을 믿는 것이 옳다" 하였습니다. 하지만 이것은 현소의 말을 가지고 증거로 삼아 뒷날에 자신을 해명할 계책으로 삼으려는 것입니다. 사신은 비록 현소의 말을 믿는다 하더라도 우리 조정의 사대부들이 믿어 주겠습니까. 그리고 사대부 중에서 혹 믿는 자가 있다고 하더라도 우리 성상께서 믿으시겠습니까. 사신이 만약 그 말이 욕된 것인 줄 알면서도 현소의 말을 빌려서 자신을 해명할 계책으로 삼는다면, 이것은 자신을 속이는 것입니다. 자신을 속여서 남을 속이고, 남을 속여서 임금을 속이는 것이 옳겠습니까.

서장관이 또 말하기를, "서계 안에 비록 거만하고 공손치 못한 말이 있다고 하더라도 우리가 돌아가서 보고한 후에 조정에서 나름대로 처치가 있을 것이니, 사신이 알 바가 아니다" 하였습니다. 아아, 이것이 무슨 말입니까. 옛글에 이르기를, "대부(大夫)가 사명을 받들고 국경을 나선 뒤에는 사직을 편안케 하고 국가를 이롭게 하는 일이면 재량껏 처리해도 된다" 하였습니다. 하물며 나라를 욕되게 하는 이런 말은 죽음으로써 다투더라도 제 마음대로 처리한 죄가 되지 않습니다. 그런데 일신의 이해만을 지나치게 염려하여 벌벌 떨면서 머리를 숙인 채 치욕을 참아 가며 한 마디 말도 하지 못하고는, 이에 말하기를, "돌아가서 보고한 다음에는 조정에서 나름대로 처치가 있을 것이다" 하니, 이것이 무슨 말입니까.

경감(耿弇)은 일개 무부인데도 오히려 임금에게 적(賊)을 남겨 주는 것은 수치라고 하였습니다1). 우리들이 평소에 하고많은 글을 읽고 의리를 강론하면서 스스로에 대해 자부심이 어떠하였습니까. 그런데 하루 아침에 털끝만한 작은 이해에 임해서는 놀라고 겁내어서 어찌할 줄을 모른 채, 일마다 나라를 욕되게 하면서도 부끄러워할 줄 모르다가 끝내는 치욕스러운 서계를 싣고 가서 임금에게 바치게 되었습니다. 그러니 우리들이 어찌 일개 무부의 죄인이 아니겠습니까. 생각이 여기에 미침에 팔을 걷어붙이며 몹시 분통스러워서 차라리 노중련(魯仲連)같이 동해에 빠져 죽을지언정 치욕을 참으면서 구

---

1) 경감은 후한의 광무제 때 사람이다. 경감이 장보(張步)와 싸우고 있을 때 광무제가 경감이 있는 곳으로 구원하러 온다고 하였다. 이때 경감의 군사가 적보다 약하였으므로 진준(陳俊)이 경감에게 이르기를, "적병들의 기세가 몹시 왕성하니 군사들을 쉬게 하고서 황제께서 구원하러 오시기를 기다리는 것이 옳다" 하였다. 그러자 경감은 "황제께서 오신다고 하니 신하로서는 소를 잡고 술을 걸러서 백관들을 맞이하여야 마땅하다. 그런데 도리어 적들을 황제에게 남겨 주려고 한단 말인가?" 하고는, 출격하여 크게 무찔렀다.

차스럽게 살고 싶지 않습니다.

　유독 이것만이 아닙니다. 명공과 서장관이 저의 말을 곧이듣지 않기에 제가 분개를 참지 못하여 현소에게 편지를 보내어서 타이르고자 하였습니다. 이것은 그리 대단한 일이 아닙니다. 그런데도 반드시 백방으로 방해하면서 막고자 한 것은 어찌 변(變)을 격동시키게 될까 염려해서 그렇게 이른 것이 아니겠습니까. 그러나 제가 분연히 편지를 써 보내자 현소도 오히려 그 말이 사리에 있어서 옳은 줄 알았습니다. 그리하여 비단 역관을 만나서 칭찬했을 뿐만 아니라 그가 보낸 답서에도 저의 말이 옳다는 것을 극언하였습니다.

　당초 '각하(閣下)' 등의 몇 글자를 고치도록 요청할 적에 명공께서 능히 고집을 버리는 도량을 넓혀서 못난 사람의 말이나마 버리지 않았더라면, 세계 안의 거만하고 모욕스러운 말을 고치도록 할 수가 있었을 것입니다. 그런데 하물며 자획의 크고 작은 것 따위이겠습니까. 설사 저들이 고치는 것을 허락하지 않더라도 사신으로서는 스스로 자신의 도리를 다할 뿐이니, 다른 것이야 어찌 알겠습니까. 아아, 지나간 잘못은 바로잡기 어렵습니다. 그러나 지금부터라도 현소가 이미 저의 말을 옳다고 하였으니, 세 사람이 마음을 합쳐서 되풀이하여 타이른다면 어찌 고칠 길이 없겠습니까.

　명공께서는 이미 "대명국에 조회한다는 말입니다"라는 현소의 말을 옳다고 하면서, 답서 가운데의 공손치 못한 말에 대해서는 잠자코 있으면서 한 마디 말도 하지 않았습니다. 그러므로 현소가 비록 저의 말을 옳다고 하면서도 단지 '대명국을 가리킴(指大明)'이라는 세 글자로써 편지 끝에 범범하게 언급했을 뿐이니, 또한 한탄스럽지 않습니까.

　대저 일행의 일은 모든 권한이 명공에게 있고, 서장관마저 또 따라서 부화뇌동하니, 저와 같이 어리석은 자가 또 어찌하겠습니까. 그러나 지혜로운 자라고 하더라도 천 번 생각하는 중에 어찌 한 번의 실수가 없겠습니까. 뒷날에 혹 후회가 있더라도 오늘날에 소홀히 여겨서 말하지 않았다고는 이르지 마십시오. 이만 줄입니다.

재앙을 만나 수성(修省)하기를 청하는 차자 신묘년*

   홍문관 부제학 신 김성일 등은 엎드려 아룁니다. 한(漢)나라의 유신(儒臣) 동중서(董仲舒)가 말하기를 "국가에 장차 도를 잃는 잘못이 있게 되면 하늘이 먼저 재이(災異 재앙이 되는 괴이한 일)를 보여 꾸짖어서 알리고, 그래도 스스로 반성할 줄 모르면 또 괴이(怪異)를 보여 경고해서 두렵게 하며, 그런데도 변할 줄을 모르면 상하고 패함이 닥친다" 하였습니다. 동중서가 하늘에 대해 잘 알지 못하였다고 한다면 말할 것도 없습니다. 그러나 하늘에 대해 잘 알았다고 한다면, 한 나라의 임금으로 있으면서 비상한 변고를 만난 자는 경계하고 두려워하면서 수성(修省 수양하고 반성함)하는 것을 마땅히 어떻게 해야 하겠습니까.
   비록 그렇기는 하지만, 더할 수 없이 어진 것이 하늘이면서 더할 수 없이 위엄스러운 것도 또한 하늘입니다. 믿을 수 있는 것이 하늘이면서도 못 믿을 것도 또한 하늘입니다. 더할 수 없이 어지므로 임금이 비록 도를 잃은 잘못이 있더라도 재앙을 만나 잘 수성하면 하늘의 마음을 돌릴 수가 있으며, 재앙의 꾸지람을 늦출 수도 있습니다. 이것은 바로 하늘의 믿을 만한 점입니다. 더할 수 없이 위엄스러우므로 임금이 이미 도를 잃은 잘못을 초래하고서도 수성하지 아니하면 신령의 노여움이 더욱 심해져서 하늘이 주는 녹(祿)이 영원히 끊어집니다. 이것은 바로 하늘의 믿을 수 없는 점입니다.
   때문에 예전에 밝은 임금은 믿을 만한 하늘의 어짊은 믿지 않으면서 그 위엄을 두려워하였으며, 두려워해야 할 하늘의 위엄은 두려워하

---

* 1591년, 선조 24년.

지 않으면서 인사(人事)를 잘 닦았습니다. 인사를 제대로 닦지 못하고서 하늘의 마음을 감격시킨 자는 예전부터 지금까지 있지 않았습니다.

그러므로 '홍수가 나를 깨우쳤다' 한 것은 요 임금이 하늘을 두려워한 마음으로, 반드시 뛰어난 덕을 밝힘으로써 하늘에 순응하는 근본을 삼았으며, 또 우(禹)에게 명하여 물을 다스리게 함으로써 하늘에 순응하는 일로 삼았습니다. 자신이 희생(犧牲)이 된 것은 성탕(成湯)이 하늘을 두려워한 마음으로, 반드시 날로 공경하는 마음을 더하는 것으로써 하늘에 순응하는 근본을 삼았으며, 또 육사(六事)로 자신을 책함1)으로써 하늘에 순응하는 일로 삼았습니다.

상상(祥桑)이 났을 때에 두려워하여 덕을 닦은 것2)은 태무(太戊)가 하늘에 순응한 근본이었으며, 함예3) 한 편은 하늘에 순응한 일이었습니다. 솥 앞에 꿩이 앉아 울자 두려워서 견디지 못한 것4)은 고종(高宗)이 하늘에 순응한 근본이었으며, 왕을 깨우쳐서 일을 바로잡겠다고 한 것은 하늘에 순응하는 일이었습니다. 성왕(成王)이 바람과 우레의 변을 당하여 느끼고 깨달아 들로 나간 것과 선왕(宣王)이 운한(雲漢)의 재앙을 만나서 자신을 낮추고 덕을 닦는 것과 같은 것은, 그 모두가

---

1) 탕 임금이 재변을 당하여 자신의 여섯 가지 실정(失政), 즉 정사가 제대로 시행되지 않았는가, 백성들이 생업을 잃었는가, 궁궐이 너무 호화롭지는 않은가, 부녀자들의 청탁이 성행하는가, 뇌물이 심한가, 남을 모함하는 자들이 많은가 등으로 자책한 것을 말한다. 탕 임금이 7년 동안의 가뭄을 만나 이 여섯 가지 일로 자책하자, 사방 천리에 큰 비가 내렸다고 한다.
2) 상상은 재앙의 뽕나무로, 뽕나무와 닥나무의 두 가지 나무가 합하여 한 그루가 되었다고 하는데, 왕이 공손하지 못하여 받는 벌이라 한다. 상(商)나라 7대 임금인 태무(太戊) 때 박(亳)이라는 곳에 상상의 변괴가 있었는데, 재상 이척(伊陟)의 말을 들어 덕을 닦자 상상이 절로 말라 죽었으며, 상 나라 왕실이 부흥하고 제후들이 귀순하였다.
3) 咸乂. 상서(尙書)의 편명(篇名)이다.
4) 은(殷)나라 고종이 성탕(成湯)을 제사 지내는데 꿩이 날아와서 솥 앞에 앉아 울었다. 그러자 고종은 이를 재이의 조짐으로 여겨 마음속으로 두려워하면서 선정을 베푸니 요기(妖氣)가 없어지고 은나라가 부흥하였다.

하늘에 순응하는 근본과 일을 한꺼번에 거행한 것입니다.

이상의 두 분 성인과 네 분 임금은 모두 비상한 재앙을 만났으면서도 그 재앙을 바꾸어 상서가 되게 하였는데, 그렇게 되게 함에 있어서 어찌 일찍이 인사(人事)를 제외하고 다른 데서 구하였겠습니까.

이락(伊洛)이 마른 것[5]은 하(夏)나라가 망할 징조였는데도 걸왕(桀王)은 두려워할 줄 몰랐으며, 삼천(三川)이 진동한 것[6]은 주(周)나라가 망할 징조였는데도 유왕(幽王)은 경계할 줄을 몰랐습니다. 하늘에서 피비가 내리고 땅이 갈라져 하늘의 꾸지람이 지극하였는데도 제(齊)나라 왕은 두려워하지 않았을 뿐만 아니라, 간언하는 신하를 죽였습니다. 쇠붙이가 날리고 안개가 잔뜩 끼어 하늘의 경고가 지극하였는데도 한(漢)나라 황제는 경계하지 않았을 뿐만 아니라, 태아(太阿)를 거꾸로 잡았습니다.[7] 이것들은 하늘을 업신여겨서 망하기를 재촉한 것이 아니겠습니까.

무릇 이와 같은 예는 하나하나 들어 말씀드리기 조차 어렵습니다. 그러니 어찌 낱낱이 헤아려 보아야만 알 수 있는 것이겠습니까. 유향(劉向)이 지은 『홍범전(洪範傳)』에는 비록 '지나치게 구애받은 것(太拘)'이라 일렀으나, 기자(箕子)의 홍범구주(洪範九疇)에 나오는 오사(五事)[8]의 기미와 태공(太公)이 말한 사사(四事)의 응험을 그 어찌 속일 수 있겠습니까?

말하는 자는 혹 이를 멀고 아득한 일에다가 부치기도 하고, 혹 하

---

5) 이락은 이수(伊水)와 낙수(洛水)로, 『국어(國語)』 주어상(周語上)에, "옛날에 이수와 낙수가 마르자 하(夏)나라가 망하였고, 하수(河水)가 마르자 상(商) 나라가 망하였다" 하였다.

6) 삼천은 서주(西周)의 경수(涇水), 위수(渭水), 낙수로, 『국어』 주어상에, "유왕(幽王) 2년에 서주의 삼천이 모두 진동하였다" 하였다.

7) 다른 사람에게 권병(權柄)을 잡도록 해서 스스로 피해를 입는 것을 말한다. 태아는 칼 이름으로 『한서(漢書)』에, "거꾸로 태아를 잡고 칼자루를 초(楚)나라에 주었다" 하였다.

8) 예절상의 다섯 가지 중요한 일로, 외모, 말, 보는 것, 듣는 것, 생각을 말한다.

늘의 운수라고 핑계를 대기도 하며, 심한 경우에는 천변(天變)은 두려워 할 것이 없다고까지 합니다. 이 어찌 하늘을 속이고 임금을 속여 한 마디 말로 나라를 망하게 하는 자가 아니겠습니까.

신들이 삼가 보건대, 전하께서는 등극하신 이후로 정신을 가다듬어 정치하는 데 힘쓰시면서 밤낮으로 부지런히 일하고 근심하고 계십니다. 이에 사냥을 나가 놀거나 주색잡기에 빠지는 잘못도 없고, 항상 학문에 종사하여 덕화가 빛나는 공이 있습니다. 그리고 영특하고 총명함은 고금에 으뜸가고 성스러운 지혜는 하늘에서 타고나시었습니다. 이에 권력과 기강을 한 손에 잡으시고 위엄과 복이 자신에게 있어서, 모든 사무에 있어 본말을 밝혀서 처리하고 계십니다.

그러니 인사(人事)는 아래서 닦아지고 천심(天心)은 위에서 호응하여, 화기(和氣)로움은 상서를 이르게 하고, 사시(四時)에 아름다움이 충만하여야 마땅할 것입니다. 그런데 수십 년 이래로 장마와 가뭄이 잇달아 일어나고, 흉년과 기근이 거듭 닥치며, 하늘의 변괴와 물건의 괴이가 거듭 나타나고 있습니다. 놀랍고도 경악스러운 변고가 달마다 생겨나고 있으니, 하늘이 전하께 노여움을 보임이 지극합니다.

전하께서는 마음속으로 두려워하여 편히 쉴 겨를도 없이 자신을 죄책하고 바른말을 구하시는 교시를 내리고, 정전(正殿)을 피해 거처하고 음악을 철폐하는 거조를 해마다 하고 있습니다. 그러나 하늘은 마음을 돌리지 않고 신의 노여움은 더욱 엄하여서 이변이 일어나는 것이 가면 갈수록 더욱더 심해집니다.

올해의 경우를 두고 말하더라도, 삼원(三元)의 달9)에 서울에서 지진이 일어났으며, 형혹성(熒惑星)이 한 달 동안이나 없어지지 않았으며, 태백성(太白星)이 날마다 하늘을 가로질러 가며, 바람과 장마의 변고도 예전에 없었던 바이며, 번개와 우레가 여름철같이 쳤습니다. 신들은 하늘의 뜻이 어찌해서 이처럼 극심한 지경에 이르렀는지 모르겠습니다.

---

9) 연, 월, 일이 처음 시작되는 날인 정월 초하루로, 여기서는 정월을 말한다.

하늘이 장차 전하를 버려서 나라를 보전하지 못하게 하려고 그러는 것이겠습니까. 아니면 전하를 사랑하여 두려워하고 수성하시기를 바라서 그러는 것이겠습니까.

동중서(董仲舒)의 말로써 징험해 보건대, 하늘이 꾸지람을 내려 알려 주어서 조심하고 두려워하게 하는 것은 귀에다 대고 친절하게 명령하는 것보다 더 간절한 법입니다. 전하께서 이에 이르러서 두려워하지 않고자 하더라도 두려워하지 않을 수 있겠습니까.

신들은 지난달에 의정부에 내린 글의 내용을 들었으며, 또 일전에 대신에게 답하신 비답을 보았는바, 전하의 하늘을 두려워하는 공경과 자신을 죄책 하는 정성을 깊이 느꼈습니다. 송(宋)나라 경공(景公)은 한 마디 말로도 오히려 형혹성을 30리나 물러가게 하였습니다.10) 그런데 하물며 이토록 훌륭한 성상의 말씀이겠습니까. 무릇 신하로 있는 자들치고 그 누가 깨끗한 마음으로 아름다운 성상의 덕을 받들지 않겠습니까.

그러나 허물은 알기가 어려운 것이 아니라 고치기가 어려운 법이며, 말하기가 어려운 것이 아니라 행하기가 어려운 법입니다. 임금된 이가 비록 착한 말을 하였다고 할지라도 진실로 하늘에 순응하는 실상이 없으면 또한 무슨 유익함이 있겠습니까. 이른바 하늘에 순응하는 실제라는 것은 무엇이겠습니까. 신들이 앞에서 진달한 성제(聖帝)와 명왕(明王)들이 닦은 바의 덕과 행실이 바로 그것입니다.

지금의 이 변고가 비록 어떤 일에 대한 응험인지는 모르겠습니다.

---

10) 송 나라 경공 37년에 형혹성이 송 나라의 분야(分野)에 나타나자 경공이 두려워하였다. 천문을 맡아보는 관원인 자위(子韋)가 재상에게 허물을 돌릴 수 있다고 하자, 경공이 "재상은 나의 팔과 다리이다" 하였고, 백성에게로 허물을 돌릴 수 있다고 하자, "임금은 백성이 있어야 한다" 하였으며, 다시 농사에다가 허물을 돌릴 수 있다고 하자, "농사가 흉년이 들면 백성들이 곤궁해지는데 내가 누구와 더불어 임금 노릇을 하겠는가" 하였다. 그러자 자위가 말하기를, "하늘은 높이 있으나 낮은 데에서 듣습니다. 임금께서 임금다운 말 세 마디를 하셨으니 형혹성이 물러갈 것입니다" 하였다. 다시 관측해 보니 과연 30리를 옮겨갔다.

그러나 인사에 있어서 잘못된 것은 한두 가지가 아닙니다. 신들이 기휘(忌諱)하지 않은 데 대한 주벌을 무릅쓰고 그에 대해 낱낱이 모두 말씀드리겠습니다.

『서경(書經)』에 이르기를, "하늘이 듣는 것은 우리 백성들을 통하여 듣고, 하늘이 보는 것은 우리 백성들을 통하여 본다" 하였습니다. 무릇 하늘이 백성을 보는 것은 부모가 자식을 보는 것과 같은 법입니다. 자식이 죽을 지경이 되었는데도 부모 된 자가 마음아파하지 않고 근심하지 않는 법은 없습니다. 또한 모든 백성들이 제 살 곳을 잃었는데도 하늘이 진노하지 않는 법은 없습니다. 그러므로 백성들이 생겨난 이래로 시국의 편안하고 어지러움과 나라의 흥하고 망함이 모두 여기에서 결판났습니다.

대개 온 세상의 백성이 편안하면 하늘의 마음이 기뻐하여 화기(和氣)가 충만하게 됩니다. 이에 모든 복과 모든 상서가 오지 않는 것이 없어서 나라가 이로써 흥하는 법입니다. 그리고 백성이 원망하고 한탄하면 하늘의 마음이 진노하여 육기(六氣)가 어그러지게 됩니다. 이에 망국의 징조와 급박한 재앙이 닥치지 않는 것이 없어서 나라가 이로써 망하게 되는 것입니다. 이에 마치 형체가 움직이면 그림자가 그에 따르고, 소리가 울리면 메아리가 들리는 것과 같습니다. 그러니 하늘과 사람이 서로 관련되는 것이 어찌 크게 두렵지 않겠습니까.

아아, 오늘날 백성들의 생활이 어떻습니까. 피곤함과 괴로움이 극도에 달하였으며, 원망과 한탄도 극도에 달하였습니다. 우리나라는 구역이 구석지고 좁으며 산과 바다로 이루어져 있습니다. 이에 토지는 척박하고 물력은 박약하여 백성들이 비록 한 해 동안 부지런히 농사지어도 부모를 섬기고 처자를 먹이기에 부족합니다. 그런데다가 나라에서는 산업을 진흥하는 방책도 없고, 또 어루만져 기르는 방법도 없으니, 실로 법이 없는 나라라 하겠습니다.

조세(租稅)를 바치는 한 가지 일에 대해서만 말하더라고, 토지에 따라 조세를 내는 것은 선왕(先王)때부터 내려오는 정사입니다. 그런데 우리나라에서는 토질의 좋고 나쁨과 군읍(郡邑)의 작고 큼은 묻지 않고, 똑같이 결정하여 생산되지 않는 것조차 다 바치게 하여, 그 괴로움이 이미 극도에 달하였습니다. 요사이에는 또 규정 이외의 각종 명목으로 수시로 징수함이 끝이 없는데, 가혹하게 세금을 징수하기를 살가죽을 벗기고 뼛골을 후벼내듯이 합니다.

그러면서 백성에게 중한 세금을 부과하는 자를 훌륭한 수령이라 하고, 조세 독촉을 엄하게 하는 자를 유능한 서리라 하며, 형벌을 혹독하게 쓰는 자를 일처리에 능한 자라하고, 백성들의 것을 빼앗아서 위에 바치는 자를 봉공(奉公)을 잘한다 합니다. 이에 360고을 가운데에 자상하고 온화한 수령은 몇 안 되고, 해치고 긁어 들이는 것은 곳곳마다 다 그러합니다. 그러니 백성들이 어찌 곤궁하지 않고 원망하지 않겠습니까.

세금 징수의 번잡함이 이미 이와 같은데, 각사(各司)에서 방납(防納)하고서 몇 배의 대가를 받는 폐단은 나라에 있어서는 큰 좀벌레이고, 백성들에게 있어서는 큰 병이 되는 것입니다. 공안(貢案)에는 정해진 액수가 있으나, 백성이 바치는 것은 정해진 액수 이외에도 이른바 인정가11)니 작지가12)니 하는 것이 있어서 원래의 액수보다 갑절이나 됩니다. 방납에 이르러서는, 각사의 주인13)들이 그 이익을 독점하고 있으므로, 백성들이 스스로 직접 바치고자 하더라도 바칠 방도가 없습니다.

그러나 조종조(祖宗朝)때에는 이에 대한 금법(禁法)을 범하면 변방으로 내쫓아 버리기까지 하였으므로 모리배들이 제멋대로 하지 못하였습니다. 그런데 지금은 국가에서도 예사로 알아, 호조(戶曹)에서 매기거나 본사(本司)에서 징수하는 것도 고을에다가 하지 않고 그 주인(主人)에게 하니, 주인들이 무엇에 징계되어서 두려워하는 바가 있겠

---

11) 人情價. 관청에 구실을 바칠 때 아전들에게 선물 조로 주기 위하여 덧붙여 내는 것을 말한다.
12) 作紙價. 구실을 바칠 때 문서를 작성하는 종이 값으로 덧붙여 내는 것을 말한다.
13) 主人. 나라에 공물(貢物)로 바치는 물품을 주관하여 바치는 사람을 말한다. 민간인 가운데에서 주인을 선정하여 각 관아에서 물건 값을 미리 준 다음 이들로 하여금 물건을 사서 바치게 하였다.

습니까. 주인은 이익을 독점하여 가만히 앉아서 부자가 됩니다. 그리고 이끗을 좋아하는 사대부들도 혹 이를 본받아서, 권력이 센 자는 감사에게 편지를 보내고, 직위가 낮은 자는 사사로이 수령에게 부탁하여, 심상한 물건을 바치고서 열배의 값을 받아들입니다. 이에 양피(羊皮) 한 장 값이 면포 70필에 이르고, 표피(豹皮) 한 장 값은 수백 필에 이릅니다. 종이 열 권은 지극히 적은 것인데 산읍(山邑)에서 목재 100본을 받아들이고, 궁각(弓角), 힘줄, 아교 따위는 지극히 흔한 것인데도 민간에서 100여 곡의 쌀을 거두는 실정입니다. 지극히 적고 지극히 흔한 것도 이와 같으니, 하물며 이보다 더 중한 것이야 말하여 무엇하겠습니까. 가난한 백성들의 재물을 배로 운반하고 육지로 실어 날라, 권력 있고 지체 귀한 집에 바치는 것이 얼마인지 알 수 없는 바, 백성들의 고혈은 이미 다 말랐습니다.

　처사(處士) 조식(曺植)이 일찍이 아전들이 방납하는 폐단에 대해 아뢰기를, "국가가 망하는 것은 반드시 이것 때문일 것입니다" 하였는데, 신들이 일찍이 지나친 말이라고 여겼습니다. 그런데 지금 와서 볼 때에는 실로 이 시대에 절실한 의논이라고 하겠습니다. 하찮은 생쥐 같은 무리야 꾸짖을 것도 못 된다고 하더라도, 사대부들까지 아전들과 이끗을 다투어서 백성들에게 이렇게까지 해를 끼칠 줄을 어찌 예측이나 하였겠습니까. 아아, 조세의 번거로움이 이와 같고 방납의 폐단도 또한 이와 같으니, 백성들이 원망과 탄식을 하여 화기를 손상시키는 것을 어찌 이루 다 말할 수 있겠습니까.

　부역(賦役)에 관한 한 가지 일로 말씀드리면, 백성들에게 부역시키는 것을 반드시 농사가 한가할 때 하는 것은, 농사를 해칠까 염려해서 그러한 것입니다. 한 남자가 농사를 짓지 못하면 여덟 식구가 굶주리며, 한 부인이 베를 못 짜면 온 가족이 추위에 떨게 됩니다. 그러므로 『맹자(孟子)』에, "농사철을 빼앗지 않는 것이 왕정(王政)의 근본이 된다" 하였으며, 『춘추』(春秋)에서는 "남문(南門)을 지었다"고 하여 때에 맞지 않는 일을 한 데 대해 기롱하는 뜻을 보였습니다. 이것은 민력(民力)을 중히 여긴 것입니다.

　그런데 지금은 성을 수리하거나 하천을 준설하는 등의 모든 부역을 조발(調發)함에 있어서 시기를 가리지 않고 오직 목전의 일을 처리하는 것만을 시원스럽게 여깁니다. 그리하여 밭고랑에서 일하는 백성을 몰아다가 획일적으로 일을 시키고 독려하여, 봄부터 겨울까지 끝날 기한이 없습니다. 이에 봄에는 밭을 갈지 못하고 여름에는 김을 매지 못하니, 갈지 않고 김매지 않았는데 가을에 무슨 수확할 것이 있겠습니까. 신들이 듣건대, 변방 고을 백성들의 전지 가운데에는 금년에 경작하지 못한 곳이 많다고 합니다. 그러니 그 부역의 괴로움이 어떠하겠습니까.

  토목의 역사에 이르러서는, 지금까지 여러 해가 되었는바, 꽝꽝 찍어대는 도끼는 깊은 산골짝에 번개처럼 번쩍이고, 어영차 힘쓰는 소리는 우레같이 도성 안에 울려퍼집니다. 여기에 들어가는 천 개의 재목은 귀신이 실어 나른 것이 아니라, 모두가 백성의 힘으로 옮긴 것입니다. 그리고 역가(役價)로 지급하는 것도 하늘에서 떨어지고 땅에서 솟아난 것이 아니라, 모두가 베 짜는 부녀자들에게서 나온 것입니다.

  신들이 듣건대, 관동(關東)의 산읍(山邑)에는 호구 수가 많은 곳도 수백 호에 지나지 않으며, 적은 곳은 수십 호밖에 안 된다고 합니다. 그런데 호랑이나 표범의 굴이 있는 깊은 산에 들어가고, 험준하고 가파른 고개를 넘어서 아름드리 재목을 운반하여 강으로 끌어오느라, 소는 거꾸러지고 사람은 넘어져서 낭떠러지에서 죽는 자가 잇따르고 있습니다. 금년에도 이러하고 명년에도 또 이러하여, 한계가 있는 민력으로 그칠 줄 모르는 부역에 응하게 된다면, 살아남는 백성이 얼마나 되겠습니까.

  모든 고을이 쓸쓸하고 촌락도 텅 비어서 사람이 살던 집이 표범이나 호랑이의 소굴이 되고, 들판의 논밭은 가시덩굴 숲으로 변할 것입니다. 그러나 전하께서는 대궐 안에 깊이 계시어 바깥과는 동떨어져 있으니, 어찌 그 폐단이 이와 같다는 것을 알겠습니까.

  왕자의 제택(第宅 살림집과 정자의 총칭)은 없을 수는 없습니다. 그러나 드높은 집과 아로새긴 담장은 정해진 한계가 없는 탓에 거리를 연해 뻗쳐 있는 것이 모두가 새로 지은 커다란 집들이니, 당(唐)나라의 목요(木妖)의 변괴[14]가 오늘날에 다시 나타날지도 알 수 없는 일입니다. 옛 성인이 전해주신 훈계로 말씀드리면 자손을 편안하게 하는 계책이 아니고, 백성들의 재력으로 말씀드리면 계속할 수 있는 방도가 없습니다. 그런데 전하께서는 어찌하여 이런 점에 대해서는 생각하지 않으시고 영구한 계책을 소홀히 하시어, 백성의 힘을 이렇게까지 궁하게 하신단 말입니까.

이것뿐만이 아닙니다. 비용을 제멋대로 쓰고 절약하지 않아 국가의 경비가 고갈되었으므로 포흠15)에 대한 영을 신칙하고 해유16)의 법을 엄하게 하였습니다. 그리하여 비록 생업을 잃었으나 조세(租稅)는 그대로 있어서 유망(流亡)하였거나 절호(絶戶)된 자에 대해서도 반드시 장부를 살펴서 부역과 조세를 내도록 하고 있으며, 심지어는 1필을 거두지 못한 경우에도 역시 해유를 허락하지 않고 있습니다. 이것이 어찌 적당한 시기가 아닌 때에 큰 공사를 일으킨 탓에 이러한 일체의 법을 세우게 된 것이 아니겠습니까.

『주역(周易)』에 이르기를, "제도로써 절제하면 재물을 손상하지 않고, 백성에게도 해롭지 않다" 하였으며, 공자(孔子)는 말하기를 "비용을 절약하여 백성을 사랑한다" 하였습니다. 대개 절제하지 않으면 반드시 재물을 손상하는 데 이르고, 재물을 손상하면 반드시 백성을 해롭게 하는데 이르기 때문에 이렇게 말한 것입니다. 아아, 부역의 중함과 조세의 많음이 이와 같으니, 백성들의 원망과 탄식으로 화기를 손상시키는 것을 어찌 이루 다 말할 수 있겠습니까.

군정(軍政)에 관한 한 가지 일에 대해 말씀드리겠습니다. 군사는 정

---

14) 목요는 목가(木稼)로, 나뭇가지에 얼음이 얼어붙어서 마치 갑옷을 입은 듯한 형상을 한 것인데, 나라에 병란이 일어날 조짐을 뜻한다. 당 나라 개원(開元) 29년 겨울에 몹시 추워서 나뭇가지에 얼음이 얼어붙었는데, 영왕 헌(寧王憲)이 보고는 탄식하면서 말하기를, "이는 세속에서 말하는 목가이다" 하였다.

15) 逋欠. 관가의 물품을 사사로이 쓰는 것을 말한다.

16) 解由. 관원이 갈릴 때 후임자에게 사무를 인계하고 그 내용을 적어서 상관에게 보고하여 책임의 면제를 청하는 일, 또는 상관이 갈려 가는 관원에게 책임을 면제하여 준 증서를 말한다.

예롭게 하는 데 힘쓰고 많게 하는 데 힘쓰지 말라는 것은 옛날의 훌륭한 가르침입니다. 그런데 지금은 그렇지가 않습니다. 인구의 수는 예전보다 줄었는데도 군사의 정원은 선조(先朝) 때보다 갑절로 불어났습니다. 이에 군적(軍籍)을 작성하는 날만 되면 수령은 많이 잡아넣는 것을 능사로 삼습니다. 그리하여 머슴이나 거지를 가리지 않고 모조리 잡아넣어 정원을 채우며, 정원 외에 또 남은 군정이 있으면 별대(別隊)를 만들어 여외(旅外)라고 이름을 붙입니다.

그런데 군적 작성을 마치자마자 도망치는 자가 속출합니다. 그러므로 곤수(閫帥)가 장부를 살펴서 방위할 일을 명령하면 수령은 어찌할 방도가 없습니다. 이에 일족(一族)이 있으면 일족에게 책임지우고, 일족이 없으면 이웃 사람에게 책임지우고, 일족도 이웃도 없으면 또 그 땅을 부치는 자에게 책임지웁니다. 그리하여 한 사람이 도망하면 그 화가 열 집에 미치고, 열 집이 지탱하지 못하면 그 화가 또 백 호에 미치는데, 이리저리 옮겨서 책임지우는 사이에 마침내는 빈 장부가 되는 데에 이르고 맙니다. 그러니 정예로운 군사를 기르는 뜻이 어디에 있단 말입니까.

땅은 멀고 가까움이 있으니 방소(防所)를 나누는 일은 살펴서 하지 않을 수 없고, 부역은 괴롭고 쉬움이 있으니 고르게 시키지 않을 수 없습니다. 그런데 지금은 그렇지 않습니다. 군정(軍政)을 모두 서리에게 내맡기므로 방소를 멀고 가까운 데 따라 차등을 두지 않습니다. 그러면서 오직 뇌물이 많고 적은 것에 따라 배정하므로 뇌물을 많이 바치는 자는 가깝고 편리한 곳으로 가고, 적게 바치는 자는 험하고 먼 곳으로 배정됩니다.

군적을 작성할 때에도 괴롭고 쉬운 것은 묻지 않고 또한 뇌물에 따라서만 합니다. 그러므로 부자이면서 건장한 자는 모두 쉬운 역에 배정되고, 곤궁하고 약한 자는 모두 괴로운 역에 배정됩니다. 멀고 가깝고 괴롭고 쉬운 것이 이와 같이 고르지 못하니, 군졸들이 어떻게 살아갈 수 있겠습니까.

천경(踐更, 번갈아 가면서 교대하는 것)하는 법은 미덥게 하지 않아서는 안 됩니다. 그런데 북변(北邊)을 지키는 정병은 처음에는 6개월로 기한을 정하였으나, 변장들이 방어(防禦)한다는 핑계로 교대하는 것을 허락하지 않았습니다. 이에 몇 년이 되어도 돌아오지 못하는 자가 있으며, 심한 경우에는 7, 8년이 되도록 부모와 처자식을 떠나 있게 되는데, 이와 서캐는 칼과 냄비에까지 득실거리고, 겨와 쭉정이로도 배를 채우지 못하는바, 굶주리고 추위에 떠는 괴롭고 궁핍한 형상은 듣기만 하여도 코가 시큰거립니다.

이것뿐만이 아닙니다. 채수(債帥)들이 잔혹하게 재물을 약탈하는 것은 물이 점점 깊어가듯 하며 불이 점점 뜨거워지듯 합니다. 그리하여 군민(軍民)을 보기를 닭이나 돼지로 보아 씹어 먹을 듯이 대하며, 인명을 보기를 초개같이 보아 베어 없앨 듯이 합니다. 이에 숨을 참고 소리를 삼킨 채 어디에 하소연할 곳조차 없습니다.

또 15세에 군정(軍丁)이 되었다가 60세에 군역을 면제받는 것이 국법입니다. 그런데 지금은 젖먹이 아이조차 모두 군적에 편입되어 있습니다. 그리고 또 45년 간 실역(實役)을 채우는 법을 세웠는바, 실역이 다 차지 않았을 경우에는 70이 넘은 자도 병적에 들어 있으며, 심지어는 맹인이나 거지, 병들어 파리한 자나 위중한 자도 대부분 병역을 면하지 못하고 있습니다. 아아, 군정이 이와 같으니, 백성들의 원망과 탄식으로 화기를 손상시키는 것을 어찌 이루 다 말할 수 있겠습니까.

조정의 일에 관해 말씀드리겠습니다. 요(堯)임금과 순(舜)임금 때에는 아홉 명의 대신이 훌륭하고 성하여 서로 겸손하였으며, 문왕(文王) 때에는 많은 선비들이 아름답고 훌륭하게 포진하여 있어서, 백관은 조정에서 화목하고 백성은 들에서 화목하였습니다. 이에 하늘과 땅이 태평하였고, 해와 달이 밝게 빛났으며, 바람과 비가 때맞추어 일어나고, 사시에 화기가 가득하여, 곤충과 초목이 모두 각자의 삶을 누릴 수가 있었습니다. 그러니 어찌 괴이한 기운이 그 사이에 끼어들 수가 있었겠습니까.

유왕(幽王)이나 여왕(厲王) 때에 이르러서는 군신과 백관이 화목하지 않아 서로 잘못한다고 하고, 백성들이 제 살 곳을 잃어 비방과 원망이 한꺼번에 일어났습니다. 이에 사나운 기운이 감응되어 일식과 월식이 일어났으며, 산이 무너지고, 가뭄과 홍수, 서리와 우박의 변괴가 역사책에 끊이지 않고 실려 있습니다. 그러니 이것은 이미 일어났던 밝은 징험이 아니겠습니까.

전하께서는 즉위하신 처음에는 치우침이 없는 법을 세우시어 이로써 잘 인도하셨습니다. 이에 조정은 맑고 밝았으며, 백관은 공경하고 협동하여, 점차 대도(大道)의 세상으로 나아가려고 하였습니다. 그런데 불행하게도 선비들의 의논이 둘로 나뉘어 하나는 이쪽으로 하나는 저쪽으로 갈라졌습니다. 이에 사(邪)와 정(正)이 서로 싸우고 시(是)와 비(非)가 결정되지 않아 수십 년 사이에 진퇴(進退)와 소장(消長)의 기미가 강하(江河)가 흘러가는 듯한 형세로 서로 찾아들어서 그치지 않았습니다.

조정의 화목하지 못함이 이와 같으니, 백성의 마음이 패악해지고 괴이한 기운이 이변을 가져온 것은 이상할 것도 없습니다. 오직 다행한 일은 성상께서 밝게 통촉하시어 현명한 결단을 내리시자 한 번 조처를 하는 사이에 승냥이 같은 자들이 벌벌 떨며 엎드렸으므로, 만세토록 태평하기를 바라볼 수 있는 것이었습니다.

그러나 권간(權奸)이 정사를 어지럽힌 나머지 간사한 의논이 횡행하여 선비들의 기풍이 무너졌고, 관절(關節)이 크게 행하여져 탐욕의 풍습이 크게 일었습니다. 배척을 받은 자는 원망이 골수에 사무쳐서 때를 틈타서 보복하려 하고 있고, 관직에 있는 자는 국사에는 뜻이 없고 오직 녹만 받고 몸만 보전하려고 합니다. 의정부에는 삼지재상[17]만 있으며, 대각(臺閣)에는 장마언관[18]만 포진하고 있습니다. 이에 전하께

---

17) 三旨宰相. 무능한 재상을 비웃는 말이다. 송 나라 때 왕규(王珪)가 재상으로 있던 16년 동안에 한 가지도 훌륭한 계책을 내지 못하면서, 왕에게 나아가서는 "성지를 정하십시오" 하고, 왕이 가부를 정하면 "성지를 알았습니다" 하였으며, 물러나서는 일을 품의한 자에게 "이미 성지를 얻었다" 하였으므로 당시 사람들이 '삼지재상'이라고 하면서 비웃었다.

18) 杖馬言官. 화를 받을 것을 두려워하여 직간하지 못하는 언관을 비웃는 말이다. 장마는 임금의 의장마이다. 당 나라 때 권신 이임보(李林甫)가 간관들이 말하는 것을 막기 위하여 협박하기를, "그대들은 입장(立仗)한 말을 보지 못하였는가. 소리만 지르면 쫓겨나는 법이다. 그대들도 내가 하는 일

서는 내맡길 만한 재상이 없고 의지할 만한 언관이 없어서 억조 창생의 윗자리에 외롭게 계시면서 여러 가지 복잡한 정사를 홀로 처리하고 계십니다.

일에는 옳고 그름이 있는 법인데 의견을 제시하는 자가 없으며, 정치에는 잘하고 못함이 있는 법인데 반론을 제기하는 자가 없습니다. 군덕(君德)을 보양하는 자가 누가 있습니까. 잘못을 바로잡는 자는 또 누가 있습니까. 치도(治道)를 논하고 나라를 경영할 만한 정승이 있습니까. 적을 막아 치욕을 당하지 않게 할 만한 장수가 있습니까. 비유하자면 큰 강을 건너는 데 밧줄과 노가 없어서 중간에서 역풍을 만날 경우 반드시 전복되는 것과 같으니, 또한 한심하지 않습니까. 그런데다가 교화는 점점 쇠해지고 풍속은 점점 퇴폐해져서 사유(四維, 나라를 유지함에 최소한도 필요한 네 가지 수칙. 곧 예[禮]·의[義]·염[廉]·치[恥])가 신장되지 않고 염치의 도가 없어졌습니다. 이에 임금을 버리고 어버이를 뒤로 하는 의논과 공론을 등지고 당파를 위하여 죽으려는 의논이 온 세상에 횡행하고 있습니다. 줄곧 이렇게 나가다가는 자사(子思)가 이른바 '나라에 같이 일할 사람이 없다'라는 말과 불행히도 비슷하게 되지 않겠습니까.

아, 조정이란 것은 사람의 심장이나 배와 같고, 사방(四方)은 사람의 사지와 같습니다. 심장과 배가 병들었는데도 사지가 병들지 않는 경우는 없습니다. 마찬가지로 조정이 다스려지지 않았는데 사방이 어지럽지 않은 경우도 또한 있을 수 없습니다. 이로써 볼 때 오늘날 이 변이 일어난 것은 하늘의 운수 탓이겠습니까, 아니면 인사가 잘못된 탓이겠습니까.

전하께서 만약 재이가 변하여 상서가 되고 화가 바뀌어져 복이 되게 하려면, 또한 어찌 그 근본으로 돌아가야 하지 않겠습니까. 신들이 듣건대, 전(傳)에 이르기를, "근원이 맑으면 흐르는 물도 맑고, 바깥 형태가 바르면 그림자도 바르다" 하였고, 고씨(顧氏)가 이르기를, "자신이 모범을 보이면 교화는 바람을 타고 올라가는 것보다 쉬우며, 자신

에 말썽을 부려서는 안 된다" 하였다.

이 실천하면 훈계는 바람에 풀이 쓰러지는 것보다 빨리 효과가 나타난다" 하였으며 동중서(董仲舒)는 말하기를, "자기의 마음을 바르게 하여 조정을 바르게 하고, 조정을 바르게 하여 백관을 바르게 하고, 백관을 바르게 하여 만민을 바르게 한다" 하였습니다. 이 말이 비록 추구[19]와 비슷한 것 같으나, 이것을 하지 않고서는 달리 방도가 없습니다. 이 때문에 주희(朱熹)가 임금이 듣기 싫어하는 것을 무릅쓰고 정성스럽고 바른 말을 아뢰었던 것입니다.

전하께서 참으로 재앙을 만나 두려워하면서 성제(聖帝)와 명왕(明王)의 덕을 닦아 하늘에 대해 성심으로 응하고 형식적으로 하지 않으며, 사람에 대해 덕으로 감화시키고 말씀만으로 하지 않으며, 전하의 한 마음으로 모든 교화의 근본으로 삼고 전하의 한 몸으로 만백성의 표준이 되어, 몸과 마음의 은미함으로부터 작게는 궁궐 안에서 행하고 크게는 조정 위에 미침에 있어서 모두가 올바른 데에서 나오게 한다면, 신들이 진달한 백성들의 폐막쯤은 조처하는 가운데 한 가지 일일 뿐일 것입니다. 그러니 백성들의 원망이 어디에서 일어나겠으며, 하늘의 재앙이 어디에서 생겨나겠습니까. 그렇지 않고 회계 장부나 자질구레하게 따지고 공문서나 세밀하게 살핀다면, 저울로 문서의 분량을 달고[20] 위사(衛士)에게 밥을 가져오게 하더라도[21] 또한 다스리시는 데는 도움이 되지 않을 것입니다.

---

19) 芻狗. 미천하여 쓸모없는 물건이나 말을 말한다. 본디는 짚으로 만든 개로, 옛날에 제사를 지낼 때 쓰던 것인데, 제사를 마치고 나면 쓸모가 없어서 내다 버렸다.

20) 임금이 국정을 부지런히 수행하는 것을 말한다. 옛날에는 문서를 죽간이나 목찰에다가 썼으므로 저울로 양을 달아서 문서의 분량을 헤아렸다. 진(秦) 나라 시황(始皇)이 크고 작은 일을 막론하고 천하의 일을 직접 결재하면서 날마다 일정한 분량을 달아서 올리게 하였는데, 밤낮으로 일정한 분량을 정해 놓고는 분량을 다 채울 때까지 쉬지 않고 일하였다.

21) 임금이 부지런히 정무를 보살피는 것을 말한다. 수(隋)나라 문제(文帝)가 정무를 볼 때 해가 기울면 위사를 시켜 밥을 가져오게 하여 먹었다고 한다. (이재호 교수의 지도로 각주 2) 상상과 함께 본문의 몇 곳 등을 바로잡음)

아아, 전하께서 근심하시는 것은 재이(災異)입니다. 그러나 신들이 염려하는 것은 재이 이외에 더 크게 우려스러운 것이 있습니다. 무릇 나라에 세자가 있는 것은 만백성의 마음을 단합시키고 종묘사직을 위한 계책 때문입니다. 지금 춘궁(春宮)이 오래도록 비어 있어서 종묘의 제기(祭器)를 맡길 곳이 없는데, 시기를 점점 늦추어서 성례(盛禮)를 행하지 않고 있습니다. 종국(宗國)의 막중한 일을 소홀히 여겨 지나쳐 버리는 데에다 방치해 두고 있으니, 이것이 어찌 나라의 근본을 정하고 민심을 단합시키는 길이겠습니까.

'종묘를 받들 태자가 탄생하여 왕실이 번창하므로 경사가 넘친다'는 내용의 종사(螽斯)의 시가 노래로 전파되었으며, '원줄기도 되고 가지도 되어 군도 되고 왕도 된다'는 말은 전하께서도 잘 아시는 바입니다. 전하께서는 신령하신 지모와 뛰어난 계책을 아무 말 없는 가운데 묵묵히 운용하시어, 심상한 거조에 있어서도 촛불로 밝히듯 은미한 것을 밝게 살피고 사리에 맞게 처리하고 계십니다. 그런데 유독 이 종묘사직의 대계에 있어서만은 어찌하여 이처럼 오래도록 시일을 질질 끄신단 말입니까. 예로부터 저군(儲君)을 일찍 세우지 않았다가 위태로운 난을 불러온 것은 역사를 고찰해 보면 여러 곳에서 볼 수 있으니, 어찌 신들이 번거로이 말씀드릴 것까지 있겠습니까.

또 듣건대, 공자가 말하기를, "어려서 이루어진 것은 천성과 같으며, 습관은 절로 된 것과 같다" 하였으며, 또 말하기를 "천성은 서로 비슷하나 습관에 따라 멀어지게 된다" 하였습니다. 무릇 사람이 태어났는데 평소에 미리 가르치지 않으면, 아무리 영특하고 아름다운 자질이 있다고 하더라도 능히 감화되어 성취하는 자는 드문 법입니다. 그러므로 선왕(先王)이 태자를 가르침에 있어서는 뱃속에 있을 때에는 올바른 태교(胎敎)가 있었으며, 출생하여서는 과궐(過闕)의 공경이 있었으며, 어릴 때에는 보부(保傅)의 관원을 두었으니, 어려서부터 다 클 때까지 전후좌우에 올바른 사람 아닌 이가 없었으며, 듣고 보는 것이 바른 말과 바른 일이 아닌 것이 없었습니다. 대개 이와 같이 하면, 비록 착하지 않은 일을 하려해도 누구와 더불어 하겠습니까. 삼대(三代) 때에 어진 임금이 계속해서 일어나 국운이 길었던 것은 가르쳐서 기르는 방도가 이와 같았기 때문이었습니다.

그런데 후세에는 그렇지가 않아, 깊은 궁중에서 나서 부인의 손에서 자라는 탓에 부귀는 저절로 있는 것이고, 교만과 사치스러움도 저절로 생겨나게 되었습니다. 옆에는 엄한 스승의 훈계와 존경하는 벗의 충고가 없는 탓에 더불어 상종하는 자는 환관이나 궁첩 아니면 가마꾼이나 종들뿐이며, 날마다 하는 일이라고는 닭싸움이나 개달리기 경주 아니면 술이나 마시고 노래나 즐기는 것입니다.

혈기가 이미 왕성해지고 마음과 뜻이 이미 떠난 뒤에야 바야흐로 가르치면서 이끌어 주는 경우에는 완강히 거부하여 주입하기가 어렵습니다. 그러니 하루 쬐이는 햇볕이 열흘 추운데 무슨 도움이 있겠으며, 한 명의 제(齊)나라 사람이 여러 명의 초(楚)나라 사람이 떠들어대는 데 무슨 이익이 있겠습니까. 아아, 천금(千金)을 가진 부잣집에서도 오히려 아이 가르치기를 급하게 여기는 법입니다. 종묘사직을 맡길 세자가 얼마나 중요한데 미리 가르치지 않는단 말입니까. 전하께서 만약 침소에 드실 때 이 일에 대해 생각이 미치면 어찌 놀라워서 가슴이 뜨끔하지 않겠습니까.

신들은 지위가 낮고 말이 가벼운바, 종묘 사직의 큰 계책에는 감히 참여할 바가 못 됩니다. 그러나 사마광(司馬光)은 통판(通判)이 되었을 때에도 오히려 태자를 세울 것을 청한 일이 있었습니다. 신들은 논사(論思)하는 직책에 대죄(待罪)하고 있으면서 나라를 근심하는 구구한 정성을 어찌 감히 성상께 진달하지 않을 수 있겠습니까. 상소를 올리기도 전에 범진(范鎭)의 수염과 눈썹이 먼저 하얗게 세었습니다.22)

삼가 전하께서는 저희들의 어리석은 정성을 불쌍히 여기시어 유념하시기 바랍니다. 신들은 격앙되어 가슴이 꽉 막힘을 금할 수가 없습니다.

---

22) 범진은 송 나라 인종 때 사람으로, 간원(諫院)에 있으면서 일찍이 건저(建儲) 하기를 청하였는데, 면전에서 몹시 간절하게 진달하면서 눈물을 흘리기까지 하였다. 그러자 인종이 말하기를, "짐은 그대의 충성을 잘 알았으니, 기다리고 있으라" 하였다. 그러자 범진이 전후로 19차례나 상소를 올리고는 100여 일 동안 명이 내려지기를 기다렸는데, 노심초사한 탓에 수염과 눈썹이 하얗게 세었다.

홍문관에 있으면서 두 번째 올린 차자*

1. 조정을 바르게 하여 백관을 바르게 하는 것입니다. 조정이 바르지 않게 되는 원인에는 세 가지가 있습니다. 현사(賢邪)를 변별하지 않는 것, 청탁을 공공연히 행하는 것, 탐오(貪汚)가 풍조를 이루는 것이 그것입니다.
2. 학교를 일으켜서 교화(敎化)를 밝히는 것입니다. 학교가 부흥되지 않는 원인에는 세 가지가 있습니다. 사도(師道)가 서지 않는 것, 사습(士習 선비의 풍습)이 바르지 않은 것, 과거(科擧)가 사람들을 구속하는 것이 그것입니다.
3. 내치(內治)를 엄하게 하여 집안을 잘 다스리는 것입니다. 내치가 엄해지지 않는 원인에는 세 가지가 있습니다. 여알(女謁 대궐 안에서 정사를 어지럽게 하는 여자)이 성행하는 것, 왕자(王子)들에게 미리 가르치지 않는 것, 재화를 가지고 이식을 늘리는 것이 그것입니다.
4. 민막(民瘼 인민에게 폐가 되는 일. 민폐)을 제거하여 방본(邦本)을 튼튼히 하는 것입니다. 민막이 제거되지 않는 원인에는 다섯 가지가 있습니다. 거두어들이는 것이 지나치게 많은 것, 일족(一族)과 인족(隣族)들을 침해하는 것, 요역이 지나치게 번다한 것, 공부(貢賦)가 고르지 않은 것, 방납(防納)이 백성들을 해치는 것이 그것입니다.
5. 군정(軍政)을 닦아서 변방(邊防)을 견고하게 하는 것입니다. 군정이 닦여지지 않는 원인에는 네가지가 있습니다. 군율이 해이

---

* 전문은 잃어버렸다

한 것, 방수(防戍)가 고르지 않은 것, 채수(債帥)들이 침해하는 것, 조련(操鍊)에 법도가 없는 것이 그것입니다.
6. 형옥(刑獄)을 심리하여 억울함을 풀어 주는 것입니다. 형옥이 제대로 심리되지 않는 원인에는 세 가지가 있습니다. 법령이 한결같지 않은 것, 관리들이 법을 굽히는 것, 큰 옥사가 만연된 것이 그것입니다.
7. 대신을 임용하여 조정을 높이는 것입니다. 대신이 중해지지 않는 원인에는 두 가지가 있습니다. 체모를 공경하지 않는 것, 정사가 나오는 곳이 많은 것이 그것입니다.
8. 간쟁(諫諍)을 받아들여서 언로(言路)를 여는 것입니다. 간쟁이 아뢰어지지 않는 원인에는 세 가지가 있습니다. 아첨하는 자들이 뜻을 얻는 것, 사기(士氣)가 좌절되는 것, 공론이 펼쳐지지 않는 것이 그것입니다.
9. 성학(聖學)을 밝혀서 다스림의 근본을 세우는 것입니다. 성학의 요체에는 세 가지가 있습니다. 도술(道術)을 밝히는 것, 천덕(天德)을 본받는 것, 경외(敬畏)를 높이는 것이 그것입니다.
10. 사치를 금하여 절검(節儉)을 숭상하는 것입니다. 사치의 폐단에는 세 가지가 있습니다. 궁궐이 지나치게 화려한 것, 의복이 참람한 것, 음식이 지나치게 풍성한 것이 그것입니다.

축성(築城)을 정지하기를 청하고 이어 시폐(時弊)를 진달하는 차자

　부제학 신 김성일(金誠一), 교리 신 심희수(沈喜壽), 부교리 신 이호민(李好閔), 수찬 신 김시헌(金時獻), 부수찬 신 박지(朴篪) 등은 삼가 아룁니다.
　삼가 신들이 보건대, 요즈음 날씨가 평상시와 달라 춥고 더움이 절후를 잃은 탓에 동짓달이 다 가도록 물에는 한 조각의 얼음도 없고, 혹 찬 바람만 불어 음산하기만 하며, 흙이 축축하도록 안개가 끼기도 합니다. 그리고 괴이한 기운이 사람들을 덮쳐 여항 사람들이 모두 감기에 들었는바, 백 명 가운데 겨우 한 사람 정도만이 감기에 걸리지 않았습니다.
　신들이 성상을 가까운 곳에서 모시는 자리에 있지만 겨울이 되면서부터 한 번도 경연에 입시하지 못한 탓에 옥안을 우러러 뵙지 못하였습니다. 이에 매번 성궁의 조섭(調攝)하시기 어려움을 걱정하면서 의복과 음식은 어떠하신지, 한가하실 때의 기거는 어떠하신지 궁금해 하였습니다. 그런데 일전에 칙서(勅書)를 맞이하고 배표(拜表)를 올리는 등의 예를 모두 친히 행하시면서, 대신(大臣)이나 약방(藥房)이 대행하도록 청하는 것도 돌아보지 않으셨습니다. 이에 신들은 전하께서 황은(皇恩)을 떠받드는 성대한 뜻을 흠앙하였는데, 예를 마친 뒤에는 또 옥체가 어떠하신지 모르겠습니다.
　근래에 경연을 중지하신 것은 비록 한동안 추위를 조심하는 생각에서 나온 것입니다. 그러나 신들의 지나친 염려에 있어서는 성상의 기후(氣候)문제로 외정(外廷)에서 근심할 것을 염려하여 교지(敎旨)에는 말씀하시지 않았으나, 혹 조금이나마 불편하신 데가 있지는 않은신가 합니다. 만약 그렇지 않은데 매양 따뜻한 곳에만 거처하시고, 줄곧 바람을 쐬는 것을 두려워하실 경우, 살갗이 튼튼하지 못하여 바깥의 나쁜 기운이 침범하기 쉬우니, 깊은 곳에서 답답하게 지내시는 것은 실로 조섭하는 좋은 방도가 아닙니다.

옛 사람의 말에, "정(靜)을 주로 하면 오랠수록 넓고 두터워지고, 스스로 부지런히 힘쓰면 견실하면서 밝아지며, 본심을 잡아 지키면 혈기가 순환하여 어지럽지 않고, 욕심을 거두어들이면 정신이 안으로 굳건해져서 들뜨지 않는다" 하였습니다. 이것이 모두 공경하는 방법이며 장수하는 이치입니다. 삼가 전하께서는 심신(心身)을 잘 기르시고 옥체를 보호하여, 지나치게 수고롭히지도 말고 지나치게 편히도 하지 마시면서, 중화(中和)하는 데 마음을 모으고 화기를 맞아들이소서. 그러면서 간간이 따뜻한 날과 기분이 맑으실 때에는 혹 소대(召對)하거나 야대(夜對)하시어 유신들을 접견해 치도(治道)를 물으시고, 고금의 일도 추론해 보소서. 그렇게 하시는 것이 진덕(進德)을 실제적으로 하는 융성함이며, 화락(和樂)을 직접 체험하는 도인 것입니다.

더구나 지금은 백성의 힘이 피폐하여 나라의 근본이 위태롭습니다. 그런데도 좌우에 있는 신하들 가운데 한 사람도 자신이 직접 국사를 담당하고자 하여 밤에 생각해서 새벽에 들어가 아뢰는 자가 없습니다. 비록 성상께서 지척에 계신 경연에서도 또한 어물어물하면서 쳐다보기만 하여 결말을 내리지 못합니다. 그런데다가 들어가 뵙는 때가 드물어서 성상과 신하들 사이가 멀리 떨어져 있습니다. 그러니 그 누가 다시 한유(韓愈)나 육지(陸贄)와 같은 충성을 가진 자가 있어서 상소를 올리거나 상주(上奏)를 하는 사이에 부지런하고 간절하게 하겠습니까.

이 때문에 아랫사람들의 심정은 날로 막히고 뭇 간사함이 한꺼번에 일어나는 탓에 백성들이 들판에서 원망하는데도 위에서는 알지 못하고, 간사한 거짓이 안에서 일어나는데도 주상께서는 듣지 못하고 있습니다. 이에 어두워지고 어지러워져서 마침내 정치가 없는 나라가 되고 말았으니, 신들은 몹시 슬픕니다.

무엇을 일러 백성들이 들판에서 원망한다고 하겠습니까. 지금 이 축성(築城)하는 폐단에 대해서는 신들이 앞서 이미 아뢰었으며, 비변사에서도 또 축성하는 것을 정지하는 것이 옳다고 결정하였습니다. 그런데 영(令)을 내린 것이 너무 늦었으므로 불러 모은 자가 다 모였고 삼태기와 가래가 이미 갖춰졌습니다. 이에 수령들은 말하기를, "지금 만약 공사를 정지하고서 되돌려 보낸다면, 이는 그 동안에 이룩해 놓은 공을 흩어버리는 것이다. 그리고 내년 봄의 부역은 수고로울 뿐만 아니라 또한 중복되어서 순변사(巡邊使)가 오기 전에 끝마치지 못할 것이다" 하였고, 공사를 하는 자들도 말하기를, "지금은 비록 수고롭기는 하지만 가을 곡식이 아직 남아 있다. 만약 봄이 지나고 나면 식량을 비축할 방책이 없고 또 보리도 갈지 못할 것이어서 내년의 양식이 끊어질 것이다. 그러니 고생을 참으면서 그대로 공사를 하는 것이 낫다" 하였습니다.

이에 힘을 쓰느라 영차영차하는 소리가 끊이지 않으면서 공사가 한창이어서 주먹만한 돌을 쌓고 얼기 시작한 흙을 뭉쳐 쌓아 놓았습니다. 그런데 새알을 포개 놓듯 위태롭게 쌓아 올린 것이 열두 자나 되도록 높으니, 눈이 내려 얼었다가 햇볕을 받아 녹게 되면 내년 봄을 기다릴 것도 없이 거의 다 무너지고 말 것입니다.

중국의 장성(長城)을 쌓을 때는 천하의 힘을 다 동원했어도 오히려 빠른 시일 안에 준공하지 못하였습니다. 이 성을 쌓는 것은 그 높이나 길이가 비록 장성에 비길 수는 없습니다. 그러나 완급(緩急)도 묻지 않고 한꺼번에 일제히 공사를 일으켰으므로 생민들의 도탄에 빠진 듯한 괴로움이 끝이 없습니다. 하물며 조그마한 나라의 힘으로 몇 달 안에 공사를 마치려고 하니, 비록 튼튼히 쌓아서 무너지지 않도록 하려고 한들 되겠습니까.

신들이 내지(內地)에다가 성을 쌓는 것이 이로움은 없고 해만 있다는 것을 말씀드려 보겠습니다.

무릇 성지(城池)와 갑병(甲兵)은 국가를 방위하고 도둑을 막기 위한 것입니다. 신들이 비록 형편없기 그지없으나, 또한 한 백성으로서 그 방위 안에서 함께 살아가고 있습니다. 그러니 참으로 털끝만큼이라도 국가에 유익한 점이 있다면 외적의 침입에 미리 대비하여 국가에서 요새지를 설치하는 일에 대해 어찌 감히 입을 놀려서 불편하다고 말하겠습니까.

우리나라가 있으면서부터 이 군현도 있었는데, 관방(關防)을 설치하거나 성곽을 쌓을 때에는 모두가 그 형세를 살펴서 가장 긴요한 곳에다가 하였는바, 옛 사람이 경영한 계책이 완벽하여 다시 더 헤아려 볼 필요도 없습니다. 전쟁이 많고 공수(攻守)가 어려웠음은 삼국 시대 때가 지금보다 열 배는 심했습니다. 그런데 내지의 군현에는 일찍이 성지가 없었는데도 오늘날까지 보전하여 왔습니다. 안열(安悅)이 도둑을 물리친 것은 수주(水州)에서였으며, 김선궁(金宣弓)이 적을 이긴 것은 안성(安城)에서였는데, 여기에 무슨 웅거할 만한 산천이나 성곽이 있었습니까.

지금 관방(關防)과 망루(望樓)를 골고루 내성(內城)에까지 설치하고 있는데, 인심을 동요시키는 것이 불편한 점이고, 힘이 약해서 완공하기 어려운 것이 불편한 점이며, 백성들을 고달프게 하고 재력을 다 허비하는 것이 불편한 점이고, 튼튼하게 쌓지 못하여 해마다 수리하느라 백성들을 해치는 것이 불편한 점입니다. 한 고을의 성은 그 크기가 반드시 한 고을이나 한 면의 백성들을 다 수용하지 못합니다. 이에 그 나머지 사람들은 대개 마을에 숨어 있거나 노약자들은 들판에 흩어지게 됩니다. 그런데도 '내가 성을 잘 지켰다'고 말할 수 있겠습니까.

신들이 듣건대, 이 역사를 시작할 때 전지 1결당 베 17, 8필까지 냈으며, 하루 역사에 보상하는 쌀이 4, 5곡에 이른다고 합니다. 그리고 활, 화살, 갑주 같은 기구에 이르러서도 그 길고 짧은 제도가 사람마다 의견이 다른 탓에 매양 점검을 거칠 때마다 반드시 개조하게 되며, 그 다음에 온 자가 또다시 잘못되었다고 꾸짖는데, 고치는 비용을 모두 민간에 책임지운다고 합니다.

신들이 일찍이 민가에 출입하면서 생산하는 것을 살펴보니, 궁한 백성들이 비록 일 년 동안 고생고생하여도, 가을을 당하여 공사(公私)간에 빚진 것을 갚고 나면, 쌀독은 텅 비어 있으며, 남아 있는 것이라곤 도토리나 나물뿌리, 겨, 콩잎 등속뿐으로, 겨우 굶어 죽지 않을 정도였습니다. 몇 섬의 곡식만 있으면 실호(實戶)라고 일컫는데, 이런 사람조차 또한 매우 드뭅니다.

일 년에 세금으로 바치는 것과 노비들에게 각종 명목으로 거둬들이는 베는 해마다 일정한 양을 내도록 부과하였으므로, 온 힘을 다하여 미리 조치해서 대충 마련해 내고 나면 한 해의 일이 끝나게 됩니다. 그런데 만약 그렇게 하지 못하였을 경우에는 매를 맞으면서 한 해를 마치게 됩니다. 그런데다가 또 규정된 세금 이외에 덧붙여 거두는 것도 있어서 이와 같이 번거롭게 많이 거두어들이니, 백성들이 목숨을 부지할 수가 있겠습니까. 신들은 듣건대, 불쌍한 과부가 밭을 팔아 세금을 바쳤는데도 부족하여 숲 속에 들어가 목을 매어 죽은 자도 있다고 합니다. 신들은 거룩하고 밝은 세상에 이런 일이 있을 줄은 생각지도 못하였습니다.

관동(關東)지방은 또 땅은 척박하고 백성은 가난하여 성을 쌓는 역사를 더욱더 지탱하기가 어렵습니다. 그러므로 도망한 백성들이 영남의 산골 마을로 잇달아 들어가고 있는데, 그 수를 헤아릴 수가 없을 정도인바, 신들은 몹시 걱정됩니다. 이것이 이른바 백성들이 들판에서 원망하여도 주상께서는 알지 못한다는 것입니다.

백성이 원망하여 배반하면 괭이나 고무래를 들고 일어나더라도 강한 진(秦)나라의 왕업을 망하게 할 수 있는 법[1]이고, 사람들이 화합하여 뭉치면 탄환만한 고구려로도 넉넉히 대업(大業)의 군사를 무찌르는 법[2]입니다. 지금은 백성들이 이와 같이 흩어졌으니, 비록 성과 해자(垓字 성 밖으로 둘러 판 못)가 있다 한들 누구와 더불어 나

---

1) 진(秦)나라 말기에 백성들이 가혹한 정사에 시달리자, 진승(陳勝)과 오광(吳廣)이 농민들을 모아 반란을 일으키면서 무기가 부족하여 괭이 자루를 잡고 반란을 일으켰는데, 이로 말미암아 각지에서 반란이 일어나 끝내 진나라가 망하게 되었다.
2) 대업(大業)은 수(隋)나라 양제(煬帝)의 연호로, 양제가 백만 대군을 몰아 고구려를 침공하였을 때 을지문덕(乙支文德)이 살수(薩水)에서 이를 격파하였다.

라를 지키겠습니까. 신들의 생각으로는, 관방(關防)이 예로부터 있던 곳은 해마다 금성탕지(金城湯池)를 수리하여 굳건하게 하고, 내지(內地)에 대해서는 아직 쌓지 않은 곳은 일체 정지하여 그만두고, 이미 쌓은 곳은 그대로 두면 될 것으로 여겨집니다. 그럴 경우에는 그래도 백성이 다 흩어지기 전에 살 곳을 찾을 것입니다.

신들이 또 생각건대, 계미년에 변란3)이 발생한 뒤로 국가에서 무신(武臣)을 등용하는 것을 등급을 뛰어넘어 뽑아 쓰므로, 명위(名位)가 너무 외람되어 권장하고 징계하는 법이 없어졌습니다. 무릇 사람을 쓰는 데 있어 어찌 그렇게 구차스럽게 해서야 되겠습니까. 반드시 능력을 헤아려서 관직을 제수하고 기량에 따라 일을 맡겨서, 크면 큰 대로 쓰고 작으면 작은 대로 쓰며, 노고에 보답하고 직질을 올리는 것을 반드시 실제에 맞도록 하여 전형의 차례가 착오가 없게 하여야 합니다. 그런 다음에야 임명하는 자는 잘못 뽑지 않고 제수된 자도 일을 어그러뜨리는 잘못이 없을 것입니다. 그런데 지금은 자격(資格)에 따라 제수하지 않고 이력(履歷)도 살펴보지 않으며, 현부(賢否)도 논하지 않고 있습니다.

재상(災傷)이 있거나 하등(下等)을 맞았거나 해유(解由)에 대한 법에 이르러서는, 이는 참으로 선왕(先王)때부터 내려온 금석(金石)같은 법이고, 장오(贓汚)를 범한 데 대한 죄와 패군(敗軍)한 데 대한 율은 왕법(王法)에 있어 용서할 수 없는 형벌입니다. 그런데도 또한 이에 대해 조금도 생각지 않고 있습니다. 금방 탄핵을 받았는데도 갑자기 다시 승진시키고, 거짓 경보가 한번 울리자 큰 죄를 지은 자도 다 용서하였습니다. 이에 상과 벌을 시행할 수가 없고, 간사하고 탐악한 자를 징계할 수가 없게 되었습니다. 심지어는 어리석고 못된 아이가 갑자기 큰 책임을 맡기까지 하여 마침내 스스로 실패를 불

---

3) 1583년 선조 16년 1월에 경원부(慶源府)의 번호(蕃胡)들이 난을 일으켜서 부성(府城)을 함락시켰고, 여진족의 추장 이탕개(尼湯介)가 침입하여 왔다. 이에 신상헌(申尙憲), 신립(申砬) 등을 파견하여 호적(胡賊)을 격파하고 9월에 두목을 참수하였다.

러왔습니다. 이런 까닭에 선발한 인원은 비록 많으나 주진(州鎭)에 결원이 생긴 것도 주의(注擬)하기가 어렵습니다. 그런데도 오히려 말하기를, "사나운 새가 잘 후려치는 법이다" 하면서 북도(北道) 한 도를 온통 다 탐욕스럽고 잔혹한 무부(武夫)들에게 떠맡겼습니다. 이에 형장(刑杖)을 참혹하게 치고 재물을 긁어 들이기를 끊임없이 해서 백성들이 흩어지고 재물은 탕진되어 읍마다 제대로 완전한 고을이 없게 되었습니다.

내지(內地)의 완실(完實)한 고을에 이르러서도 그 자들이 함부로 침학하는 대로 내맡겨 둔 채 애석하게 여기지 않고 있습니다. 영남과 호남은 실로 근본이 되는 땅이며 인재의 창고입니다. 그런데 큰 읍과 큰 주를 또한 무사에게 내맡긴 탓에 형세가 장차 한꺼번에 무너질 판이 되어, 학교는 황폐하여 없어지고 글을 외는 소리는 적막해졌습니다. 이에 문교(文敎)에 관계되는 일은 산하(山河)가 가로막은 것처럼 아득하게 멀어져서 문옹(文翁)의 교화4)는 이미 바랄 수 없게 되었습니다. 그리고 학문에 뜻을 둔 선비들도 또한 물어볼 곳이 없어졌으므로 서로 더불어 상심 속에 탄식하면서 옛날을 생각하고 있습니다.

예전에 송(宋) 나라 때에는 모든 주의 통판(通判)을 문신으로 보냈으니, 이는 뜻이 있어서 그렇게 한 것입니다. 그런데 더구나 오로지 무사만을 써서 내지까지 손상시켜서야 되겠습니까. 무변(武弁)을 높이고 중히 여김이 한결같이 이에 이르렀으니, 이것은 아마도 국가의 복이 아닐 듯합니다. 실로 신들로서는 이해할 수가 없습니다.

무엇을 일러 간사한 거짓이 안에서 일어난다고 하겠습니까. 신들이 삼가 보건대, 전하께서는 즉위하신 이후로 노래와 여색, 수레, 말 등을 완호(翫好)함이 없고, 잔치하거나 놀거나 사냥하는 등의 즐거움을 끊으셨습니다. 궁 안을 엄히 다스려서 집안을 바로잡는 도를

---

4) 학교를 세워 학문을 가르치는 것을 말한다. 문옹이 한(漢)나라 경제(景帝) 때 촉군(蜀郡)의 태수가 되어 학교를 세워 문풍을 크게 떨치게 하였다. 그러자 조정에서 각 고을 마다 학교를 세우게 하였다.

다하고, 척속(戚屬)을 교화하여서 정사를 간여하는 조짐을 막으셨으며, 정사(政事)를 하고 은상(恩賞)을 내리실 때에도 일찍이 털끝만한 사사로움도 그 사이에 끼어들지 않았습니다. 그러니 광명 정대한 그 정치를 조정에 있는 신료치고 그 누구인들 탄복하지 않겠습니까.

대궐 안에서 훈계하고 인도하시는 법에 이르러서는 밖에 있는 신하가 간여하거나 들을 바가 아닙니다. 그러나 인지(麟趾)의 아름다움5)과 인후하신 성품은 관저(關雎)의 교화6)를 받들어서 백세토록 후손이 번성하는 경사가 반드시 있을 것입니다. 신들 역시 궁중 안에는 여자가 정사를 어지럽히는 일이 끊어졌고, 왕자들은 사치스럽게 하는 잘못이 없어, 근본이 단정하고 근원이 맑은 정치가 사방에 모범이 될 것임을 잘 알고 있습니다. 그런데 다만 신하들 가운데에 말씀을 올리는 아름다움이 없어서 간사한 거짓의 폐단이 궁중에까지 전해질 길이 없습니다.

왕자(王子)들은 존귀한 자리에 처하여 있는데, 미천한 하인들이 집안에서 농간을 부리고 있습니다. 그들은 날다람쥐같이 심부름하면서 조금이라도 궁중이나 척리(戚里)사이에 연줄을 타기만 하면 문득 다른 사람을 협박하여 말하기를, "나는 어느 궁의 족속이다" 하거나 "나는 아무 방(房)의 종이다" 하면서, 권세를 부리고 뇌물을 받을 계략을 꾸밉니다. 이에 대단치 않은 옥송(獄訟)이나 미세한 관직을 제배하는 데에 있어서도 모두 뇌물을 받으려고 합니다. 각색(各色)의 방납(防納)이 팔도에 두루 널려 있는데, 반드시 궁지(宮旨)라고 칭하면서 값으로 계산하여 받아들입니다. 짐승 가죽이나 생선, 고기를 시장에서 팔면서는 말하기를, "이것은 대궐에서 내린 물건이다" 하고 금, 은, 채단 등을 시장 상인에게 내놓으라고 꾸짖으면서 말하기

---

5) 후비(后妃)의 덕을 말한다. 인지는 『시경』 주남(周南)의 편명이다. 주 나라 문왕의 후비의 덕이 자손과 종족들에게까지 미쳐서 잘 교화한 까닭에 시인이 인지지(麟之趾)의 시를 지어서 이를 칭송한 것이다.

6) 임금의 금실 좋은 덕이 아랫사람에게 미치는 것을 말한다. 관저는 『시경』 주남의 편명으로, 주나라 문왕과 후비의 성덕(盛德)을 읊은 시이다.

를, "이것은 대궐에서 사는 물건이다" 합니다. 이에 각 방리(坊里)의 소민들은 그 소리에 두려워서 감히 대들지 못하고 비싸게 사고 헐하게 팔아 그들이 요구하는 대로 따라 줍니다. 그러고 나서는 머리를 한데 모으고 이마를 찡그리면서 시장을 파하고 목 놓아 울어 삶의 의욕을 잃었습니다.

성상께서 지척에 계신 금문(禁門) 안에서도 간사한 계책을 감히 방자하게 부립니다. 품계가 낮은 수령이 배사(拜辭)하러 올 경우에는 차비문(差備門)으로 불러들여 술과 과일을 대접하고는 말하기를, "이것은 어느 궁에서 내린 것이다. 어느 분이 너희 고을에서 무슨 일을 할 것인데, 너는 성의를 다하여 처리해 주라" 한다고 합니다.

이런 따위의 말은 모두 전해들은 것으로서 감히 다 사실이라고 할 수는 없습니다. 그러나 길거리에 파다하게 퍼져 있는 말이 모두 이러합니다. 그러니 어느 한 가지 일도 증거할 만한 것이 없는데 이런 말이 떠도는 것만은 반드시 아닐 것입니다.

귀로 들은 사람들 가운데에는 유식한 자는 적고 어리석은 자는 많습니다. 그러니 어느 누가 전하께서 궁 안을 엄하게 다스린다는 것을 알아서 성명(聖明)의 세상에다 허물을 돌리지 않을 수 있겠습니까. 신들은 이 말을 듣고는 몹시 통분스럽습니다.

왕자방(王子房) 사람들에 이르러서는, 그들이 진짜로 그 방에 소속되어 있는 사람인지 아닌지조차도 알 수가 없습니다. 그런데 함부로 사약(司鑰)이라고 일컬으면서 군현(郡縣)을 횡행하고 있습니다. 그러면서 여러 산에 있는 사찰을 원당(願堂)으로 삼는다고 평계 대고서는 재물을 싹 쓸어가고, 산택(山澤)이나 제언(堤堰) 등을 점령하여 제 것으로 삼고는 남의 전지를 빼앗습니다. 그리고 양갓집의 딸을 위협하여 처첩(妻妾)으로 삼고, 부근에 사는 민정(民丁)을 궁속(宮屬)이라고 하면서 수령을 억누르고 향리 사람들을 위협합니다. 또 서울 부근에 있는 산은 모조리 시장(柴場)으로 삼고, 강과 바다의 어장(漁場)과 염전(鹽田)을 모조리 입안하였다고 합니다. 그러면서 조금이라도 그들의 뜻에 순응하지 않는 자가 있으면 으레 종친부(宗親府)에서 보내는 관자(關子)라고 칭탁하고는 관리로 하여금 잡아 보내게 합니다. 그리고 방(房)에 이르러서 보면 어느 한 사람도 왕자의 얼굴 모습을 본 사람이 없습니다. 그런데 뇌물을 바치도록 하고는 바깥에서 풀어 주면서 말하기를, "이것은 왕자의 명령이다" 합니다.

성 안에 사는 강포한 자들은 그들의 족류나 친족 중에 조금이라도 제방(諸房)의 하인과 관계가 있는 자가 있으면 반드시 어느 방의 하인이라고 일컫습니다. 그리고는 옥송(獄訟)이나 싸움에 조금이라도 관련이 되면, 색리(色吏)를 매질하기도 하고 남의 집을 부수기도 하면서 거리와 시정의 이익을 반드시 다 빼앗아서 차지하며, 하찮은 원한조차 반드시 앙갚음을 합니다.

무릇 왕자들은 전하의 훈계를 받았고 타고 난 부귀를 누리고 있으니, 어찌 소민의 재산을 빼앗아 자신이 차지할 리가 있겠습니까. 더구나 하인들이 방자하게 부리는 폐단에 대해서는 더더욱 왕자들이 아는 바가 아닐 것입니다. 근래에 별감(別監)이라고 사칭하다가 포도청에 붙잡혀 온 자들은 모두 다 사기(詐欺)에서 나온 것입니다. 그렇기에 신들은 이런 일들은 왕자들이 알지 못하는 것임을 더욱 굳게 믿게 되었습니다. 그러나 어리석은 백성들은 곡절을 잘 알지도 못하면서 한갓 원망하고 괴로워하는 마음만 품고 있습니다. 신들은 이런 말을 듣고는 몹시 통탄하였습니다. 이것이 이른바 간사한 거짓이 안에서 일어나는데도 주상께서는 듣지 못하신다는 것입니다.

아아, 비록 일에는 허실(虛實)이 있고, 말은 덧붙여지는 법이나, 사람들이 말로 떠들어 대고 여러 사람이 입으로 탄식하는 것이 마침내 이 지경에 이르렀습니다. 신들은 직분이 논사(論思)하는 자리에 있습니다. 그런데 감히 스스로 꺼려서 다 진달 드리지 않는다면, 은혜를 저버리고(辜恩) 임금을 등진 죄가 죽은 뒤에도 남는 주벌이 있게 될 것입니다. 그리고 전하께서도 또한 어디로부터 이런 말을 들을 수 있겠습니까. 이 때문에 앞뒤 가리지 않은 채 미세한 것도 빼지 않고 진위(眞僞)도 자세히 모르면서 들은 바를 모두 열거하였습니다.

삼가 전하께서는 궁 안을 엄중히 신칙하고 여러 대군들에게도 잘

훈계하시어, 한 가지 일이라도 이와 비슷한 일이 있을 경우에는 성지(聖旨)를 내려 밝게 하유하소서. 그리하여 중외(中外)로 하여금 이런 일은 생쥐 같은 무리들이 한 일로, 전하께서 들어서 아는 바가 아니며, 왕자들은 알지도 못하는 일임을 환하게 알게 하소서. 그럴 경우 음습한 기운의 무지개가 얼음 녹듯 일시에 녹을 것이니, 어느 누가 전하의 밝고 밝은 덕에 감격하지 않겠습니까.

신들은 이에 대해서 실로 등에 땀이 배어나는 점이 있습니다. 신하로서 임금에게 고할 때에는 반드시 먼저 아래에 있는 자로서의 도리를 바르게 하여야만 합니다. 근년 이래로 사대부들 사이에는 탐오(貪污)한 짓이 풍습이 되었으며, 관절(關節. 뇌물)이 성행하고 있습니다. 그런데도 유사가 안핵(按覈)하여 다스렸다는 말을 듣지 못하였습니다. 이런 처지에 한갓 이러한 외람스럽고도 미세한 일을 가지고 전하께 낱낱이 아뢰었으니, 이것이 어찌 신하로서 신하의 도리를 다하는 의리이겠습니까. 삼가 전하께서는 저희들의 어리석은 충정을 가엾게 여겨 살펴주시기 바랍니다. 결정을 내려주시기 바랍니다.

경상우도 유생들이 김성일을 머물러 있게
해 주기를 청하는 상소

진사 정유명(鄭惟明) 등

　삼가 생각건대, 섬 오랑캐들이 쳐들어 온 환란은 우리 나라가 생긴 이후로 처음 있는 일입니다. 전하께서는 요(堯) 임금이나 순(舜) 임금과 같은 성인인데도 이런 변을 만났단 말입니까. 그리고 창생을 사랑으로 돌보아 주는 어진 하늘로서 이런 화를 내린단 말입니까. 이에 12위(位)를 모신 종묘가 피란하였으며, 수천 리의 산하가 부끄러운 빛을 띠었습니다. 도성은 왜놈들의 소굴이 되었고, 주상께서 피란하는 재앙을 만났습니다. 그러니 온 나라의 신민들이 죽지 않고 무엇을 하겠습니까. 북쪽을 바라보며 통곡하노라니, 이제는 뿌릴 만한 눈물조차 없습니다.
　신들은 아무런 능력도 없는 서생으로서 비록 하늘을 떠받칠 만한 힘은 없으나, 임금을 사랑하는 마음만은 타고난 천성에 바탕을 두었습니다. 이에 구구한 저희들의 마음은 단지 하늘이 화를 내린 것을 뉘우쳐서 온 조정이 맑아지고, 행궁(行宮)이 아무 탈 없고, 옥체가 만안하기만을 바라고 있습니다. 그리하여 초야에 묻혀 있는 미천한 신들이 다행이 죽지 않고 살아남아, 다시 옛 도성에서 슬기롭고 맑으신 모습을 바라볼 수 있기만을 밤낮으로 기원하고 있습니다. 이 밖에 다른 것은 더 바랄 것이 없습니다.
　다만 수복하는 공이 만분의 일이나마 희망이 있게 되었는데, 거의 이루어져 가는 즈음에 장애가 되는 점이 없지 않습니다. 그리고 사람을 쓰는 방도는 애당초 이곳이나 저곳이나 다를 것이 없으나,

좌도냐 우도냐에는 완급이 없지 않습니다. 신들은 이에 잠자코 있을 수가 없어서 감히 성상께 아뢰는 바입니다.

아, 왜적들이 처음에 바다를 건너서 쳐들어 오자 여러 성들이 풍문만 듣고서도 무너져, 마침내 왜적들이 멋대로 들어와 꽉 차 있게 되었습니다. 그리하여 마치 무인지경에 들어오듯이 하여 열흘 만에 조령을 넘었으며, 영남의 60개 고을이 모두 흉악한 왜적들의 소굴이 되었습니다. 이것이 어찌 군졸과 백성들만의 죄이겠습니까.

진을 지키던 장수들은 겁을 내고 몸을 움츠리고 있기를 사졸들보다 먼저 앞장 서서 하였고, 고을의 수령들은 먼저 성을 버리고 도망하여 숨어 있어서 백성들을 떠나 흩어지게 하여, 국가의 위급함과 임금께서 파천함을 생각할 겨를조차 없었습니다. 그런데다가 병사(兵使)는 용감히 싸울 마음이 없어서 왜적과 칼날 한 번 겨뤄 보지도 못하였으며, 도체찰사는 근왕한다고 하고 가서는 멀리 경기도에 머무르고 있었습니다. 이에 본도 안에는 주관하는 사람이 없고 군대에는 절제하는 사람이 없어서, 남아 있는 즉묵성¹⁾마저도 손댈 만한 곳이 없었습니다.

그런데 마침 우리의 초유사 김성일이 위로 애통해하는 교서를 받들고 군부의 욕됨을 씻기를 기약하여, 하늘을 가리키며 맹세하면서 나라를 위하여 죽기를 다짐하였습니다. 그때 본도의 주군(州郡)은 산에 의지해 있는 일대의 5, 6개 고을만이 남아 있을 뿐이었으며, 사민(士民)들은 병화에 겁을 먹고는 오직 깊은 곳으로 들어가 숨지 못할까만을 걱정하고 있었습니다. 이에 읍과 마을은 쓸쓸하고 지휘를 하는 사람은 없어서 함락당한 땅이나 다를 바가 없었습니다.

김성일이 말 한 필만을 타고 밤낮으로 달려와 처음 함안에 이르렀을 때에는 한두 사람의 군관만 데리고 왔을 뿐으로, 화살도 없는

---

1) 卽墨城. 전국시대 때 제(齊)나라의 성으로, 연(燕)나라의 침입을 받아 제나라가 거의 멸망할 즈음에 전단(田單)이 이곳에서 소에다가 무기를 장착하고 화려한 옷을 입힌 다음 꼬리에 불을 붙여서 연나라 군사를 격파하였다. 나라를 회복시키는 근거지가 된 곳을 가리킨다.

빈 활만 들고 있는 한 늙은 신하에 불과하였습니다. 그런데도 군현(郡縣)을 들락날락하면서 사방으로 사민을 불러모은 다음, 임금의 원수는 반드시 갚아야지 같은 하늘을 이고 함께 살 수 없다는 내용으로 울면서 깨우쳤습니다. 그리하여 사민들로 하여금 자제를 불러 데려오게 하고, 숨어 있는 자들을 불러 모으게 하여, 몇 달만에 의로운 명성이 점차 떨치게 되었습니다.

그러자 곧바로 백성들을 효유하는 글을 한 통 지었는데, 첫머리에서 군신(君臣)의 분의가 천지의 떳떳한 법이란 것과 숨어서 구차하게 살면서 임금을 잊어버리고 원수를 용서하는 것은 인간의 도리가 아님을 밝혔습니다. 그리고 또 풀로 만든 옷을 입고 몸에 문신을 새기는 오랑캐의 풍속을 따를 수 없다는 것과 조종(祖宗)들께서 편히 길러 주신 은혜를 잊을 수 없다는 것을 말하였으며, 마음 속에는 신포서2)의 통곡을 간직하고 있고, 장순3)과 같은 열렬한 의분을 바란다는 내용으로 말하였습니다.

이것저것 말한 내용들이 모두 자신은 제쳐 놓고 나라만 위하는 말들이었으며, 나라 일에 마음과 힘을 다 바쳐서 기울어져 가는 국운을 만회하는 공을 이루기를 기약하는 것이었습니다. 그런데 그 충성과 울분의 마음이 너무도 격렬하여 사람들의 심장 속까지 파고들

---

2) 申包胥. 춘추시대 때 초(楚)나라의 대부(大夫). 오(吳)나라의 군사들이 초나라의 수도인 영(郢)에 침입하자, 신포서는 진(秦)나라에 가서 구원병을 청하였다. 그런데 밤낮을 가리지 않고 달려간 탓에 발에 못이 박히자 입고 있던 옷을 찢어서 발을 싸맨 뒤 진 나라에 도착해 7일 동안 음식을 먹지 않으면서 조정의 담에 기대어서 통곡하였다. 이에 진나라의 애공(哀公)이 감동하여 구원병을 내어주므로, 그 군사를 거느리고 돌아와서 국난을 평정하였다.

3) 張巡. 당나라 현종 때의 충신으로, 천보 연간에 안록산(安祿山)이 반란을 일으켰을 때 강회(江淮)의 보장(保障)인 수양성(睢陽城)을 몇 달 동안 사수하고 있었는데, 구원병이 오지 않아 양식은 다 떨어지고 힘은 소진되어 성이 함락되었다. 그러자 그곳의 태수(太守)로 있던 허원(許遠)과 함께 사절(死節)하였다.

었는바, 아무리 돼지나 물고기와 같은 미물이라 할지라도 그 마음 속의 정성을 믿지 않을 수 없었습니다. 그러니 참으로 혈기가 있는 자라면 어찌 차마 구차하게 살아가는 데 마음 편해서 흥기하지 않을 수가 있었겠습니까.

또 각 고을에서 식견이 있는 자들을 뽑아 유사로 삼고는 의병들을 불러모으는 책임을 떠맡겼으며, 혹 부지런히 힘쓰지 않는 자가 있을 경우에는 이끌어 주고 달래었습니다. 그리하여 은혜와 위엄이 아울러 행해지게 하여 반드시 함께 부르는 소리에 일제히 호응하도록 하였습니다. 또 선악을 기록하는 문서를 비치하여, 간난과 위험을 꺼리지 않고 국사에 부지런히 일한 자는 그 사실을 기록해 찬양하고, 사사로운 정에 끌려 나라를 잊고서 의병으로 나가는 것을 저해하는 자는 그 사실을 기록해 위엄을 보임으로써, 그들이 잘못을 징계하고 감격하여 분발하는 길을 열었습니다.

이로부터 태만하던 수령들은 그 의로움을 경외하였으며 숨어 있던 백성들은 그 신의에 감복하여, 의기에 떨쳐일어나는 거조가 곳곳에서 일어났는데, 많은 경우는 수천 명이고 적은 경우도 8, 9백 명은 되었습니다. 이에 멀고 가까운 데서 메아리치듯이 호응하여 성세(聲勢)를 서로 도왔으므로, 왜적의 목을 베어 바치는 글이 날마다 끊이지 않고 올라왔습니다.

이보다 앞서 또 의령의 곽재우는 포의(布衣)의 선비로서 우뚝하게 일어났으며, 장령 정인홍과 좌랑 김면도 앞장서서 의병의 깃발을 들고 일어났는데, 모든 일이 엉성하였습니다. 그러던 차에 김성일이 와서 친히 진영을 순찰하였으므로 사기는 백배나 충천하였습니다. 또 병졸은 많으나 통솔할 사람이 없었으므로 김면과 손인갑으로 좌우 대장을 삼았습니다. 이에 각 고을의 의병도 절로 통솔하는 데가 있게 되어, 여러 차례 크게 이긴 공을 아뢰었으며, 점점 수복하는 형세가 이루어졌습니다. 그러니 그동안 시행한 일의 성과를 따져 보면 옛사람 보다 적지 않을 것입니다. 그리고 보면 오늘날의 일은 그 어느 것이나 의병이 한 일이 아닌 것이 없으며, 의병들로 하여금 종시토록 그만큼 성취하게 한 것은 김성일의 공입니다.

지금 듣건대, 김성일이 좌도 감사로 옮겨졌다고 하니, 전하께서는 사람을 잘 쓰신 것이라고 하겠으며, 좌도 백성들의 입장에서는 다행이라고 하겠습니다. 그러나 신들의 지나친 생각으로 말하자면, 이른바 수복하는 공이 거의 이루어지는 데 장애되는 점이 없을 수 없다는 것이 바로 이를 두고 한 말이며, 사람을 쓰는 방도에 좌도냐 우도냐에 완급이 없지 않다고 한 것이 이를 두고 한 말입니다. 어찌하여 그렇게 말하겠습니까. 몇 고을 군사와 백성들이 김성일을 인자한 어미처럼 보고 김성일을 장성(長城)같이 믿어서, 수없이 죽을 고비를 넘기면서 적들을 말끔히 소탕하고, 한 번 살아 남아서 태평성대를 보려고 하였습니다. 그런데 하루아침에 이곳에서 빼앗아 저곳에다 주는 일이 뜻밖에 나왔으므로, 충신들은 실망하고 의사들은 맥이 풀려 있습니다. 이에 전일에 겨우 뭉친 민심이 중도에서 무너지고 흩어지게 되었을 뿐만 아니라, 장차 되찾았던 곳까지 아울러 잃게 되었는바, 이는 마치 도목수가 수고하여 큰 집을 다 지어갈 즈음에 갑자기 내팽개치고 다른 곳으로 가 앞서 이루었던 공이 모두 허사가 되게 한 것과 같습니다. 그러니 어찌 애달프지 않겠습니까.

　전하께서 김성일을 옮겨 제수하신 것이 어찌 우도는 이미 회복할 만한 기미가 있으며 좌도는 한창 위급한 지역이라 하여 그런 것이 아니겠습니까. 그러나 일에는 급한 것과 늦출 것이 있으며, 시행함에는 먼저할 것과 나중에 할 것이 있습니다. 급한 것과 늦출 것으로 말씀드리면 좌도 보다 더 급한 곳이 없을 듯하며, 먼저할 것과 나중에 할 것으로 말씀드리면, 우도에 있는 자를 좌도로 옮기는 것은 마땅치 못한 일임이 틀림 없습니다.

　생각건대, 저희들이 살고 있는 우도는 영남 좌도와 호남 사이에 끼어 있습니다. 왜적들이 밤낮으로 호남을 노리면서도 감히 침범하지 못하는 것은 우리의 초유사가 사민의 마음을 얻어 싸우면서 지키고 있기 때문에 그런 것입니다. 앞으로 만약 김성일이 없어서 관방이 엄하지 못하게 될 경우에는 오직 우도의 몇 고을만이 함락되어 왜적의 땅이 될 뿐만 아니라, 호남의 50개 고을도 입술이 없어서 이가 시린 걱정을 면할 수 없을 것입니다. 현재 국가에서 조금이나

마 믿고 의지할 곳은 전라도 한 도 뿐입니다. 전라도 한 도를 보전하지 못하면 전하의 나라 일도 끝나고 말 것입니다. 아, 김성일이 떠나고 머무는 것이 어찌 영남 우도 의병의 성패에만 관계되겠습니까.

그리고 영남 좌도의 여러 고을은 왜적의 무리가 꽉 차 있어서 공사간에 모두 탕진되었으므로, 비록 지혜가 있는 자라 하더라도 싸울 만한 바탕이 없습니다. 병사 박진(朴晉)이나 안집사(安集使) 김늑(金玏) 같은 사람은 명령을 받들고 남쪽으로 와서 이미 낙동강을 건넜으나, 한 쪽 구석에 있으면서 한 가지 일도 시행한 바가 있다는 말을 듣지 못하였습니다. 그러니 설령 김성일이 동쪽으로 돌아가더라도 수족을 펴지 못할까 걱정됩니다.

하물며 이 우도의 몇 고을은 실로 한 도의 근본이 되는 지역으로서, 군량이 여기에서 나오고 장수나 군사들도 여기에 달려 있습니다. 그런데 김성일 같은 어진이가 또 와서 주장하고 있으므로 이미 군사와 백성들의 희망이 달려 있는 곳이 되었는바, 회복할 근본이 모두 여기에 있습니다. 만약 김성일로 하여금 열흘이나 한 달만 떠나는 것을 늦추어서 군사들의 위엄을 기른 다음 날카로운 기운을 드날리면서 동으로 향하게 한다면, 낙동강 왼쪽을 회복하는 날도 손꼽아서 기약할 수 있을 것입니다.

신들의 생각으로는, 김성일이 우도에 있으면 이미 잃어버린 낙동강 왼쪽 지역도 거의 수복할 수 있을 것이나, 좌도에 있으면 겨우 보전되어 있는 낙동강 오른쪽 고을도 반드시 보전될 수 없을 것으로 여겨집니다. 이것이 신들이 이른바 어렵고 쉽고, 먼저 할 일과 나중 할 일의 차례라는 것입니다.

신들은 평소 아무 일이 없을 적에도 당세의 잘잘못에 대하여 마음을 쓰지 않은 적이 없었습니다. 그런데 하물며 이렇게 나라가 위급한 날에 어찌 저희들이 살고 있는 몇 고을만을 대단하게 여겨서 우도에서 잘한 사람을 좌도로 넘겨 주지 않겠습니까. 신들이 이미 좌도의 모든 명사들에게 글을 보내어 의병을 일으킬 것을 부탁하였습니다. 그러니 바람소리를 듣고 메아리치듯 호응하는 자가 있을 것입니다. 그렇다면 신들의 뜻 역시 좌도는 어찌해 볼 수 없는 땅이라고 여겨 버려 두자는 것이 아닙니다. 그러나 참으로 사기(事機)는 한 번 잃어버리면 다시는 찾기가 어려운 법이며, 대중은 한 번 흩어지면 다시는 뭉치기가 어려운 법입니다.

신들은 기회를 포착하는 데 급급하여 구순(寇恂)을 빌려 달라고[4] 할 겨를도 없이 지례 초유사가 가는 길을 막고 미리 강을 건너지 못하게 붙들었습니다. 그 죄는 만 번 죽어 마땅할 것이나, 그 마음은 실로 나라를 위한 것입니다. 삼가 바라건대, 전하께서는 만 리 밖을 밝게 내다보시어 흔쾌히 여망을 따르소서. 그리하여 김성일이 거의 이루어 놓은 업적을 중도에서 폐하는 일이 없게 하며, 한 쪽 지방에서 불러모은 무리들이 흩어지지 않게 하소서. 그러시면 천만 다행이겠습니다.

---

4) 어진 수령을 유임시켜 달라고 청하는 것을 말한다. 후한의 구순이 영천(潁川) 태수가 되었을 적에 치적을 세우고 이임되었는데, 그 뒤에 광무제가 남정을 할 때 구순이 광무제를 따라가 영천에 이르렀다. 그러자 영천의 백성들이 길을 막고서 광무제에게 말하기를, "폐하께서는 다시금 구군(寇君)을 우리에게 1년 동안만 빌려 주시기 바랍니다" 하였다.

임진왜란과 김성일

제2쇄 찍은날: 2006년 1월 30일

지은이: 김 명 준
펴낸이: 김 철 미
펴낸곳: 백산서당

등록: 제10-42(1979.12.29)
주소: 서울 서대문구 홍제동 330-288

전화: 02) 2268-0012(代)
팩스 02) 2268-0048
이메일: bshj@chol.com

값 20,000원

ⓒ 김명준

ISBN 89-7327-367-1 03910